いちばんわかりやすい

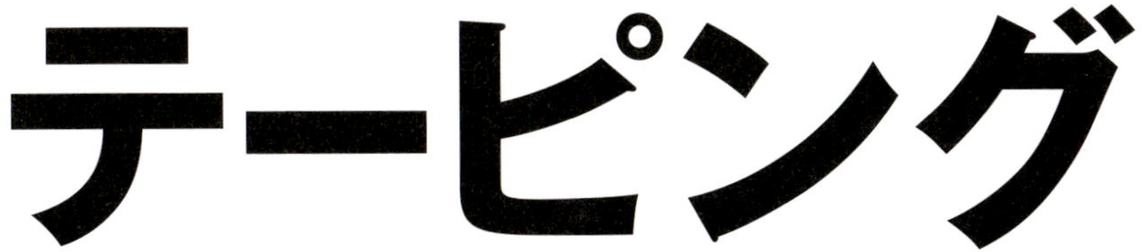


監修　花岡美智子



成美堂出版

# テーピングが上手にできるようになる

## 心得1 関節可動域を理解する

関節可動域とは、正常な状態にある関節が動くことができる範囲（角度）のことである。テープを巻くときは、この範囲や方向を理解して、どの向きの可動域を制限するのか、または制限せずに残すのかを明確にしておく必要がある。本書では各章冒頭に参考となる関節可動域を掲載しているので、テープを巻く前にチェックしておこう。

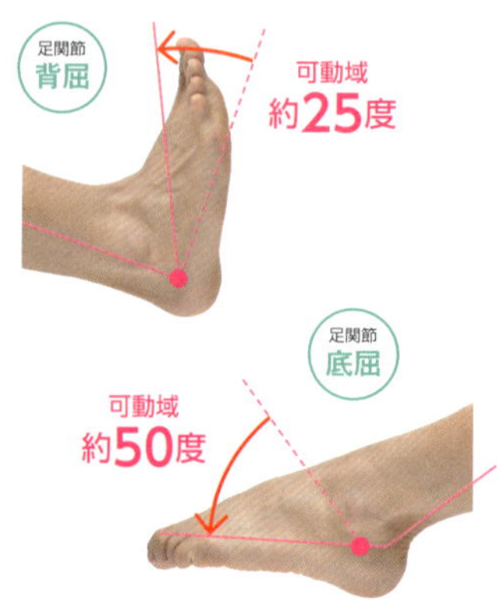


制限をかける、またはかけない関節可動域の方向を理解する

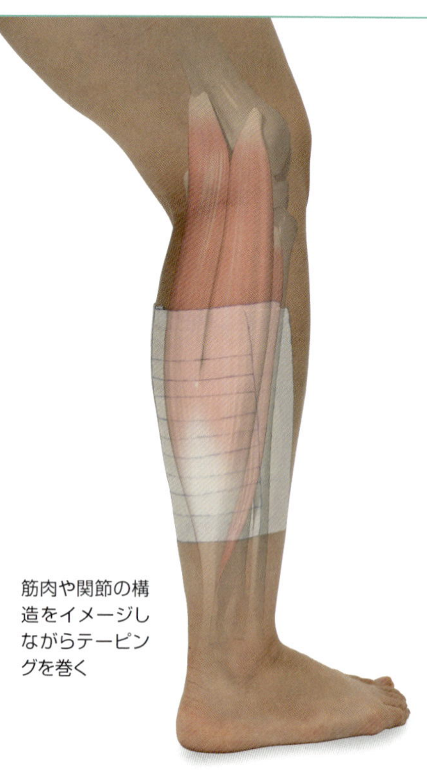

筋肉や関節の構造をイメージしながらテーピングを巻く

## 心得2 靭帯や筋肉のつき方をイメージする

関節には靭帯があり、２つの骨を結合している。そしてその骨には筋肉が腱となり付着している。この靭帯や筋肉のつき方をイメージできると、１本１本のテープの意味が理解できるようにな

# 4つの心得

る。本書ではテープを巻くときの道しるべとなる、この靭帯や筋肉を写真に透過させて掲載しているのでぜひ参考にしてほしい。

## 心得 3 テープの組み合わせをアレンジする

テーピングにはさまざまな種類があるが、固定力という観点から見ると、非伸縮テープが最も強く、次いでハード伸縮テープ、ソフト伸縮テープ、自着テープ、キネシオロジーテープという順になる。一般的には、ひとつの部位に対してこれらのテープを組み合わせて使用するが、同じ巻き方であっても、たとえば非伸縮をハード伸縮に替えるだけで固定力は変わる。本書で紹介する巻き方と使用するテープは最も標準的なものなので、自身の関節や筋肉の状態に応じて、巻き方は変えずに使用するテープだけを替え固定力を調整するということも可能である。

## 心得 4 正しい姿勢で巻きはじめる

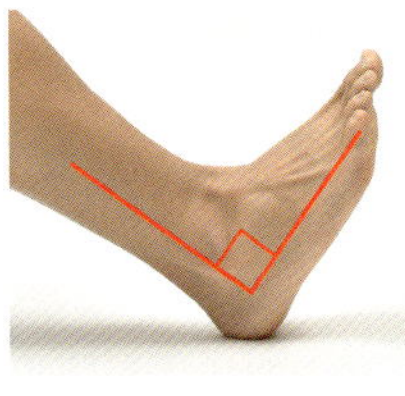

テーピングを巻くと締めつけられて痛いという声をよく耳にする。この原因の多くはきつく締めたからではなく、巻きはじめたときの姿勢や関節角度に誤りがある可能性が高い。たとえば足首の場合、正しくは関節角度を 90 度にして巻くが、少しでも鋭角になると、踏み込んだときにテープが足裏に食い込み痛みを感じてしまう。本書では一人で巻くときと、パートナーに巻いてもらうときのスタート姿勢をそれぞれイラストで掲載しているので、痛みを感じてしまう人はとくに参考にしてほしい。

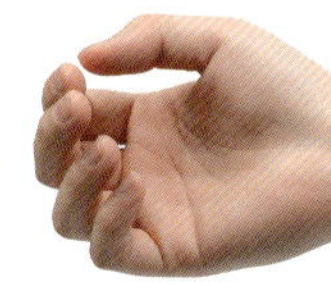

効果の異なるテープを組み合わせて最適な固定力を生み出す

# 本書の使い方

# 各関節のしくみや可動域を理解してからテープを巻く

## 各関節のしくみをチェック

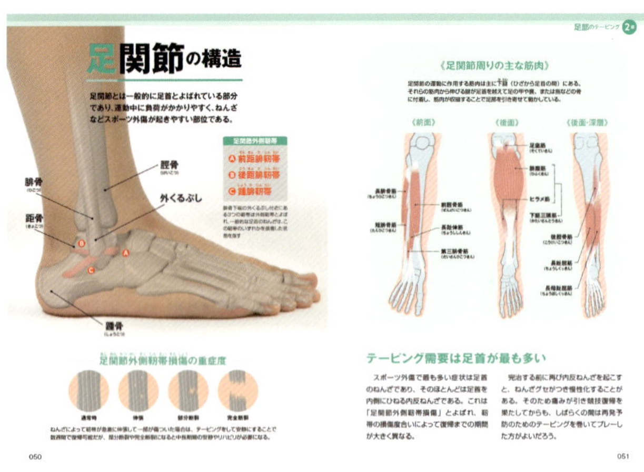

足関節の構造

足関節とは一般的に足首とよばれている部分であり、運動中に負荷がかかりやすく、ねんざなどスポーツ外傷が起きやすい部位である。

脛骨（けいこつ）
腓骨（ひこつ）
距骨（きょこつ）
外くるぶし
踵骨（しょうこつ）

足関節外側靱帯
A 前距腓靱帯
B 後距腓靱帯
C 踵腓靱帯

腓骨下端の外くるぶし付近にある3つの靱帯は外側靱帯とよばれ、一般的な足首のねんざは、この靱帯のいずれかを損傷した状態を指す

足関節外側靱帯損傷の重症度

通常時
伸張
部分断裂
完全断裂

ねんざによって靱帯が急激に伸張して一部が傷ついた場合は、テーピングをして安静にすることで数週間で復帰可能だが、部分断裂や完全断裂になると中長期間の安静やリハビリが必要になる。

050

足部のテーピング 2章

《足関節周りの主な筋肉》

足関節の運動に作用する筋肉は主に下腿（ひざから足首の間）にある。それらの筋肉から伸びる腱が足首を越えて足の甲や裏、または指などの骨に付着し、筋肉が収縮することで足部を引き寄せて動かしている。

《前面》
長腓骨筋（ちょうひこつきん）
短腓骨筋（たんひこつきん）
前脛骨筋（ぜんけいこつきん）
長趾伸筋（ちょうししんきん）
第三腓骨筋（だいさんひこつきん）

《後面》
足底筋（そくていきん）
腓腹筋（ひふくきん）
ヒラメ筋
下腿三頭筋（かたいさんとうきん）

《後面・深層》
後脛骨筋（こうけいこつきん）
長趾屈筋（ちょうしくっきん）
長母趾屈筋（ちょうぼしくっきん）

テーピング需要は足首が最も多い

スポーツ外傷で最も多い症状は足首のねんざであり、そのほとんどは足首を内側にひねる内反ねんざである。これは「足関節外側靱帯損傷」とよばれ、靱帯の損傷度合いによって復帰までの期間が大きく異なる。

完治する前に再び内反ねんざを起こすと、ねんざグセがつき慢性化することがある。そのため痛みが引き競技復帰を果たしてからも、しばらくの間は再発予防のためのテーピングを巻いてプレーした方がよいだろう。

051

各章の冒頭ページで、関節に関わる主な靭帯と関節の動きに作用する筋肉を解説しているので、まずはここで関節と靭帯、筋肉についての知識を深めよう。

## 関節可動域をチェック

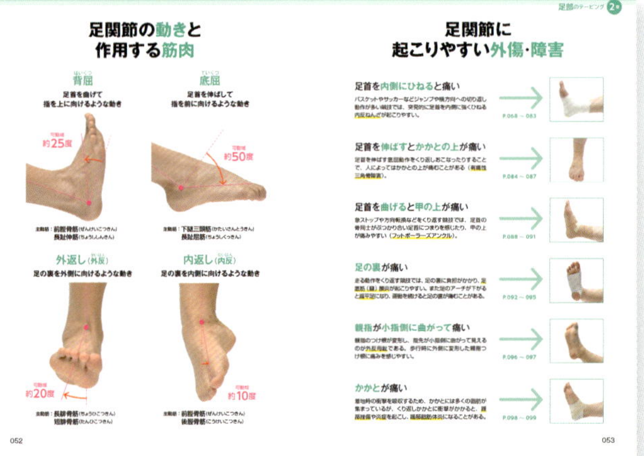

足関節の動きと作用する筋肉

背屈
足首を曲げて指を上に向けるような動き
可動域 約25度
主動筋：前脛骨筋（ぜんけいこつきん）
長趾伸筋（ちょうししんきん）

底屈
足首を伸ばして指を前に向けるような動き
可動域 約50度
主動筋：下腿三頭筋（かたいさんとうきん）
長趾屈筋（ちょうしくっきん）

外返し（外反）
足の裏を外側に向けるような動き
可動域 約20度
主動筋：長腓骨筋（ちょうひこつきん）
短腓骨筋（たんひこつきん）

内返し（内反）
足の裏を内側に向けるような動き
可動域 約10度
主動筋：前脛骨筋（ぜんけいこつきん）
後脛骨筋（こうけいこつきん）

052

足部のテーピング 2章

足関節に起こりやすい外傷・障害

足首を内側にひねると痛い
バスケットやサッカーなどジャンプや横方向への切り返し動作が多い競技では、突発的に足首を内側に強くひねる内反ねんざが起こりやすい。
P.068 ～ 083

足首を伸ばすとかかとの上が痛い
足首を伸ばす底屈動作をくり返しおこなったりすることで、人によってはかかとの上が痛むことがある（有痛性三角骨障害）。
P.084 ～ 087

足首を曲げると甲の上が痛い
急ストップや方向転換などをくり返す競技では、足首の骨同士がぶつかり合い足首につまりを感じたり、甲の上が痛みやすい（フットボーラーズアンクル）。
P.088 ～ 091

足の裏が痛い
走る動作をくり返す競技では、足の裏に負担がかかり、足底筋（腱）膜炎が起こりやすい。また足のアーチが下がると扁平足になり、運動を続けると足の裏が痛むことがある。
P.092 ～ 095

親指が小指側に曲がって痛い
親指のつけ根が変形し、指先が小指側に曲がって見えるのが外反母趾である。歩行時に外側に変形した親指つけ根に痛みを感じやすい。
P.096 ～ 097

かかとが痛い
着地時の衝撃を吸収するため、かかとには多くの脂肪が集まっているが、くり返しかかとに衝撃がかかると、踵骨挫傷や炎症を起こし、踵部脂肪体炎になることがある。
P.098 ～ 099

053

次ページでは関節可動域と主動筋、さらに起こりやすい外傷・障害を掲載している。残したい可動域、制限したい可動域を確認したうえでテーピングをおこなおう。また、右ページでは各関節に起こりやすい障害を掲載している。

本書は関節ごとに章をわけ、テーピング技術を解説している。
各章の冒頭には、その関節の構造や筋肉、関節可動域などの情報を掲載しているので、
実際の施術に役立ててほしい。

## 症状別に巻き方をチェック

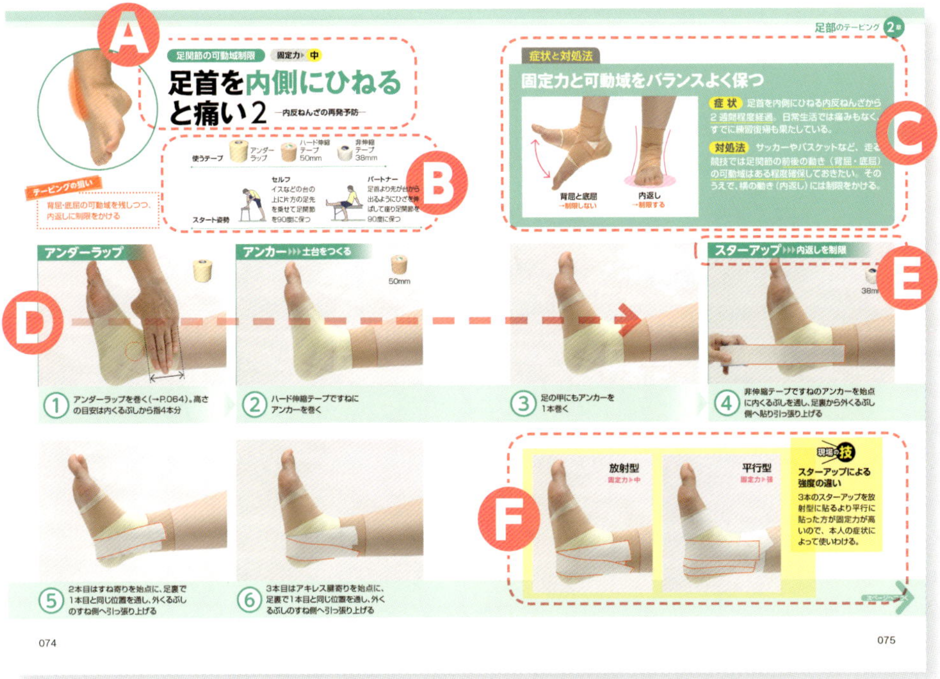

足部のテーピング 2章

**A** 足関節の可動域制限　固定力 中

# 足首を内側にひねると痛い2
―内反ねんざの再発予防―

テーピングの狙い
背屈・底屈の可動域を残しつつ、内返しに制限をかける

**B** 使うテープ　アンダーラップ　ハード伸縮テープ 50mm　非伸縮テープ 38mm

スタート姿勢
セルフ　イスなどの台の上に片方の足先を乗せて足関節を90度に保つ
パートナー　足首より先が台から出るようにひざを伸ばして座り足関節を90度に保つ

**C** 症状と対処法

固定力と可動域をバランスよく保つ

背屈と底屈 →制限しない
内返し →制限する

症状　足首を内側にひねる内反ねんざから2週間程度経過。日常生活では痛みもなく、すでに練習復帰も果たしている。

対処法　サッカーやバスケットなど、走る競技では足関節の前後の動き（背屈・底屈）の可動域はある程度確保しておきたい。そのうえで、横の動き（内返し）には制限をかける。

**D**

アンダーラップ
① アンダーラップを巻く（→P.064）。高さの目安は内くるぶしから指4本分

アンカー ▸▸▸ 土台をつくる
② ハード伸縮テープですねにアンカーを巻く

③ 足の甲にもアンカーを1本巻く

**E** スターアップ ▸▸▸ 内返しを制限
④ 非伸縮テープですねのアンカーを始点に内くるぶしを通し、足裏から外くるぶし側へ貼り引っ張り上げる

⑤ 2本目はすね寄りを始点に、足裏で1本目と同じ位置を通し、外くるぶしのすね側へ引っ張り上げる

⑥ 3本目はアキレス腱寄りを始点に、足裏で1本目と同じ位置を通し、外くるぶしのすね側へ引っ張り上げる

**F** 放射型 固定力 中　平行型 固定力 強

現場の技
スターアップによる強度の違い
3本のスターアップを放射型に貼るより平行に貼った方が固定力が高いので、本人の症状によって使いわける。

074　075

**A** 痛みを感じる動作や症状名などはここにまとめて掲載している

**B** 使用テープや一人で巻くとき、パートナーに巻いてもらうときの姿勢を掲載

**C** 具体的な症状例とその対処法を掲載。巻く前に一度目を通しておこう

**D** 左上から右に向かって、正しい巻き方を連続写真で掲載している

**E** 連続写真上部では巻き方の種類と目的を記している

**F** とくに大切な工程は「現場の技」として、実践的なテクニックを掲載

# 目次

## 3章 脚部のテーピング …… 101



## 4章 手部のテーピング …… 139

# スポーツ損傷別発生競技傾向表

負荷がかかりやすい関節や筋肉は競技によってある程度偏りがある。その結果、外傷や障害が起こりやすい競技にも多少の傾向が見受けられる。自分が関わっている競技に起こりやすいものが何であるか確認しておこう。

| | 症 状 | ページ | 野球 | サッカー |
|---|---|---|---|---|
| 足部 | 足首を内側にひねると痛い | P.068～083 | ● | ● |
| | 足首を伸ばすとかかとの上が痛い | P.084～087 | ▲ | ● |
| | 足首を曲げると甲の上が痛い | P.088～091 | | ● |
| | 足の裏が痛い | P.092～095 | | ▲ |
| | 親指が小指側に曲がって痛い | P.096～097 | | |
| | かかとが痛い | P.098～099 | | |
| 脚部 | ひざを内側にひねると痛い | P.106～111 | | ● |
| | ひざを前に出すと痛い | P.112～113 | | ● |
| | ひざを内側にひねる・前に出すと痛い | P.114～117 | | ● |
| | ひざの下が痛い | P.118～119 | | |
| | ひざの外側が痛い | P.120～121 | | ● |
| | ふくらはぎが痛い・張る | P.122～129 | ▲ | ▲ |
| | すねの周りが痛い | P.130～131 | ▲ | ▲ |
| | 太もも裏が痛い・張る | P.132～135 | ● | ● |
| | 太もも前が痛い | P.136～137 | | ● |
| 手部 | 手首を反らすと痛い | P.144～147 | ● | |
| | 手首を動かすと痛い | P.148～149 | ▲ | |
| | 手首を小指側に曲げると痛い | P.150～151 | ▲ | |
| | 親指を曲げると痛い | P.152～153 | ▲ | |
| | 親指を伸ばすと痛い | P.154～155 | ▲ | |
| | 指を曲げると痛い | P.156～157 | ● | |
| | 指を横に動かすと痛い | P.158～159 | | |
| 腕部 | ひじの内側が痛い・張る | P.166～171 | ● | |
| | 投球するとひじの内側が痛い | P.172～173 | ● | |
| | ラケットを振るとひじの外側が痛い | P.174～175 | | |
| 肩部 | 肩を後ろに引くと痛い | P.182～183 | | |
| | 肩関節に不安定感がある | P.184～189 | | |

（マークの目安）●起こりやすい ▲起こることがある

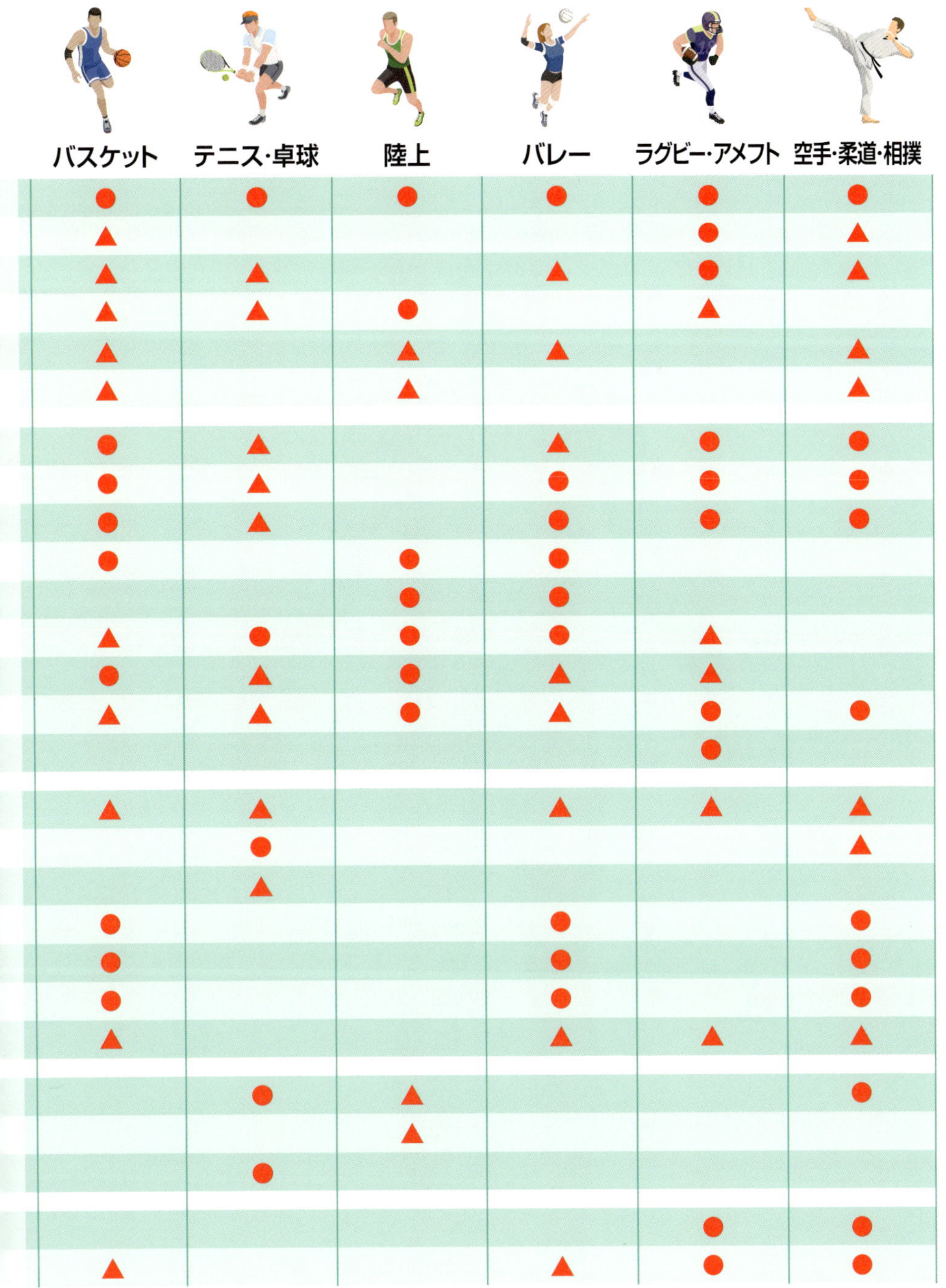

| | バスケット | テニス・卓球 | 陸上 | バレー | ラグビー・アメフト | 空手・柔道・相撲 |
|---|---|---|---|---|---|---|
| | ● | ● | ● | ● | ● | ● |
| | ▲ | | | | ● | ▲ |
| | ▲ | ▲ | | ▲ | ● | ▲ |
| | ▲ | ▲ | ● | | ▲ | |
| | ▲ | | ▲ | ▲ | | ▲ |
| | ▲ | | ▲ | | | ▲ |
| | ● | ▲ | | ▲ | ● | ● |
| | ● | ▲ | | ● | ● | ● |
| | ● | ▲ | | ● | ● | ● |
| | ● | | ● | ● | | |
| | | | ● | ● | | |
| | ▲ | ● | ● | ● | ▲ | |
| | ● | ▲ | ● | ▲ | ▲ | |
| | ▲ | ▲ | ● | ▲ | ● | ● |
| | | | | | ● | |
| | ▲ | ▲ | | ▲ | ▲ | ▲ |
| | | ● | | | | ▲ |
| | | ▲ | | | | |
| | ● | | | ● | | ● |
| | ● | | | ● | | ● |
| | ● | | | ● | | ● |
| | ▲ | | | ▲ | ▲ | ▲ |
| | | ● | ▲ | | | ● |
| | | | ▲ | | | |
| | | ● | | | | |
| | | | | | ● | ● |
| | ▲ | | | ▲ | ● | ● |

※陸上には投てき種目も含む

全身の骨と靭帯、筋肉図

# 骨や靭帯、筋肉の構造を理解してテーピングにいかそう

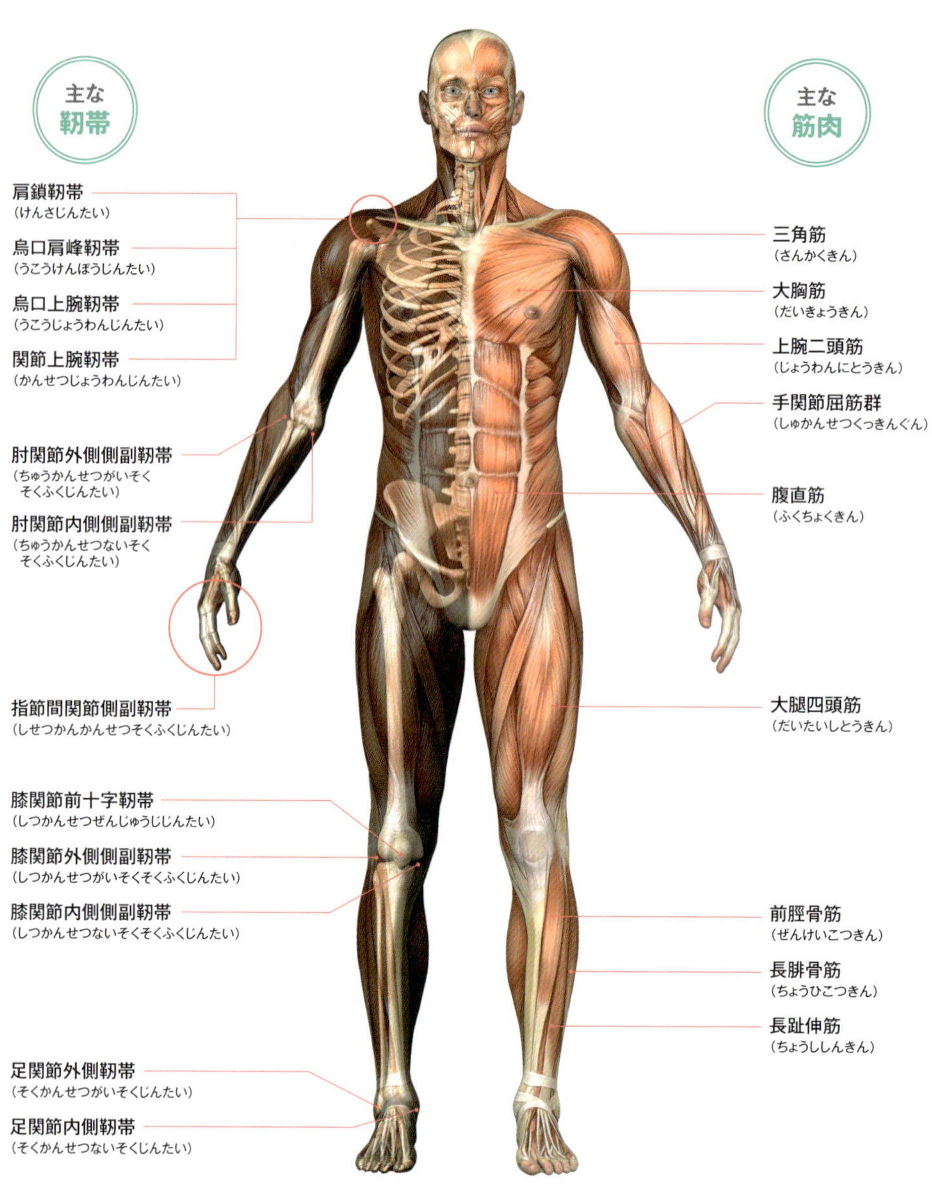

関節を構成する骨と靭帯。その関節をまたいでつく筋肉。
全身の運動に欠かせないこれらの組織を理解することが、
テーピング技術上達を後押しする。

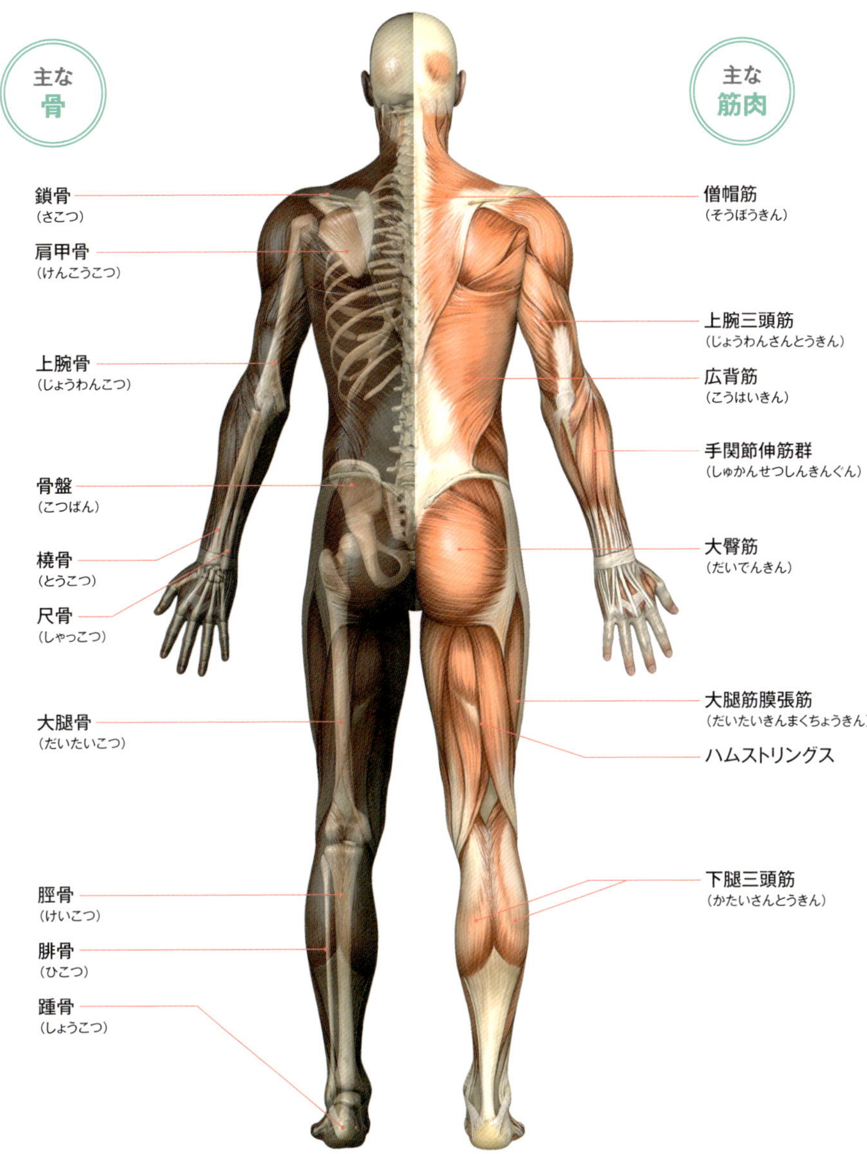

# テーピングを巻く前に 覚えておきたい主な靭帯

## 《足関節》

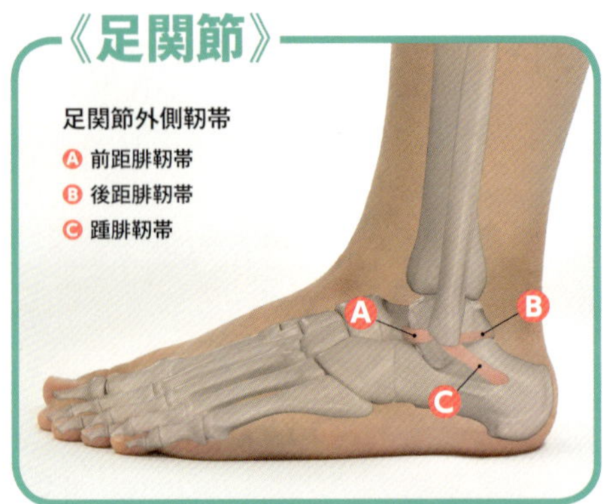


## 《膝関節》

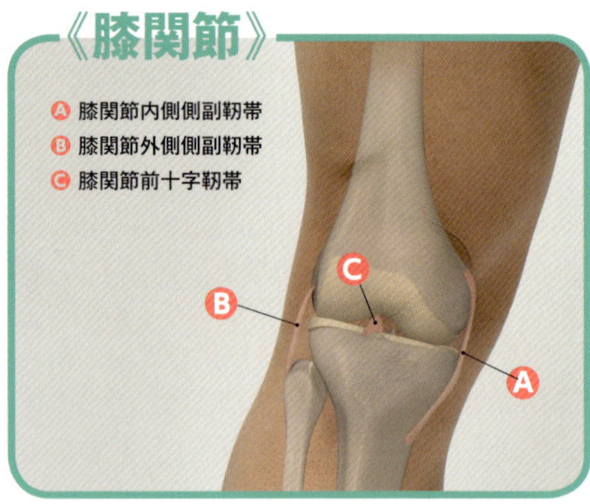


## 《手関節》

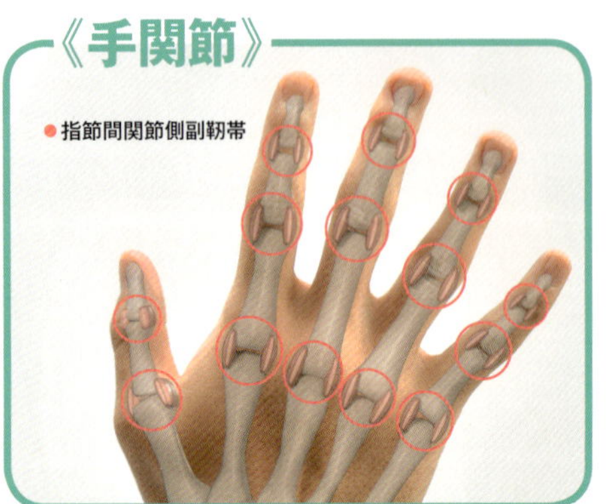


## 《肘関節》

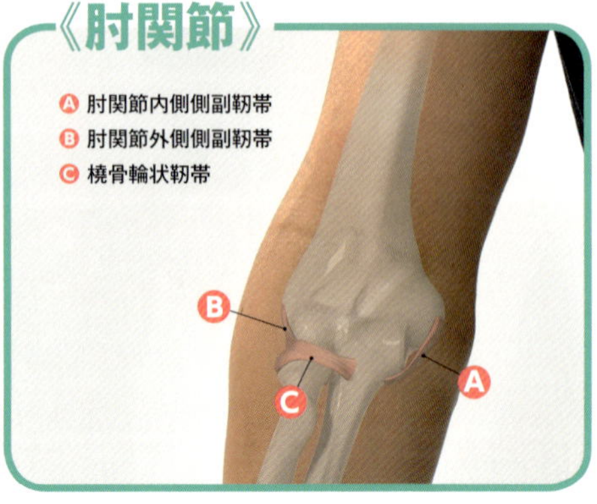


## 《肩関節》

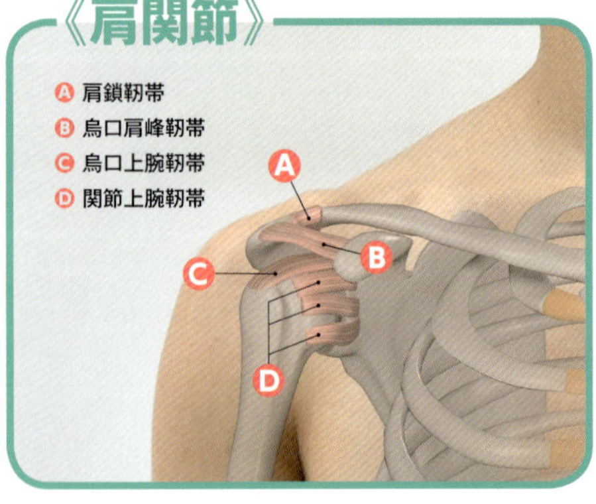


靭帯は骨と骨とを結ぶ結合組織だが、関節に過度な負荷がかかると損傷することがある。テーピングにはそのような靭帯をサポートする役割があるので、本書で紹介する上記の靭帯は知っておこう。

# 序章

# 知っておきたい！テーピングの基礎理論

テーピングの役割

# テーピングが人工の靭帯や筋肉となり負担を軽減させる

## 関節の役割

可動性を保ちながら2つの骨を連結する

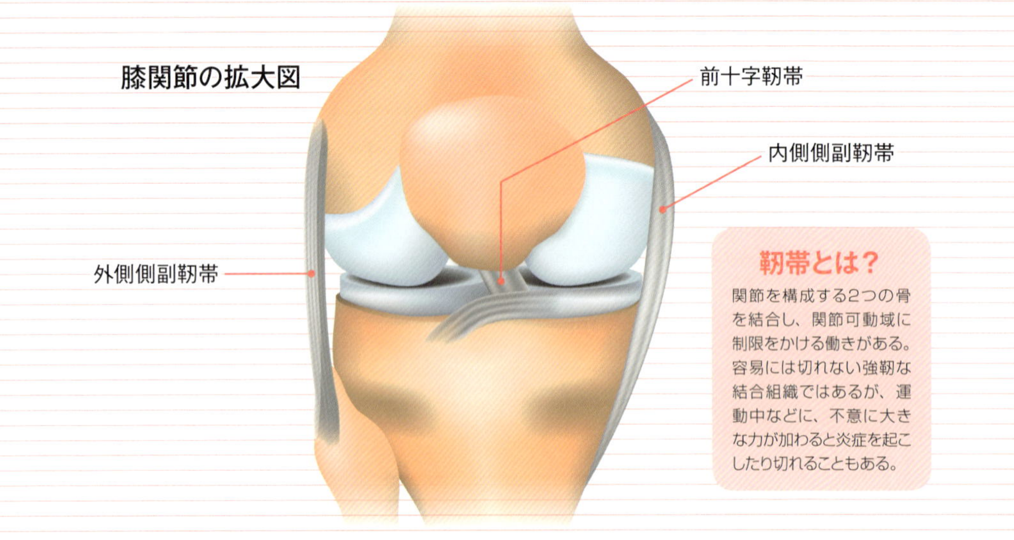


**靭帯とは？**

関節を構成する2つの骨を結合し、関節可動域に制限をかける働きがある。容易には切れない強靭な結合組織ではあるが、運動中などに、不意に大きな力が加わると炎症を起こしたり切れることもある。

靭帯をケガした！

**靭帯を損傷すると関節の安定性が低下する**

**関節の固定**

関節に非伸縮テープを巻き、損傷した靭帯に負荷をかけないように固定する。

**関節の可動域を制限**

関節に伸縮テープなどを巻き、痛む方向への可動域だけを制限する。

テーピングは痛みのある関節を固定するためだけに巻くものではなく、
関節可動域の一部を制限させるなどコントロールしたり、負傷した筋肉の圧迫や
筋肉の収縮を手助けし、負担を軽減させるなどの役割もある。

# 筋肉（骨格筋）の役割

## 関節をまたいで骨につき、収縮してカラダを動かす

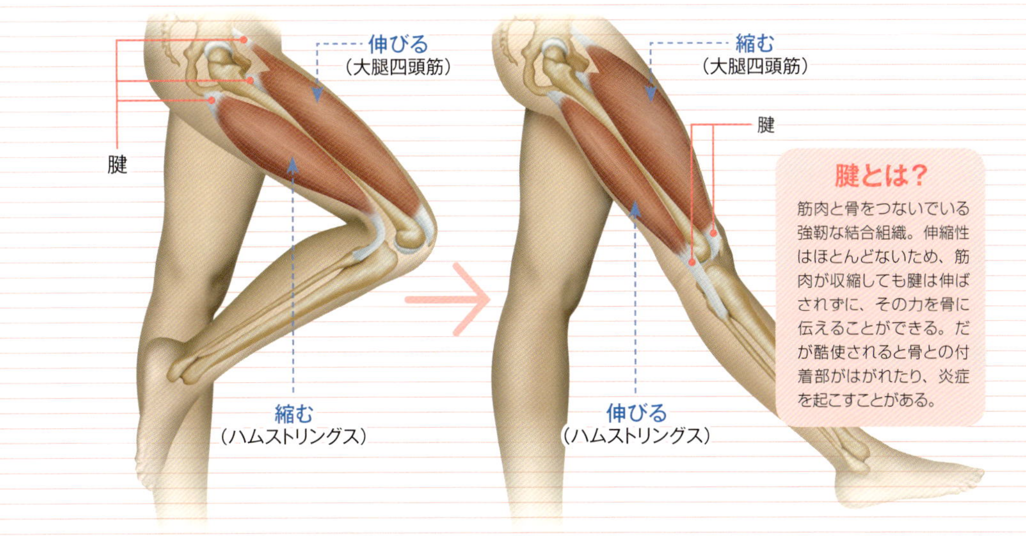


### 腱とは？

筋肉と骨をつないでいる強靭な結合組織。伸縮性はほとんどないため、筋肉が収縮しても腱は伸ばされずに、その力を骨に伝えることができる。だが酷使されると骨との付着部がはがれたり、炎症を起こすことがある。

筋肉・腱をケガした！

## 筋肉や腱が損傷すると筋収縮がスムーズにおこなえない

### 筋肉の圧迫

筋肉の肉離れの場合などは、負傷した筋肉に非伸縮テープを巻き圧迫する。

### 筋肉のサポート

腱炎症時は、筋線維に沿うようにキネシオロジーテープを貼り、筋収縮の働きを手助けする。

テーピングの目的

# 固定や制限、サポートなど目的に合わせてテープや巻き方を変える

関節の**固定**

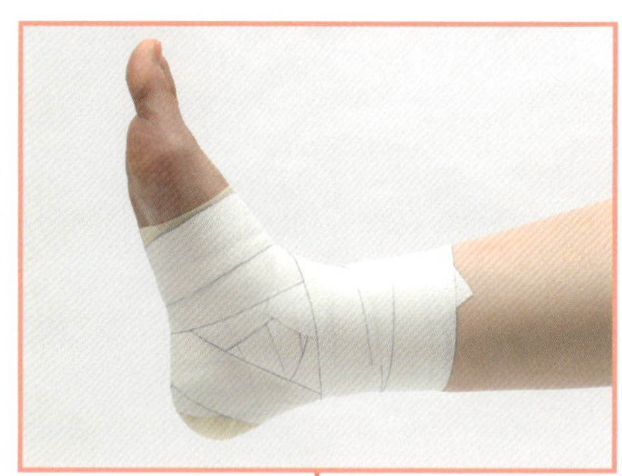

ケガからの競技復帰直後は靭帯が緩んでいる可能性が高いので、可動性よりも固定力を優先させる。そのため固定力の高い非伸縮テープで、全方向への動きを制限するような巻き方をして、患部の不安定感を取り除く。

関節の**可動域を制限**

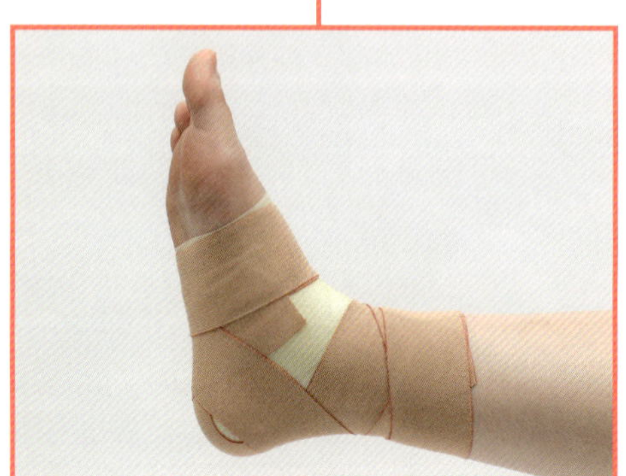

競技復帰をしてある程度期間が経過したら、可動性と固定力のバランスを考慮して競技に必要な可動域は残す。再発予防のため、制限すべき可動域には、必要に応じたテーピングをおこなう。メインテープも非伸縮から伸縮に移行する。

テーピングを巻く組織は、関節と筋肉の2つにわけることができる。
関節と筋肉ではテーピングを巻く目的は異なり、それぞれがさらに2つにわかれる。
実際に巻くときは何のために巻くのかを明確にしておこう。

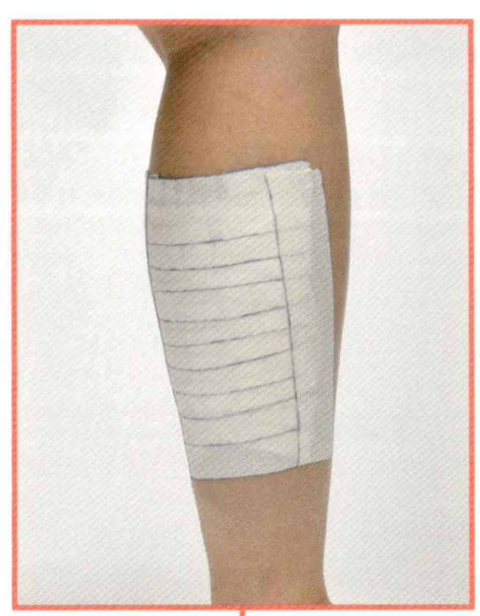

筋肉を圧迫するように巻くシーンは、太ももやふくらはぎなどを肉離れしたときに多い。受傷した筋線維にさらなるダメージを与えないように、患部の中心に筋線維を寄せ集めるようなイメージで圧迫しながら巻く。

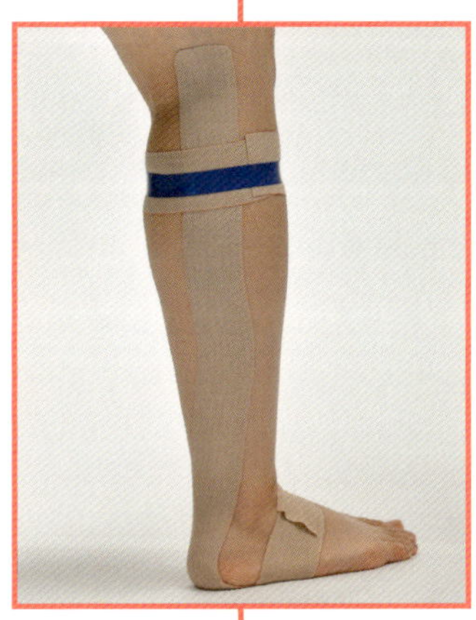

長時間の運動によって筋肉が疲労すると、肉離れや、筋肉と骨の付着部の腱が炎症を引き起こすことがある。これらを予防するために、筋線維の向きに沿うようにキネシオロジーテープを貼り、筋収縮をサポートして運動時の疲労を軽減させる。

テーピングの種類

# 固定力の異なる4種類のテープを使いわける

固定力
強

## 非伸縮テープ
（ホワイトテープ）

固定力が求められる状況で使われ、使用頻度が高い。伸縮性はないので運動中に強い衝撃がかかると切れることもあり、競技によっては最後にソフト伸縮テープでラッピングをするなどの工夫が必要になることもある。

## ハード伸縮テープ

伸縮テープのなかでも固定力が強いハードタイプ。伸縮はするものの生地が強く、手ではちぎれない。可動性と固定力のバランスを考慮して、非伸縮テープやソフト伸縮テープと組み合わせて使われることが多い。

| | 非伸縮テープ | ハード伸縮テープ |
|---|---|---|
| 主な用途 | 関節の固定・筋肉の圧迫 | 関節可動域の制限 |
| 伸縮性 | なし | あり |
| 切り方 | 手で切れる | ハサミで切る |

テーピングの種類はメーカーによりさまざまあるが、
ここでは標準的であり、本書で使用しているテープだけを紹介する。
基本的には下記に大きく取り上げた4種類と右下の2種類があれば、
どんな目的であれ、全身を巻くことができる。

## ソフト伸縮テープ

## キネシオロジーテープ

固定力
弱

伸縮性テープのなかでも固定力が弱いソフトタイプ。固定力よりも関節の可動性を重視したいときに重宝する。また、テーピングがはがれないように、最後に全体をラッピングするときに使用することもある。

裏面に剥離紙がついており、シールのようにはがしてから貼りつける。筋線維に沿って貼ることで、筋収縮を手助けする筋肉サポートとして使われる。そのため固定力は低く、関節の固定などには不向き。

| ソフト伸縮テープ | キネシオロジーテープ |
|---|---|
| 関節可動域の制限 | 筋肉サポート |
| あ　り | あ　り |
| 手で切れる | ハサミで切る |

### その他のテープ

#### アンダーラップ

皮膚がかぶれるのを防ぐためにテープを貼る前に巻く。ただしテープの固定力が多少落ちるため部位によっては使用しない。

#### 自着テープ

粘着性はないがテープ同士が触れるとくっつく素材でできている。アンダーラップと伸縮テープを合わせたような特徴があり、軽量で通気性が高い。単独で筋肉の圧迫や関節可動域の制限で使用したり、最終工程でのラッピングとしてもよい。

テープのサイズ

# テープ幅は巻く部位と本人の体格に合わせて選択する

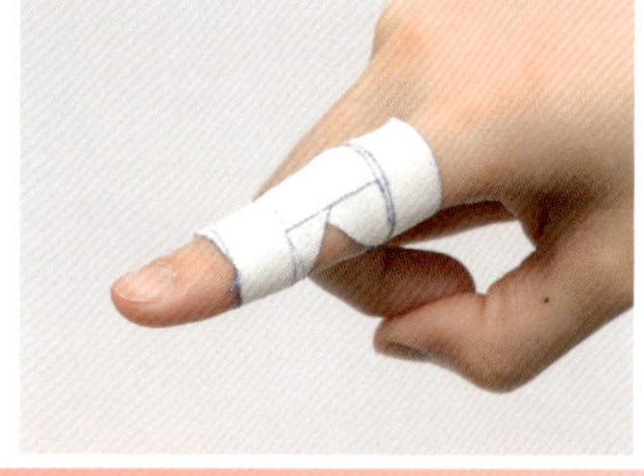

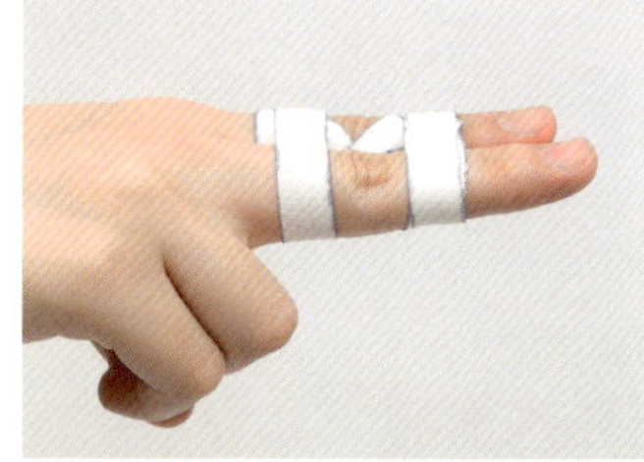

**12mm** 標準的な使用部位 → **指**

最も短い幅である12mmは指に巻く用途で主に利用される。

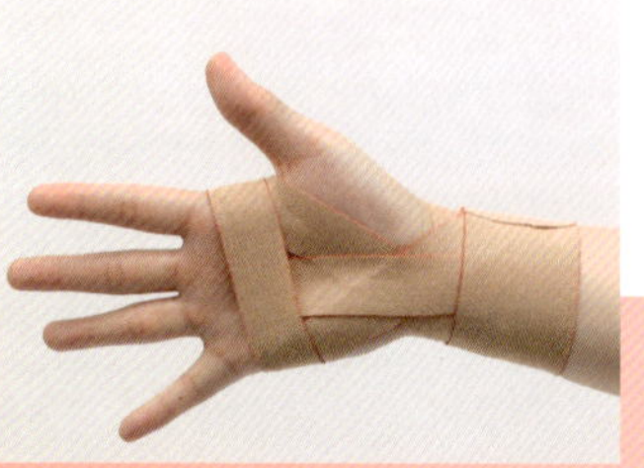

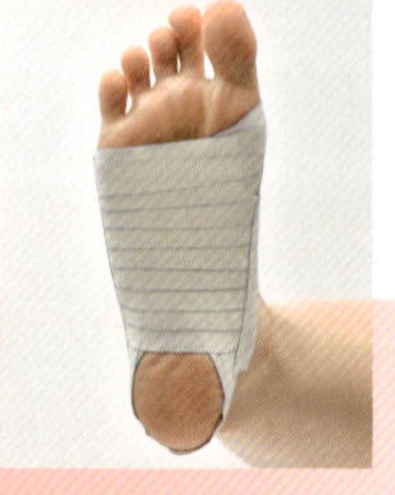

25mmは手や足裏など、部位にあまり幅がないようなところで使用されることが多い。

**25mm** 標準的な使用部位 → **手・足裏**

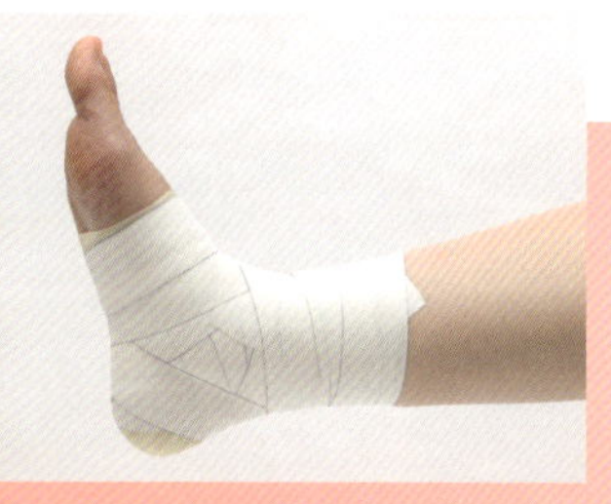

すべてのテープの中間となる幅であり、足首やふくらはぎを中心に多くの部位で使われる。

**38mm** 標準的な使用部位 → **足首・ふくらはぎ**

テープには種類だけではなく幅もさまざまある。
どれを使うかは本人の体格次第だが、ここでは全部位をまかなえる
本書で使用した5つのテープ幅を紹介する。
赤色の帯は実寸サイズなのでテープを選ぶ際の参考にしてほしい。

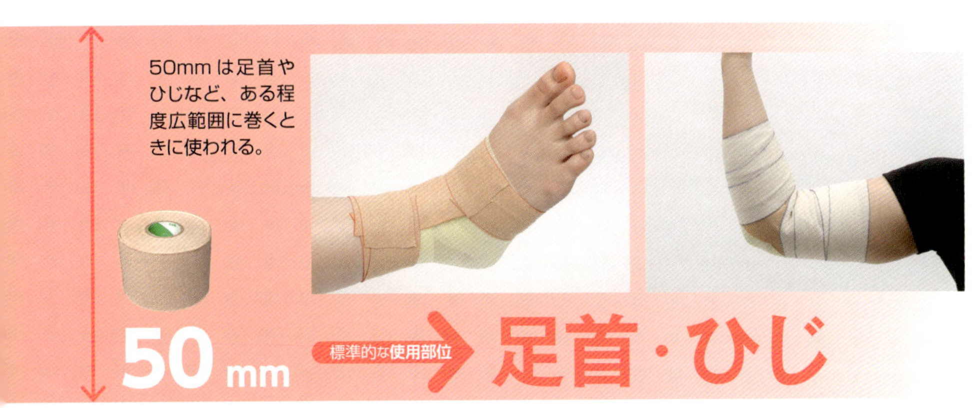


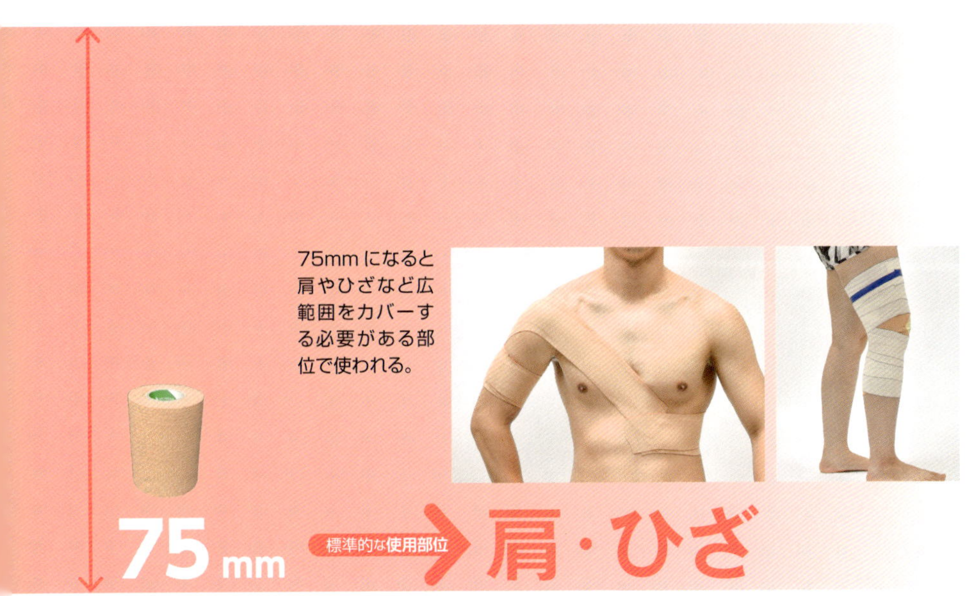

保管方法とその他の関連道具

# テープは正しく保管し変形や劣化を防ぐ

**保管方法** これは実際に使用しているメディカルバッグ。テープを縦にして並べることで変形や劣化を防ぐことができる。

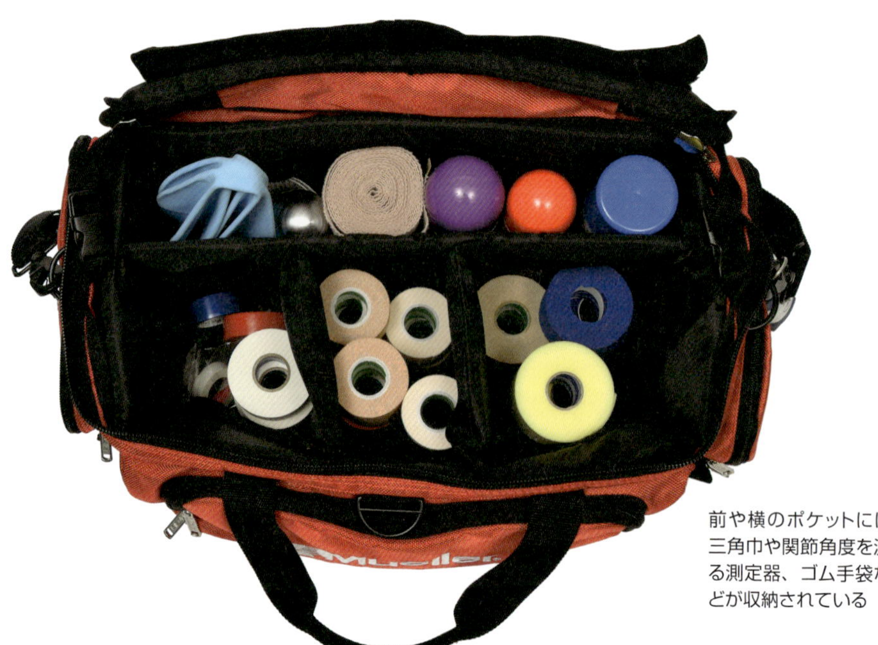

前や横のポケットには三角巾や関節角度を測る測定器、ゴム手袋などが収納されている

### 高温多湿での保管

高温多湿はテープの劣化を早めるので、風通しのよい場所や湿度の低いところで保管したい

### テープの上に物を乗せる

テープの上に物を乗せたまま保管するとテープが変形してしまうので気をつけよう

### テープを横にして保管

テープは縦にして保管すること。横にして積み重ねるとテープを変形させてしまうことになる

テーピングは中心部にある芯に巻かれる構造になっている。
そのため中心の芯が変形すると、テープも歪みシワができてしまうので、正しく保管したい。
また、テーピングの関連道具として、テープの巻きはがしをスムーズにさせる
有効なアイテムもあるのでチェックしておこう。

## その他の関連道具

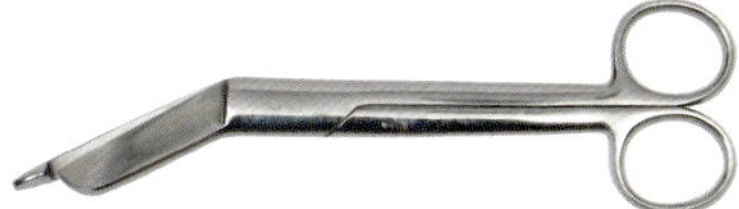

### テーピングハサミ

片側の先端が丸くなっていたり、コーティングされているため、刃先で皮膚を傷つけることなくテープだけを切ることができる

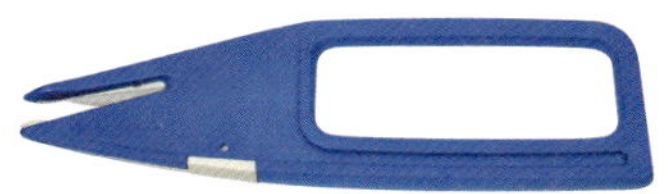

### テーピングカッター

テープと皮膚の間にカッターの先端を入れてテープを切っていく。広範囲にきつく巻いたテープを一気に切断できる

### ワセリン

テープによる摩擦から皮膚を守るために塗る。皮膚が弱いひざ裏や上腕内側、わきの下などで使用されることが多い

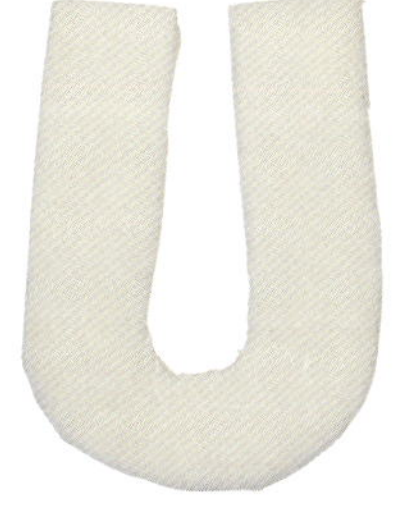

### テーピングパッド

患部を直接圧迫しないように、テープを巻く前に患部に当てて保護する。「U」字や中心に穴が空いたタイプがある

### 足台

ひざに巻くときに使用する。一般的に市販されてはいないので、使用済みのテープの芯を立てて並べ、伸縮テープを巻いて自作する

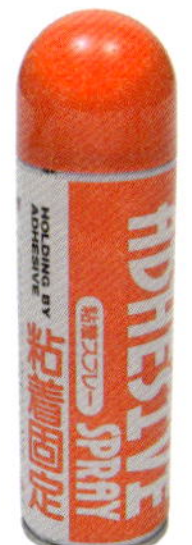


### 粘着スプレー

肩など動きが大きく複雑な部位はテープもはがれやすいので、事前に皮膚に粘着スプレーを吹きつけて粘着力を高めておく

### リムーバー

テープをはがすときに皮膚とテープの間に吹きかけることで、皮膚に負担をかけずにスムーズに引きはがすことができる

上手な巻き方・はがし方

# テーピングの5つのポイント

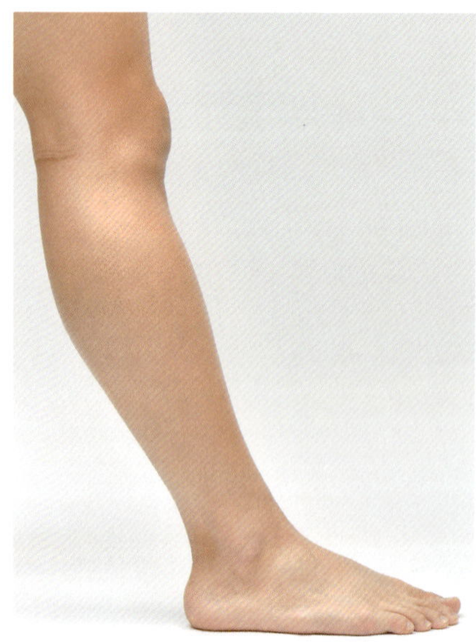

## Point 1

### 汗は拭き取り体毛は剃っておく

皮膚に汗がついていたり、体毛があるとテープの粘着力を低下させてしまう。そのためアンダーラップを巻く場合であっても、事前に汗を拭き取り体毛を剃っておきたい。

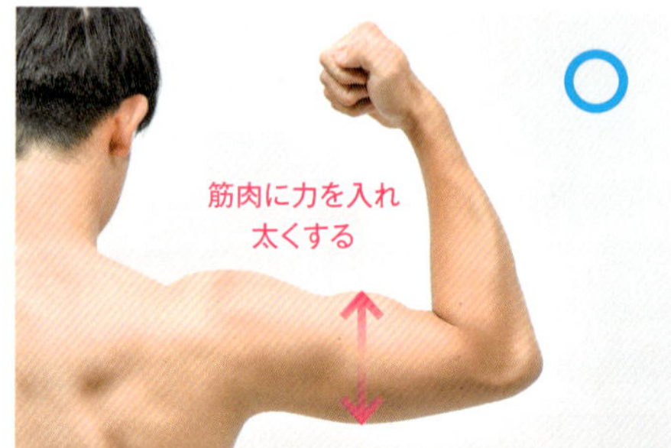


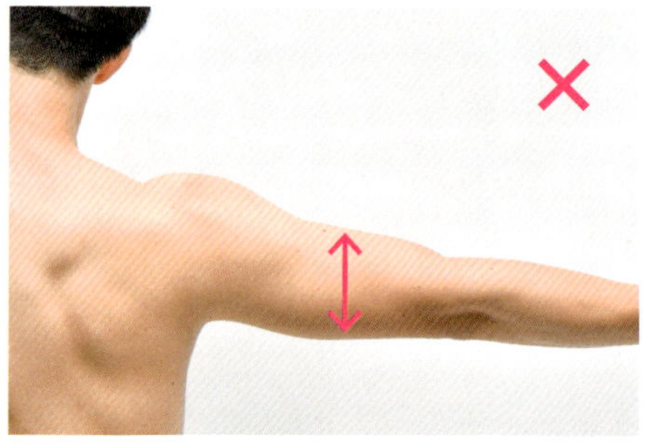

## Point 2

### アンカーを巻くときは筋肉を緊張させておく

筋肉を緊張させるとは、つまり力を入れておくということ。腕や太ももなどに力を入れると筋肉が張って太くなる。この状態でアンカーを巻けば、運動時にテープが食い込むことがない。

テーピングを巻くことで患部が締めつけられ、
痛みが増して競技パフォーマンスが落ちるなんてことになったら本末転倒だ。
ここにあるテーピングを上手に巻くポイントを理解して、
競技パフォーマンスを上げるようにアシストする技術を身につけよう。

## Point 3 巻いている最中は関節角度を一定に保つ

部位や症状によって巻くときの関節角度は異なるが、巻いている最中にその角度が変わってしまうと、テープにたるみができたり、運動時にテープが食い込み痛みが生じてしまう。

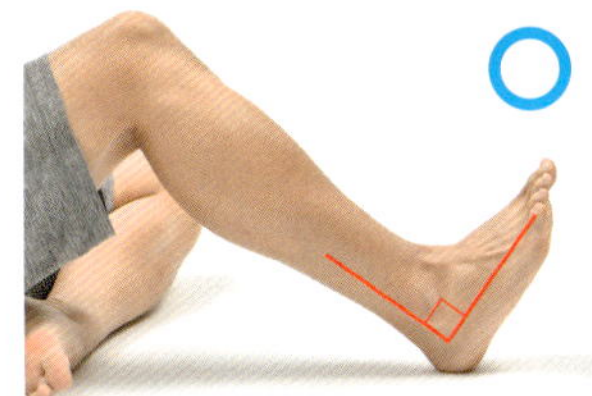

## Point 4 キネシオロジーテープは事前に切り揃え四隅を丸く

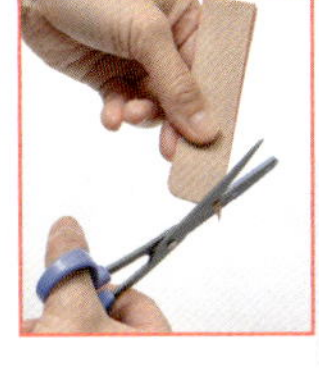

キネシオロジーテープは裏面に剥離紙がついているので、必要な長さを事前に測り、切り揃えておくと扱いやすい。また四隅が角のままだと衣服などに引っかかりはがれることがあるので、角を落として丸くしておく。

## Point 5 はがすときは皮膚を押さえてテープを水平に引く

テープは運動後にすみやかにはがす。このとき、テープを勢いよく引っ張ると痛みをともなうだけでなく、皮膚を傷つけてしまう。皮膚を押さえながらテープを水平方向にゆっくりと引くと痛みもなくはがすことができる。

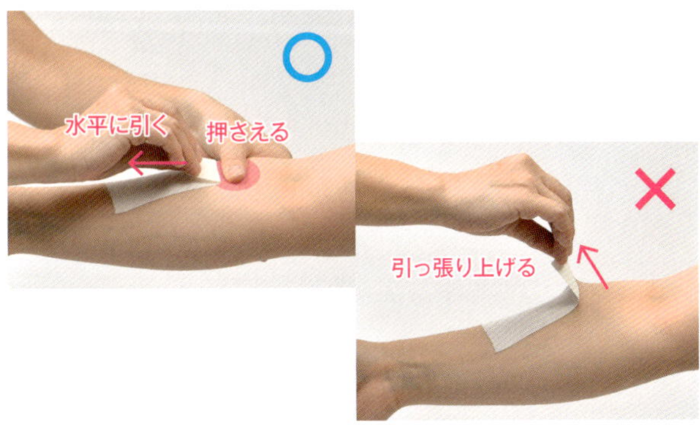

# 足台の作り方

膝関節にテーピングを巻くときは、ひざを適度に曲げた姿勢でおこなう。そのため、一般的には足台にかかとを乗せる。

しかしこの足台、実は市販されているわけではなく、使い終わったテーピングの芯を集めてハード伸縮テープでぐるぐる巻きにしたものを使用するのが通例となっている。

そこで、ここでは最もポピュラーな足台の作り方を紹介する。使用する芯は、一般的には50mmのテープの高さがちょうどよく、38mmでは少し低く、75mmだと高いと感じる人が多い。

1 テーピングの芯を7本集め、6角形に配置

2 ハード伸縮テープで上下を巻く

3 さらに横方向に巻く

4 ぐるぐる巻きにして補強する

5 完成！

# 1章

# 実はこれだけ！ テーピングの基礎技術

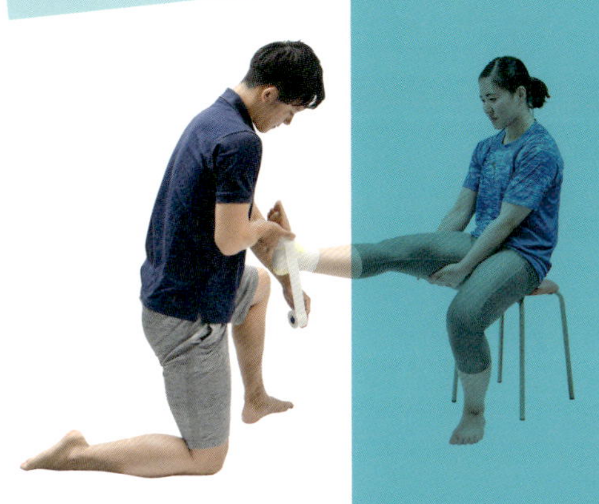

貼り方を決める手順

# 4つの工程を経て貼り方を決定する

## 工程 1

### 患部の情報を把握する

- 腫れはあるか？
- 痛みはあるか？
- どの動作で痛むか？

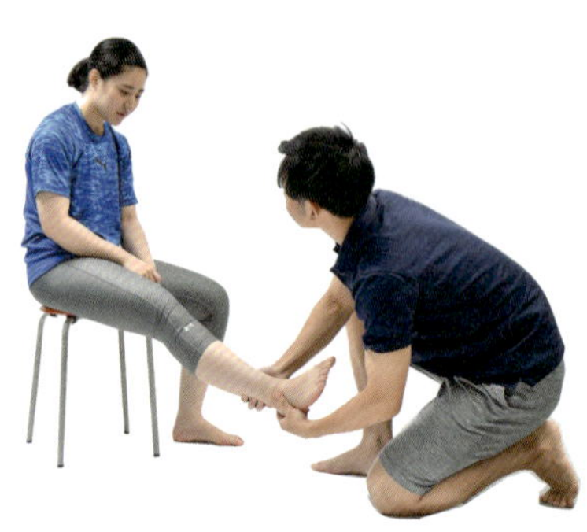

## 工程 2

### 残す可動域と押さえる可動域を確認

- どの方向の可動域を残すか？
- どの方向の可動域を固定するか？

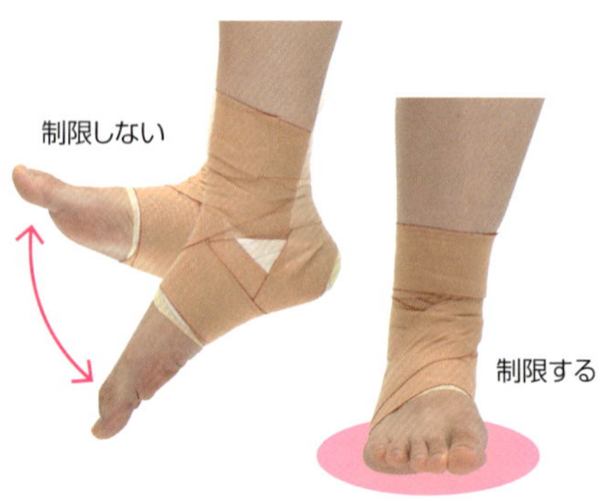


テーピングを貼る前に患部を評価して、患部の情報を正確に把握する必要がある。受傷直後で腫れがあれば、アイシングなどの応急処置が済んでいるかを確認する。受傷直後ではないが痛みがある場合は、どんな動作で痛みが増すかを確認する。

競技復帰直後で多少痛みが残る場合は、非伸縮テープで関節をガチガチにして、固定力を高める。痛みがなく予防のためであれば、伸縮テープで必要な可動域を残すなど、プレーの妨げにならないようにテーピングをする。

受傷部位に対して正しくテーピングを巻くためには、
下記の4つのプロセスを経て、巻き方や使用するテープなどを
見極める必要がある。

工程 ③

## 使うテープと貼り方を決める

- 非伸縮テープで固定力を重視するか？
- 伸縮テープで可動域を限定的に制限するか？
- キネシオロジーテープで筋肉をサポートするか？

テーピングの巻き方は7つあり、どの部位も基本的にはそれらの組み合わせになる（足首だけは特別な巻き方がある）。またテープは非伸縮や伸縮、キネシオロジーなど強度が異なるテープが複数あるので、目的に合わせて使いわける必要がある。

工程 ④

## 不安定感や循環障害を確認

- 患部に不安定感はないか？
- 血管が圧迫されすぎていないか？

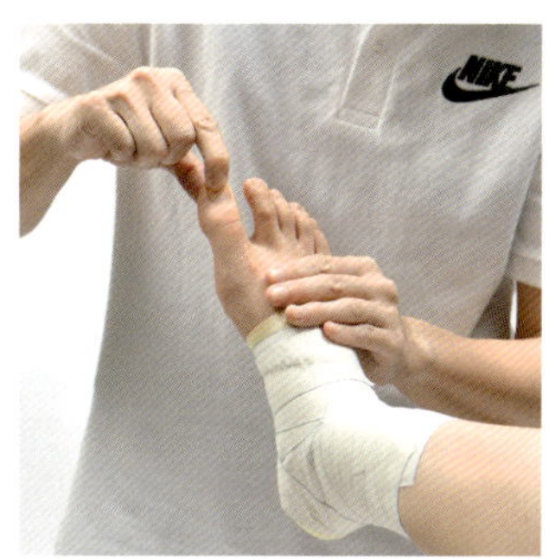

巻き終えたらかるくカラダを動かして、固定感や狙った可動域を制限できているか確認する。もし、不安定感がある場合は、ラッピングをするなど適切な対応をとる。また最後に固定力が強すぎて血液循環に障害が起きていないか、爪を押して確認する。

固定力の調整

# 貼る本数や貼り方の組み合わせで調整する

関節可動域を制限するための固定力は、その部位に貼るテープの本数や貼り方の組み合わせを変えることで調整ができる。

### 調整法 1
## 貼るテープの本数を増やす

ひとつの工程で貼るテープの本数を増減させることで固定力を調整できる。当然、本数が増えれば固定力も上がる。ただし 1 本目のテープとピッタリ重ねるのではなく、1/2 程度ずらして貼ること。

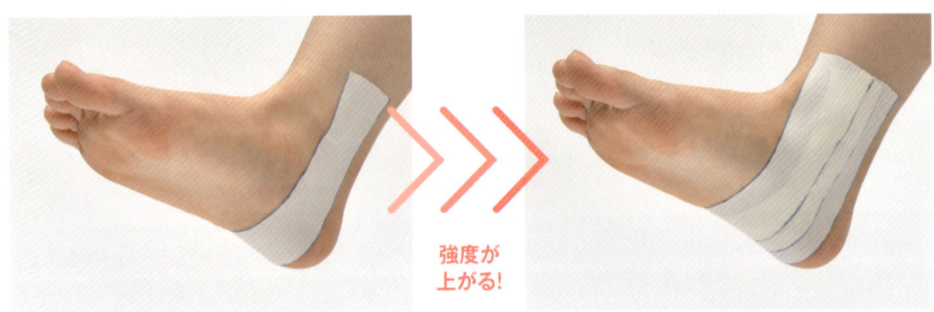


スターアップを1本　　スターアップを3本

### 調整法 2
## 貼り方を組み合わせる

貼り方にはいくつかの種類があるが（→ P.034）、それらの貼り方を組み合わせることで固定力が上がる。たとえばひざの内側に X サポートを貼ると、ひざが内側に入る動作を制限できるが、このとき X サポートだけを貼るよりも、その交点にさらに縦サポートを追加した方が固定力が上がり、狙った可動域への制限をかけやすくなる。

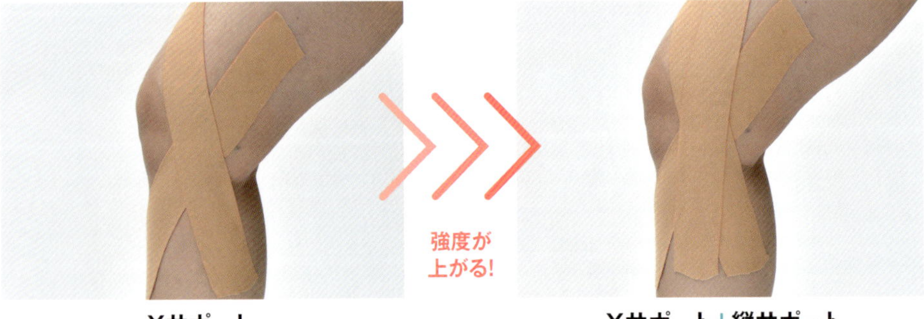


Xサポート　　Xサポート+縦サポート

### 調整法 3
## 固定力の高いテープを使う

貼り方は変えずに使用するテープを固定力の高いものに変える、または固定力の高いテープでもう一度貼ることで強度を上げることができる。下記写真では、ハード伸縮テープでX・縦サポートをした上から、非伸縮テープで再び同じように貼っている。

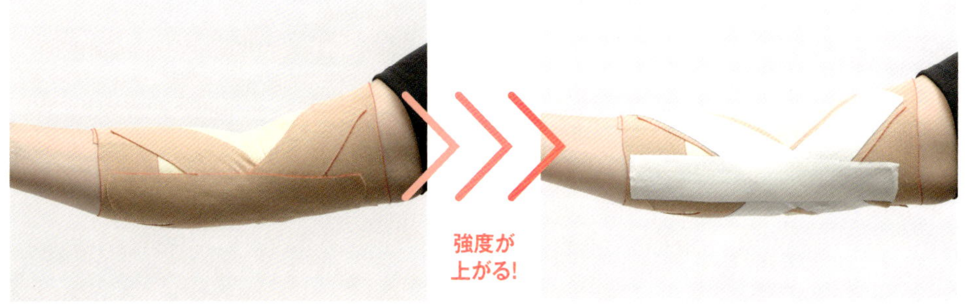


ハード伸縮テープ　　＋ 非伸縮テープ

### 調整法 4
## ソフト伸縮テープでラッピング

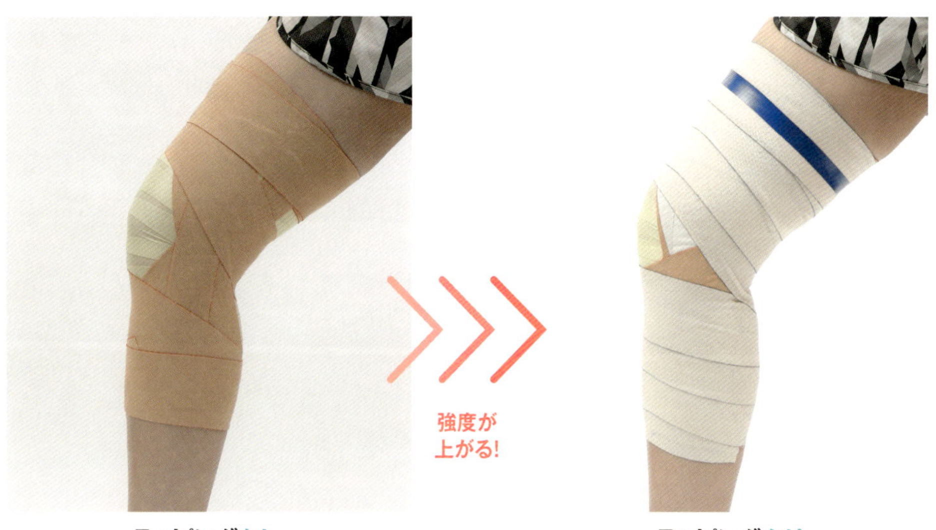


ラッピングなし　　ラッピングあり

非伸縮テープの固定力は高いが、その反面競技によっては負荷がかかると切れてしまうことがある。また、伸縮テープであっても肩やひざなど大きく動く部位ははがれやすい。そこで貼り終えた後に、ソフト伸縮テープや自着テープで全体をぐるぐる巻きにする（ラッピング）と、テープが切れたりはがれたりすることを防止できる。

貼り方の種類

# どの部位でも7つの基本の貼り方を組み合わせるだけ

テーピングは自由に巻いているわけではなく、どの部位も基本的には7つある巻き方を組み合わせておこなわれる。

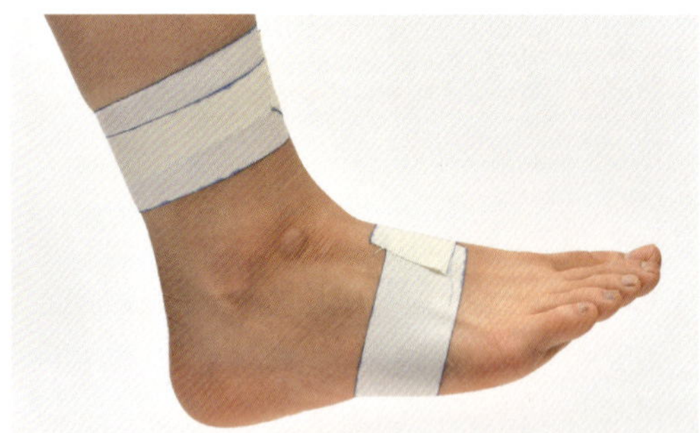

### 基本の貼り方 ❶ アンカー

- 固定力：弱
- 特　長：最初と最後に貼る

最初に貼るアンカーは土台としての役割があり、これ以降に貼るテープはそのアンカーの上から貼る。最後に貼るアンカーはそれまでに貼ったテープがずれないように押さえる役割がある。

➡P.036

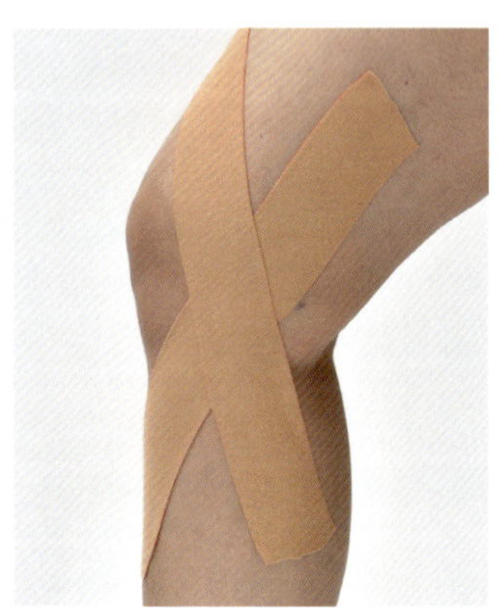

### 基本の貼り方 ❷ Xサポート

- 固定力：強
- 特　長：Xが交わる部分の固定力が高まる

関節の曲げ伸ばしを制限したいときに使われることが多い。制限したい方の逆側に貼ることで効果が発揮される（たとえばひじを曲げたくない場合は、曲げる方とは逆になるひじの外側に貼る）。

➡P.038

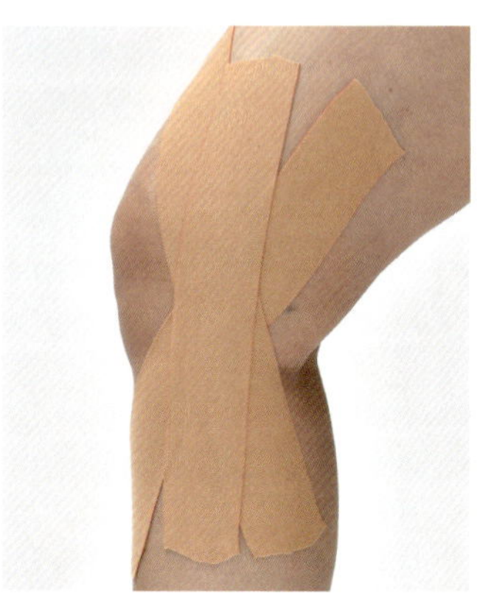

### 基本の貼り方 ❸ 縦サポート

- 固定力：中
- 特　長：靭帯や腱に沿って貼る

靭帯や腱の向きに合わせて沿うように貼ることで過剰に伸びることを防ぐ役割がある。またXサポートの固定力を高めるために、Xの交点を通るように貼ることも多い。

➡P.040

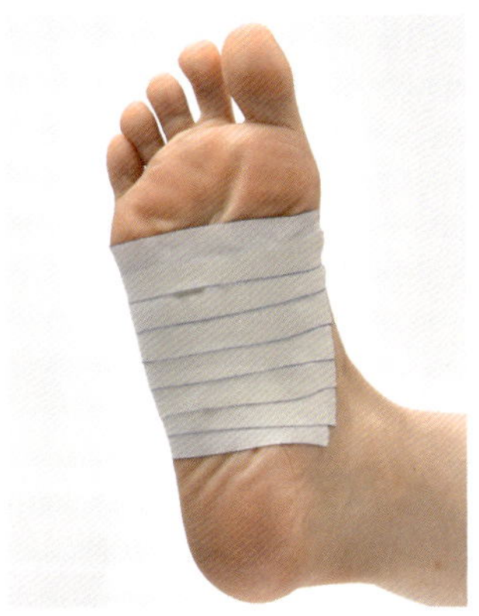

### 基本の貼り方 ④ 水平サポート

- 固定力：中
- 特　長：全体に等しく圧をかける

患部全体に圧をかけることができるため、足裏のアーチや太ももの肉離れや打撲などに対して使われることが多い。またXサポートのずれを防ぐアンカーテープとして使われることもある。

➡P.041

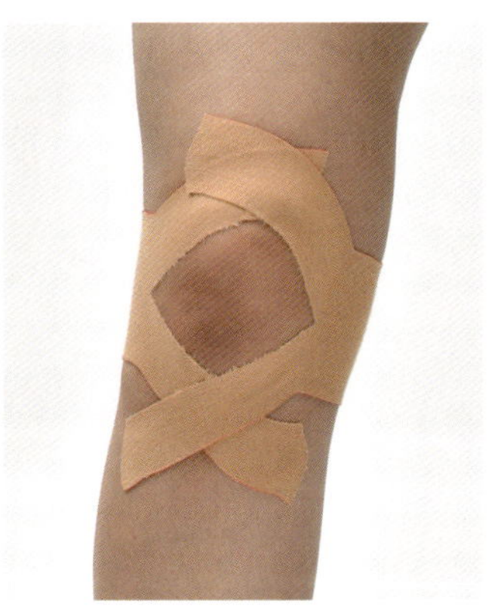

### 基本の貼り方 ⑤ スプリット

- 固定力：中
- 特　長：伸縮テープを縦に裂いて貼る

伸縮テープを縦半分に裂いて、主に膝関節や足関節で使用する。不安定になっている関節をまたいだり、囲むように貼ったりして圧をかけ、関節可動域を制限する。

➡P.042

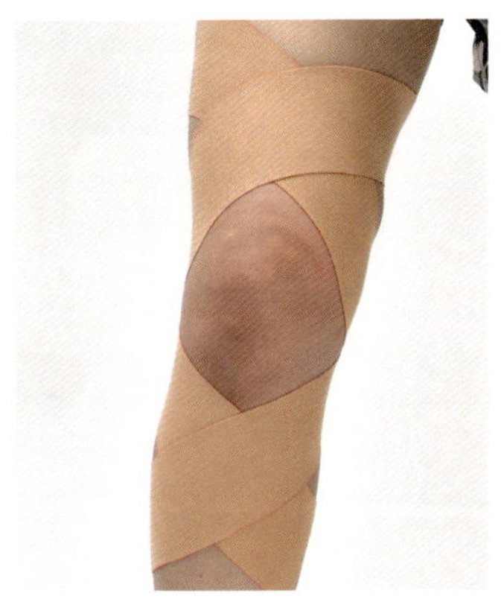

### 基本の貼り方 ⑥ スパイラル

- 固定力：強
- 特　長：らせん状に巻くように貼る

関節の動作には曲げ伸ばしだけではなく、わずかではあるがひねりもある。そのひねりを制限するのがスパイラルであり、関節周囲をらせん状に貼ることで効果が発揮される。主に膝・肩関節で使われる。

➡P.044

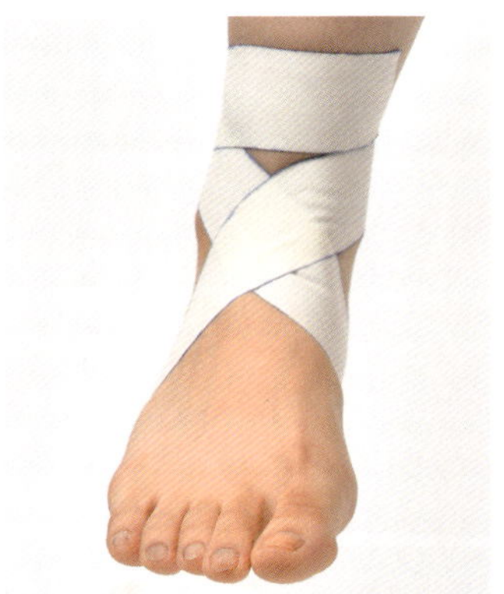

### 基本の貼り方 ⑦ フィギュアエイト

- 固定力：強
- 特　長：関節を中心に「8」の字状に貼る

関節の固定力を上げて可動域を制限する役割がある。関節を中心に「8」の字状に貼ることで、交点とは逆側に曲げる動きが制限される。主に足関節や膝関節などで使われる。

➡P.046

# はじめと終わりに巻くアンカー

**はじめのアンカーには土台としての、終わりのアンカーにはテープを押さえる役割がある**

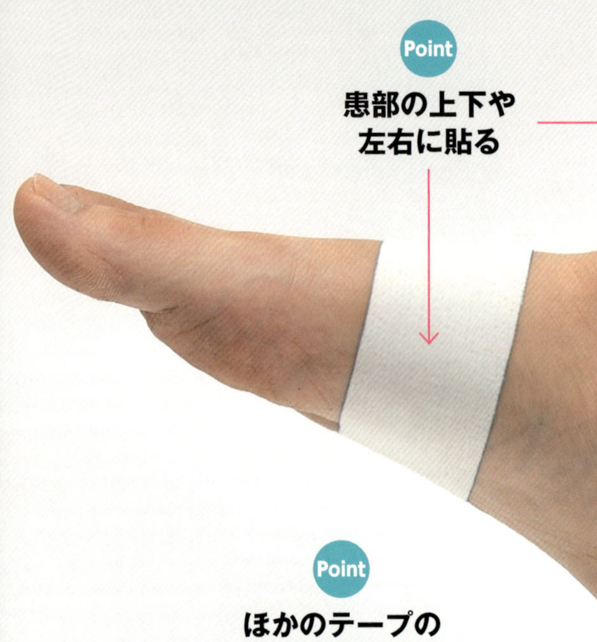


アンカーは固定したい関節や圧迫した筋肉の上下や左右に巻く。基本的にはテーピングの最初と最後に巻くが、それぞれ役割が異なる。最初に巻くアンカーは土台としての役割があり、ベーステープとも呼ばれる。最後に巻くアンカーはテープをとめる役割があり、ロックテープとも呼ばれる。

患部となる足関節の上に
1本目のアンカーを巻く

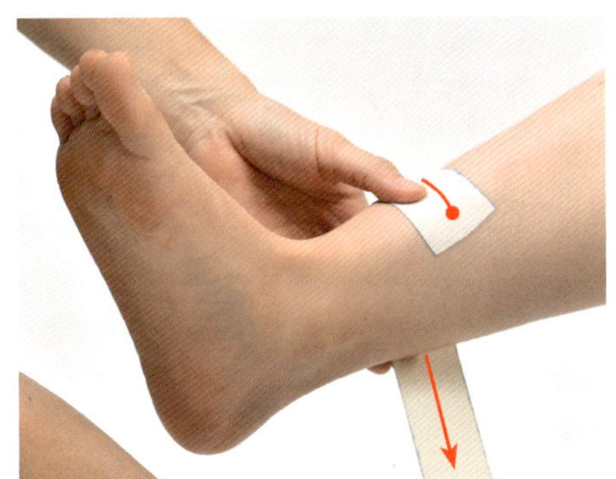

テープが細いので1/2ほどずらしてもう1本巻く

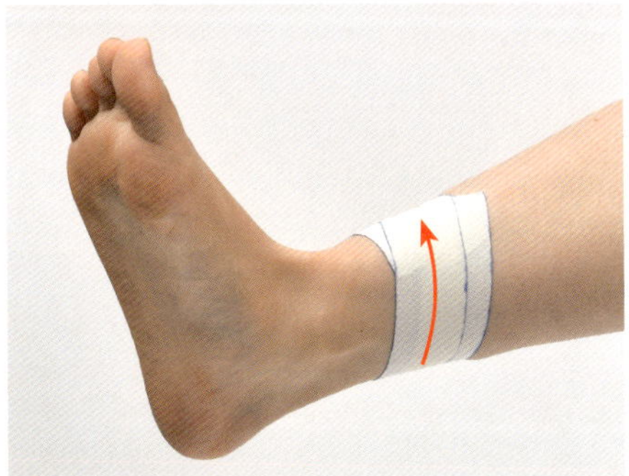

患部となる足関節の下にもアンカーを巻く

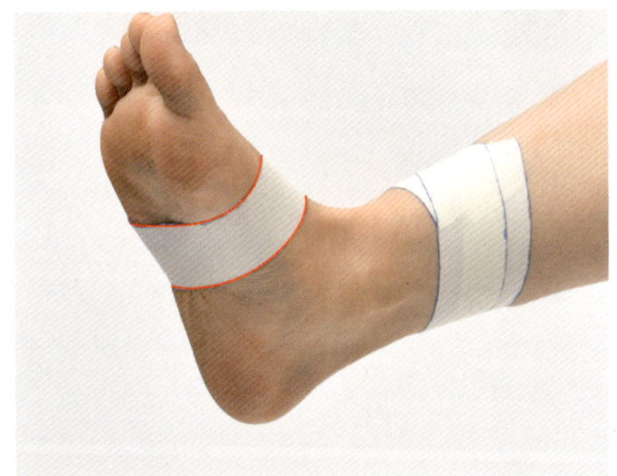

ココに注意！

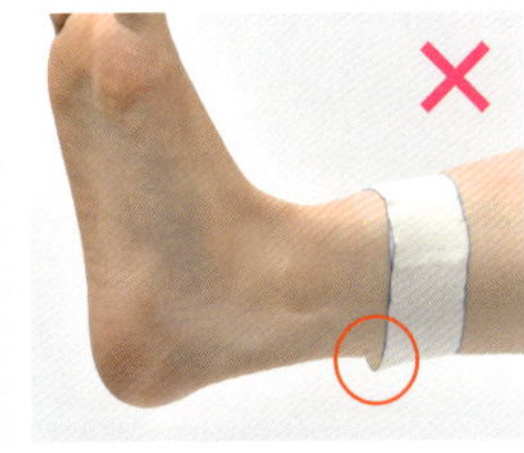

## 足のラインに合わせシワをつくらない

アキレス腱やすねなど足のラインに合わせて貼らなければ、すき間ができシワが寄ってしまう

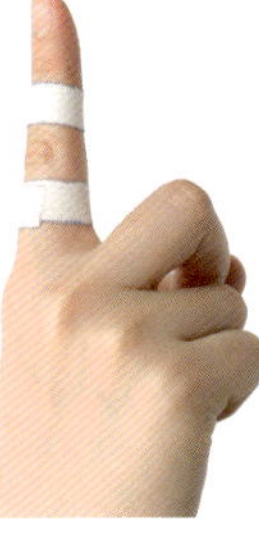

## 指に巻くアンカー

突き指をしたときは、痛む関節を挟むように上下にアンカーを巻く。この後、このアンカーを始点と終点としてXテープなどが巻かれる

基本の貼り方 ❷　固定力▶強

# 交点で関節の動きを制限するXサポート

**Xに交わる点が関節の曲げ伸ばしなどの動きを制限する**

Point

**損傷した靭帯上に交点がくるように貼りつける**

**膝関節では制限したい方向と同側に貼る**

Xに交わる交点を関節部や圧迫したい筋肉に貼る。膝関節のねじれを制限する場合は、制限したい方向と同側に貼り、手関節や指関節の屈曲や伸展を制限したい場合は、制限したい方向と逆側に貼る。筋肉に貼る場合は肉離れ時が多く、患部に交点がくるように圧迫しながら貼る。

下から上に向かって引っ張りながら、損傷部位を通るように貼る

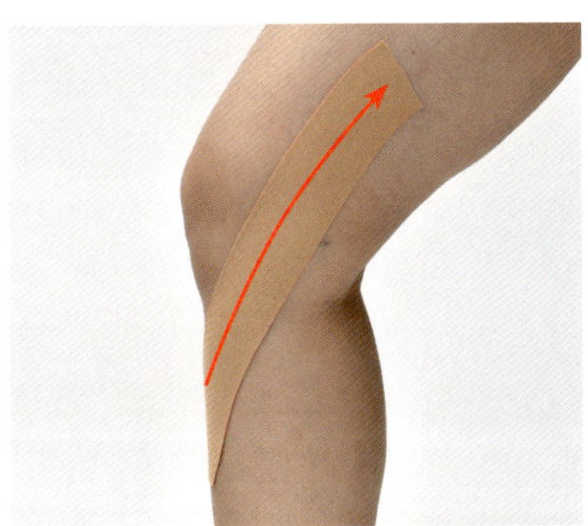

1本目と対角になるように2本目を貼る。損傷部位の上に交点がくればOK

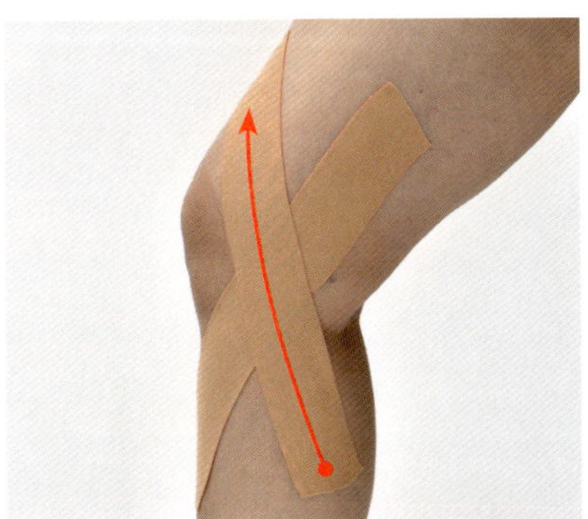

交点を通るように縦サポートを貼ると固定力が上がる。一般的にはこのようにXと縦をセットで使う

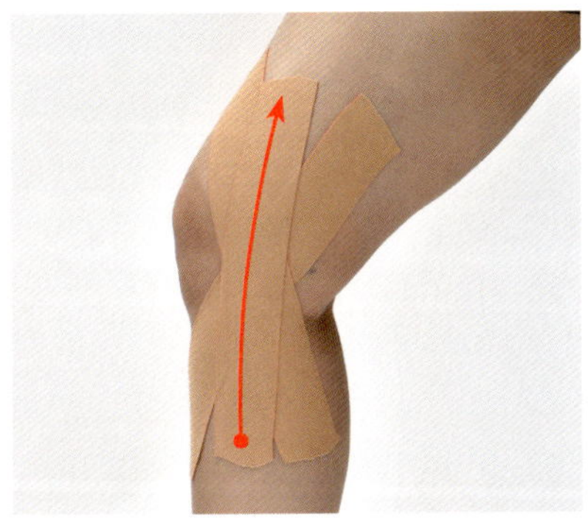

**手首の屈曲を制限したい**

手首を曲げる動作を制限したい場合は、手首を曲げる向きとは反対側である手の甲側に貼ることで可動域を制限できる（手のひら側に貼っても手首を曲げる動きは制限できない）

ココに注意!

## 手・指関節では制限したい向きと逆側から貼る

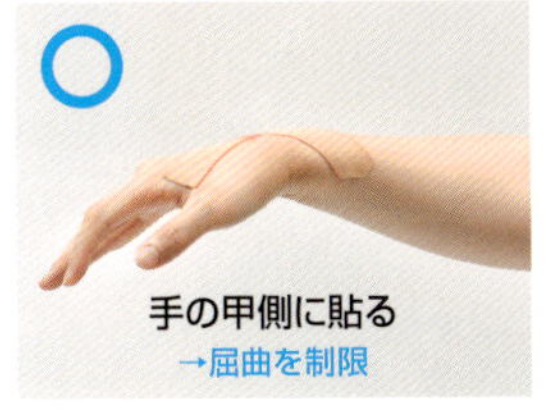


手の甲側に貼る
→屈曲を制限

手のひら側に貼る
→屈曲を制限できない

基本の貼り方 ③　固定力▶中

# Xサポートと組み合わせる
# 縦サポート

**Xサポートとの組み合わせたり、靭帯や腱、筋肉に沿わせることで効果を発揮する**

Point

**Xサポートの交点を通すように貼る**

肘関節の伸展制限
→ひじが伸ばしづらくなる

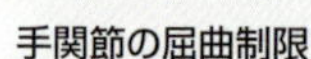

手関節の屈曲制限
→手首が曲げづらくなる

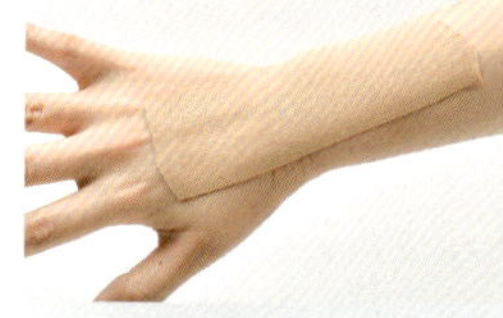

屈曲·伸展制限では制限したい方向と逆側に貼る

最もオーソドックスな使い方は、関節可動域を制限するためにXサポートの交点を通して貼るというもの。縦サポートだけでも効果はあるため、右写真のように簡易的に貼ることで、肘関節の伸展や手関節の屈曲をある程度制限できる。

固定力▶中

# 広範囲を圧迫する水平サポート

**少しずつずらして貼ることで患部全体を均一に圧迫できる**

Point

**患部を覆うように1/2ずつずらして貼る**

関節可動域の制限ではなく、土踏まずのアーチのサポートや、太ももやふくらはぎの肉離れ、打撲など、患部を圧迫させたいときに使われることが多い。患部を覆うように貼ることができるので、全体を均一に圧迫できる。またテープのずれを防ぐ目的で使われることもある。

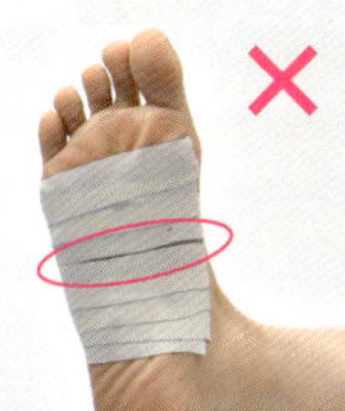

すき間が空く

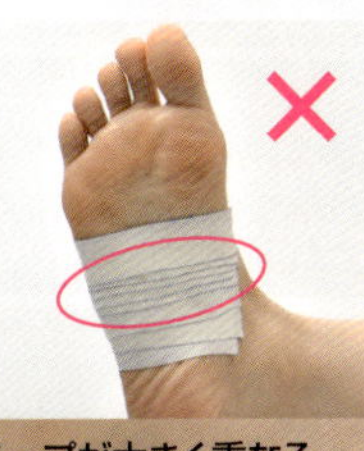

テープが大きく重なる

水平テープは1/2ほど重ねて全体を覆うように貼ることが大切。すき間が空いたり、重なりが大きいと均一に圧迫できない

基本の貼り方 5　固定力▶中

# テープを縦に切って使うスプリット

**伸縮テープを縦に切りさき、関節を囲むように貼りつけ圧迫させる**

Point
**テープの両端をさいて貼りつける**

Point
**関節を囲むように貼り安定性を与える**

テープの端にハサミなどで切れ目を入れ、手で切りさいてから使うという特殊な貼り方をする。関節を囲むように貼ることが多く、圧迫を加えることで、受傷し不安定になっている関節に安定性をもたらす。また足関節においては、関節をまたぐように貼ることで、底屈や背屈の可動域に制限をかける（➡ P.084～091）。

テープの端にハサミなどで切れ目を入れる

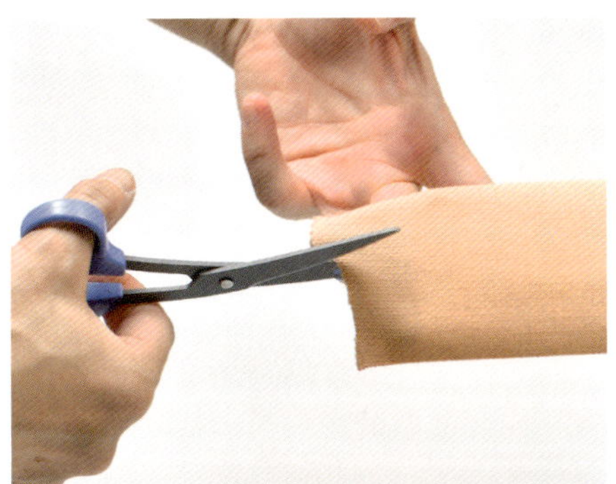

ひざ裏からテープを貼り、切れ目を広げて関節を囲むように貼りつける

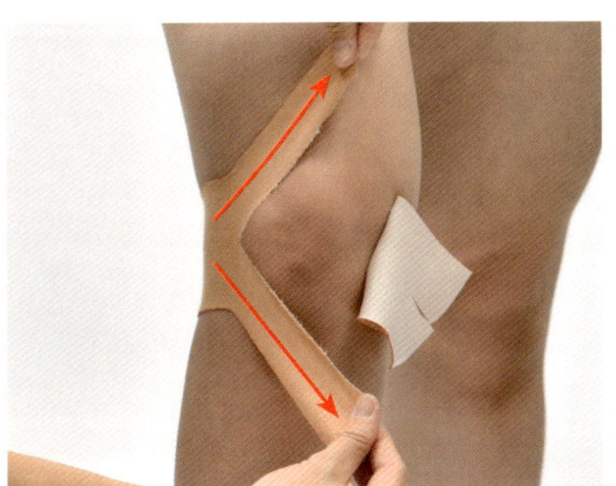

もう片方の端も切れ目を広げてひざのお皿を囲むように貼りつける

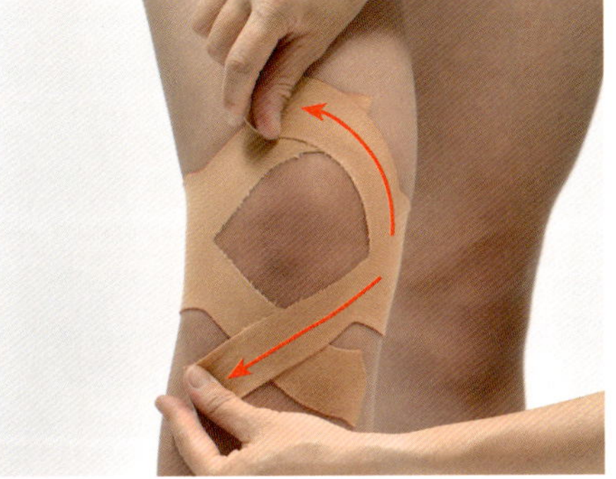

Another Angle

テープ中央をひざ裏に貼りつけてから、ひざのお皿に向かう

ココに注意！

## 裏返しにして事前に長さを確認！

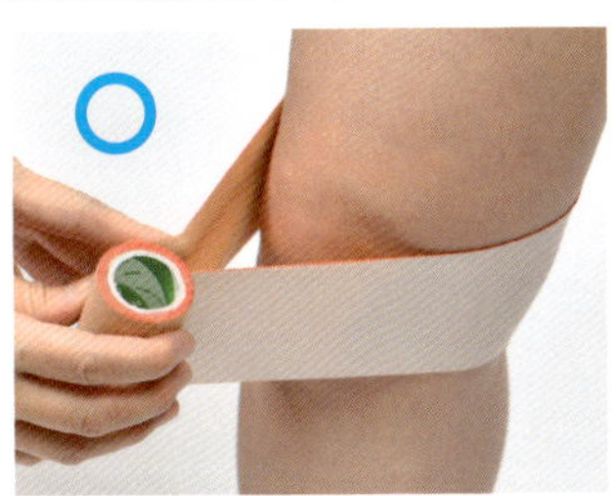

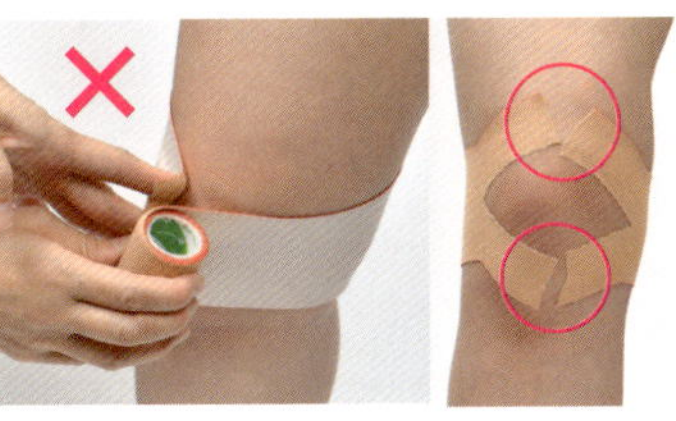

テープの長さが足りず関節を囲めないと効果的に圧迫できない。そのため貼る前にテープを裏返しにして必要な長さを把握しておく必要がある

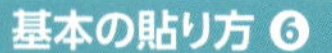

基本の貼り方 ❻　固定力▶強

# 関節周囲をらせん状に巻く スパイラル

**関節を中心にその周囲をらせん状に巻くことで、ひねる動作（回旋）を制限する**

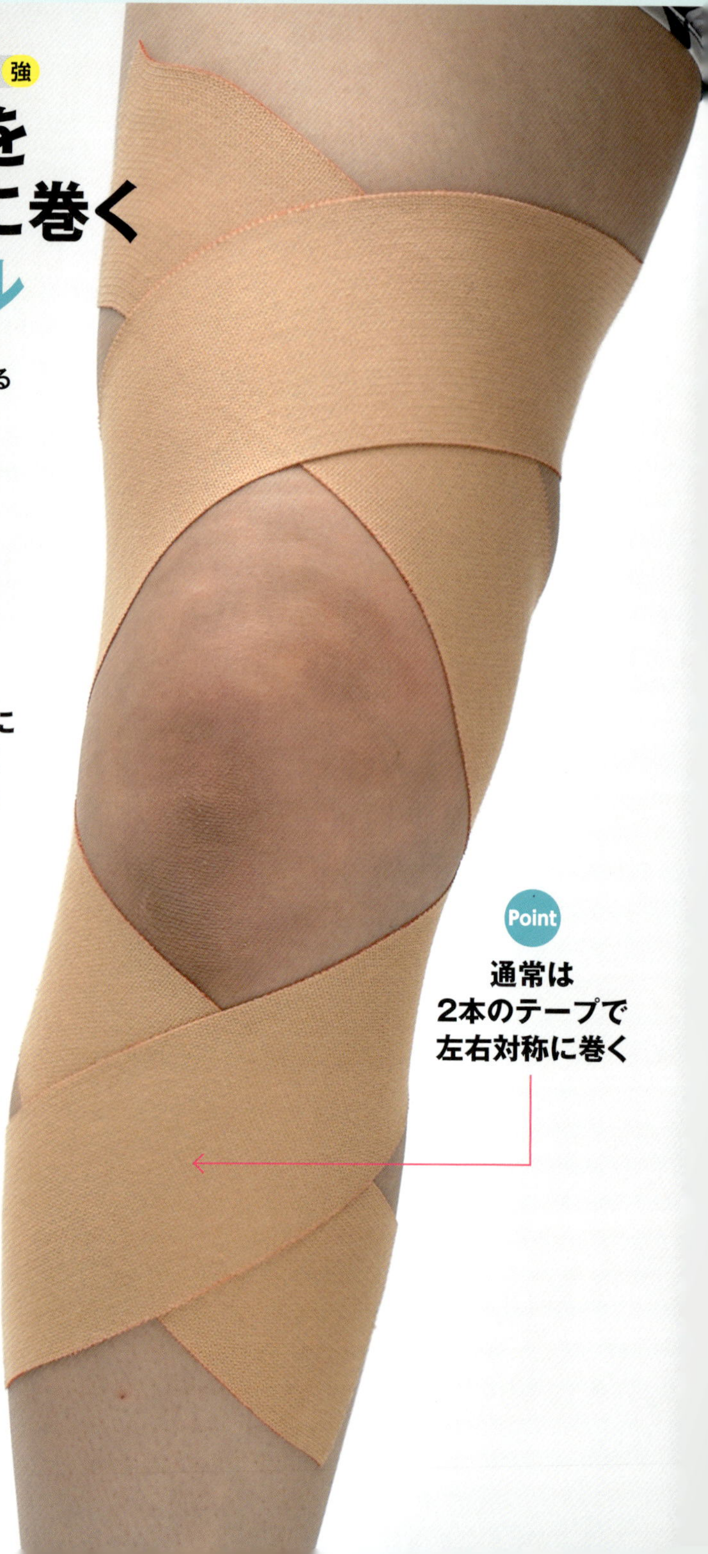

Point
**関節を中心にらせん状に巻き上げる**

Point
**通常は2本のテープで左右対称に巻く**

膝関節は曲げ伸ばしだけではなく、左右にも、わずかではあるがひねることができる。肩関節は膝関節以上に大きく回旋でき、投球動作などでは欠かせない可動域でもある。これら関節の回旋動作を制限するために有効なのがスパイラルであり、過度にひねることで高まる靭帯損傷のリスクなどが軽減される。

すねの内側から斜め上に巻きはじめる

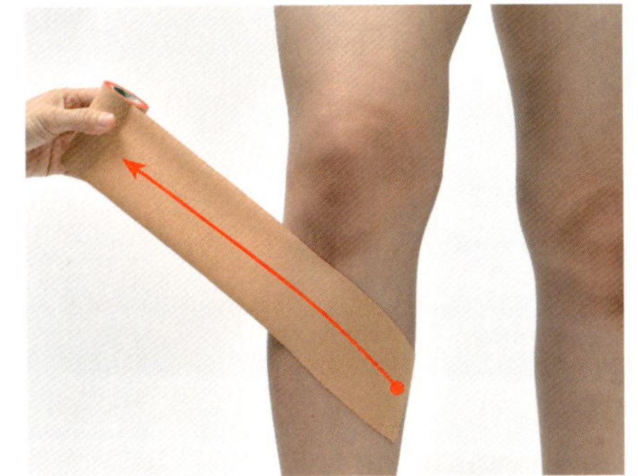

ひざを上下からはさむように巻き上げ太ももの外側でとめる

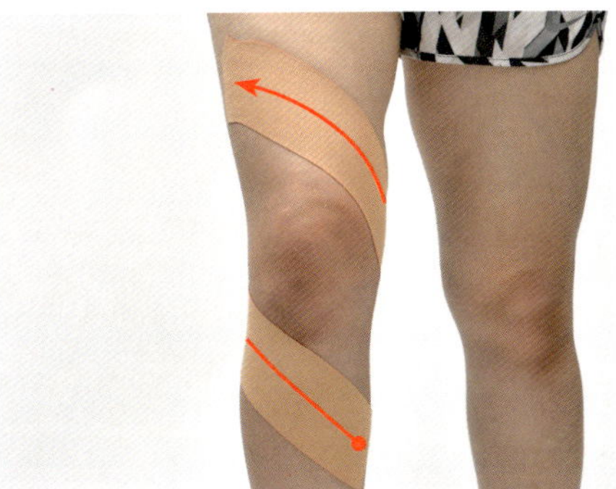

Another Angle

膝関節を中心にらせん状に巻き上げる

テープの交点がひざの中央線上を通るように、1本目と左右対称に巻く

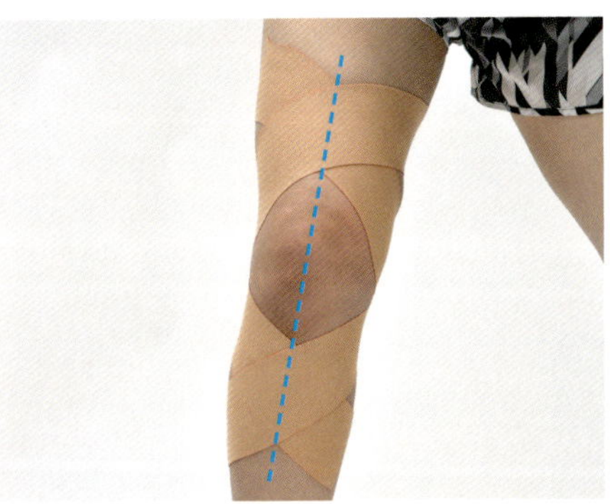

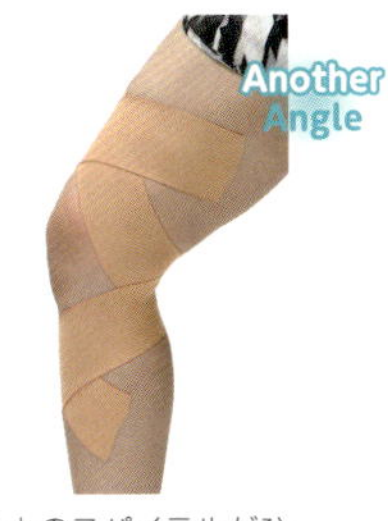


2 本のスパイラルがひざの裏で交差する

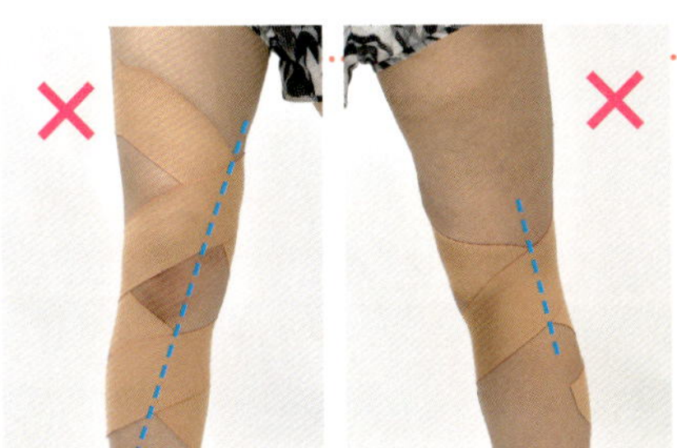

ココに注意!

## 2本のテープの交点がずれる

スパイラルを正しく2本巻けば、その交点はひざの中心を通る線上にくるが、写真のように交点がずれていると、関節の回旋動作を制限する効力も低下する

固定力▶強

# 「8」の字状に巻く フィギュアエイト

関節を中心に「8」の字状に巻くことで、曲げ伸ばしとひねりを同時に制限する

カラダのラインに合わせて貼る

Another Angle

Point

交点が中央からやや親指側にくるように巻く

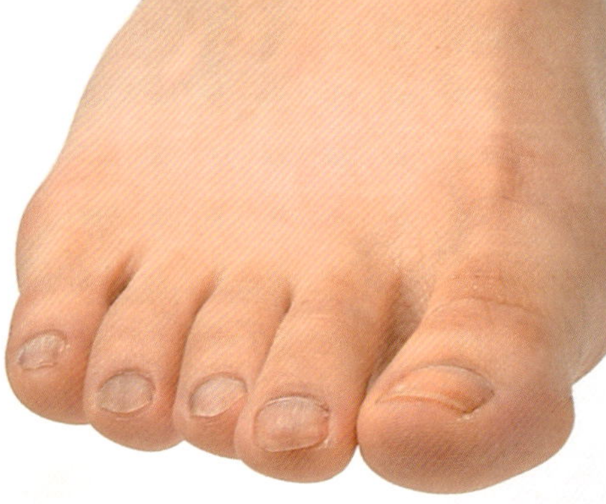

フィギュアエイトは１本のテープで関節を中心に「8」の字に巻くため、カラダのラインに上手に沿わせなければ、テープにたるみができたり、交点がずれやすいので注意が必要だ。しかし上手に巻ければ、この１本で関節の曲げ伸ばしとひねり動作の両方を制限できる。

足の裏に対して直角になるように外くるぶしからテープを引き下ろす

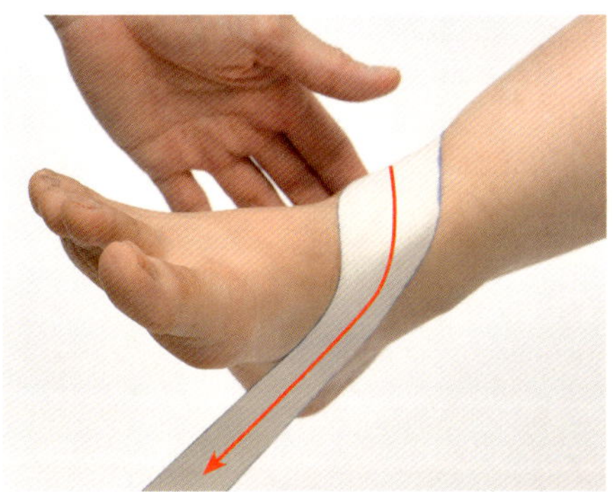

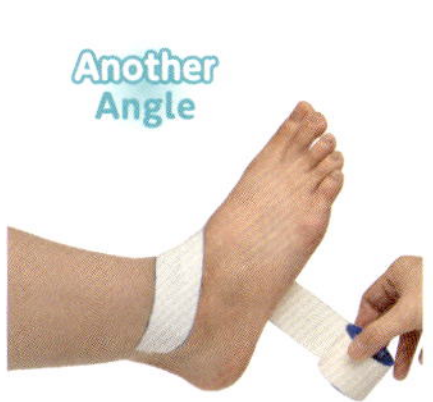


外くるぶしを始点にテープにたるみができないようにカラダのラインを意識して巻きはじめる

足の裏を通して直角に引き上げてから内くるぶしに向かって貼る

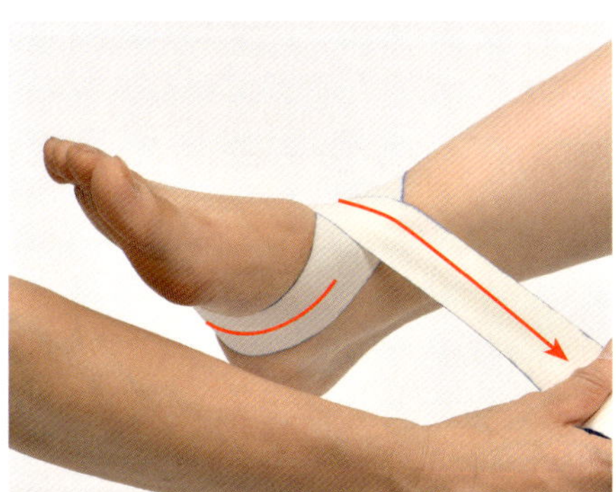

足首を1周巻いたら完成

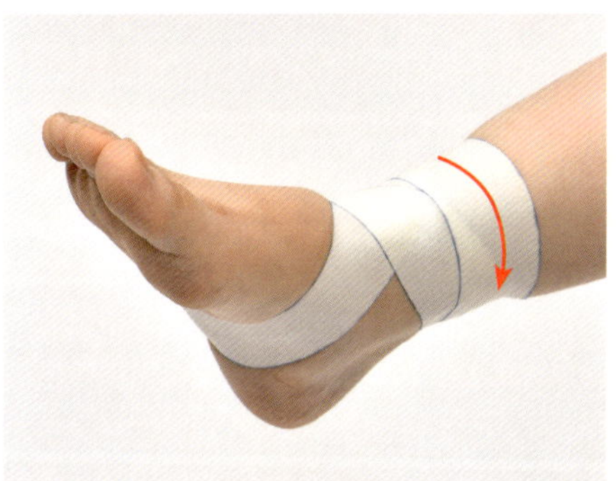

ココに注意！

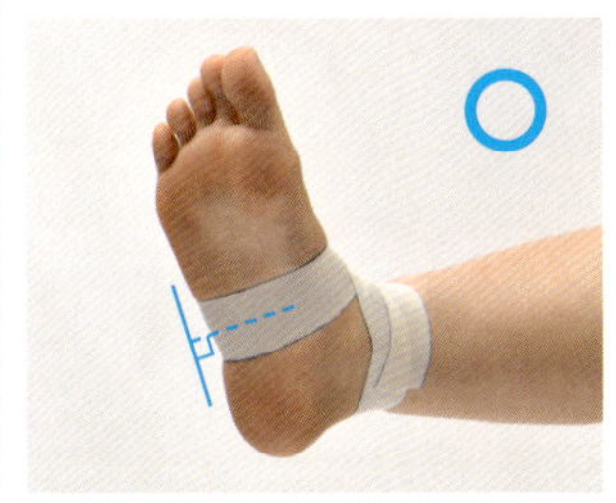

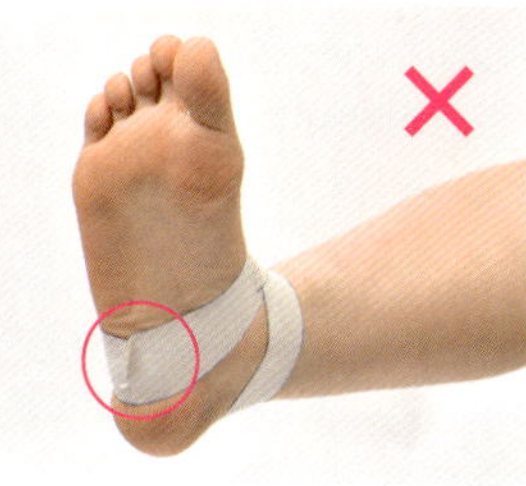

## カラダのラインを意識する！

足の裏やアキレス腱など一見するとまっすぐにも思えるカラダのラインは、実は微妙にカーブしているので、シワが寄らないようにそのラインに合わせてテープを貼る

Column #02

# 2つにわけられるスポーツ損傷

スポーツ中に起こるケガは大きく急性と慢性のものにわけられる。

急性のケガは急性スポーツ外傷とよばれ、主な症状にはねんざや肉離れ、脱臼や骨折などがある。これらは競技中の転倒や相手選手との接触などによって、突発的に大きな力が加わったりすることで起こる。

もうひとつの慢性のケガは慢性スポーツ障害とよばれ、主な症状には野球ひじやテニスひじ、シンスプリントやジャンパーズニーなどがある。これらは突発的に起こるのではなく、日々の練習のなかでくり返し特定部位に負荷がかかることで発症する。つまり段階的に悪化していくため、痛みとして現れるまでにはある程度時間がかかる。

急性スポーツ外傷は、事前にストレッチをしたりテーピングを巻くなどすることである程度は予防できるが、突発的に起こるため完璧に回避することは難しい。

一方慢性スポーツ障害は、その特性から日頃のケアを徹底することで、未然に防ぐことができる可能性が高いと考えられている。

**スポーツ損傷の分類**

**急性スポーツ外傷**
突発的に大きな力が加わるなどして起こる
主な症状 ねんざ(靭帯損傷)・肉離れ・脱臼・骨折・筋挫傷など

**慢性スポーツ障害**
断続的に特定部位に負荷がかかることで起こる
主な症状 腱鞘炎・野球ひじ・シンスプリント・ジャンパーズニー・足底筋膜炎など

# 2章

# 足部の テーピング

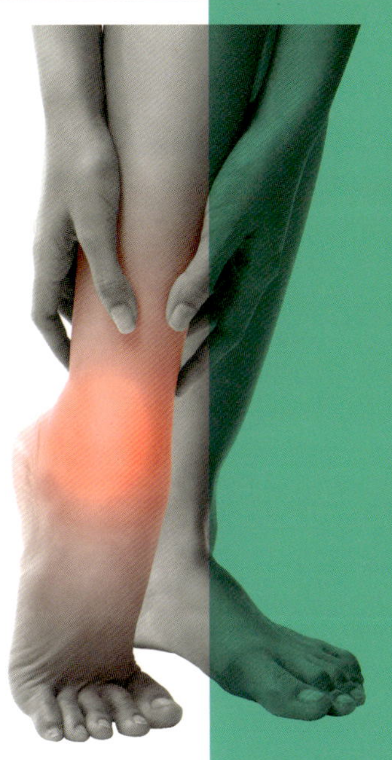

# 足関節の構造

足関節とは一般的に足首とよばれている部分であり、運動中に負荷がかかりやすく、ねんざなどスポーツ外傷が起きやすい部位である。

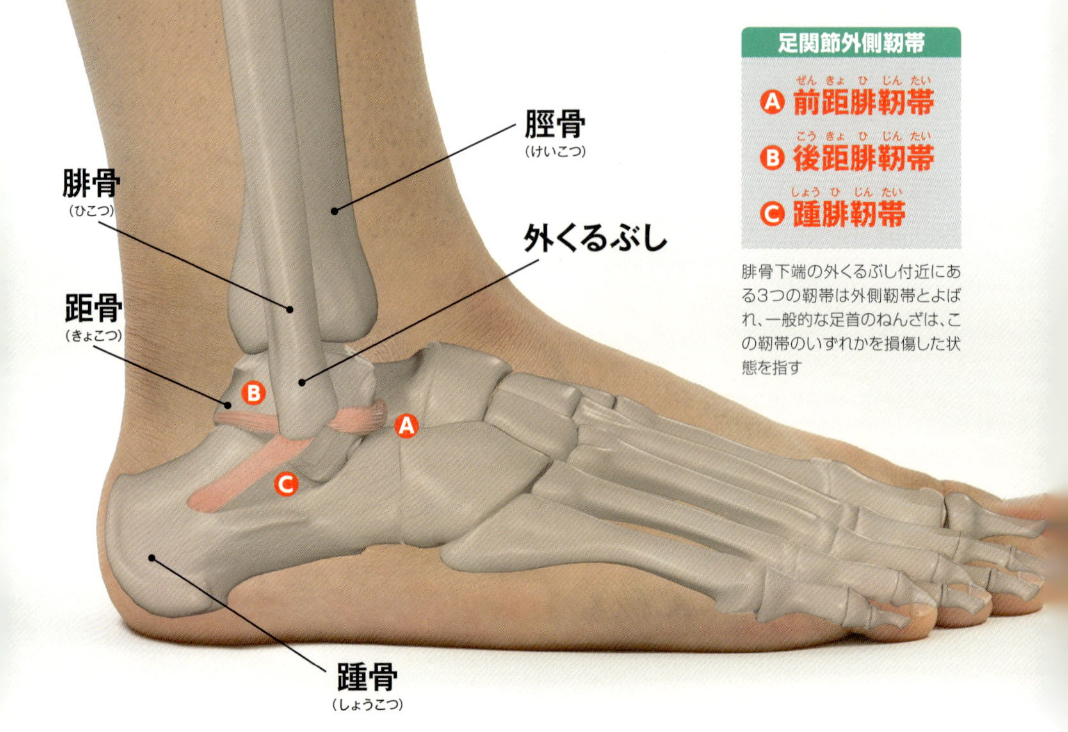

**足関節外側靭帯**

A 前距腓靭帯（ぜんきょひじんたい）

B 後距腓靭帯（こうきょひじんたい）

C 踵腓靭帯（しょうひじんたい）

腓骨下端の外くるぶし付近にある3つの靭帯は外側靭帯とよばれ、一般的な足首のねんざは、この靭帯のいずれかを損傷した状態を指す

## 足関節外側靭帯損傷の重症度（あしかんせつがいそくじんたいそんしょう）

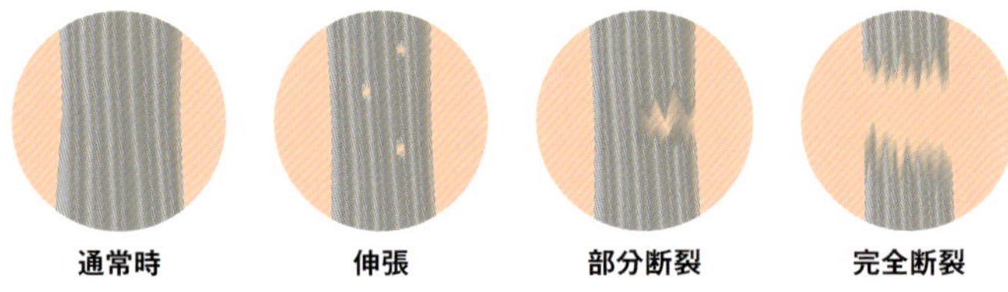

通常時　伸張　部分断裂　完全断裂

ねんざによって靭帯が急激に伸張して一部が傷ついた場合は、テーピングをして安静にすることで数週間で復帰可能だが、部分断裂や完全断裂になると中長期間の安静やリハビリが必要になる。

## 《足関節周りの主な筋肉》

足関節の運動に作用する筋肉は主に下腿（かたい）（ひざから足首の間）にある。それらの筋肉から伸びる腱が足首を越えて足の甲や裏、または指などの骨に付着し、筋肉が収縮することで足部を引き寄せて動かしている。

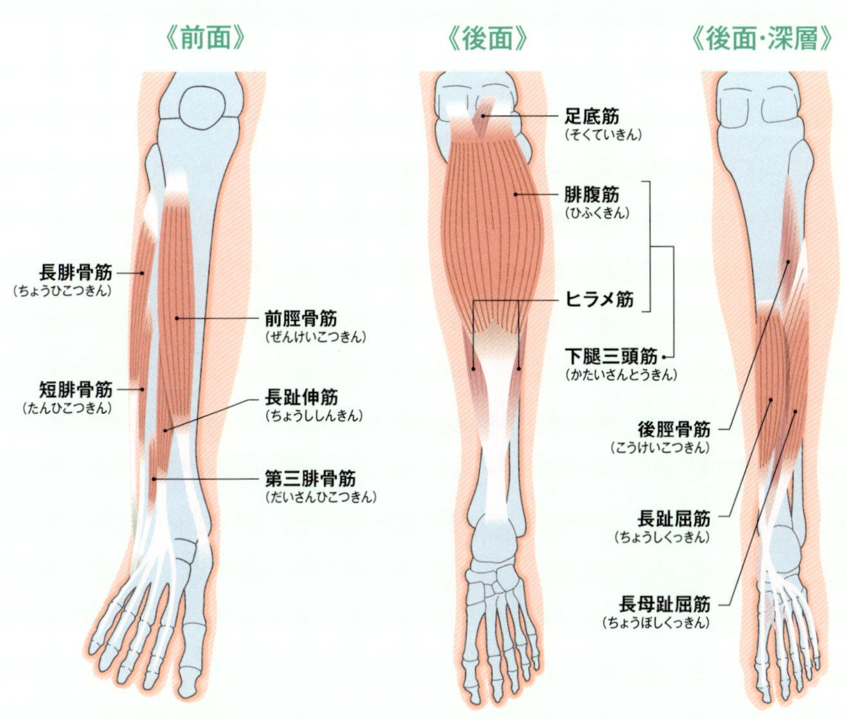


## テーピング需要は足首が最も多い

スポーツ外傷で最も多い症状は足首のねんざであり、そのほとんどは足首を内側にひねる内反ねんざである。これは「足関節外側靭帯損傷」とよばれ、靭帯の損傷度合いによって復帰までの期間が大きく異なる。

完治する前に再び内反ねんざを起こすと、ねんざグセがつき慢性化することがある。そのため痛みが引き競技復帰を果たしてからも、しばらくの間は再発予防のためのテーピングを巻いてプレーした方がよいだろう。

# 足関節の動きと作用する筋肉

## 背屈（はいくつ）

足首を曲げて
指を上に向けるような動き

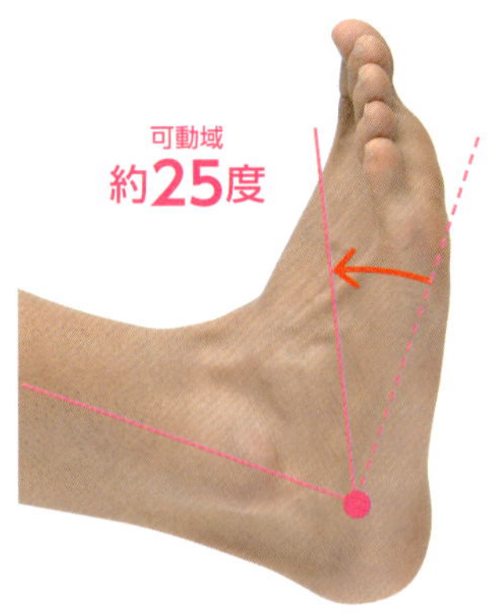


主動筋：前脛骨筋（ぜんけいこつきん）
長趾伸筋（ちょうししんきん）

## 底屈（ていくつ）

足首を伸ばして
指を前に向けるような動き

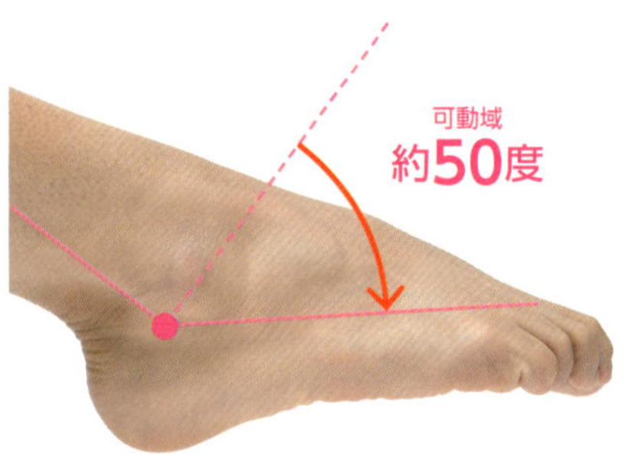


主動筋：下腿三頭筋（かたいさんとうきん）
長趾屈筋（ちょうしくっきん）

## 外返し（外反（がいはん））

足の裏を外側に向けるような動き

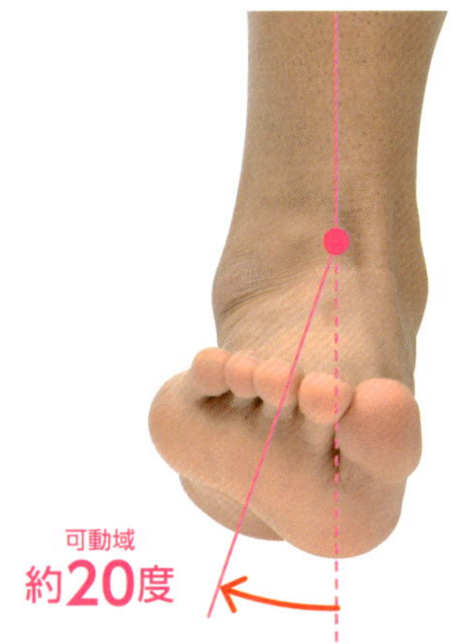


主動筋：長腓骨筋（ちょうひこつきん）
短腓骨筋（たんひこつきん）

## 内返し（内反（ないはん））

足の裏を内側に向けるような動き

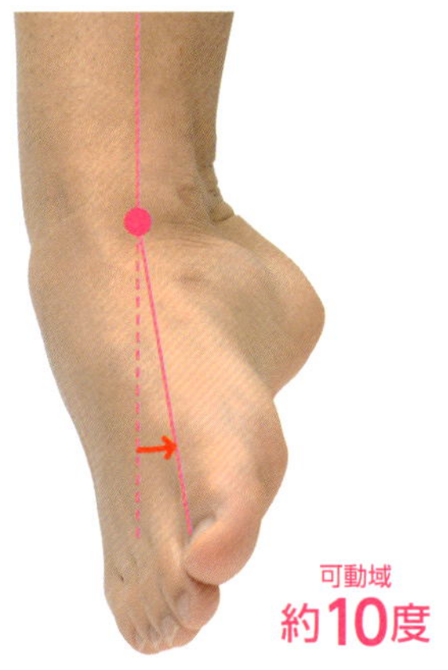


主動筋：前脛骨筋（ぜんけいこつきん）
後脛骨筋（こうけいこつきん）

# 足関節に起こりやすい外傷・障害

## 足首を内側にひねると痛い

バスケットやサッカーなどジャンプや横方向への切り返し動作が多い競技では、突発的に足首を内側に強くひねる内反ねんざが起こりやすい。

P.068～083

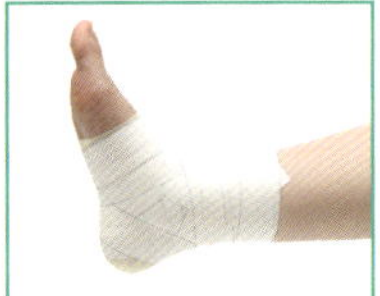

## 足首を伸ばすとかかとの上が痛い

足首を伸ばす底屈動作をくり返しおこなったりすることで、人によってはかかとの上が痛むことがある（有痛性三角骨障害）。

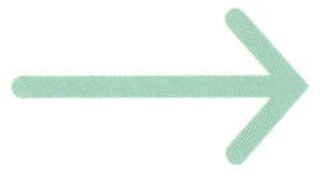

P.084～087

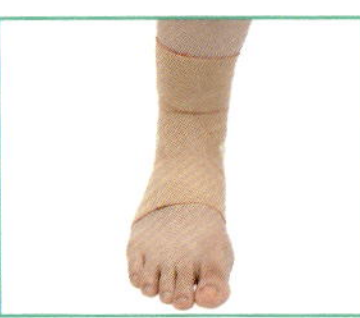

## 足首を曲げると甲の上が痛い

急ストップや方向転換などをくり返す競技では、足首の骨同士がぶつかり合い足首につまりを感じたり、甲の上が痛みやすい（フットボーラーズアンクル）。

P.088～091

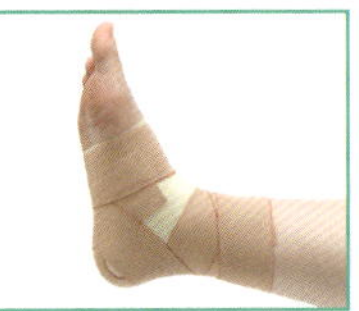

## 足の裏が痛い

走る動作をくり返す競技では、足の裏に負担がかかり、足底筋（腱）膜炎が起こりやすい。また足のアーチが下がると扁平足になり、運動を続けると足の裏が痛むことがある。

P.092～095

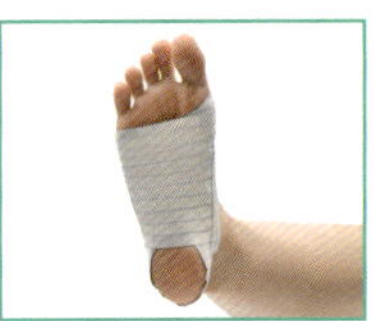

## 親指が小指側に曲がって痛い

親指のつけ根が変形し、指先が小指側に曲がって見えるのが外反母趾である。歩行時に外側に変形した親指つけ根に痛みを感じやすい。

P.096～097

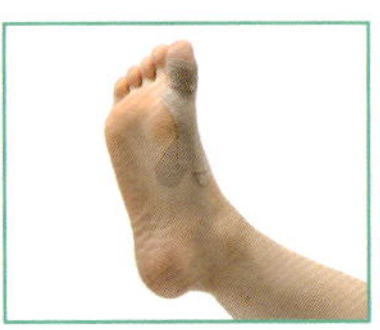

## かかとが痛い

着地時の衝撃を吸収するため、かかとには多くの脂肪が集まっているが、くり返しかかとに衝撃がかかると、踵部挫傷や炎症を起こし、踵部脂肪体炎になることがある。

P.098～099

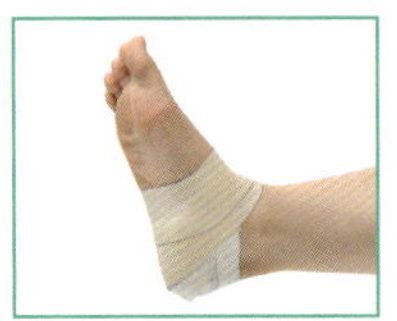

4つの貼り方比較

# 足首だけには特別な4つの貼り方がある

足首の特別な貼り方 ❶

## スターアップ ➡P.056

- 固定力：強
- 特　長：「U」字に貼り内・外返しを制限

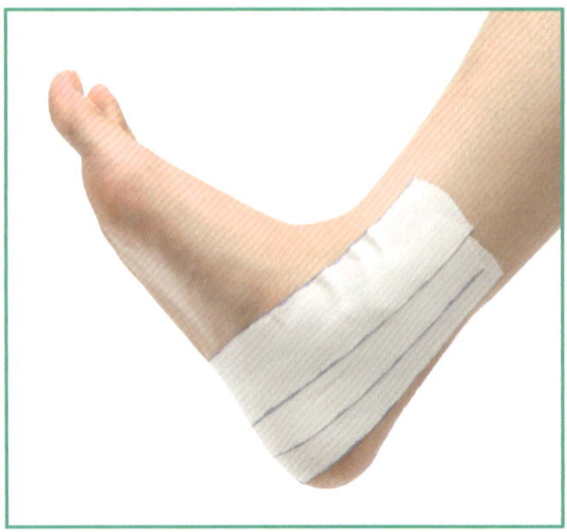

スターアップとは「あぶみ」の意味であり、乗馬時に足を引っ掛ける輪っかの部分を指す言葉。足裏を中心に足首まで「U」字になるように貼ることで、足関節の内返し、外返しを制限する。

制限する可動域

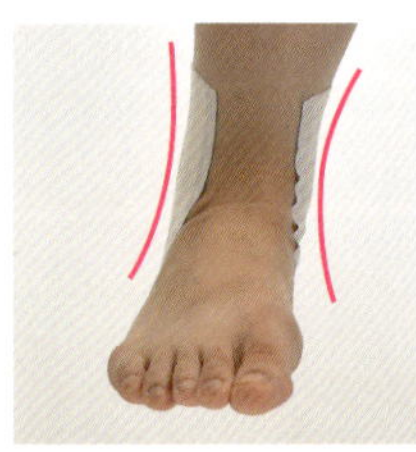

足首が左右に傾く動作に制限をかける

足首の特別な貼り方 ❷

## ホースシュー ➡P.058

- 固定力：弱
- 特　長：スターアップを補強する

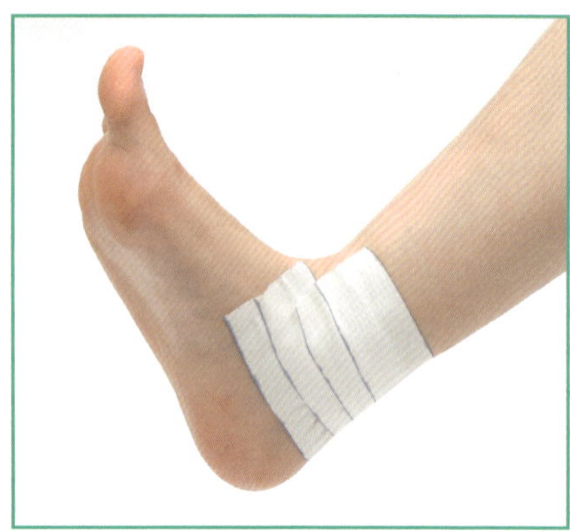

ホースシューとは「ひづめ」の意味であり、かかとの上を中心に水平方向に「U」字に貼る。足の甲にはテープがかからないので、足関節の前後の動きを邪魔せずにスターアップを補強する。

制限する可動域

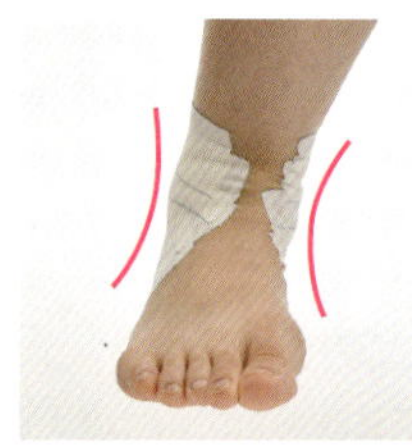

スターアップの上から貼り、その効果を高める

カラダのなかでテーピングが最も巻かれる部位は足首である。
ジャンプからの着地や急な切り返し動作では大きな負荷がかかる。
ここではそんな足首だけに使われる特殊な巻き方をまとめた。

足首の特別な貼り方 ③

## サーキュラー

➡P.060

- 固定力：弱
- 特　長：スターアップを補強する

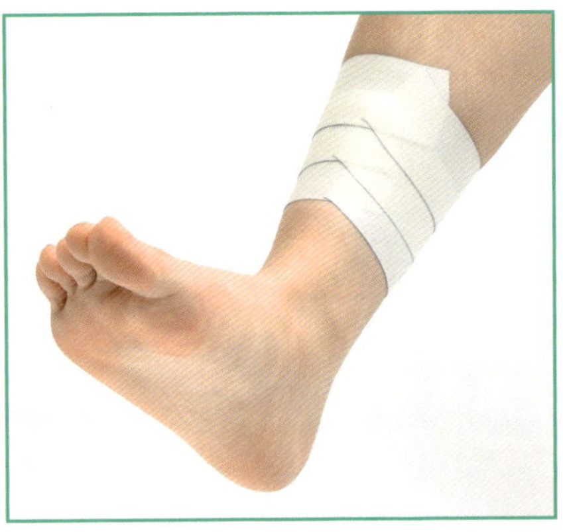

「U」字に貼るスターアップがずれないように固定するために貼るのがサーキュラー。テープを 1/2 ずつずらして水平に3～4本貼ることで足関節を均一に圧迫することもできる。

**制限する可動域**

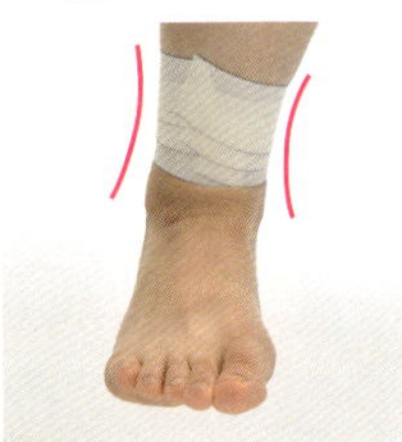

ホースシューの延長で貼り、スターアップの効果をさらに高める

足首の特別な貼り方 ④

## ヒールロック

➡P.062

- 固定力：強
- 特　長：かかと固定+内・外返しを制限

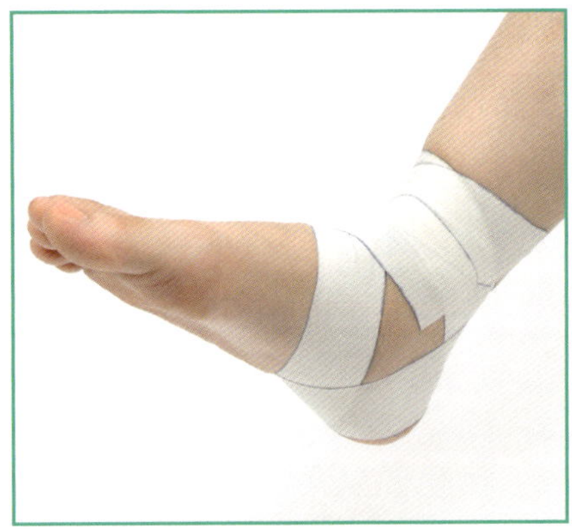

かかとの固定と足関節の内返し、外返しを制限する。伸縮性テープを用いて、フィギュアエイト（→P.046）とこのヒールロックを連続しておこなえば、足首の可動域を適度に保ちながら筋肉のサポートをおこなえる。

**制限する可動域**

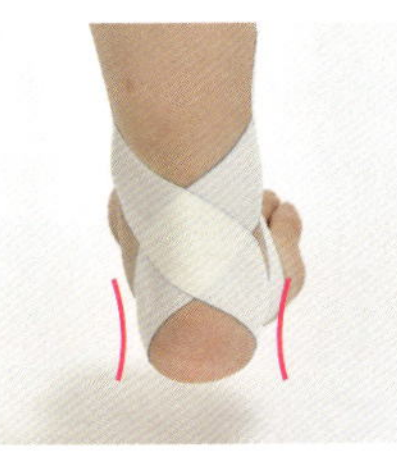

かかとが左右にずれるような動作に制限をかける

足首の特別な貼り方 ❶ 固定力▶強

# 横の動きを制限する スターアップ

**内くるぶしから外くるぶしへ向かって「U」字に貼ることで、足関節の内返しを制限する。**

Point
**足の裏を通したら強く引っ張り上げながら貼る**

Point
**2本目のテープがくるぶしを完全に覆うように少しずつずらす**

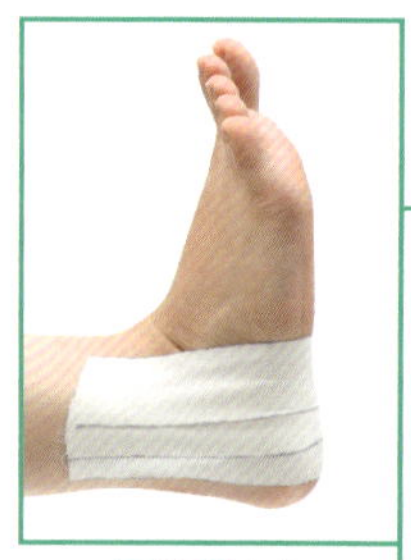

反対側から見ると

足裏側から見ると

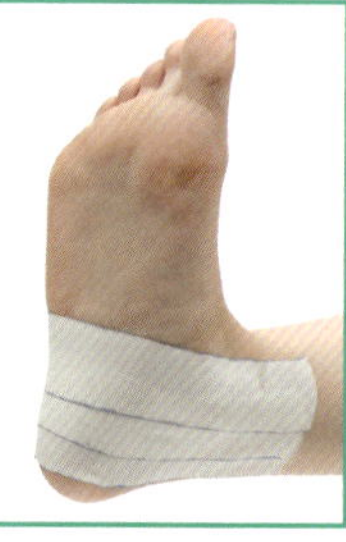

人のくるぶしは内側の方が高い位置にあるため、足首のねんざは圧倒的に内側にひねる内反ねんざが多い。そのため、内反ねんざに対してスターアップを貼るときは、内側からスタートしてテープを引っ張りながら外側でとめることが大切になる。

1本目はすねに巻くアンカーの高さを始点に、内くるぶしの後方を通して反対側まで貼る

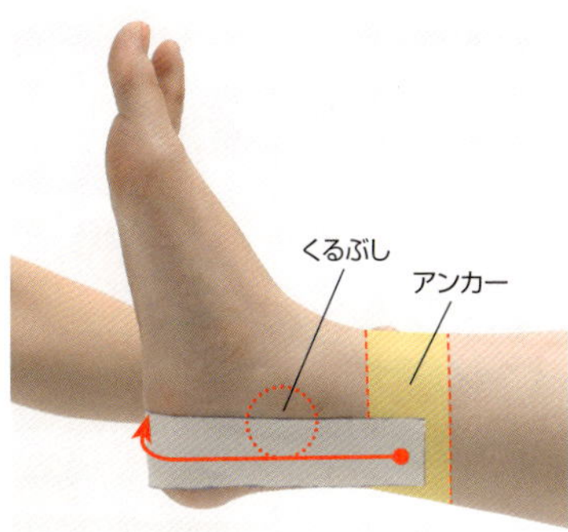


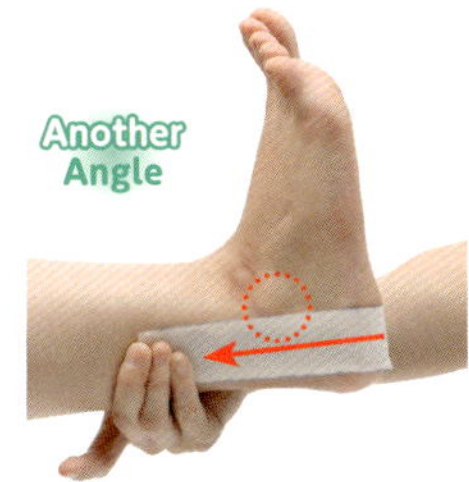


外くるぶしの後方を通して、すねに巻くアンカーの高さでとめる

2本目のテープは1/2程度内側にずらして、内外くるぶしを完全に覆うように通して貼る

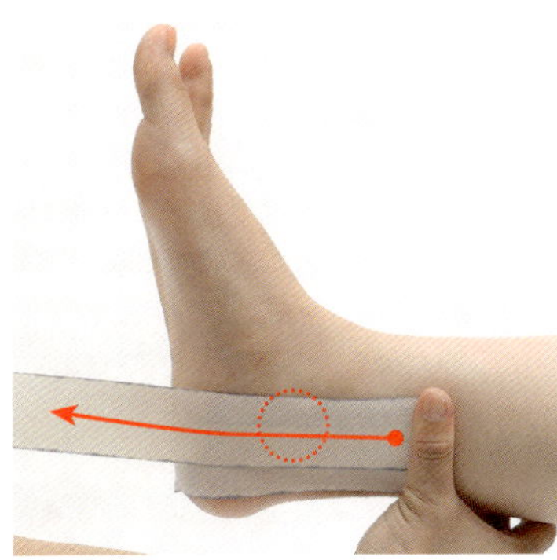

3

3本目のテープはさらに1/2程度内側にずらして同じように貼る

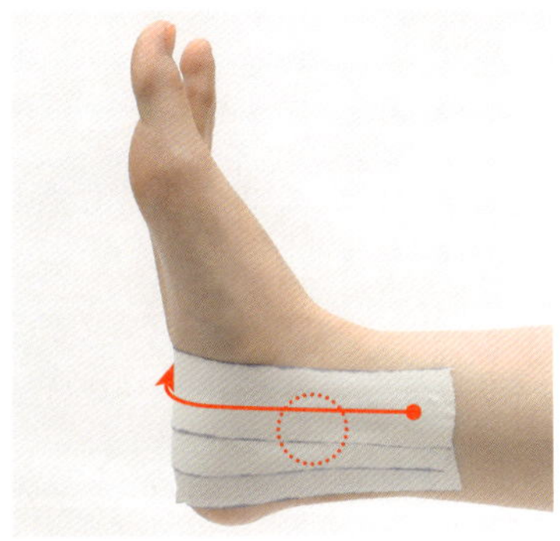

Variation

## 放射線状に貼る

重ねる

3本を平行ではなく放射線状に貼れば(足裏では1点に重ねる)、足首の固定力より自由度を優先させることができる。

ココに注意!

## 外側から内側へ向かって貼る

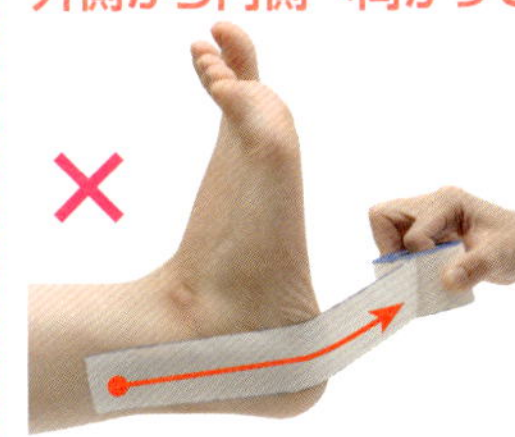

見た目は同じでも効果が変わる。足首で最も多い内反ねんざを予防するには、内側から引っ張り上げるように外側に向かって貼ることが大切

固定力▶弱

# かかとを固定する
# ホースシュー

**水平方向に「U」字に貼ることで、スターアップを補強する。**

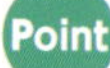


**足のラインに合わせて貼る**

Point

**1本目は踵骨の上部を通す**

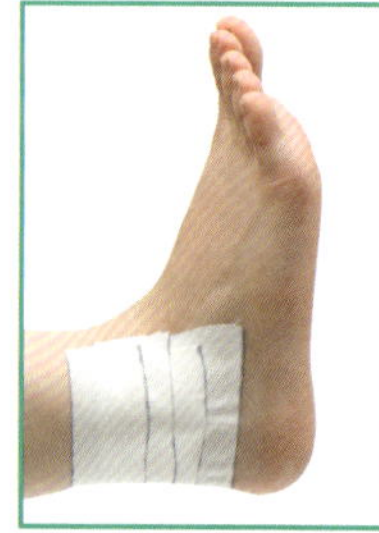

**反対側から見ると**

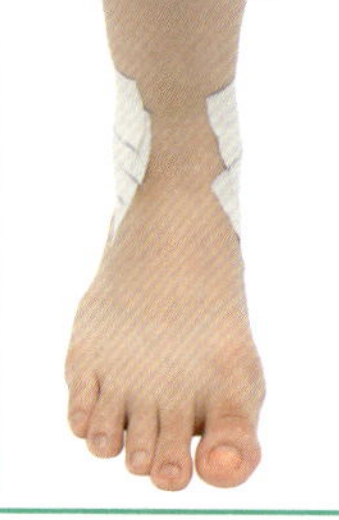

**上から見ると**

スターアップが縦方向に「U」字に貼るのに対して、ホースシューは水平方向に「U」字に貼ることで、スターアップを補強することができる。通常は 1/2 ほどテープをずらしながら上方に向かって貼っていき、足首に巻くサーキュラー（➡ P.060）へとつなげていく。

踵骨の上部を通るように、足のラインに合わせてシワができないように貼る

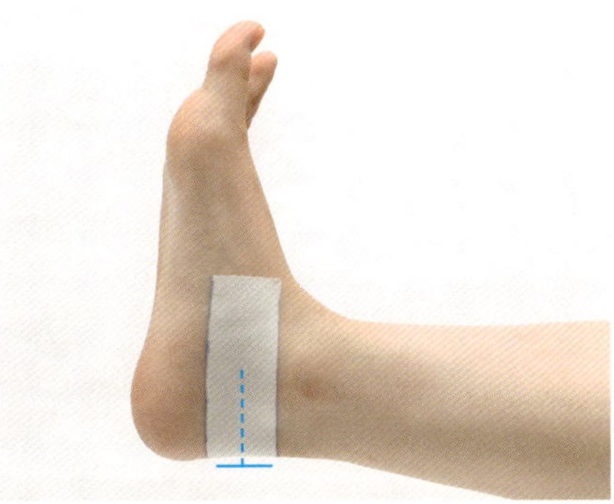

1/2程度上にずらして2本目のテープを貼る

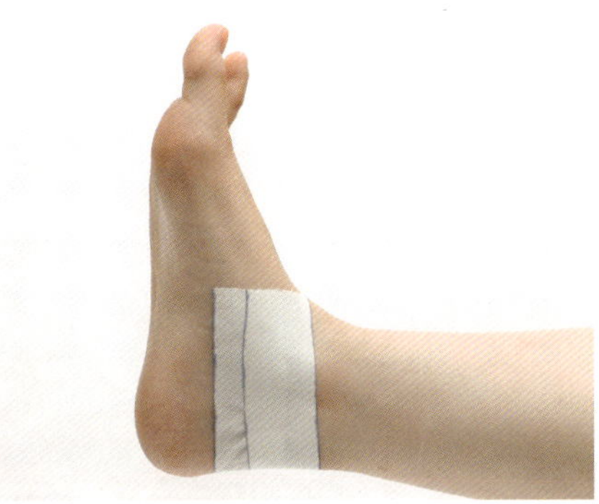

同じように残りも貼る。足のラインに合わせていくと次第にテープに角度がつく

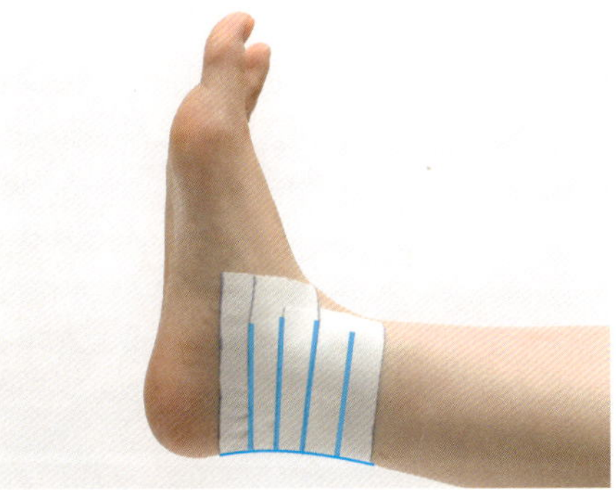

ココに注意!

## 足首の角度を一定に保つ

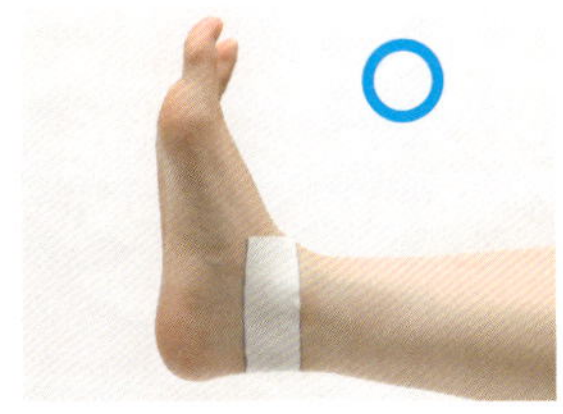

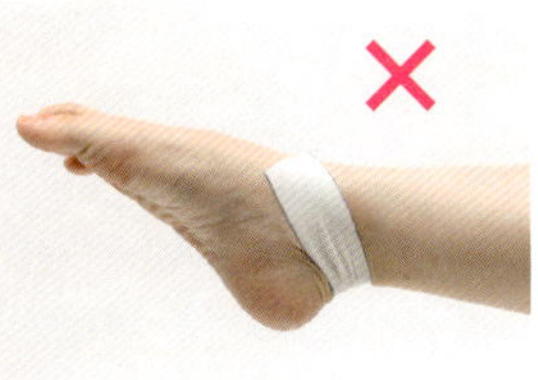

貼っているときに足首の角度が変わると、アキレス腱にテープが食い込んでしまうことがあるので、足首の角度は一定に保つこと

足首の特別な貼り方 ③　固定力▶弱

# 足首に均一に圧をかけるサーキュラー

ホースシューの延長として**足首を巻き上げ**スターアップを補強する。

Point
**1本目は内くるぶしの上からはじめる**

Point
**足のラインに合わせて巻く**

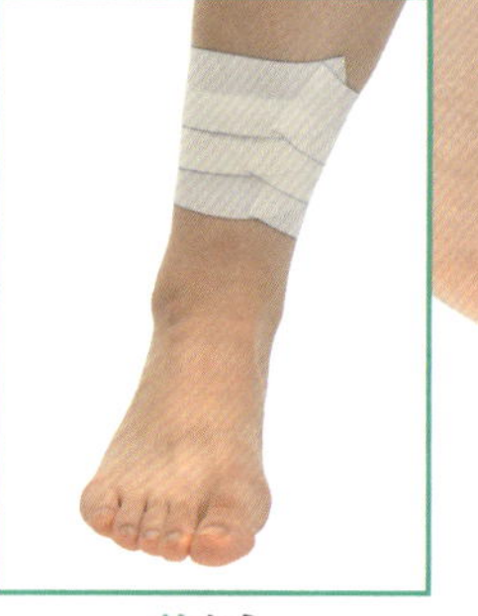

前から見ると

足首に沿うように縦に「U」字に貼るスターアップの上から貼ることで、スターアップを補強する。内くるぶしの少し上を始点にして、1/2ほどテープをずらしながら上方に向かって巻いていく。

内くるぶしを少し越えた
あたりから1本目を巻く

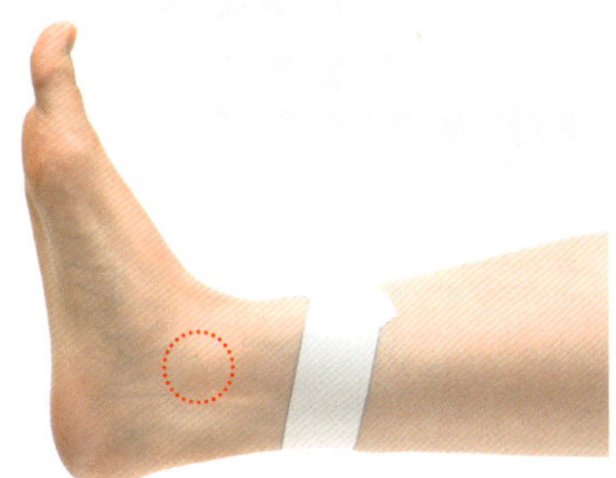

1/2ほどテープをずらして足首のラインに合わせて巻く

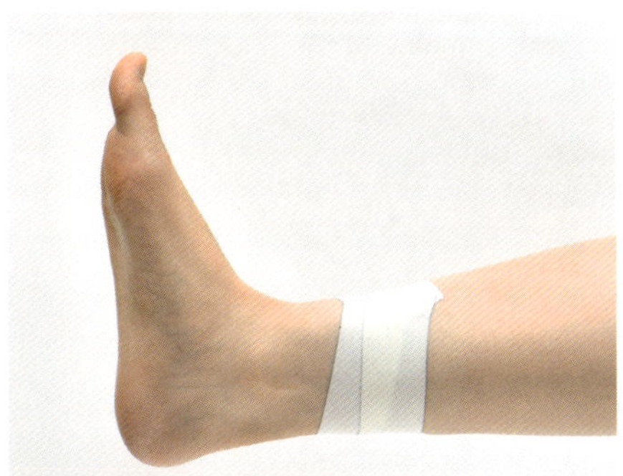

同様の手順でもう1〜2本巻く

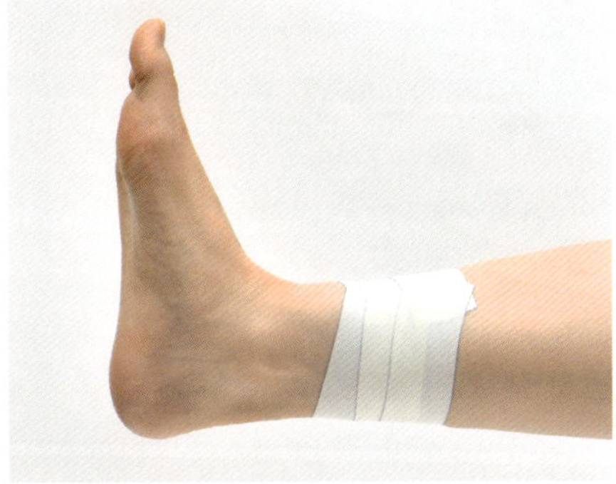

ココに注意!

**足首のラインに合わせシワのないように貼る!**

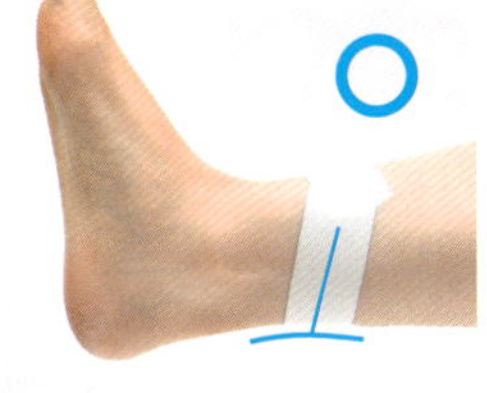

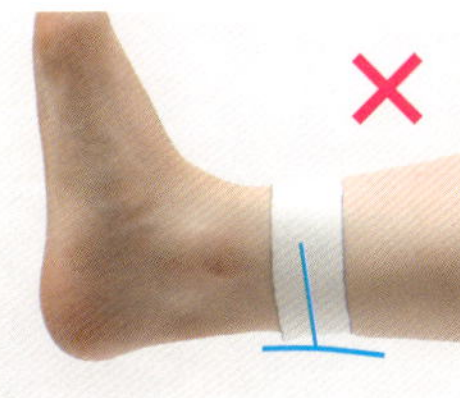

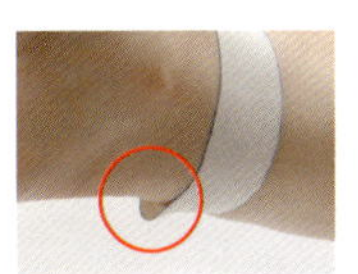

足首のラインに合わせずに巻いていくとたるみができてしまい、正しく足関節を固定できなくなってしまう

固定力▶ 強

# かかとの動きを制限するヒールロック

かかと**側面を通るように巻き**、かかとの左右への動きを制限する。

**基本は内側と外側の両方をロックする**

Point

**かかとが隠れないように巻く**

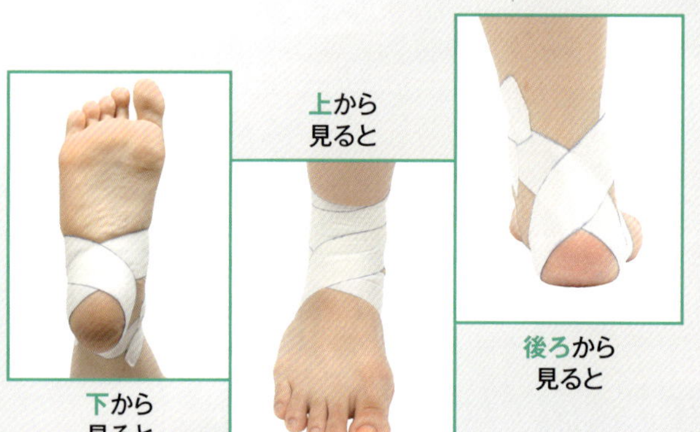

下から見ると

上から見ると

後ろから見ると

足首の特別な貼り方のなかでは、スターアップに次いで固定力がある。かかとが左右にずれないようにかかとの外側を通り内返しを制限する外側ヒールロックと、かかとの内側を通り外返しを制限する内側ヒールロックがある。

## 外側 ヒールロック

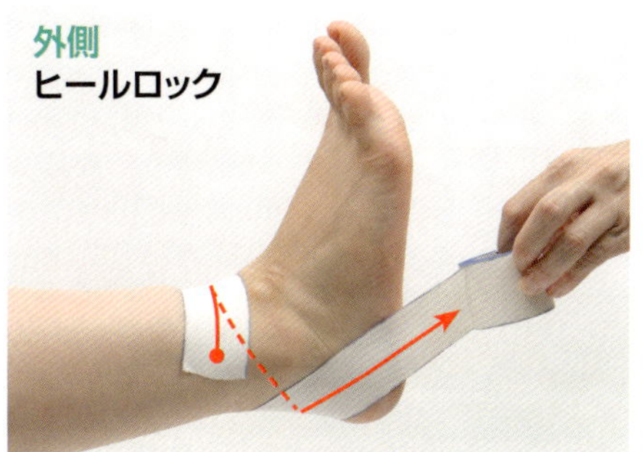

外くるぶしを越えたあたりを始点に、内くるぶしの上半分を通してアキレス腱まで巻く

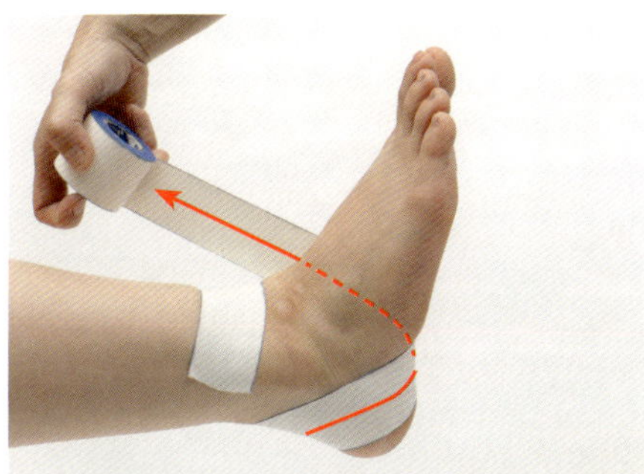

②

アキレス腱から足裏を通して内くるぶし側へ巻き上げる

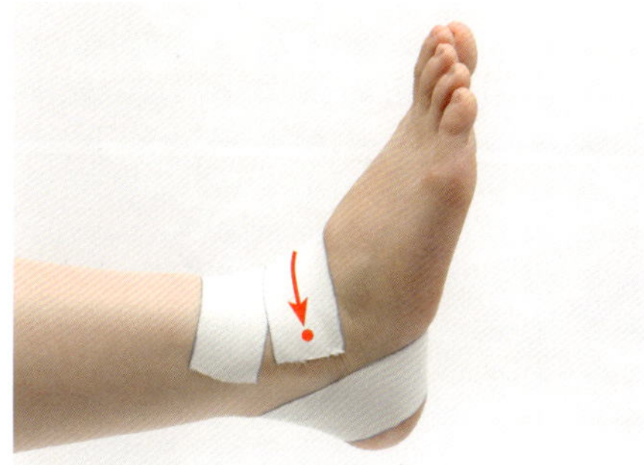

足の甲から外くるぶしあたりでとめる

## 内側 ヒールロック

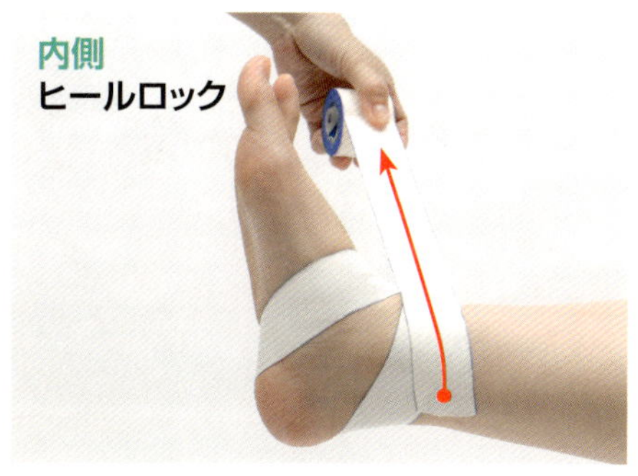

内くるぶしを越えたあたりを始点に、外くるぶし側へ引っ張る

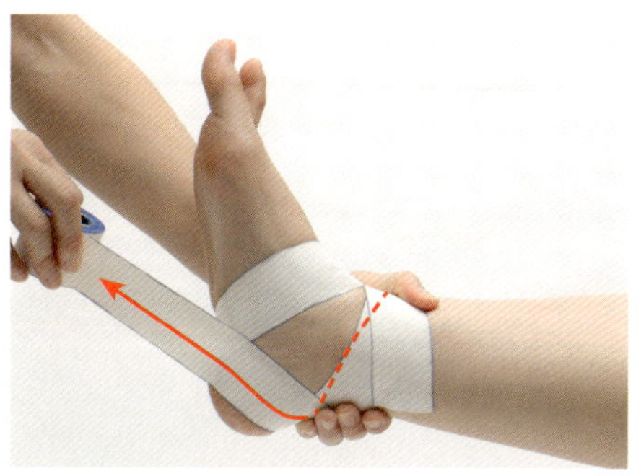

外くるぶしの上半分を通してアキレス腱から足裏へ巻く

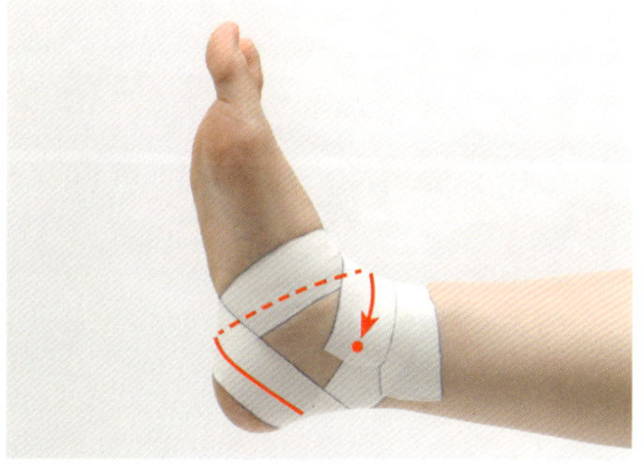

足裏から外くるぶし側へ通して足の甲から内くるぶしあたりでとめる

足首のアンダーラップ

# 皮膚を保護する アンダーラップ

テープを**貼る前に巻く**ことで、テープによる摩擦などから皮膚を守る。

## ロールを持つ向きに注意!

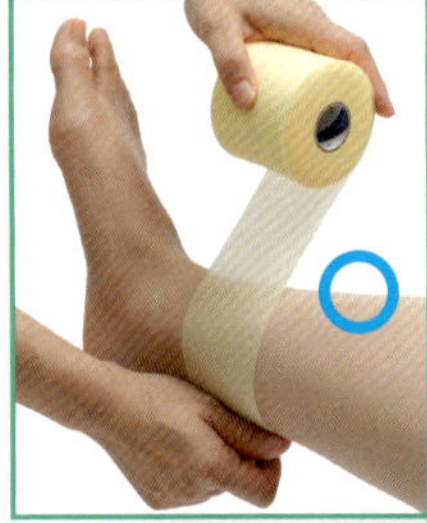

ロール外側が皮膚に接する

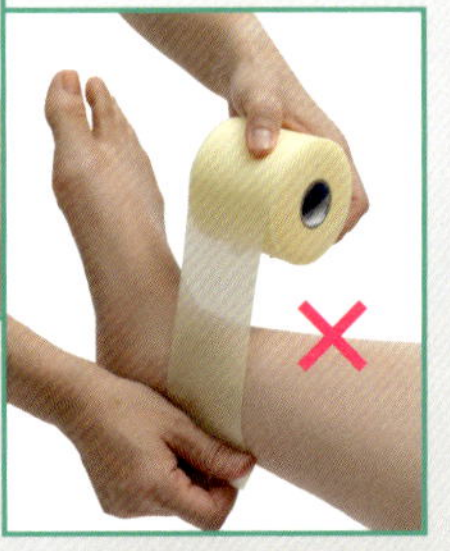

ロール内側が皮膚に接する

Point

## 適切な張力を維持する

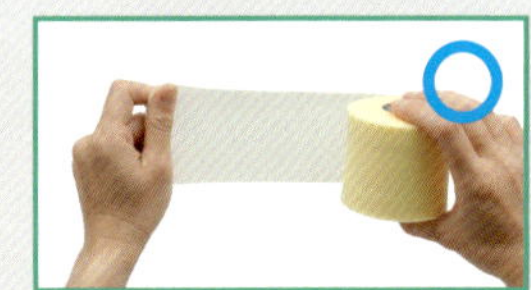

適切な張力

張りが弱い

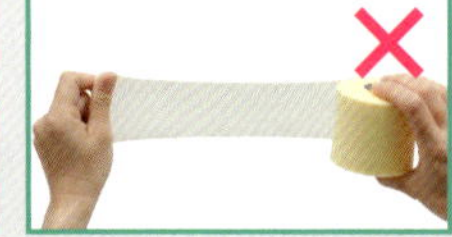

張りが強い

アンダーラップには粘着力がないので、粘着スプレーを吹きかける

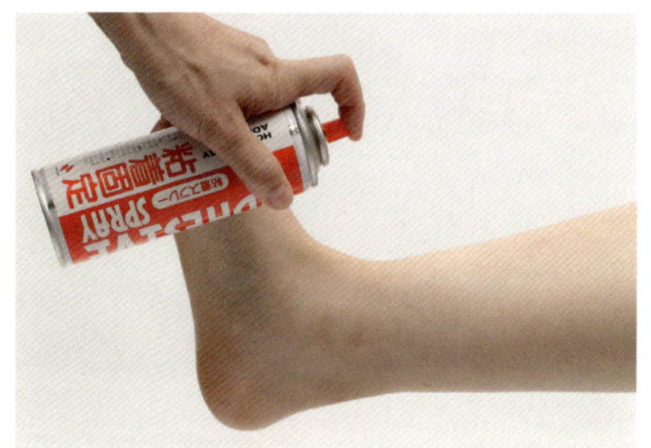

足の甲を始点に巻きはじめる

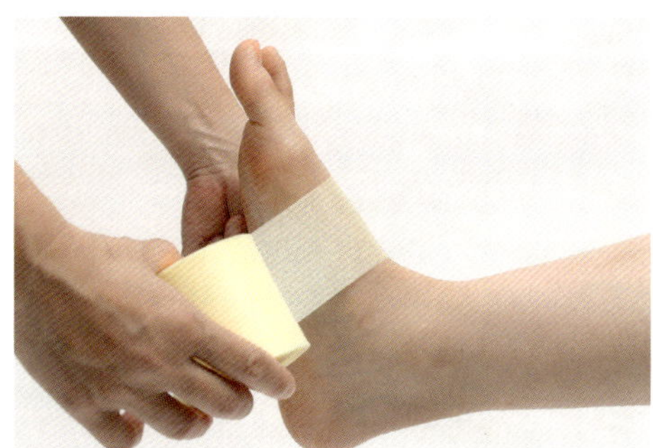

かかとの方へずらしながら巻いていく

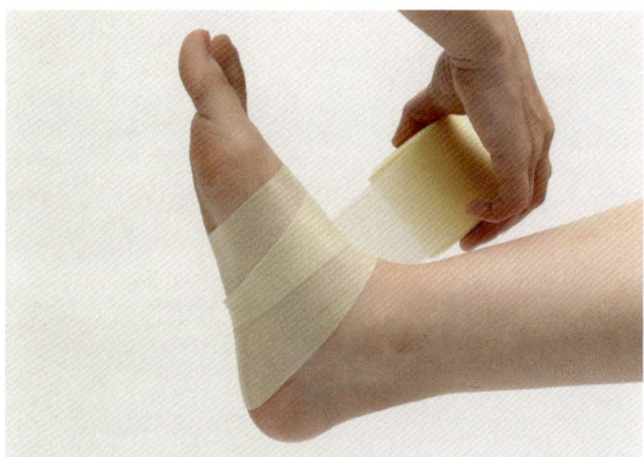

アキレス腱を通したら、かかと外側を通して足裏へ向かう

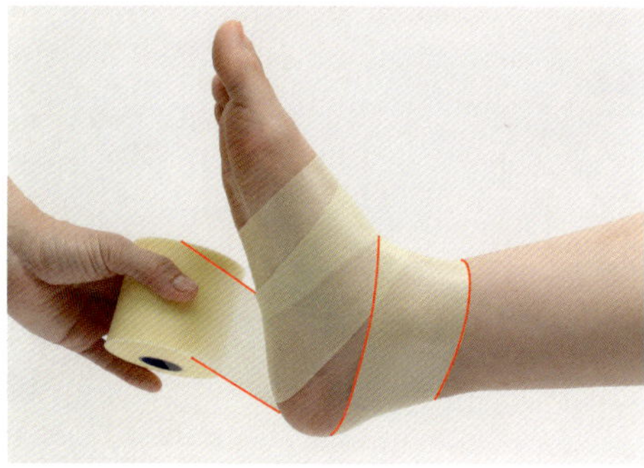

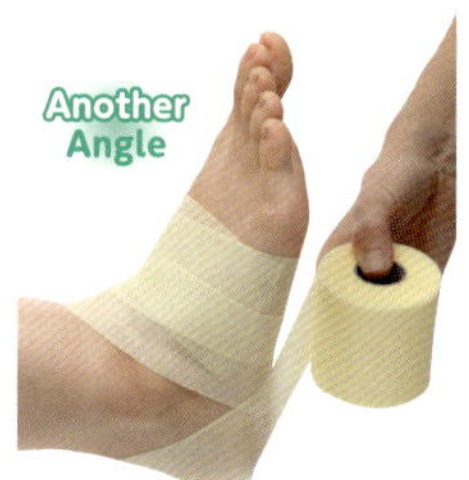


かかとの外側を覆うように巻く

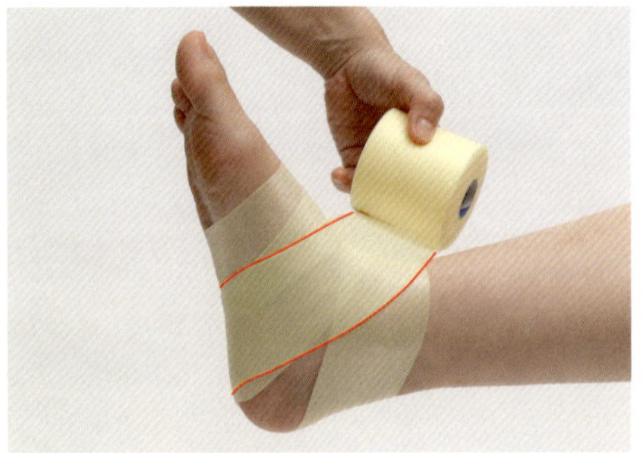

かかとの外側から足裏を通して内くるぶし前方を通す

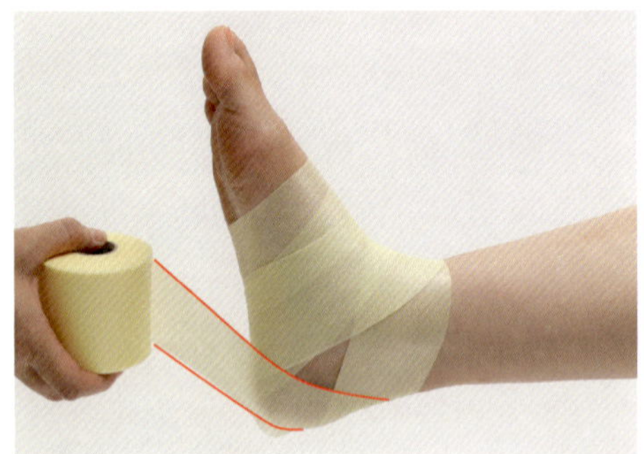

外くるぶしからかかと内側を通す

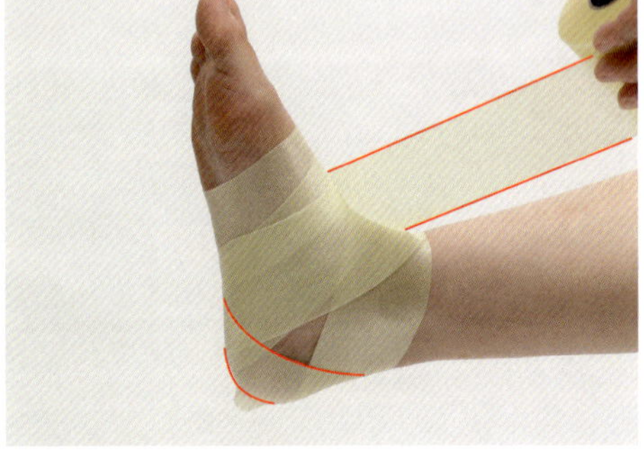

足裏を通して足の甲へ巻き上げる

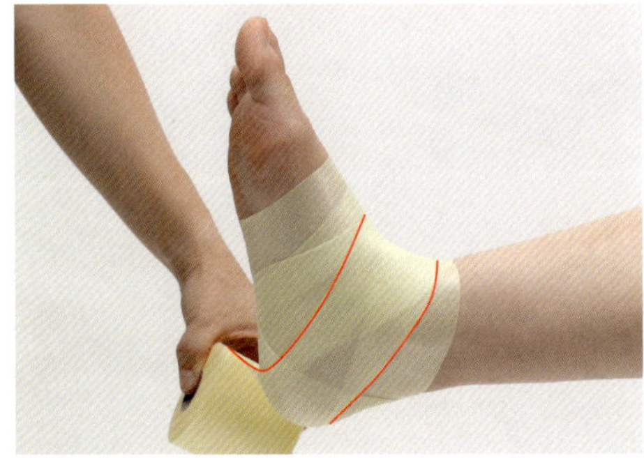

かかとの中央部を通す

かかとを覆うように巻き上げる

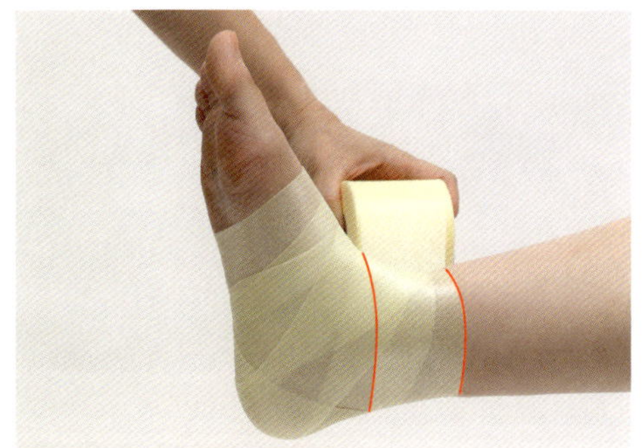

足首を2～3周巻いたら完成

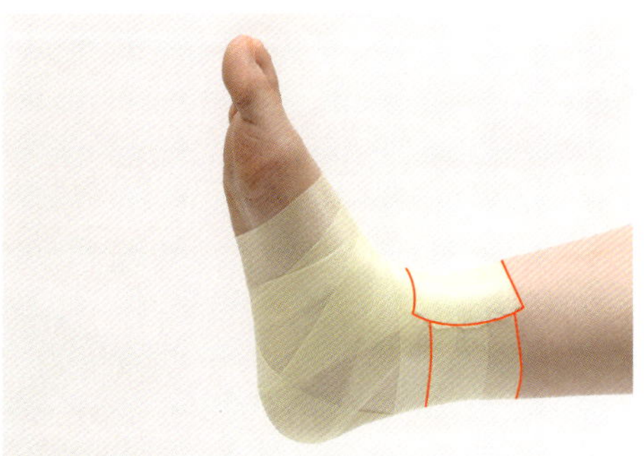

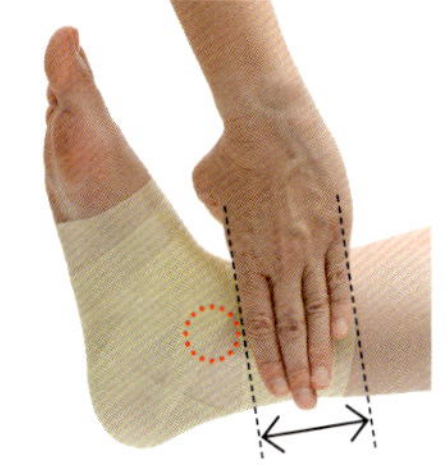

足首のアンダーラップは内くるぶしから指 4 本分を目安とする

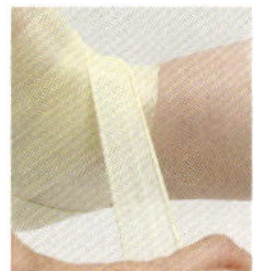

ココに注意!

**端が丸まったらやり直す!**

アンダーラップを巻いている最中に端が丸まってしまったら、一度切るなどしてやり直そう

## ひざのアンダーラップ

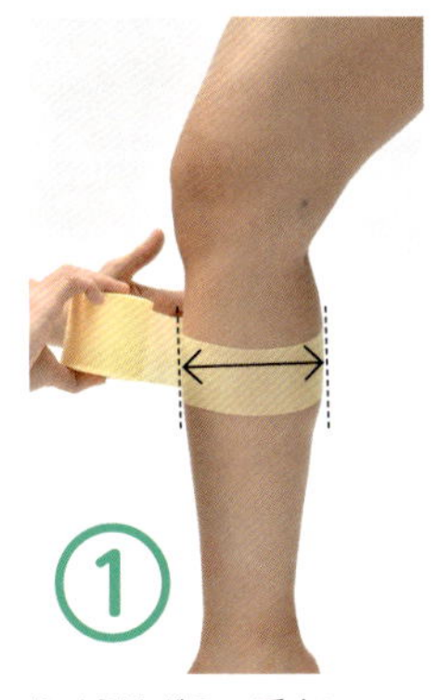

ふくらはぎの一番太いところから巻きはじめる

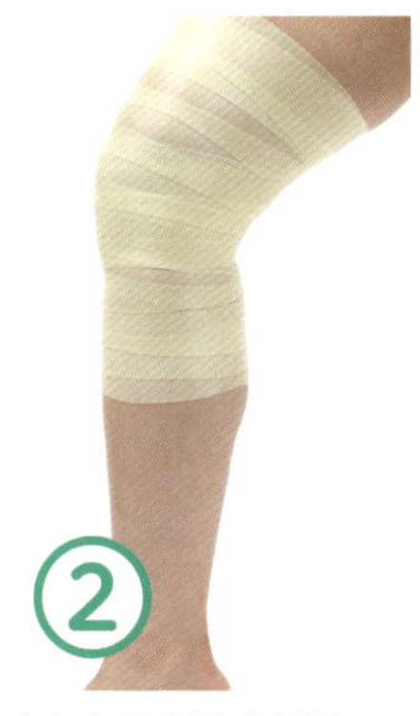

太ももの中間点付近まで巻く

## ひじのアンダーラップ

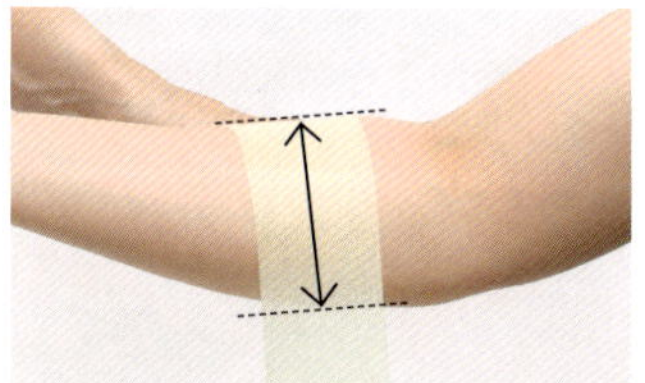

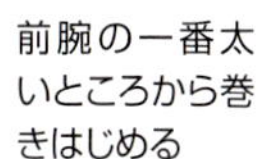

前腕の一番太いところから巻きはじめる

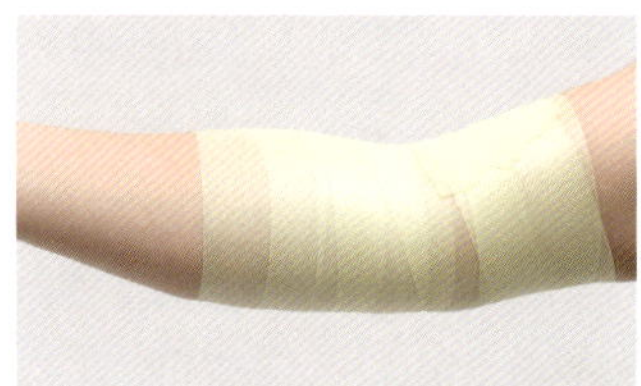

上腕の中間点付近まで巻く

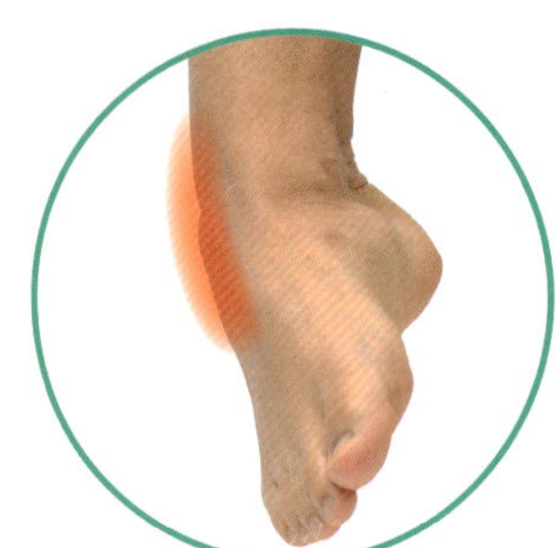

足関節の固定　固定力▶強

# 足首を内側にひねると痛い1 —内反ねんざの再発予防—

使うテープ   アンダーラップ  非伸縮テープ 38mm

内側から外側へスターアップを引っ張り上げ、内返しの可動域を制限する

スタート姿勢

セルフ
イスなどの台の上に片方の足先を乗せて足関節を90度に保つ

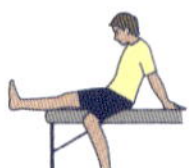

パートナー
足首より先が台から出るようにひざを伸ばして座り足関節を90度に保つ

## アンダーラップ

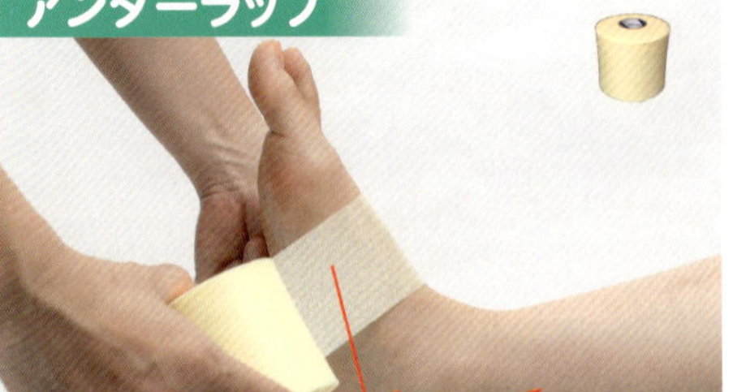

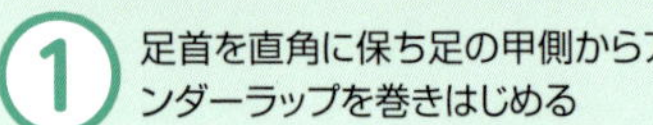

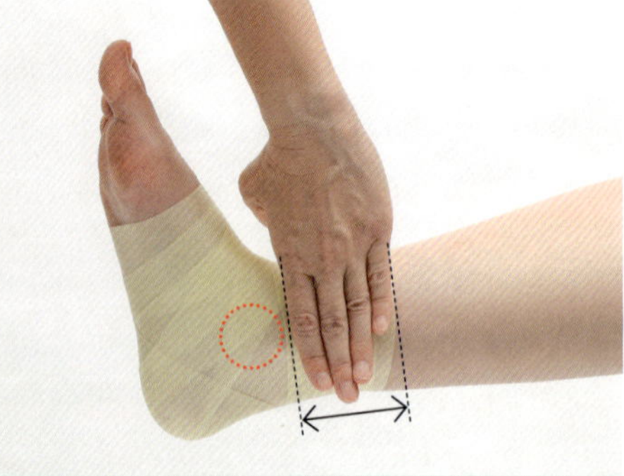

① 足首を直角に保ち足の甲側からアンダーラップを巻きはじめる

② アンダーラップは内くるぶしから指4本分程度まで巻く

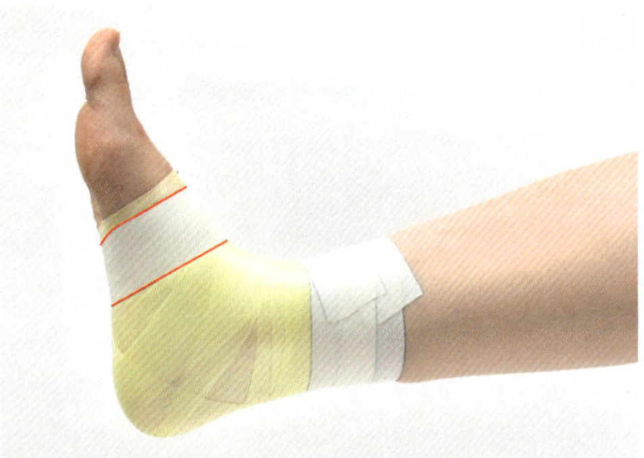

⑤ すねに2本に巻いたら、足の甲にも1本アンカーを巻く

症状と対処法

## 競技復帰直後は固定力を優先する

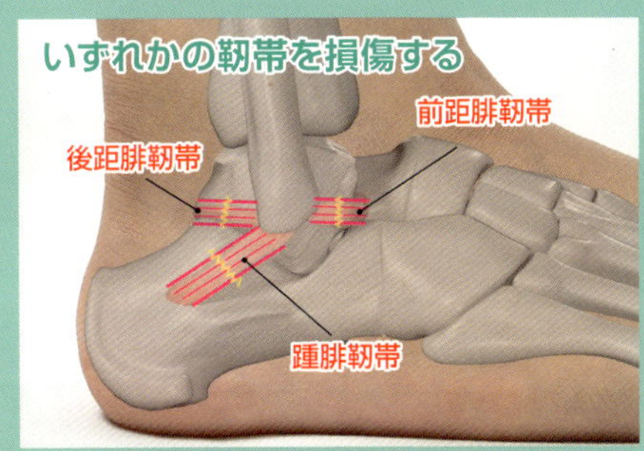


**症 状** 着地時にバランスを崩し足首を内側にひねった。左の前距腓靭帯・踵腓靭帯・後距腓靭帯のいずれかを損傷し（内反ねんざ）、かるい痛みとともに足首に不安定感がある。

**対処法** 復帰直後は、可動域よりも固定力を優先させたいので、ホワイトテープで固めて、不安定感を取り除く。

### アンカー ▶▶▶ 土台をつくる

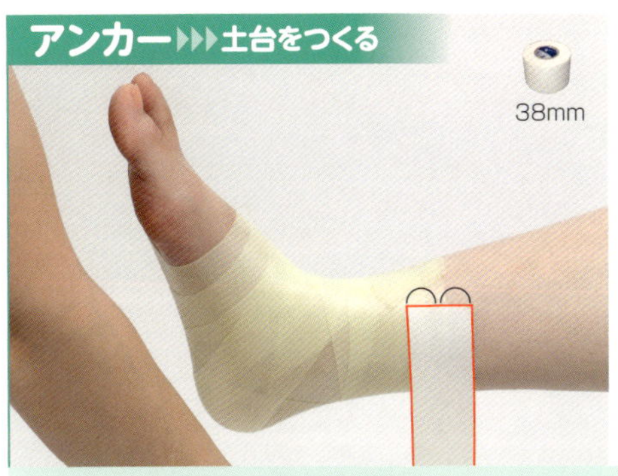


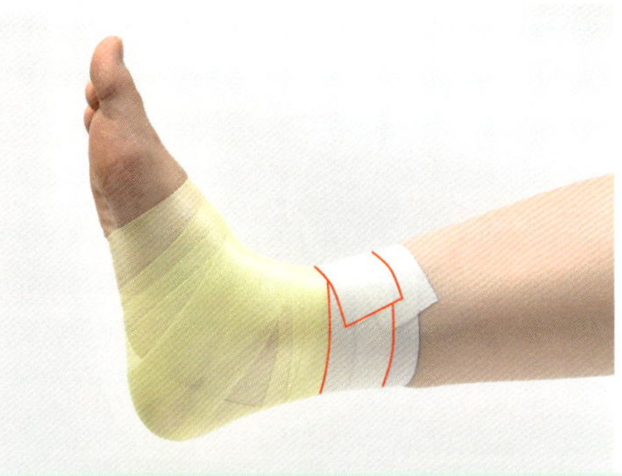

③ 1本目のアンカーは皮膚とアンダーラップに半分ずつ程度かかるように巻く

④ 1/2ほど下にずらしてもう1本すねにアンカーを巻く

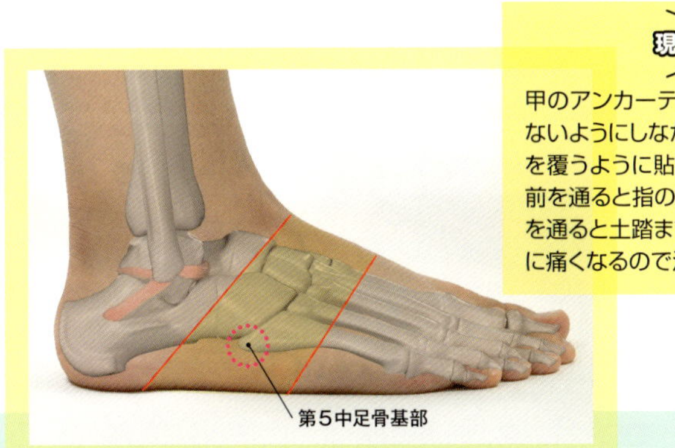


**現場の技**

甲のアンカーテープはきつく巻きすぎないようにしながら、第５中足骨基部を覆うように貼る。テープがここより前を通ると指の動きが制限され、後ろを通ると土踏まずに食い込み、運動中に痛くなるので注意しよう。

次ページへつづく

## スターアップ ▶▶▶ 内返しを制限

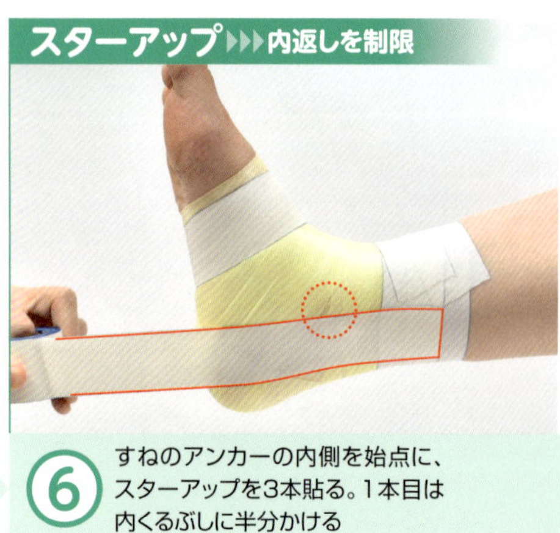

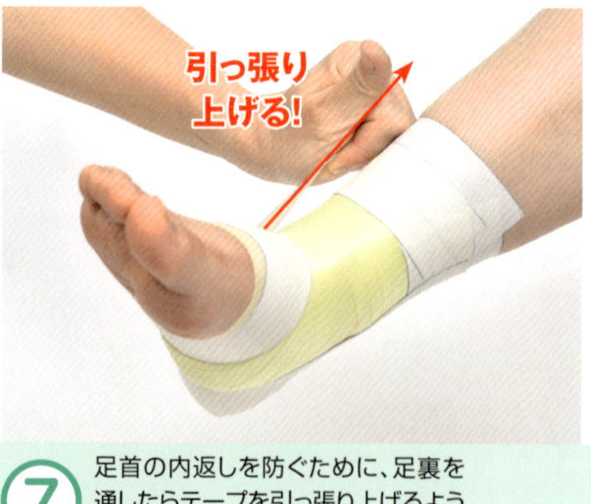


⑥ すねのアンカーの内側を始点に、スターアップを3本貼る。1本目は内くるぶしに半分かける

⑦ 足首の内返しを防ぐために、足裏を通したらテープを引っ張り上げるようにまっすぐ上げて貼りつける

**現場の技** 3本目のテープが第5中足骨にかかると、小指の動きが制限されて足を踏み込みんだときに窮屈さを感じるので、貼り方に注意する。

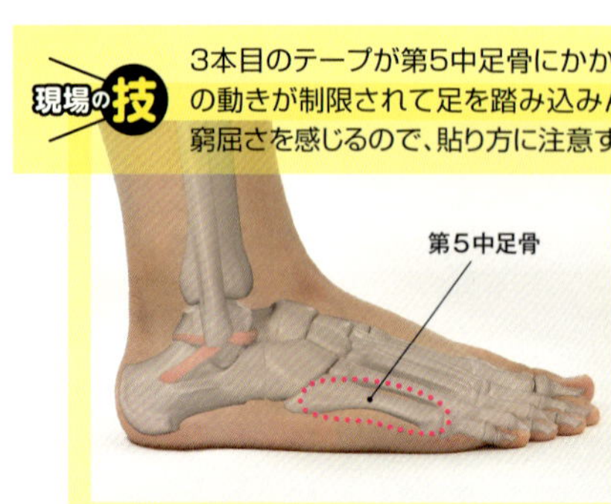


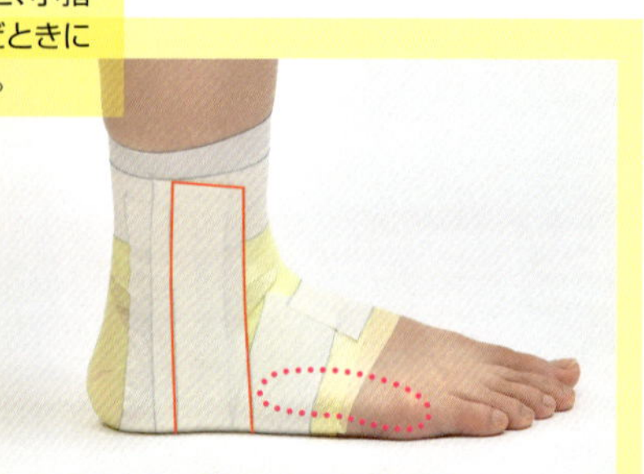

## サーキュラー ▶▶▶ スターアップの補強

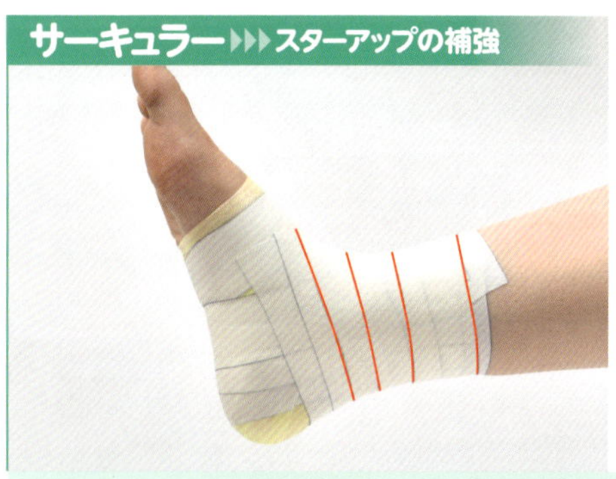

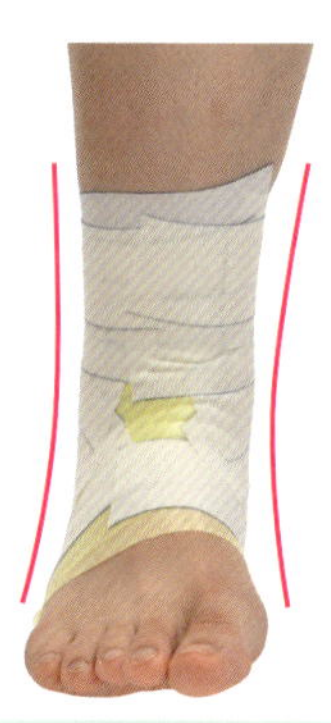

**Another Angle**

スターアップを補強して足首の横方向への可動域をさらに制限する

⑫ ホースシューの3本目から1/2ほど重ねてサーキュラーを、すねに巻いたアンカーの高さに届くまで3〜4本巻く

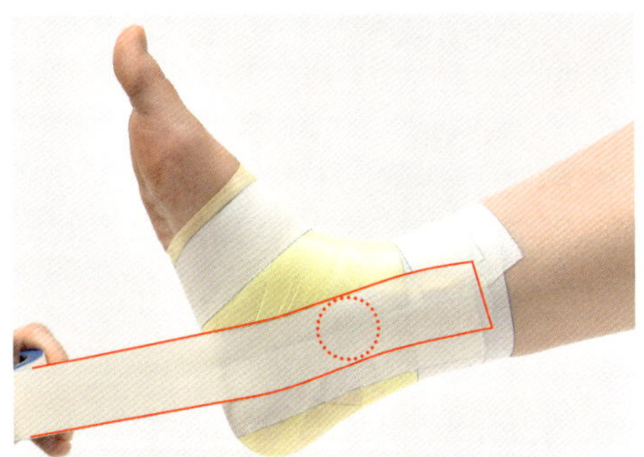

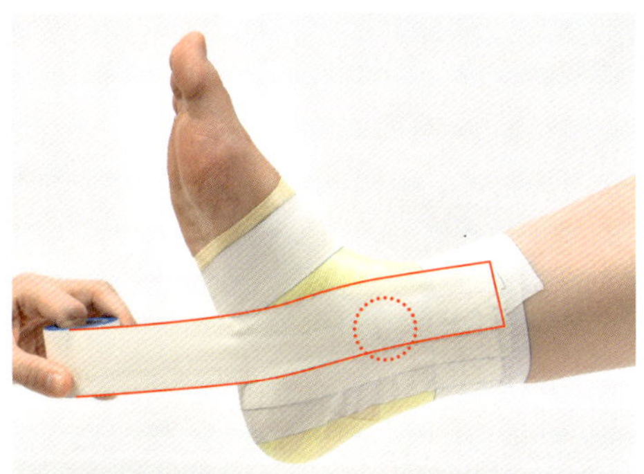

**8** 2本目のスターアップは、1本目から1/2ほど指側へずらし内くるぶしを覆うように貼る

**9** 3本目のスターアップは2本目から1/2ほど指側へずらし内くるぶしの前側にかけて貼る

## ホースシュー ▶▶▶ スターアップを補強

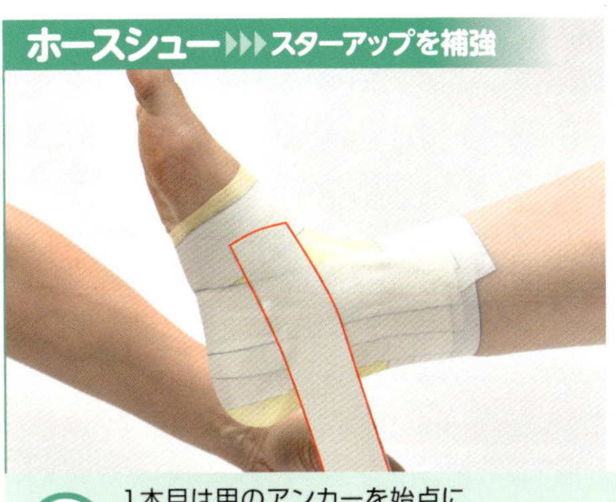

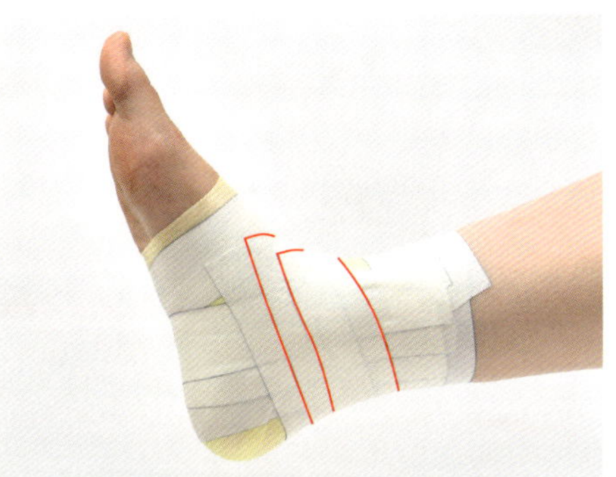

**10** 1本目は甲のアンカーを始点に、かかと上部を通して反対側のアンカーでとめる

**11** 1/2ほど重ねながらホースシューをさらに2本貼る。アキレス腱のラインに合わせて貼り、テープにたるみをつくらない

## 外側ヒールロック ▶▶▶ かかとを固定

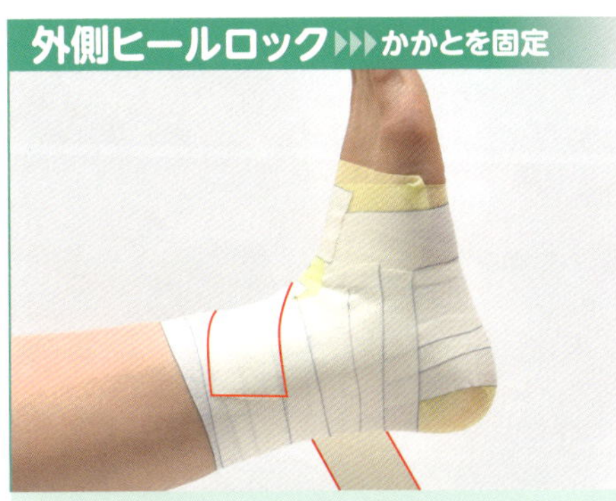

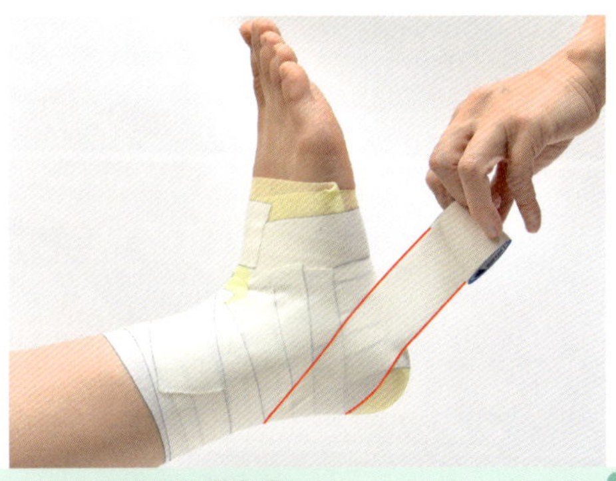

**13** すねの外側を始点にし、内くるぶしの上までテープを引っ張る

**14** アキレス腱を通し、かかとの外側で斜め下に引っ張る

次ページへつづく

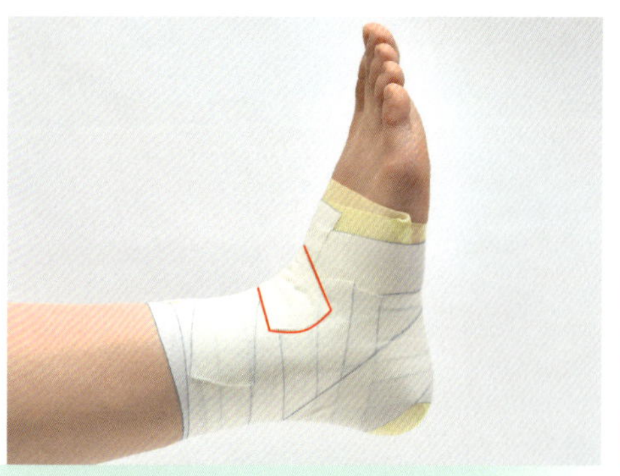

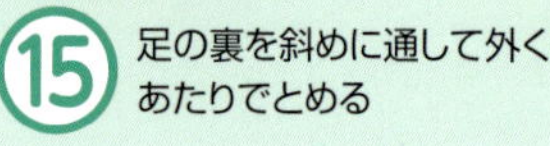

15 足の裏を斜めに通して外くるぶしあたりでとめる

## 内側ヒールロック ▶▶▶ かかとを固定

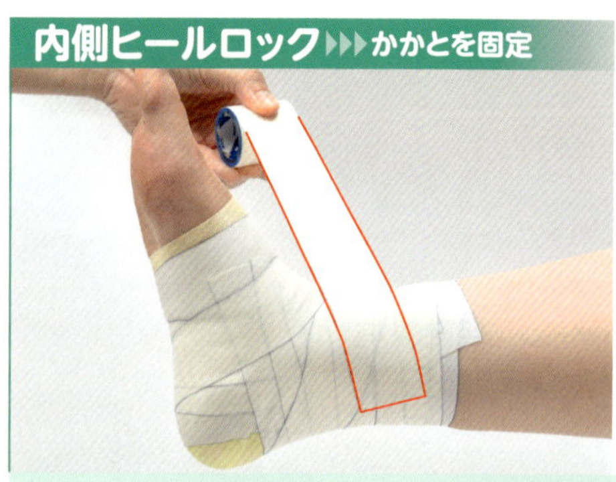

16 すねの内側を始点にし、外くるぶしの上までテープを引っ張る

## フィギュアエイト ▶▶▶ 底屈と内返しをさらに制限

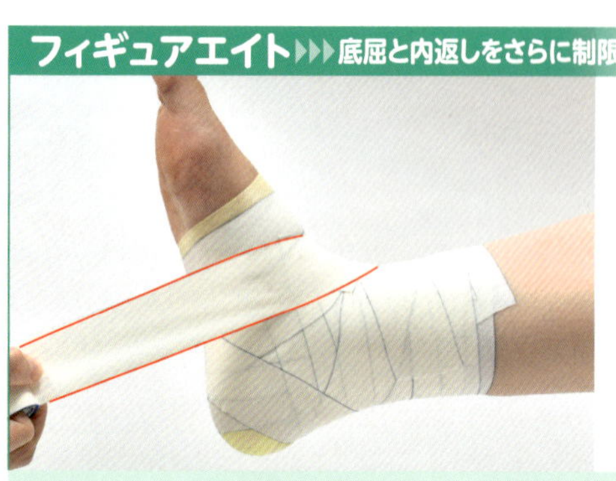

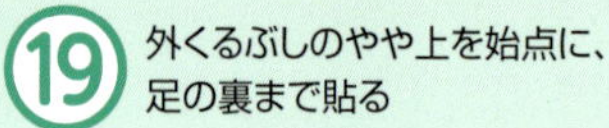

19 外くるぶしのやや上を始点に、足の裏まで貼る

20 足の裏を通したら真上に引き上げる

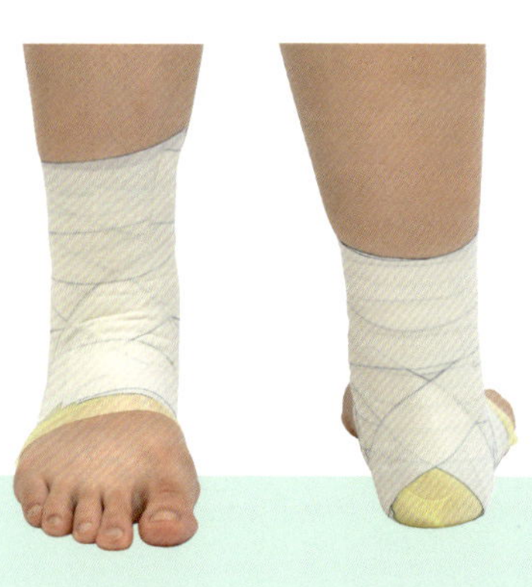

Another Angle

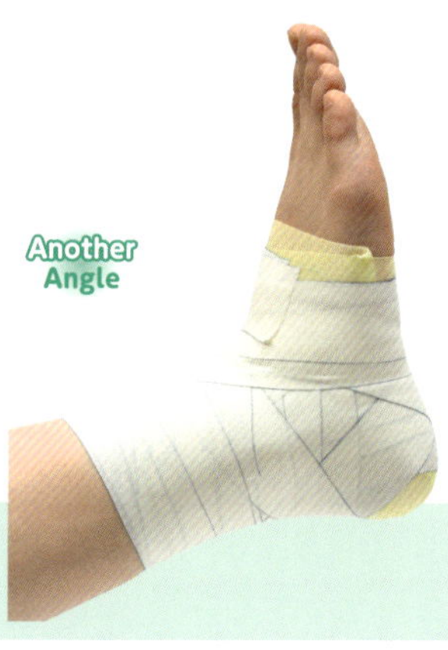

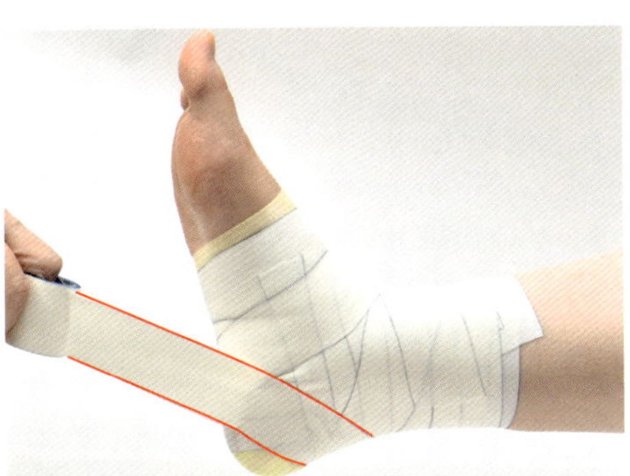

17 アキレス腱を通し、かかとの内側で斜め下に引っ張る

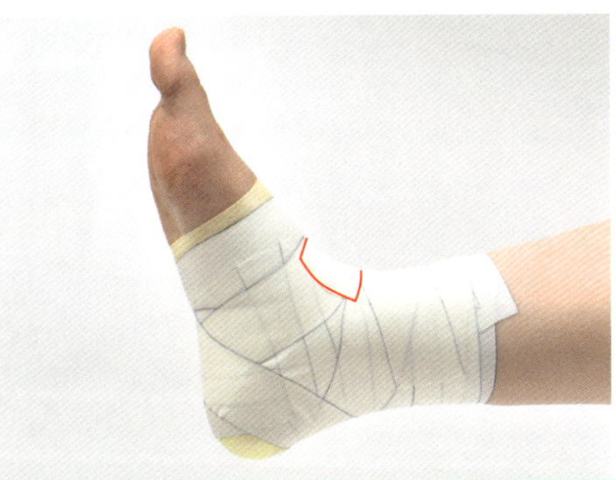

18 足の裏を斜めに通して内くるぶしあたりでとめる

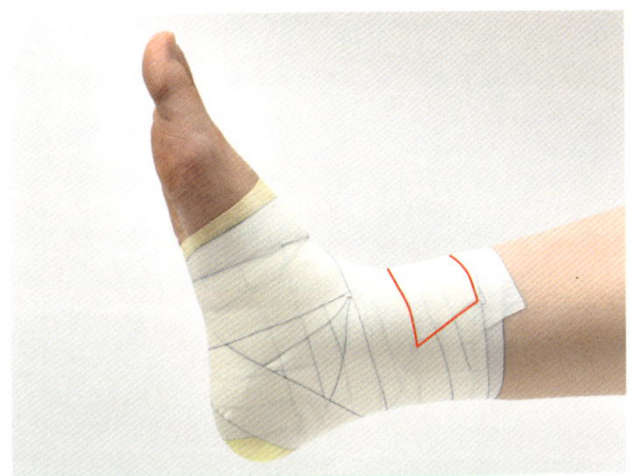

21 内くるぶしを通して足首を1周巻く

アンカー ▶▶▶ テープをとめる

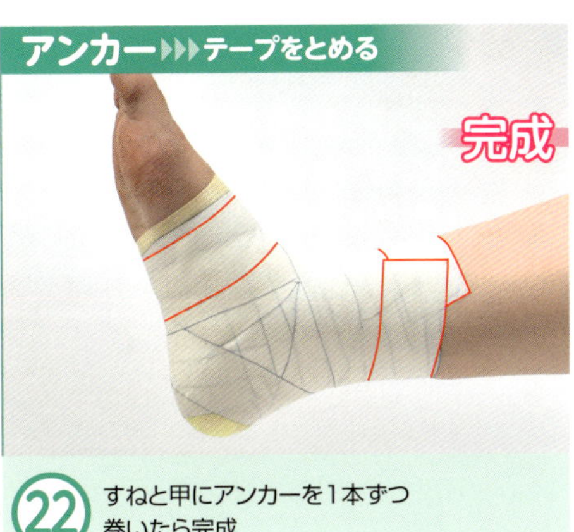


22 すねと甲にアンカーを1本ずつ巻いたら完成

## 貼り終えたら最終チェック

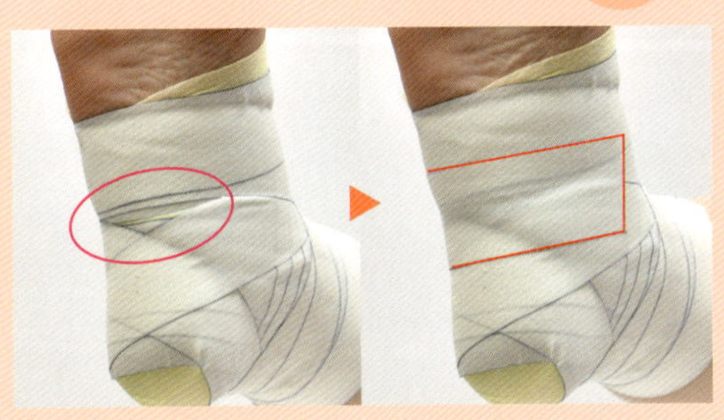

足の裏にテープのすき間がないか確認し、もしあればテープを貼りすき間を埋める

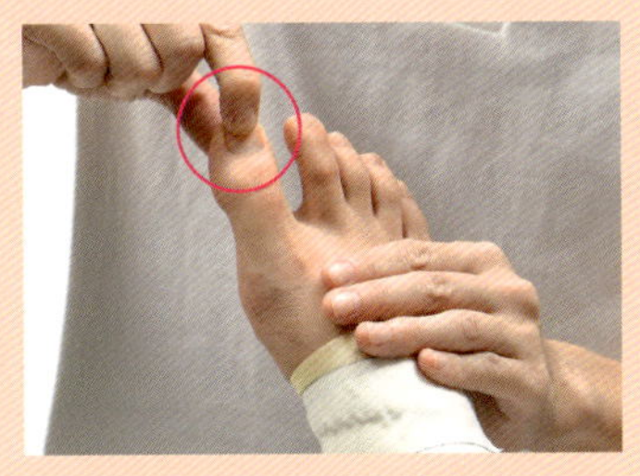

テープの圧迫による血行障害が起こっていないか、親指の爪を押さえて、白くなった爪の色がすぐに戻るかを確認する

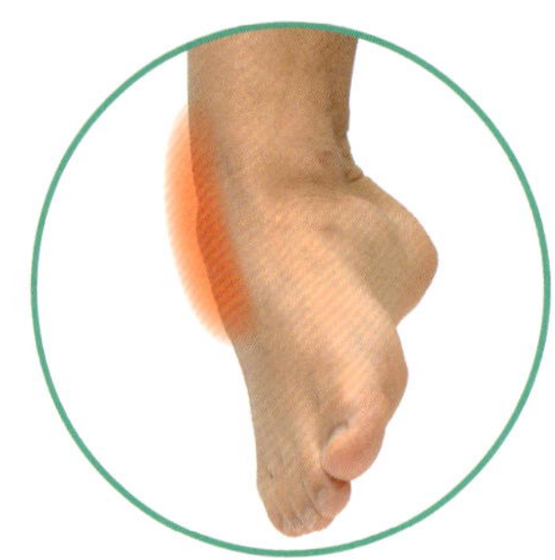

足関節の可動域制限　固定力▶中

# 足首を内側にひねると痛い2

—内反ねんざの再発予防—

使うテープ
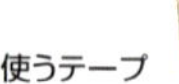

アンダーラップ

ハード伸縮テープ 50mm

非伸縮テープ 38mm

スタート姿勢

**セルフ**
イスなどの台の上に片方の足先を乗せて足関節を90度に保つ

**パートナー**
足首より先が台から出るようにひざを伸ばして座り足関節を90度に保つ

**テーピングの狙い**

背屈・底屈の可動域を残しつつ、内返しに制限をかける

## アンダーラップ

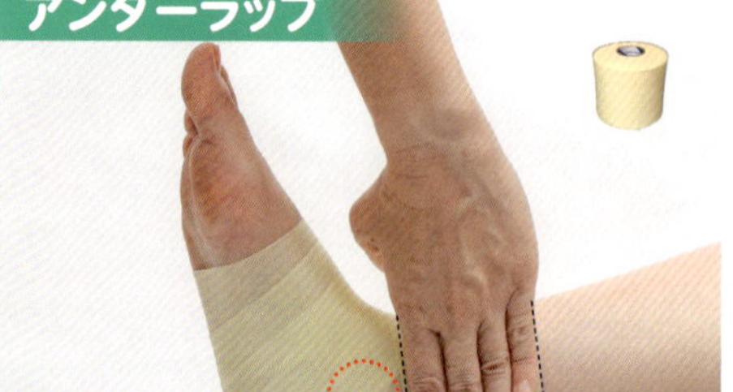

① アンダーラップを巻く（→P.064）。高さの目安は内くるぶしから指4本分

## アンカー ▶▶▶ 土台をつくる

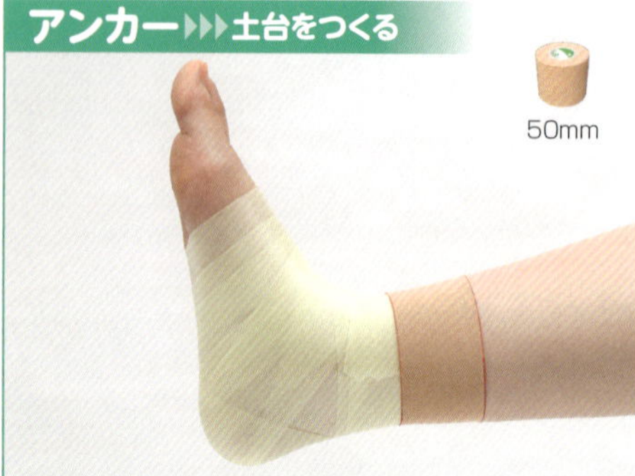


② ハード伸縮テープですねにアンカーを巻く

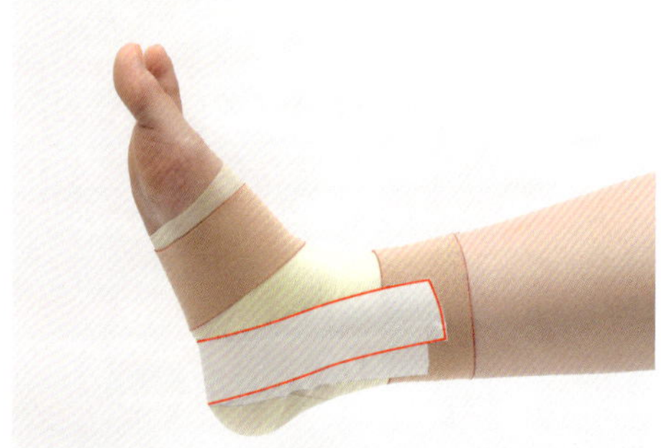

⑤ 2本目はすね寄りを始点に、足裏で1本目と同じ位置を通し、外くるぶしのすね側へ引っ張り上げる

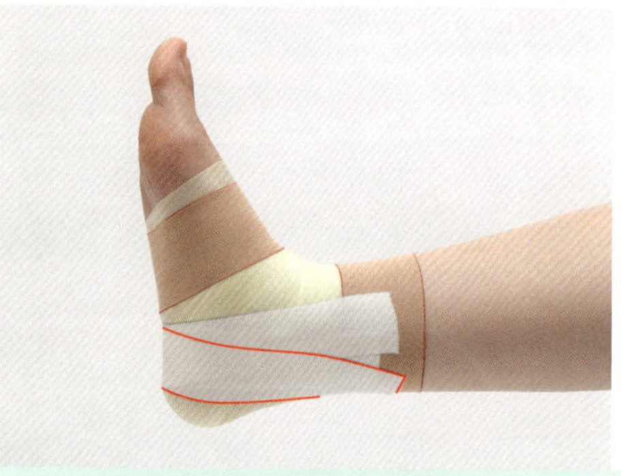

⑥ 3本目はアキレス腱寄りを始点に、足裏で1本目と同じ位置を通し、外くるぶしのすね側へ引っ張り上げる

症状と対処法

# 固定力と可動域をバランスよく保つ

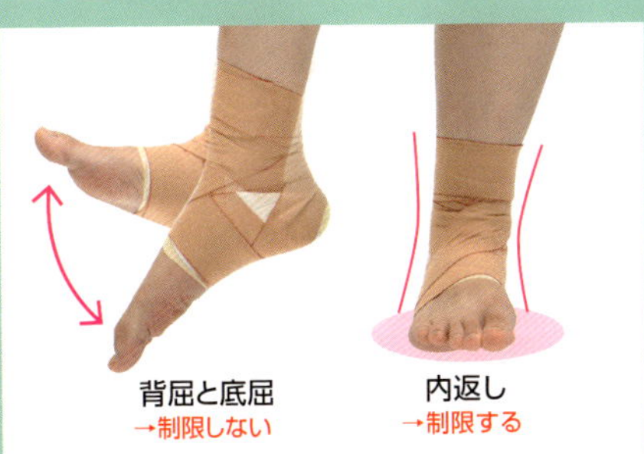


**症 状** 足首を内側にひねる内反ねんざから2週間程度経過。日常生活では痛みもなく、すでに練習復帰も果たしている。

**対処法** サッカーやバスケットなど、走る競技では足関節の前後の動き（背屈・底屈）の可動域はある程度確保しておきたい。そのうえで、横の動き（内返し）には制限をかける。

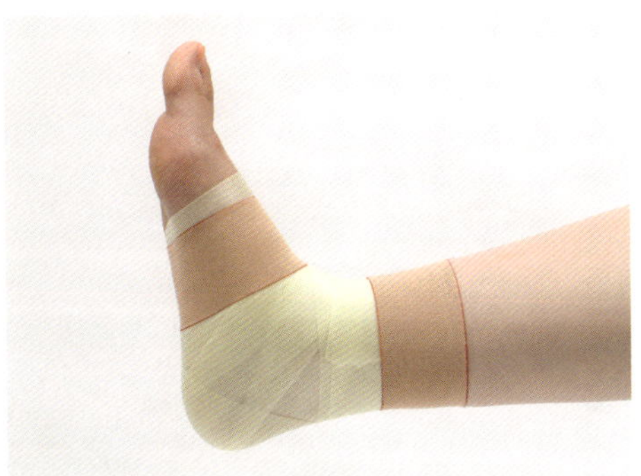

③ 足の甲にもアンカーを1本巻く

## スターアップ ▶▶▶ 内返しを制限

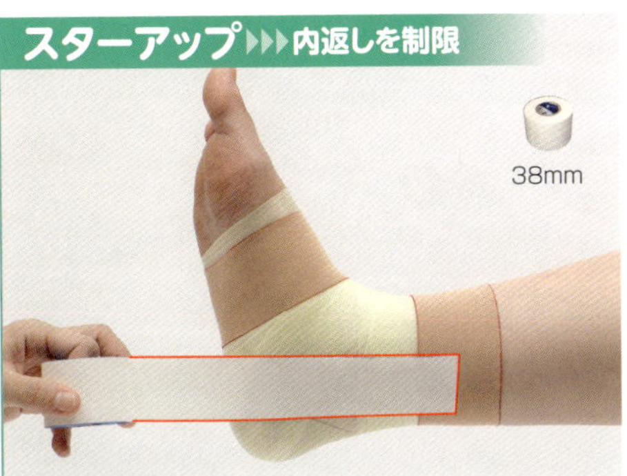


④ 非伸縮テープですねのアンカーを始点に内くるぶしを通し、足裏から外くるぶし側へ貼り引っ張り上げる

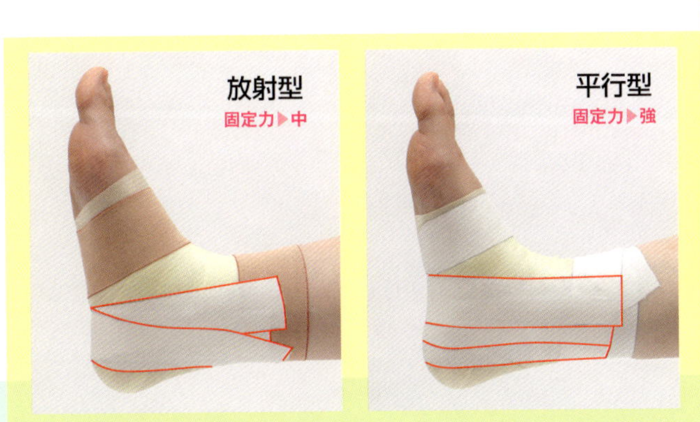


現場の技

### スターアップによる強度の違い

3本のスターアップを放射型に貼るより平行に貼った方が固定力が高いので、本人の症状によって使いわける。

次ページへつづく

## ホースシュー ▶▶▶スターアップを補強

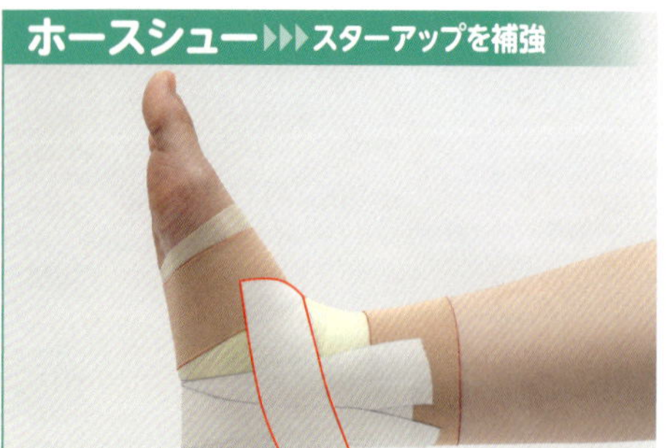

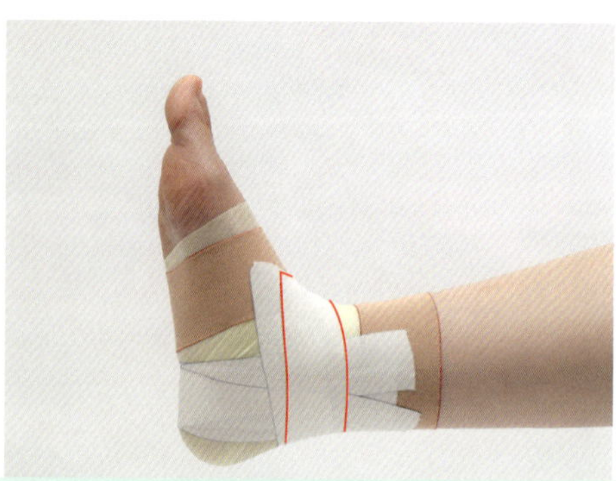

⑦ 足の甲に巻いたアンカーを始点に内外のくるぶしを通して、反対側のアンカー上でとめる

⑧ 1/2ほどずらして、もう1本ホースシューをカラダのラインを意識して貼る

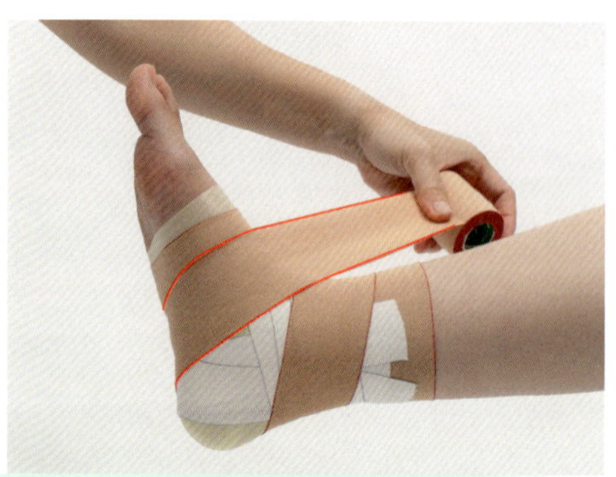

## 内側ヒールロック ▶▶▶かかとを固定

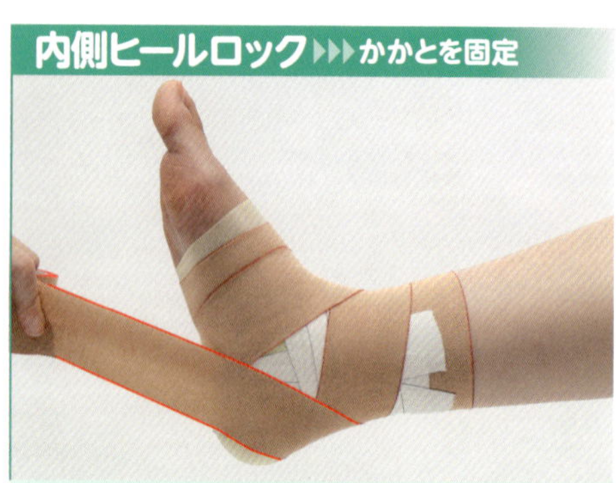

⑪ かかとの外側から足裏を通して貼り引っ張り上げ内側ヒールロックへ

⑫ 外くるぶしからアキレス腱を通して再び足裏に戻る

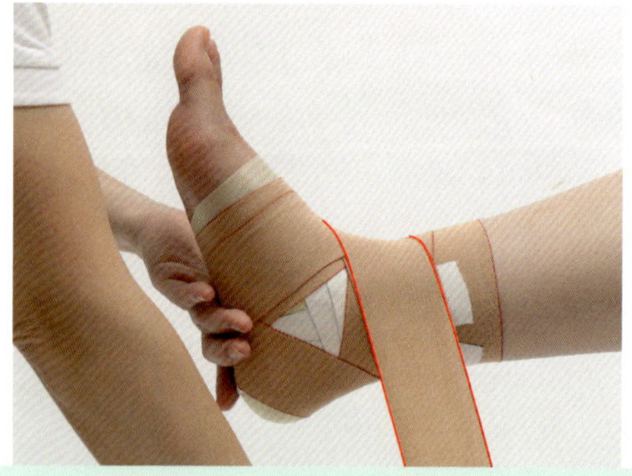

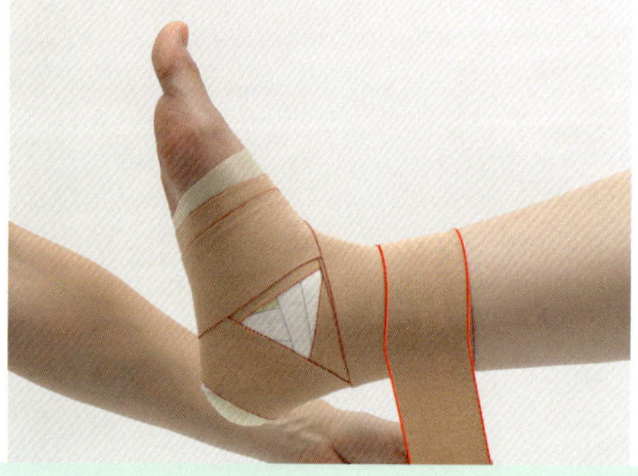

⑮ 足裏を通したら上に引き上げ、そのまま内くるぶしのやや上を通す

⑯ 足首を1～2周巻く

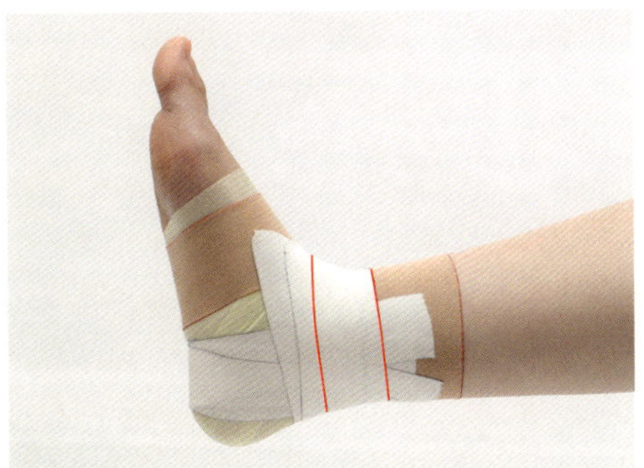

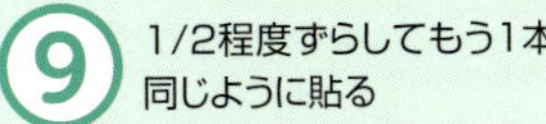

9 1/2程度ずらしてもう1本同じように貼る

## 外側ヒールロック ▶▶▶ かかとを固定

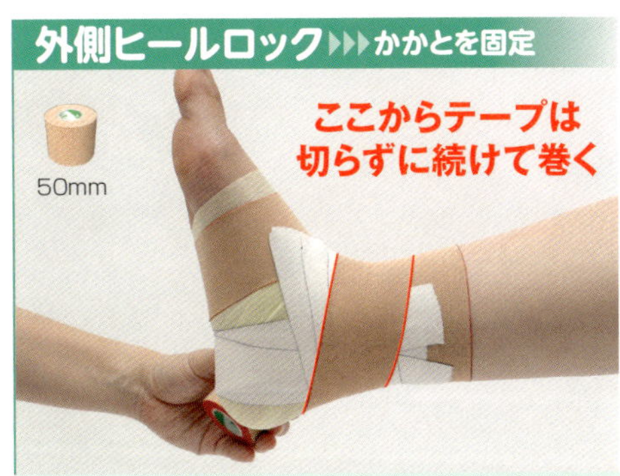


10 ハード伸縮テープで外くるぶしの上あたりを始点に、内くるぶし上方からアキレス腱を通してかかとの外側へ向かう

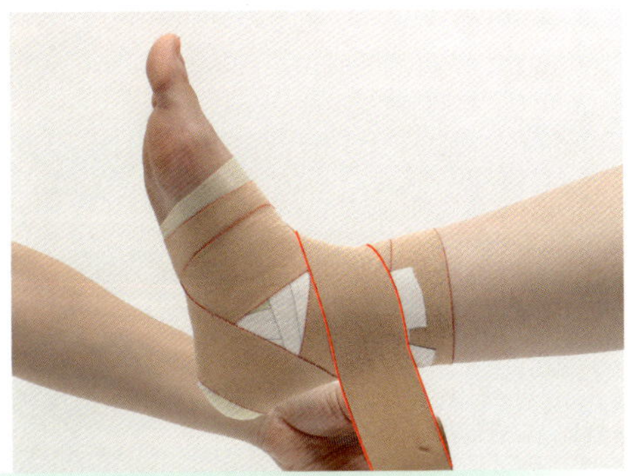

13 足裏から足の外側→内くるぶしのやや上→アキレス腱まで通す

## フィギュアエイト ▶▶▶ 底屈と内返しをさらに制限

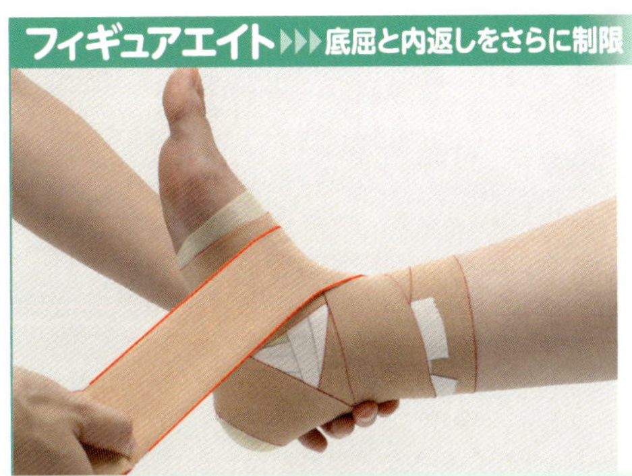

14 アキレス腱から足の甲を通して足裏まで引っ張る

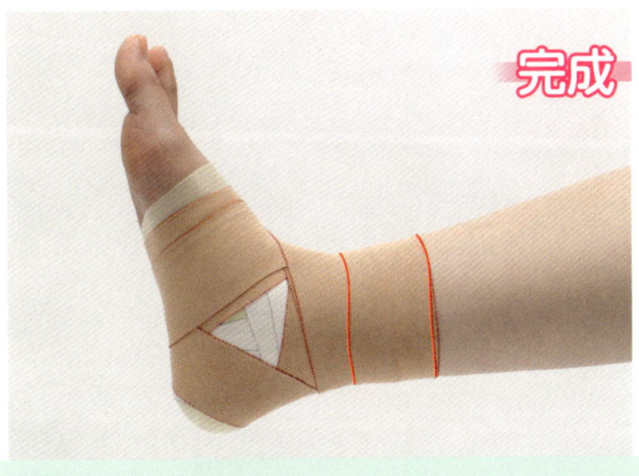


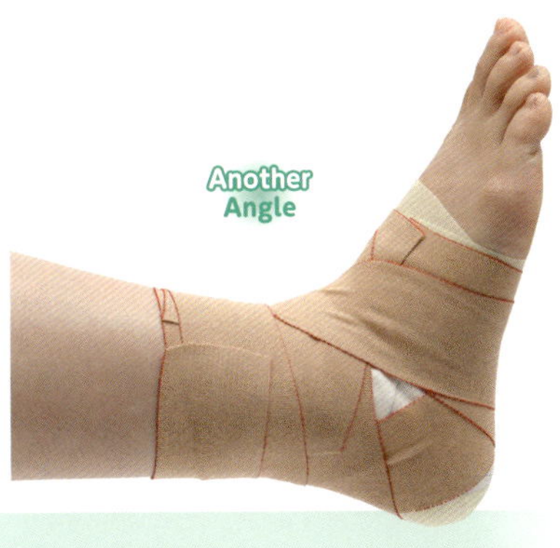


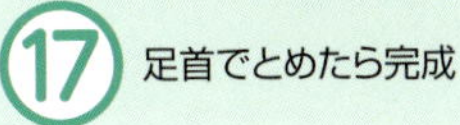

17 足首でとめたら完成

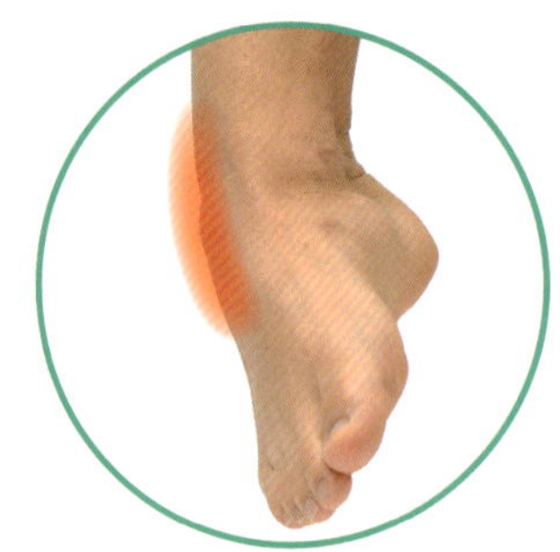

足関節の可動域制限　固定力▶弱

# 足首を内側にひねると痛い3

―内反ねんざの再発予防―

使うテープ

ソフト伸縮テープ 50mm

自着テープ 50mm

## テーピングの狙い

スターアップを1本にして適度に内返しを制限する

スタート姿勢

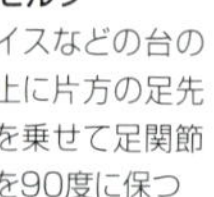
**セルフ**
イスなどの台の上に片方の足先を乗せて足関節を90度に保つ

**パートナー**
足首より先が台から出るようにひざを伸ばして座り足関節を90度に保つ

## スターアップ▶▶▶内返しを制限

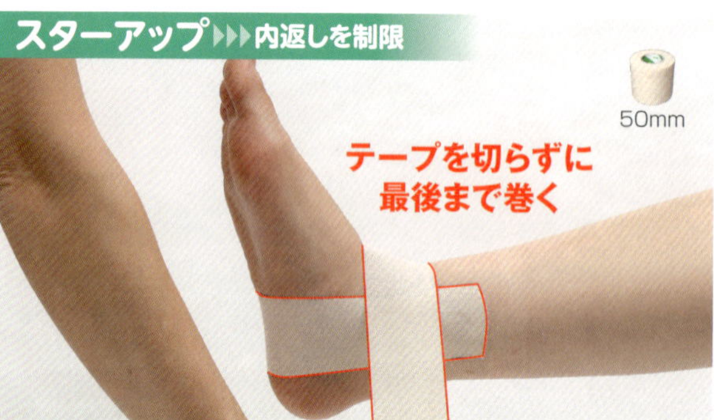

ソフト伸縮や自着テープで一巻きにするだけなので、毎日の練習前などにひとりでもすぐに巻けるようにしておきたい。

① 内くるぶしの上から足裏までまっすぐ下ろし、足の甲を通す

## フィギュアエイト▶▶▶底屈と内返しをさらに制限

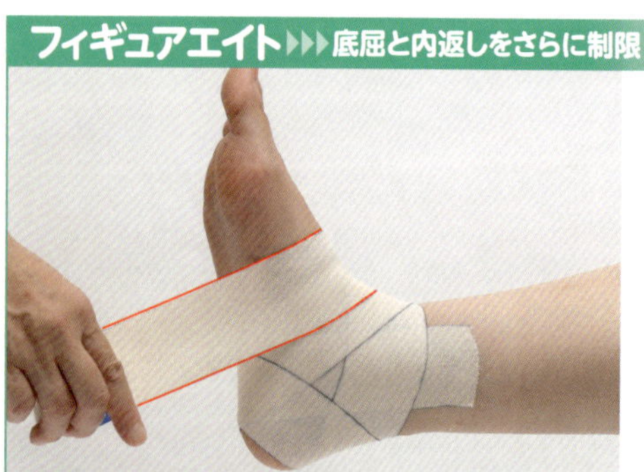

④ 足裏を通して引っ張り上げて甲を1周させる

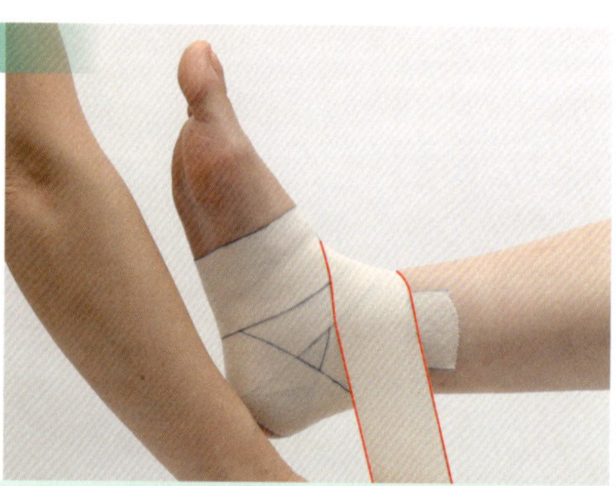

⑤ 足裏から引っ張り上げ内くるぶしを通す

症状と対処法

# 足関節可動域を優先させた巻き方

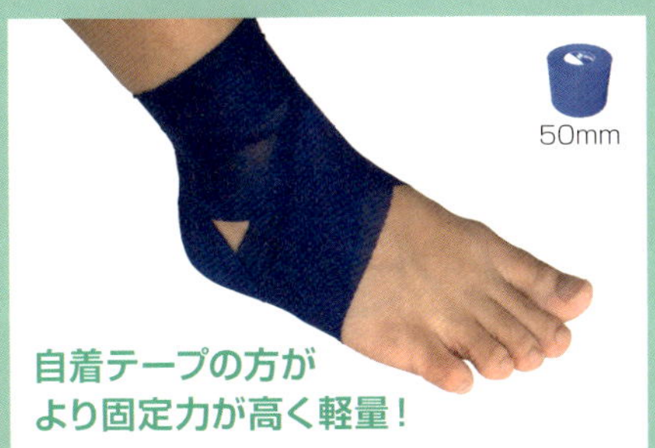

**症 状** 内反ねんざを起こしてから１カ月以上経過し、痛みや不安定感はほとんどない。

**対処法** 内反ねんざは完治前に再発するとクセになるので、痛みはなくても完治するまではテーピングを巻いておきたい。そのため、ソフト伸縮や自着テープを切らずに一巻きでおこない、必要最低限のテープ量で内返し可動域だけを制限する（自着テープの方がより固定力が高く軽量なタイプが多い）。

## 外側ヒールロック ▶▶▶ かかとを固定

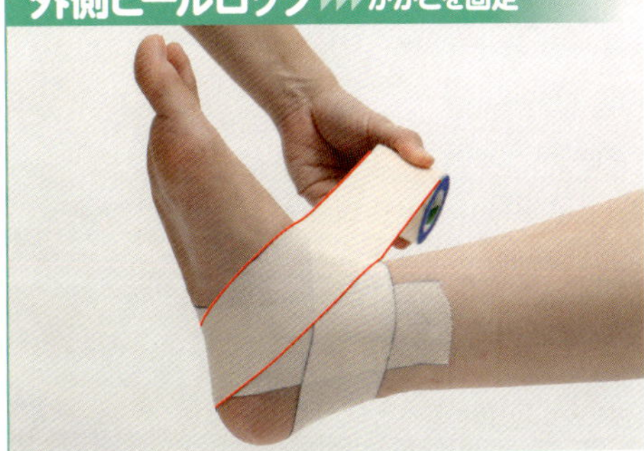

② アキレス腱からかかとの外側、足裏を通して引き上げる

## 内側ヒールロック ▶▶▶ かかとを固定

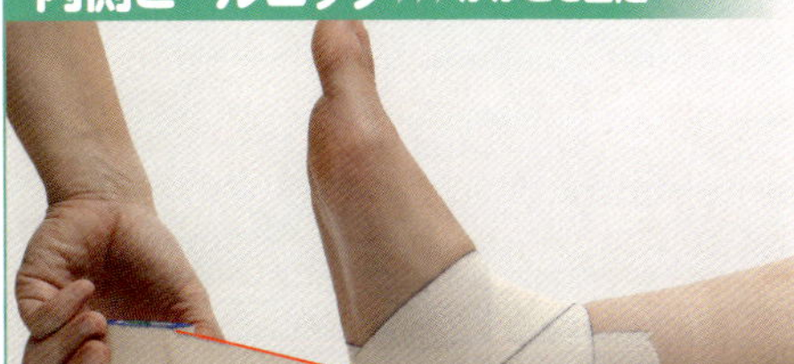

③ 外くるぶしを通して、再びアキレス腱から足裏へ

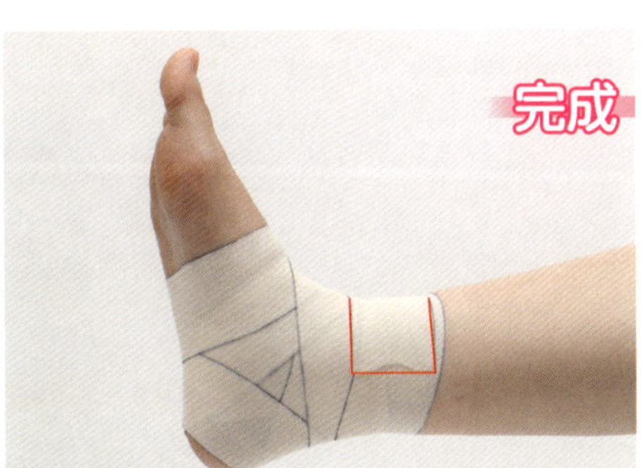


⑥ 足首1～2周巻いたら完成

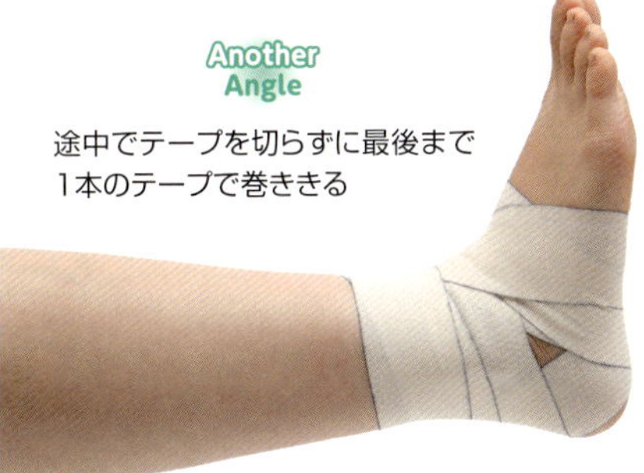


途中でテープを切らずに最後まで1本のテープで巻ききる

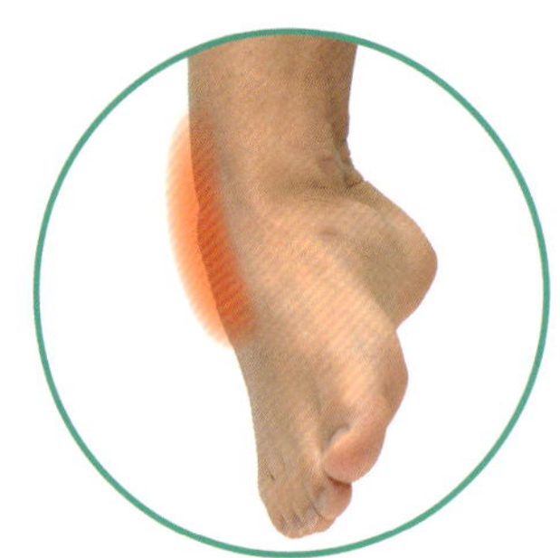

足関節の可動域制限　固定力▶中

# 足首を内側にひねると痛い4

―内反ねんざの応急処置―

使うテープ

アンダーラップ

非伸縮テープ 38mm

テーピングの狙い

ケガ直後のため関節を固定して氷のうごとラッピングする

スタート姿勢

セルフ
イスなどの台の上に片方の足先を乗せて足関節を90度に保つ

パートナー
足首より先が台から出るようにひざを伸ばして座り足関節を90度に保つ

## U字パッド

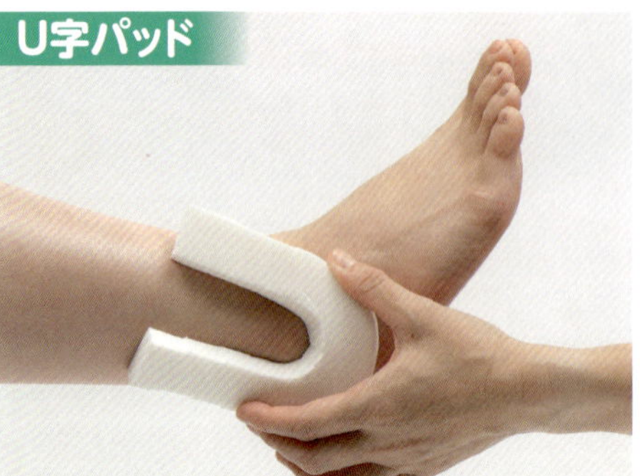

① 内反ねんざによる腫れを抑えるために U字パッドを外くるぶしの下に当てる

## アンダーラップ

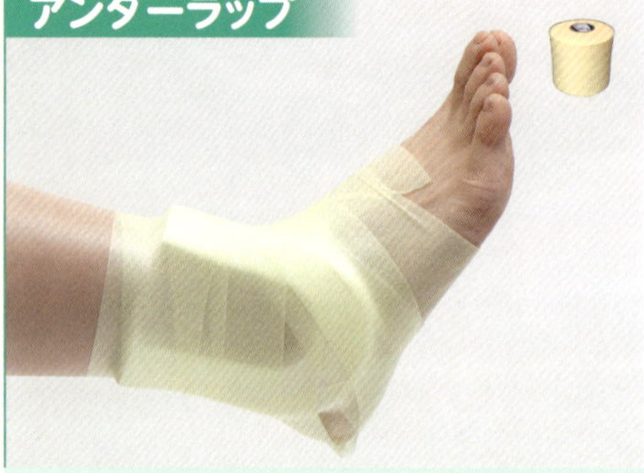

② U字パッドの上からアンダーラップを巻く

## スターアップ ▶▶▶ 内・外返しを制限

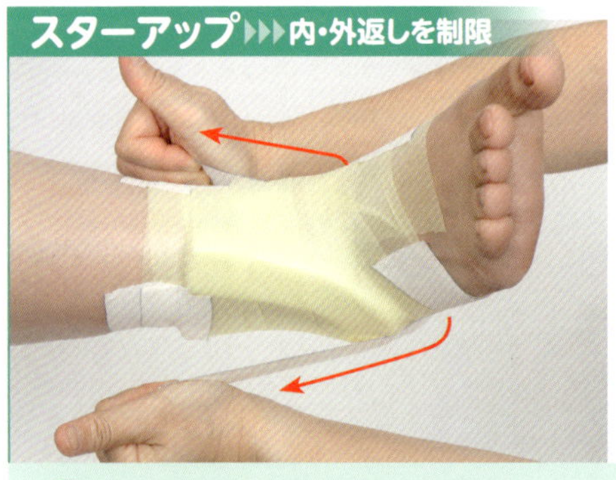

④ 応急処置では内外を同時に引っ張り上げながらスターアップを貼る

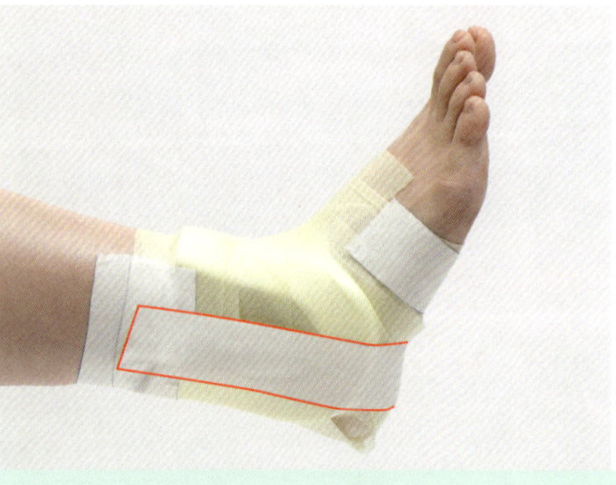

⑤ 応急処置のスターアップは内外のくるぶしを通るように1本貼る

症状と対処法

## 患部を固定し冷やすことを優先させる

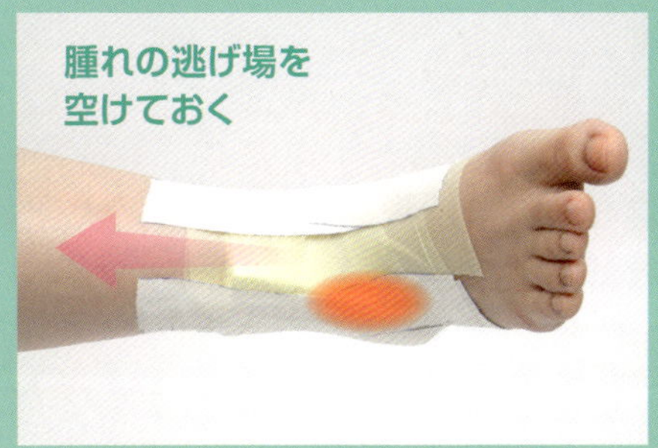


**症 状** 着地時にバランスを崩して足首を強く内側にひねった（内反ねんざ）。外くるぶし付近が赤く腫れ上がっており、まともに歩くこともできない。

**対処法** 足首を冷やして安静にすることを優先させる。同時に腫れの逃げ場を空けておきたいので、足の甲にはテーピングを巻かずに固定させる。

### アンカー ▶▶▶ 土台をつくる

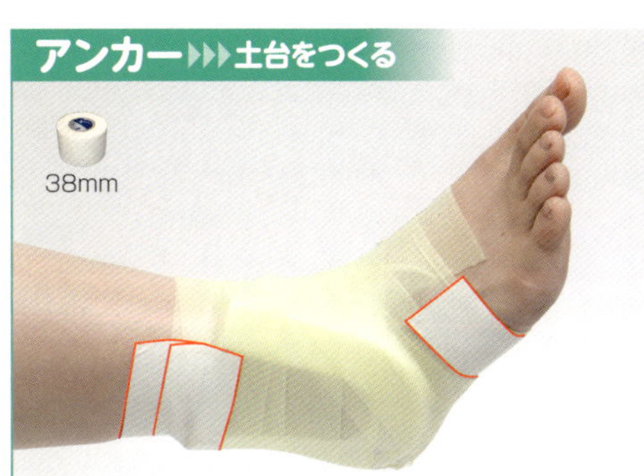

**腫れの逃げ場をつくる**

足首が腫れている状態でぐるぐる巻きにすると腫れの逃げ場がなくなり炎症が治りづらくなる。そこで甲側にはテープを貼らずに逃げ場を確保しておく。

③ 甲側を空けて足首に2本、足裏1本アンカーを貼る

### ホースシュー ▶▶▶ スターアップの補強

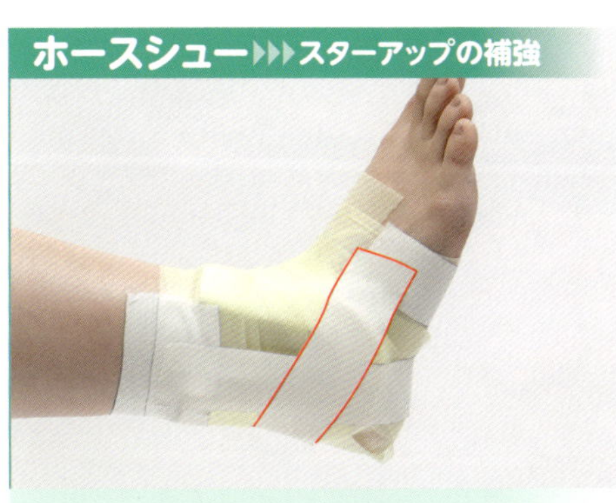

⑥ 1本目は甲のアンカーを始点に、かかとの上を通して甲のアンカーでとめる

### バスケットウィーブ ▶▶▶ 足関節を固定

※スターアップとホースシューを交互に貼ることをバスケットウィーブとよぶ

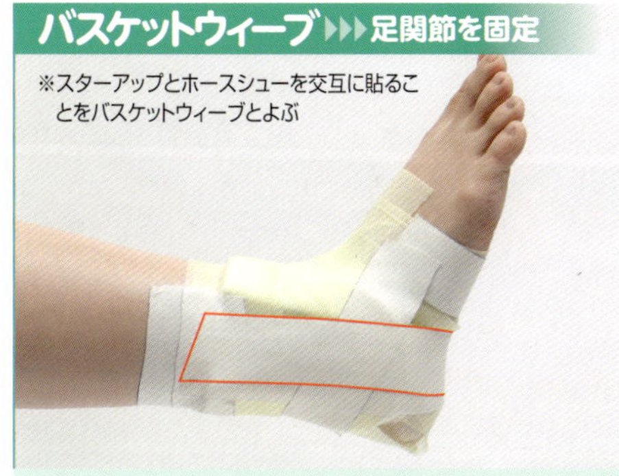

⑦ 1/2程度ずらしてスターアップをもう1本貼る

次ページへつづく

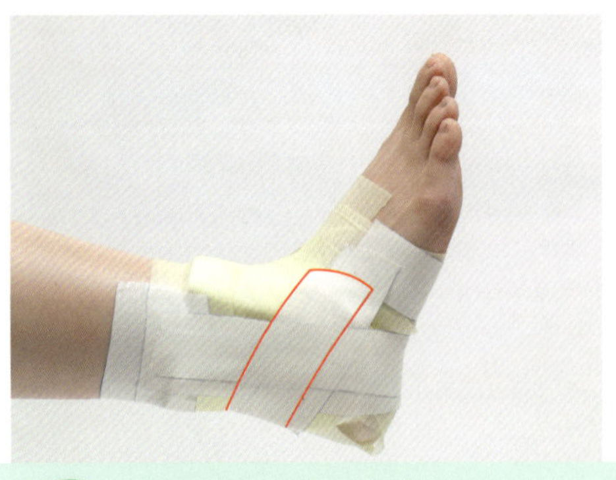

8 1/2程度ずらしてホースシューをもう1本貼る

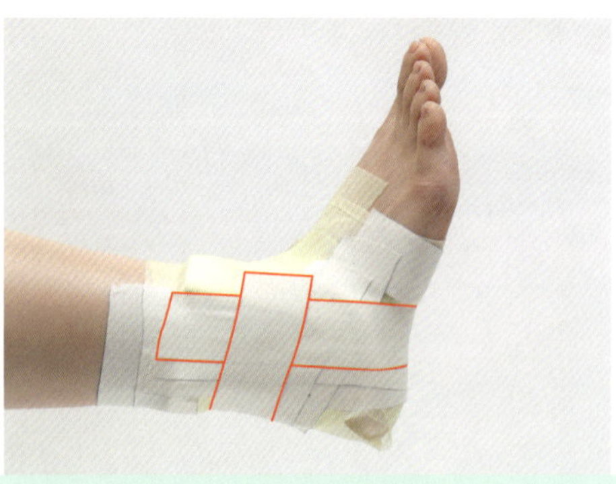

9 1/2程度ずらしてバスケットウィーブをもう1〜2本貼る

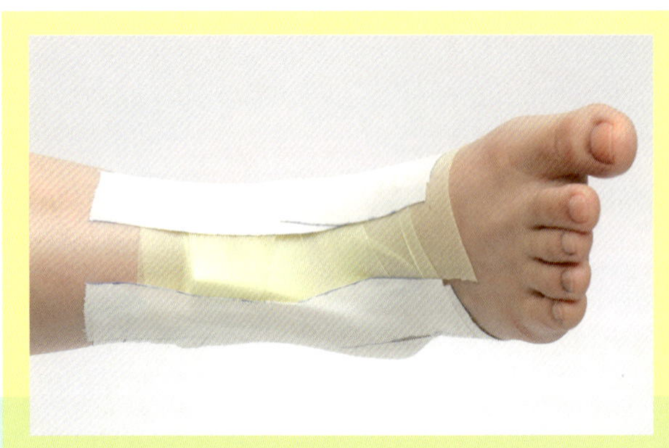

現場の技

**甲側はすべて空けておく!**

ここまで貼ったバスケットウィーブやサーキュラーも甲側には貼らない。

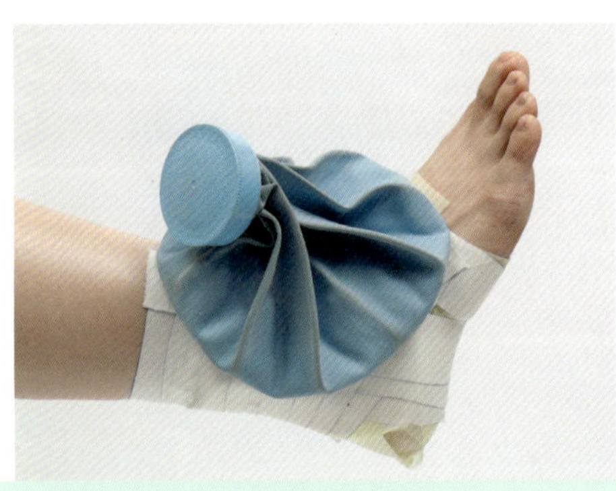

12 患部に氷のうを当てる

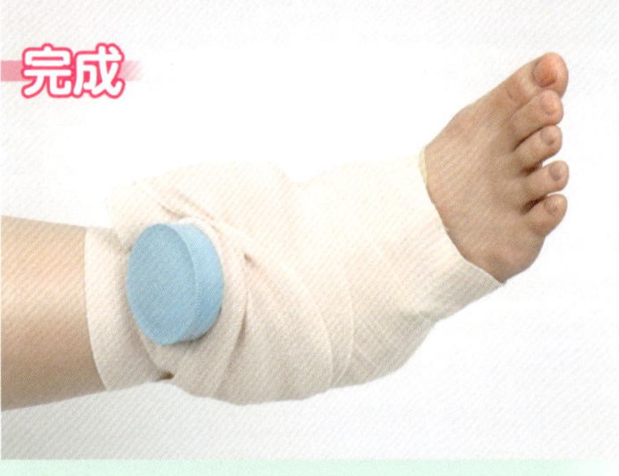


13 バンテージで氷のうがずれないようにぐるぐる巻きにラッピングしたら完成

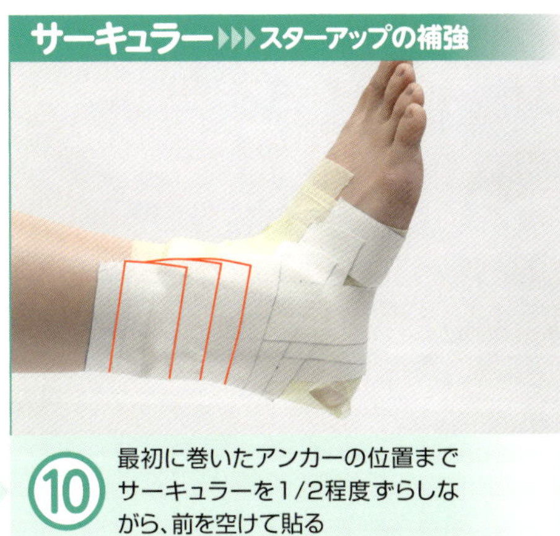


⑩ 最初に巻いたアンカーの位置までサーキュラーを1/2程度ずらしながら、前を空けて貼る

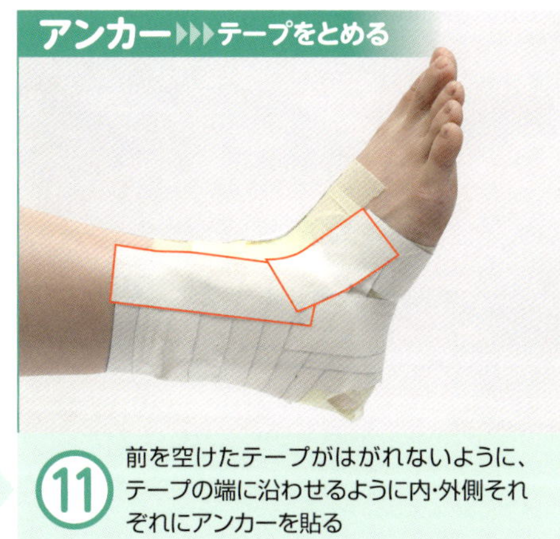


⑪ 前を空けたテープがはがれないように、テープの端に沿わせるように内・外側それぞれにアンカーを貼る

## 基本の応急処置POLICEとは?

スポーツ時の突発的なケガに対しては、基本の応急処置がある。これは、「Protection（保護）」「Optimal Loading（適切な負荷）」「Ice（冷却）」「Compression（圧迫）」「Elevation（挙上）」の頭文字を並べて、POLICEとよばれている。

手順としては、まずは保護Ⓟ。患部を動かさずに安静にする。次は冷却Ⓘ。氷のうで患部を冷やし腫れや痛みを抑える。その次にやることは圧迫Ⓒ。ここで紹介したテーピングを施し、患部に氷のうをあてがいバンテージで巻きつけ、圧迫することで腫れを抑える。次は挙上Ⓔ。損傷部位を心臓より高い位置に上げ血流量を抑え腫れの引きを早める。最後は適切な負荷ⓄⓁ。痛みがとれたら、専門医の指導のもと無理のない範囲で動かし、回復・修復を促す。

**P**rotection = 保護
**O**ptimal **L**oading = 適切な負荷
**I**ce = 冷却
**C**ompression = 圧迫
**E**levation = 挙上

足関節の可動域制限　固定力▶中

# 足首を伸ばすと かかとの上が痛い

—有痛性三角骨障害の再発予防—

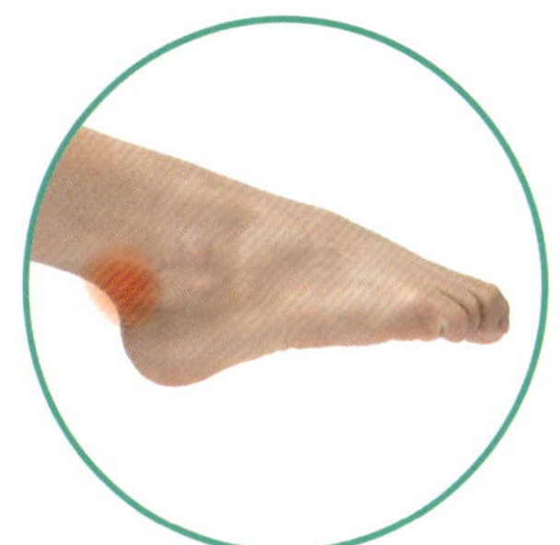

使うテープ

アンダーラップ

ハード伸縮テープ 50mm

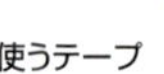

**テーピングの狙い**

足の甲側にスプリットを貼り底屈制限をかける

スタート姿勢

**セルフ**
巻く足が上になるように浅めに脚を組んで座る

**パートナー**
足首より先が台から出るようにひざを伸ばして座る

## アンダーラップ

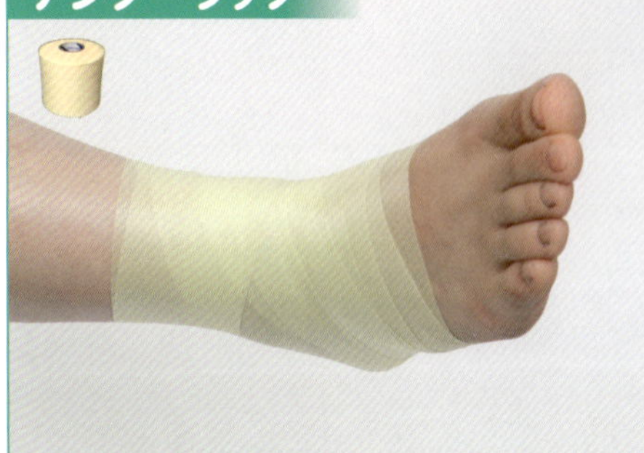

① 足首の角度を90度に保ちアンダーラップを巻く

## アンカー ▶▶▶ 土台をつくる

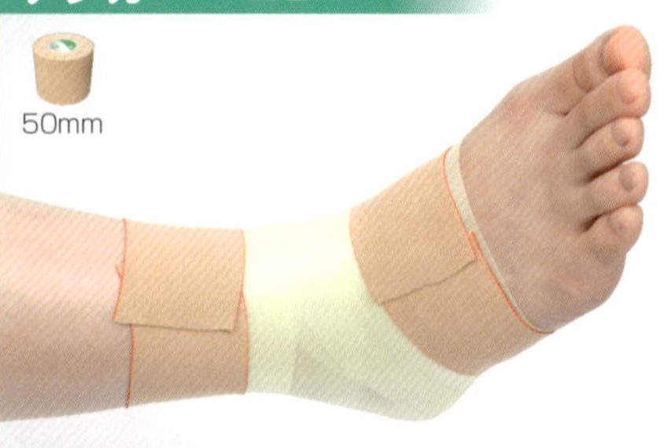


② すねと足の甲に1本ずつアンカーを巻く

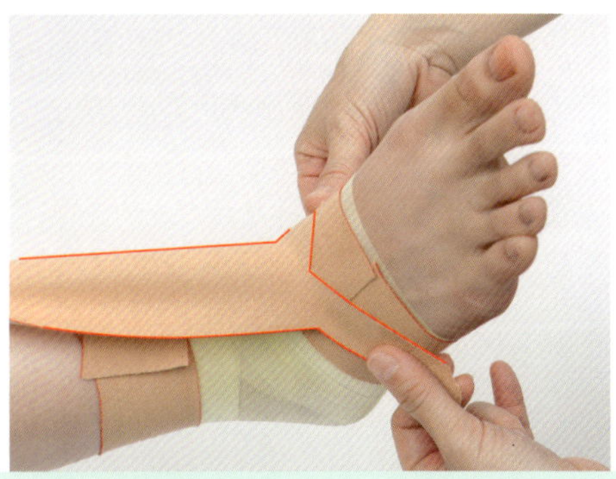

⑤ 足の甲に引きさいたテープを巻きつける

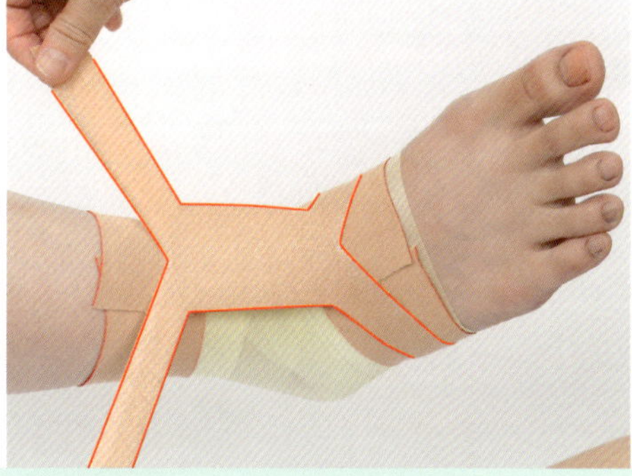

⑥ テープの上端も縦半分に切るが、貼りつける前に痛みを感じる角度を確認する

症状と対処法

# 底屈動作を制限して痛みの発生を抑える

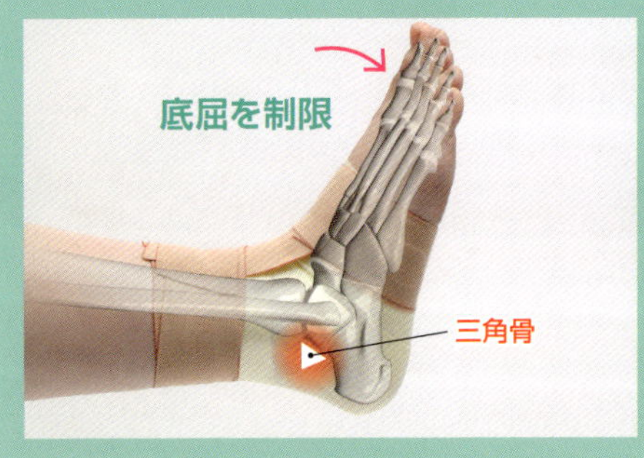


**症状** 三角骨とは、かかとの上にある過剰骨（とくに必要のない骨）であり、10人に1人程度の割合で存在するといわれている。新体操やサッカーなど底屈動作をくり返す競技では、その骨が挟まれ痛むことがある。

**対処法** 底屈動作で痛みが発生するため、足の甲側にスプリットを貼り運動中の過度な底屈に制限をかける。

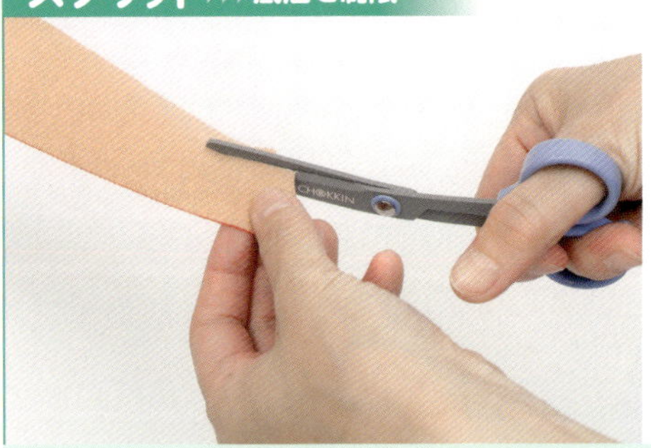

③ テープの下端にハサミで切れ目を入れる

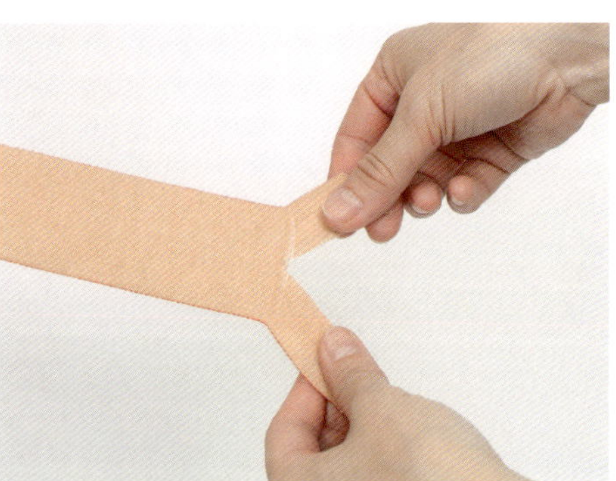

④ テープを左右に引きさく

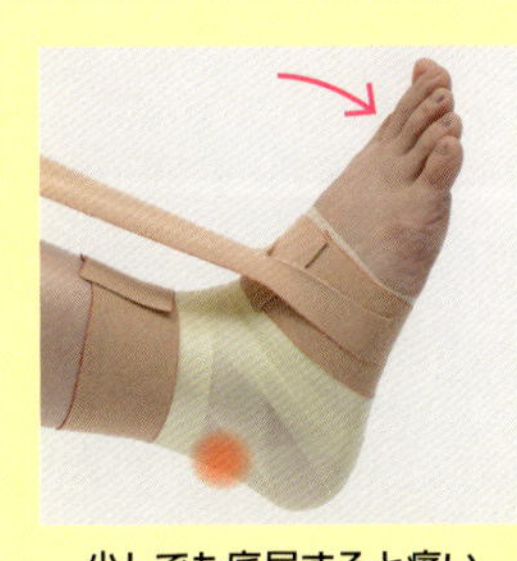

少しでも底屈すると痛い
→足関節を90度で固定

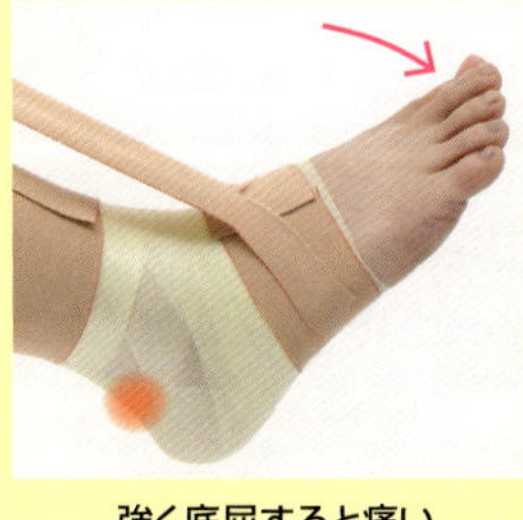

強く底屈すると痛い
→可動域を適度に残す

現場の技

**痛みを感じる足関節の角度を確認!**

足関節をどこまで伸ばすと痛みを感じるのかを確認し、痛みを感じる手前の足関節の角度をスプリットを巻くときの足関節の角度とする。

次ページへつづく

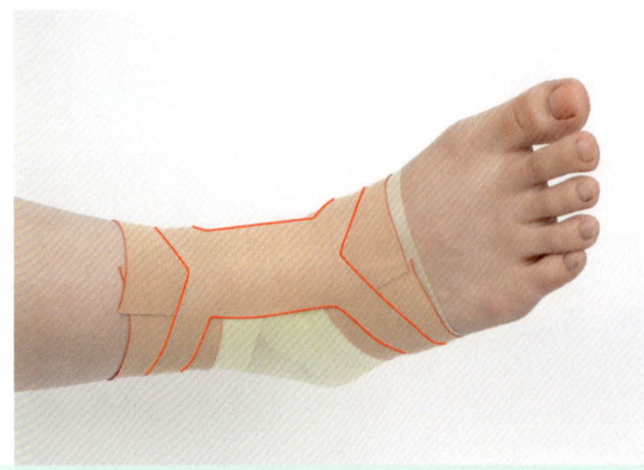

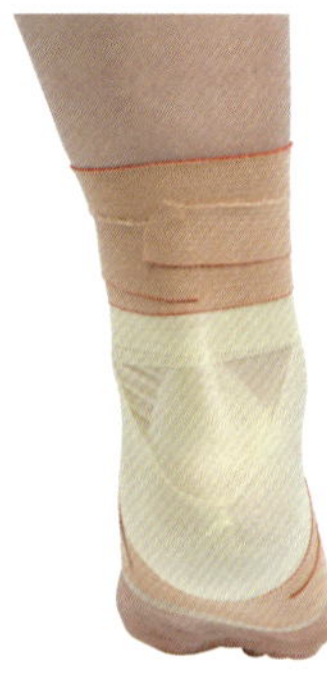


左右に切りさいたテープの先端を足首に巻きつける

痛みを感じる手前で底屈制限できる角度で、テープ上端を巻きつける

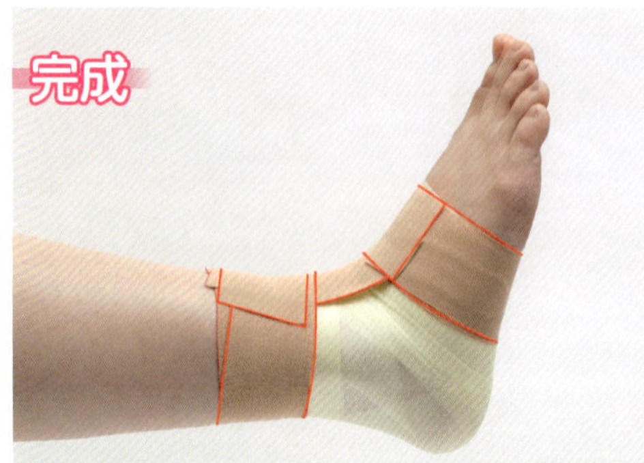


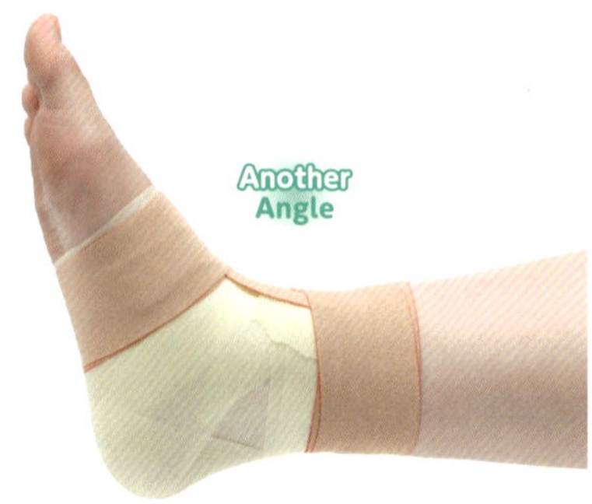


⑨ これで完成になるが、まだ足関節に不安定感や緩さを感じる場合は、さらにXサポートを巻いて強度を高めることも有効になる

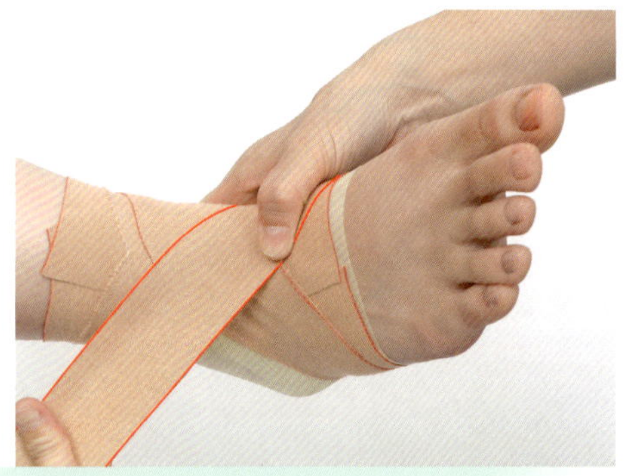

⑫ 交点が足関節前面の中央部付近になるように注意する

## アンカー▶▶▶テープをとめる

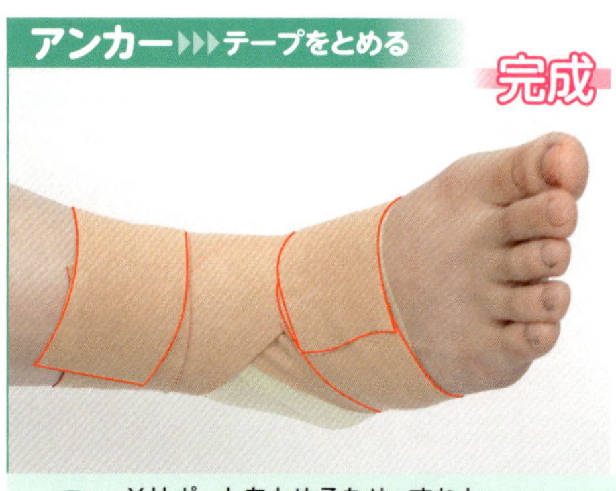


⑬ Xサポートをとめるため、すねと足の甲にそれぞれ1本ずつアンカーを貼ったら完成

## アンカー▶▶▶テープをとめる

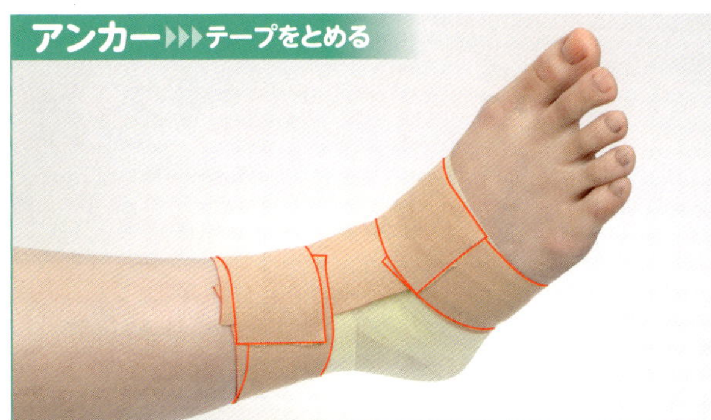

8 すねと足の甲にそれぞれアンカーを
1本ずつ巻く

さらに強度を高める

## Xサポート▶▶▶底屈をさらに制限

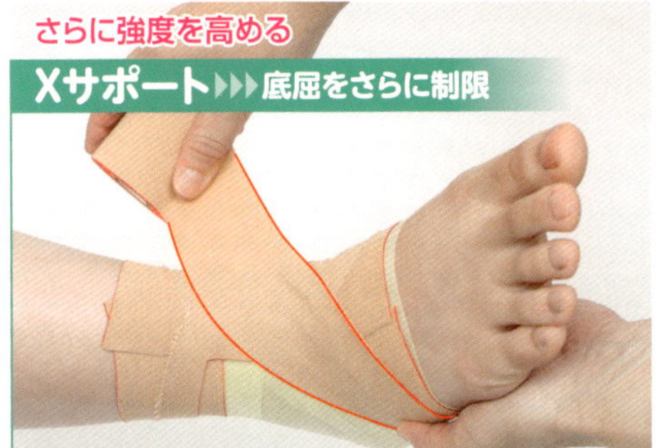

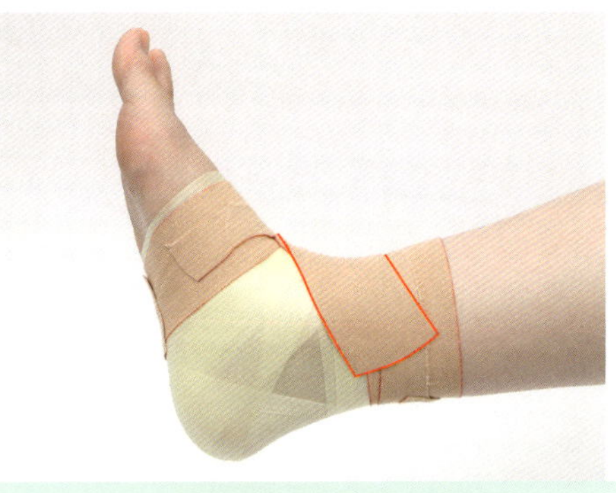

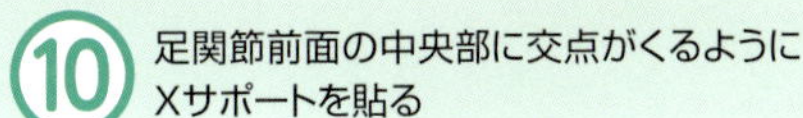

10 足関節前面の中央部に交点がくるように
Xサポートを貼る

11 Xサポートは足の甲のアンカーを始点
にして、すねのアンカーでとめる

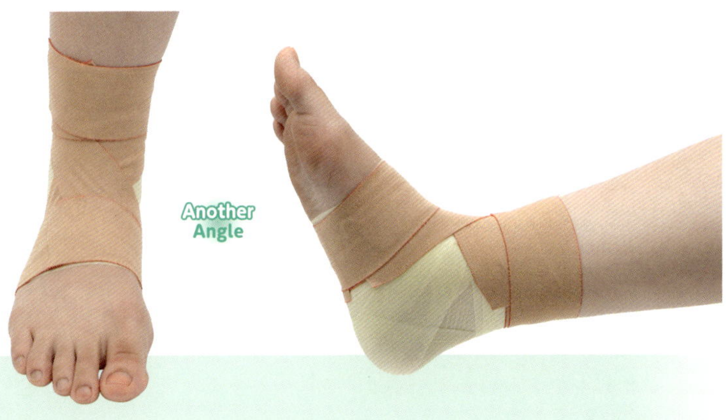

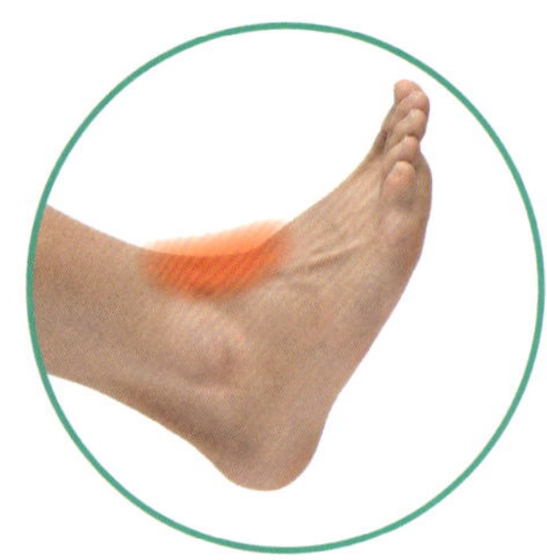

足関節の可動域制限　固定力▶中

# 足首を曲げると甲の上が痛い

―フットボーラーズアンクルの再発予防―

使うテープ

アンダーラップ

ハード伸縮テープ 50mm

スタート姿勢
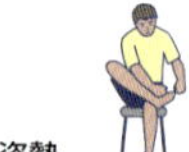
セルフ
巻く足が上になるように浅めに脚を組んで座る

パートナー
足首より先が台から出るようにひざを伸ばして座る

テーピングの狙い

かかと側にスプリットを貼り背屈制限をかける

## アンダーラップ

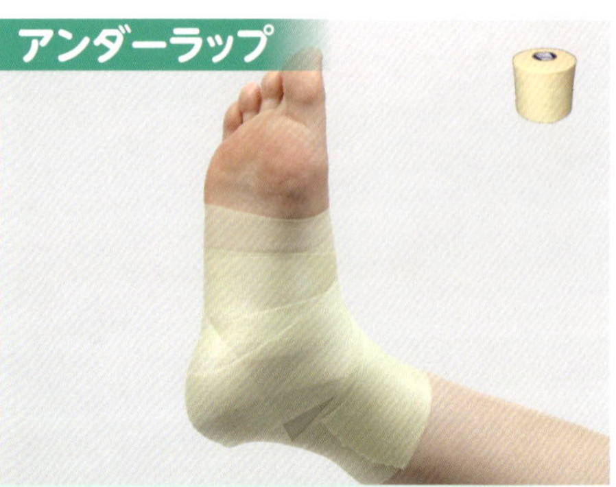

① 必要に応じて粘着スプレーを吹きかけ、アンダーラップを巻く

## アンカー▶▶▶土台をつくる

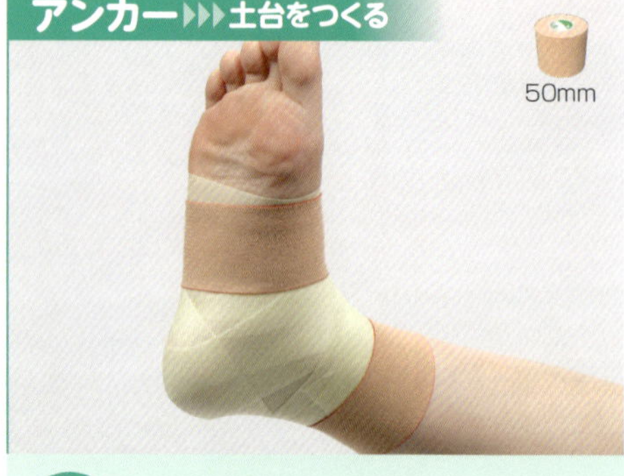


② すねと足の甲に1本ずつアンカーを巻く

## スプリット▶▶▶背屈を制限

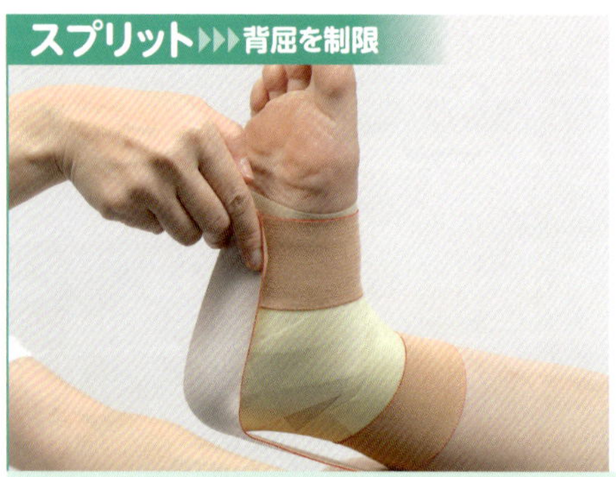

③ テープを裏返しにして、スプリットを貼るために必要な長さを事前に測る

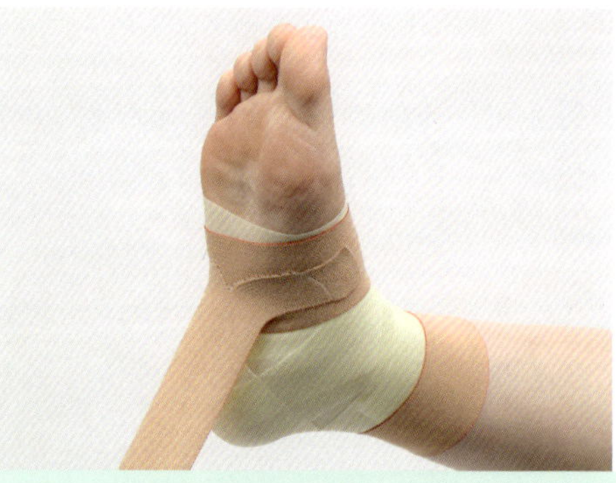

④ 足の裏に引きさいたテープを巻きつける

症状と対処法

## 背屈動作を制限して痛みの発生を抑える

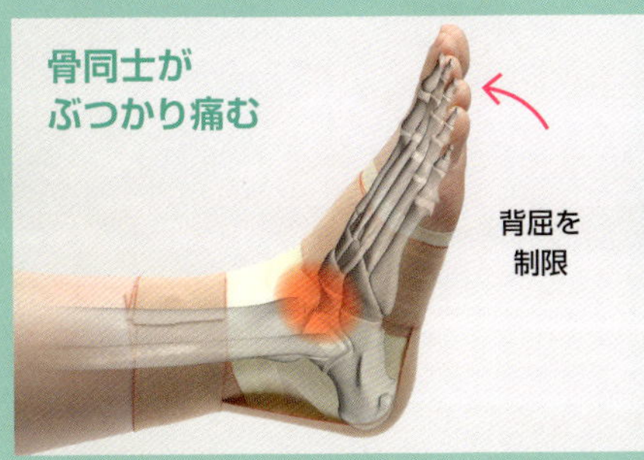


**症 状** サッカーのキック動作やバレーの着地など、過度な背屈動作がくり返しおこなわれることで、足関節の前にある骨同士が擦れたり、ぶつかることで痛むことがある。

**対処法** 背屈動作で痛みが発生するため、かかと側にスプリットを貼り運動中の過度な背屈に制限をかける。

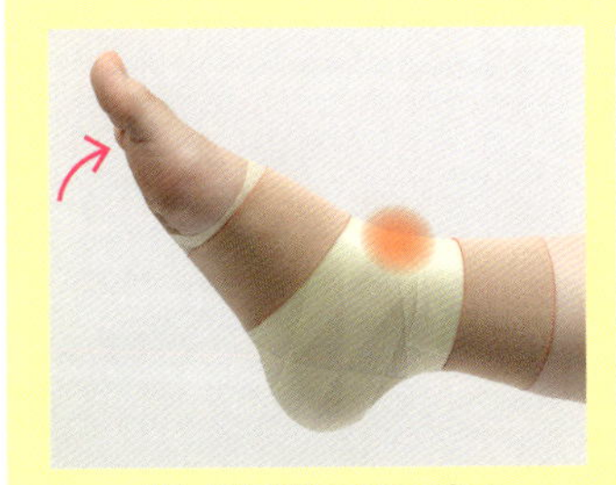
少しでも背屈すると痛い
→足関節を広角で固定

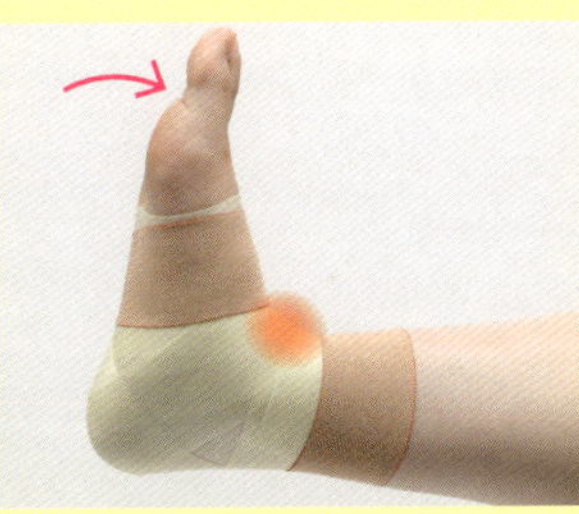
強く背屈すると痛い
→足関節を直角で固定

**痛みを感じる足関節の角度を確認!**

足関節をどこまで曲げると痛みを感じるのかを確認し、痛みを感じる手前の足関節の角度をスプリットを巻くときの足関節の角度とする。

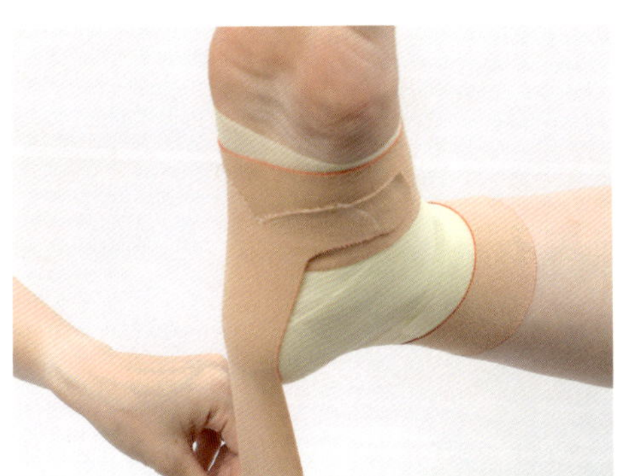
5 かかとの中央部を通す

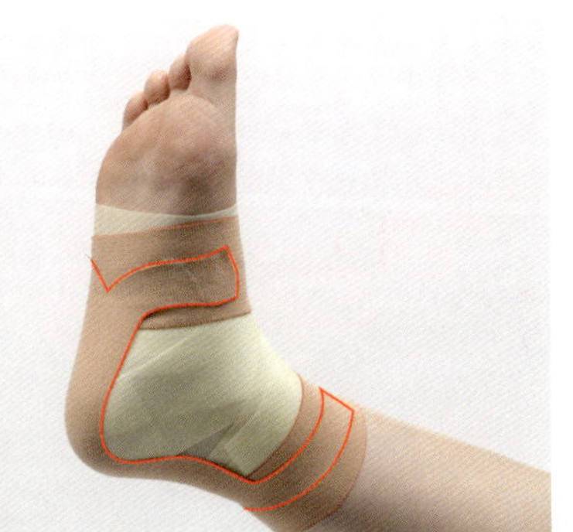
6 痛みを感じる手前で背屈制限できる角度で、テープ上端をすねのアンカー上に巻きつける

次ページへつづく

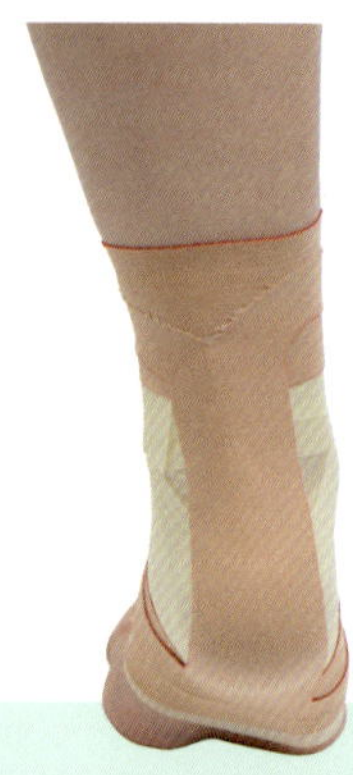

Another Angle

かかととアキレス
腱の中央部を通す

## アンカー ▶▶▶ テープをとめる

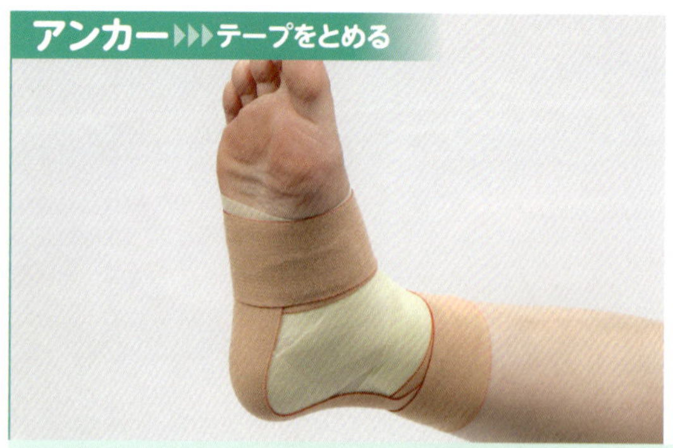

⑦ すねと足の甲にそれぞれアンカーを1本ずつ巻く

## Xサポート ▶▶▶ 背屈を制限

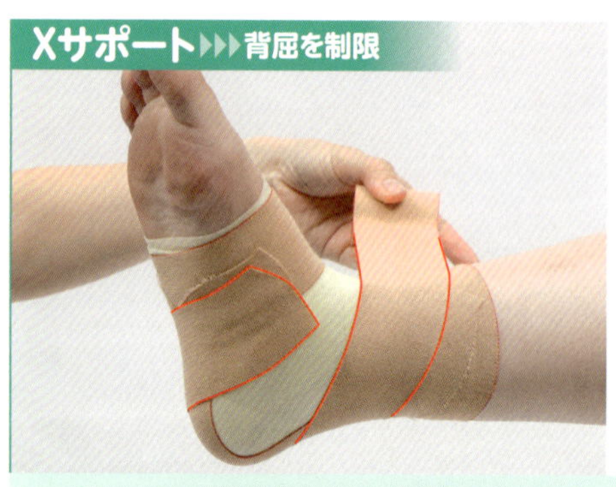

⑨ 足裏からすねに向けてXサポートを貼る。すねのアンカーでは1周巻く

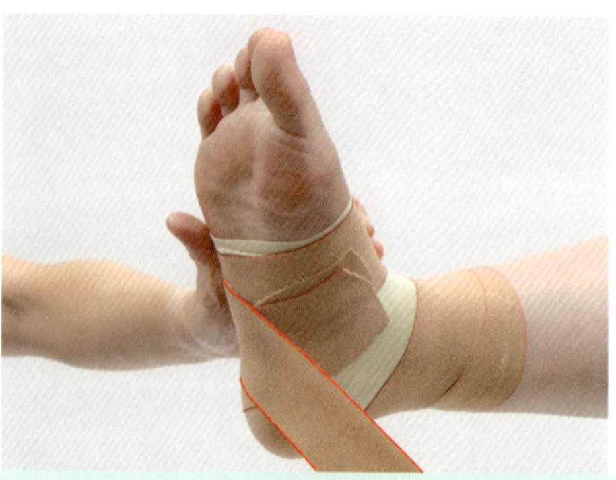

⑩ 交点が足の裏の中央部になるようにXサポートを貼る

## アンカー ▶▶▶ テープをとめる

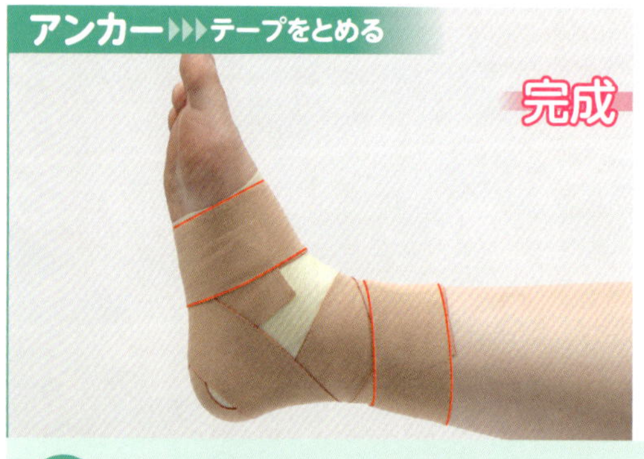

完成

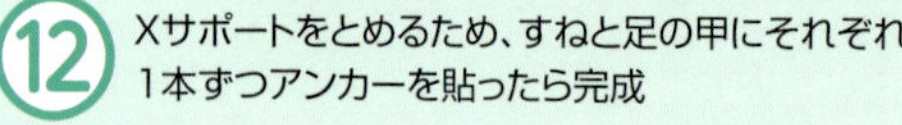

⑫ Xサポートをとめるため、すねと足の甲にそれぞれ1本ずつアンカーを貼ったら完成

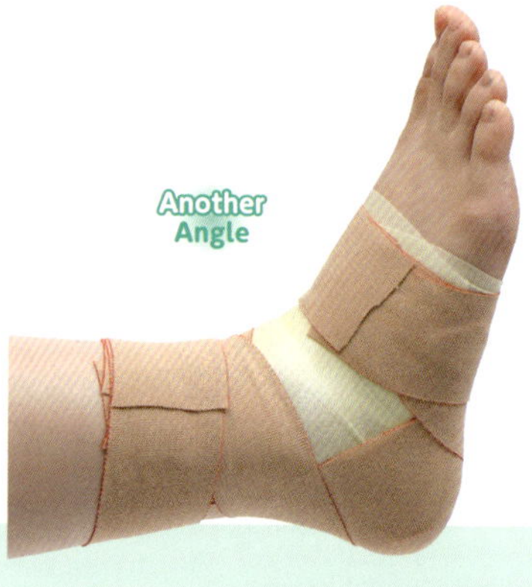

Another Angle

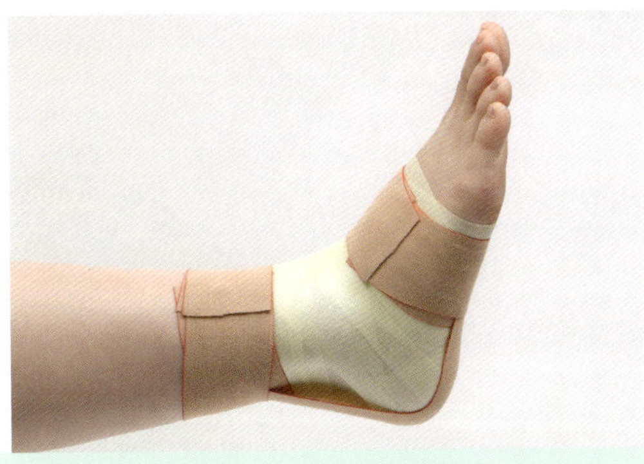

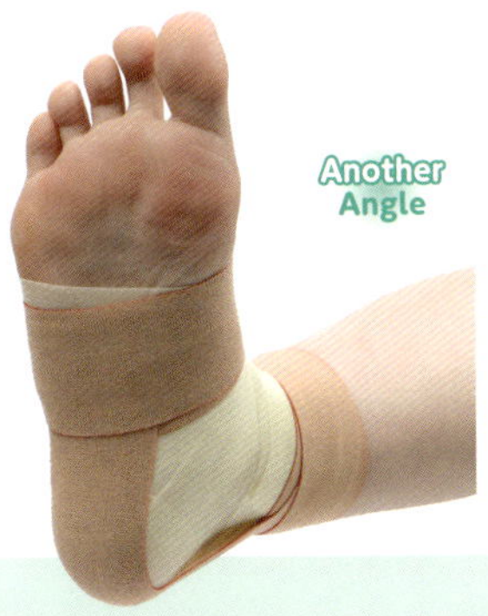


8 これで完成だが、足関節に不安定感や緩さを感じる場合は、さらにXサポートを巻いて伸展可動域を制限させる

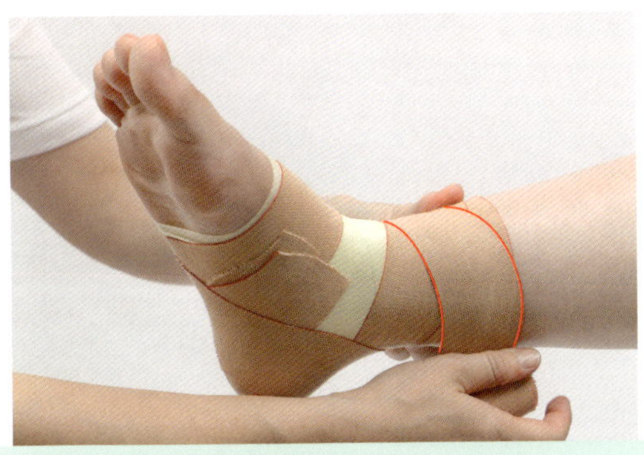

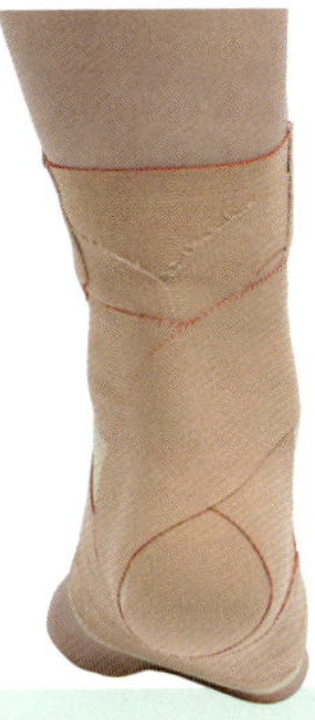

Another Angle

アキレス腱部でも交差している

11 はがれないようにすねのアンカー部で1周巻いてからとめる

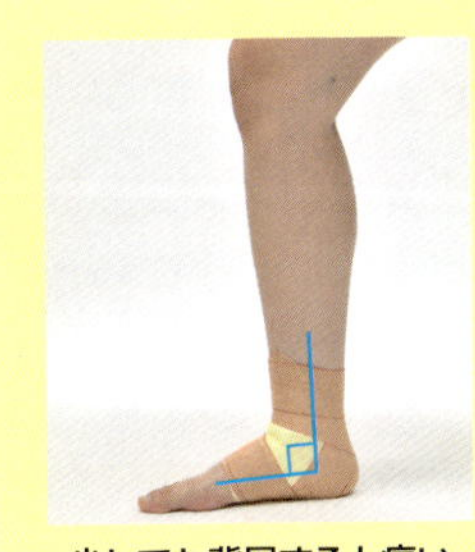

**少しでも背屈すると痛い**
→背屈可動域を直角で制限

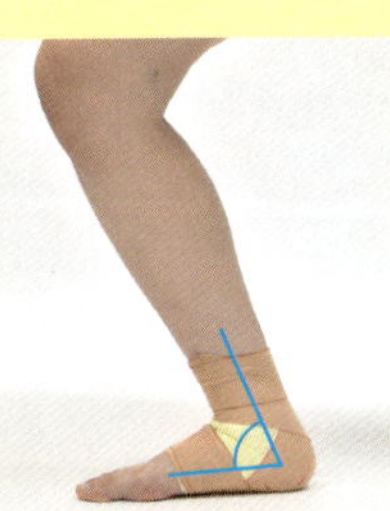

**強く背屈すると痛い**
→背屈可動域に余裕をつける

**踏み込み時の背屈可動域を制限**

運動中に足を強く踏み込むときなどに足関節の過度な背屈が起こるため、痛みを感じる人は、踏み込んだときに足関節を直角に制限できるように巻く。

足底筋(腱)膜のサポート　固定力▶中

# 足の裏が痛い

—足底筋(腱)膜炎・扁平足の再発予防—

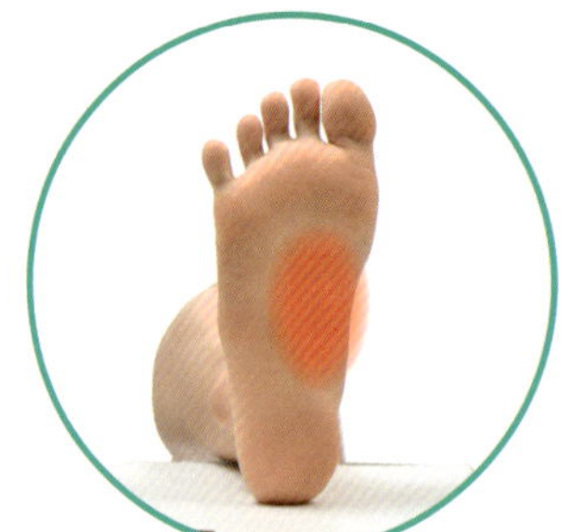

使うテープ

非伸縮テープ 25mm

ソフト伸縮テープ 50mm

**テーピングの狙い**

縦・水平サポートで足のアーチが下がらないように支える

スタート姿勢

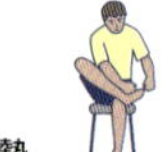

**セルフ**
巻く足が上になるように浅めに脚を組んで座る

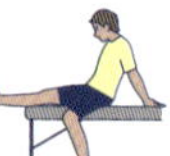

**パートナー**
足首より先が台から出るようにひざを伸ばして座る

## アンカー▶▶▶土台をつくる

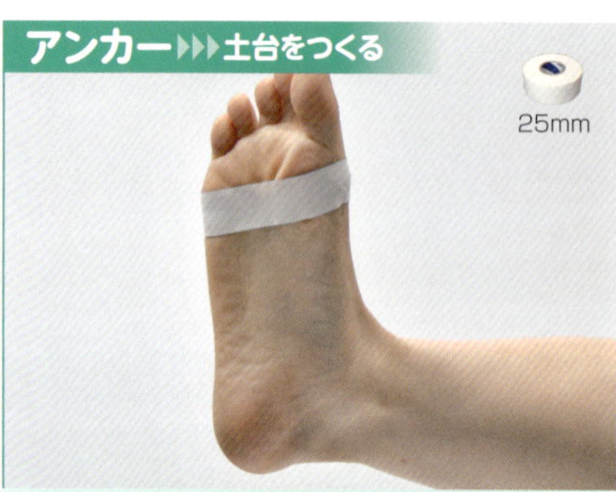


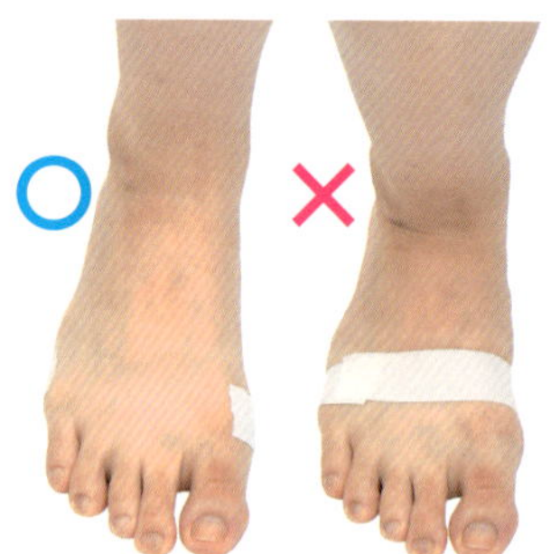


**Another Angle**

指につながる腱を覆うと、動きを制約してしまうので、足の甲にはテープを貼らない

① 母趾球から小趾球までをつなぐように、足裏にアンカーを貼る

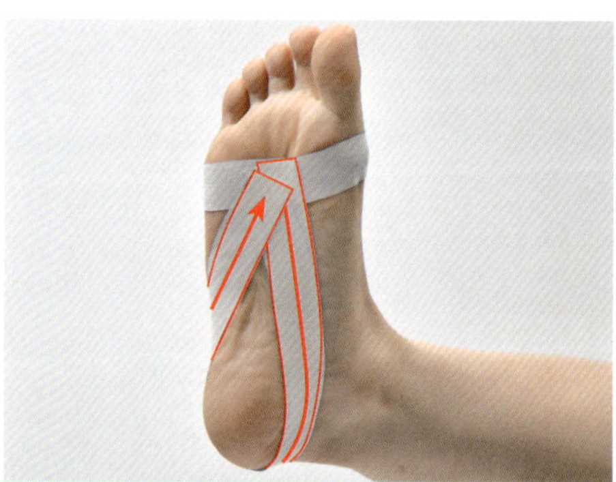

④ 人差し指の下を始点にして、同じようにかかとを通してとめる

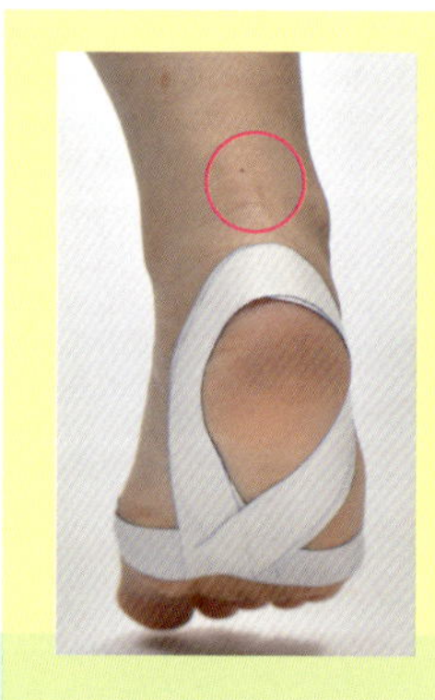

**現場の技**

**アキレス腱にはかけない!**

テープがアキレス腱にかかると運動中に食い込むことがあるので注意しよう。

症状と対処法

# 足裏の縦アーチの落ち込みを防ぐ

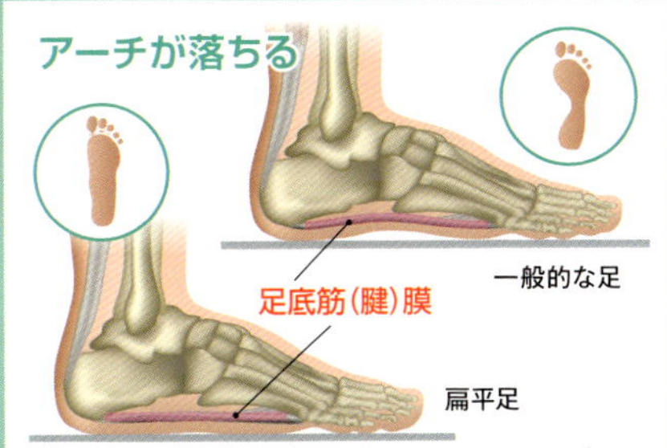


**症 状** ランナーなど陸上競技者の多くは、くり返し足裏に衝撃がかかるため、足裏にある足底筋（腱）膜が炎症を起こし、人によってアーチが落ちて土踏まずがなくなり、扁平足になることがある。

**対処法** アーチが落ちないように足底筋（腱）膜に沿うように縦サポートを貼り、さらに足裏全体に水平サポートを貼って補強する。

## 縦サポート ▶▶▶ 土踏まずをサポート

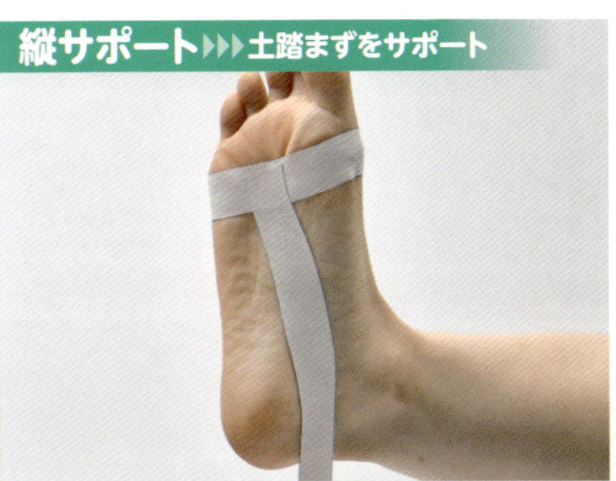

2 中指の下を始点にしてかかとまで貼る

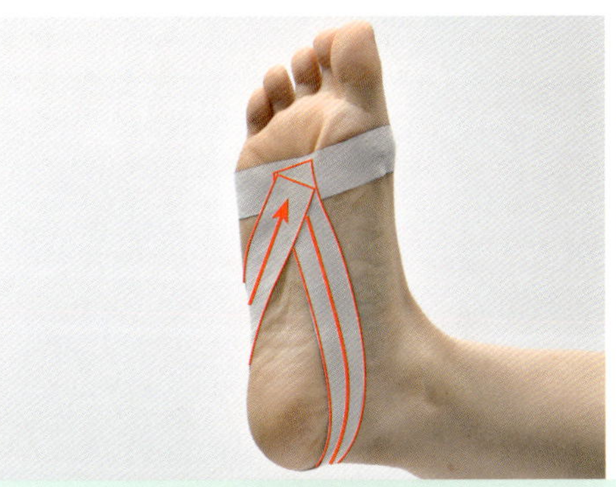

3 かかとを通して始点と同じ場所でとめる（時計回り）

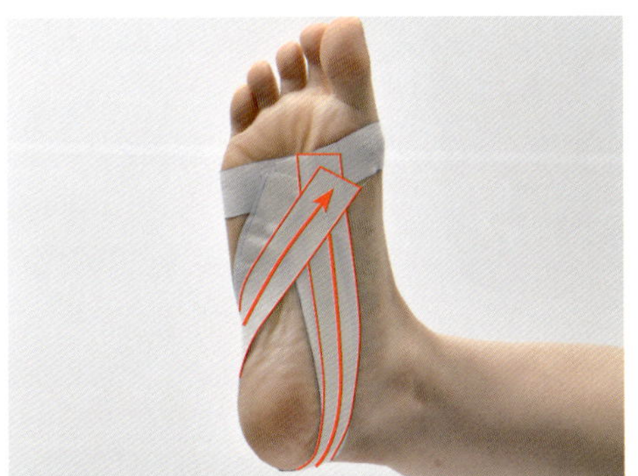

5 親指の下を始点にして同じようにかかとを通してとめる

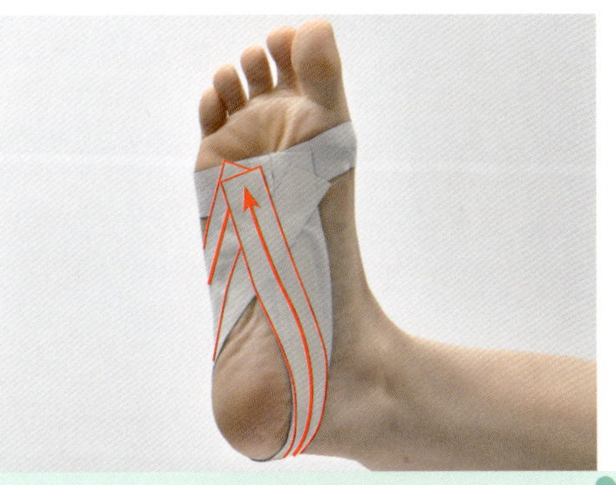

6 薬指の下を始点にして反時計回りにかかとを通してとめる

次ページへつづく

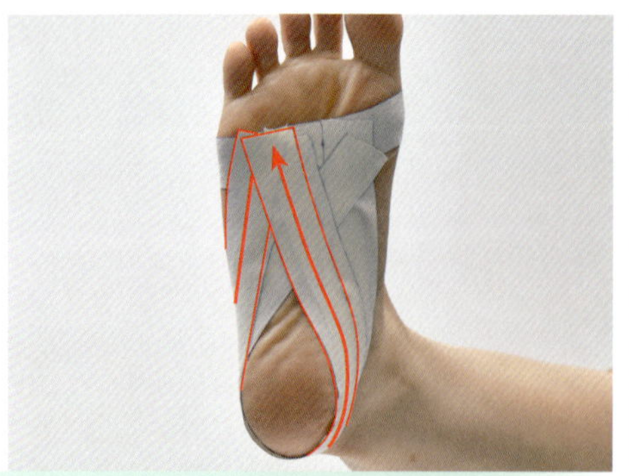

7 小指の下を始点にして反時計回りに
かかとを通してとめる

## 水平サポート ▶▶▶ 縦サポートを補強

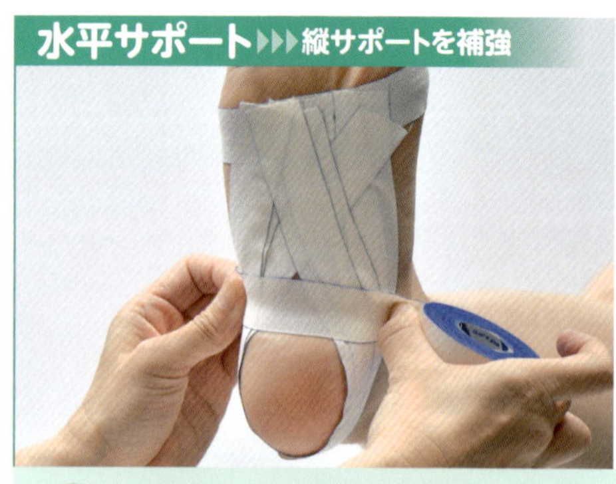

8 土踏まずのかかと寄りを始点に
足の裏を押し上げるように貼る

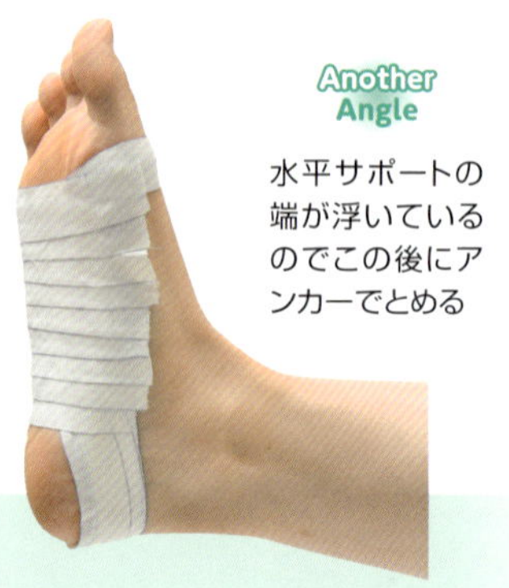

Another Angle

水平サポートの
端が浮いている
のでこの後にア
ンカーでとめる

## アンカー ▶▶▶ テープをとめる

11 水平サポートの端をとめるように
アンカーを貼る

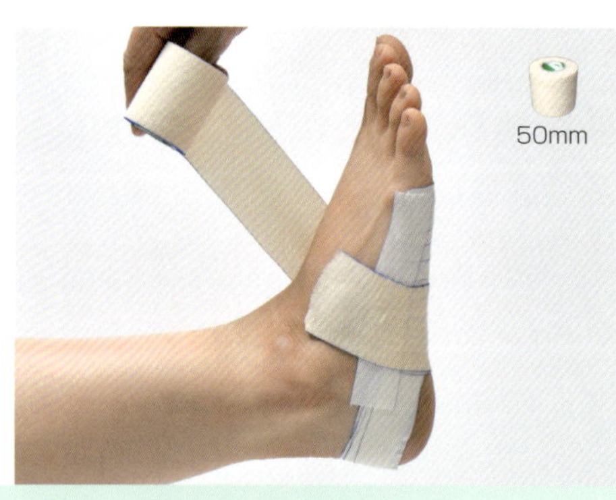


13 ソフト伸縮テープで足の甲の
かかと側から巻きはじめる

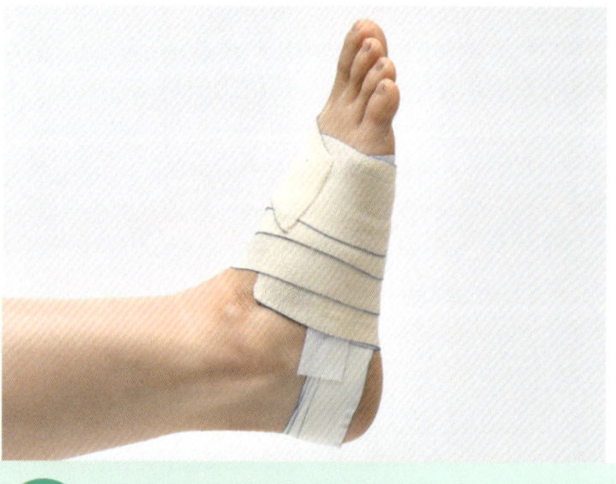

14 1/2程度ずらしながら足先へ
向かって巻いていく

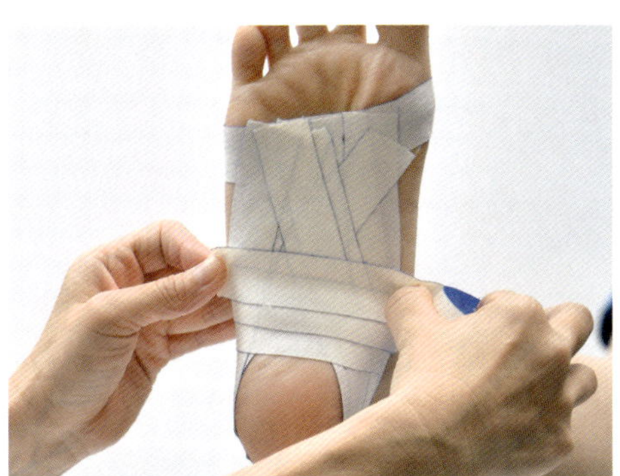

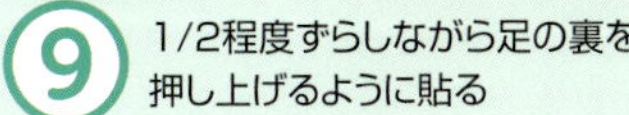

9 1/2程度ずらしながら足の裏を押し上げるように貼る

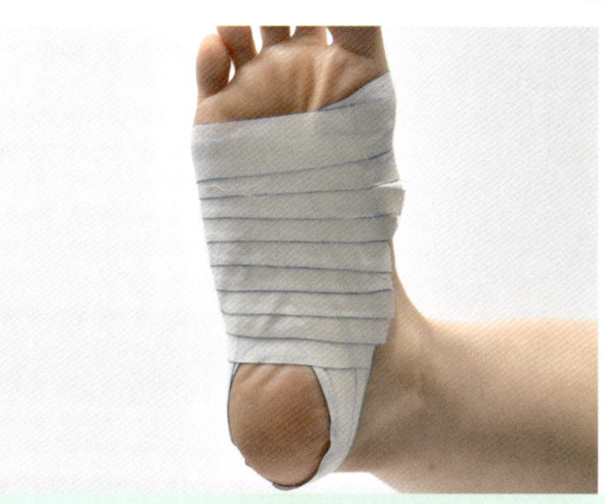

10 足裏のテープ全体を覆うようにくり返し貼る

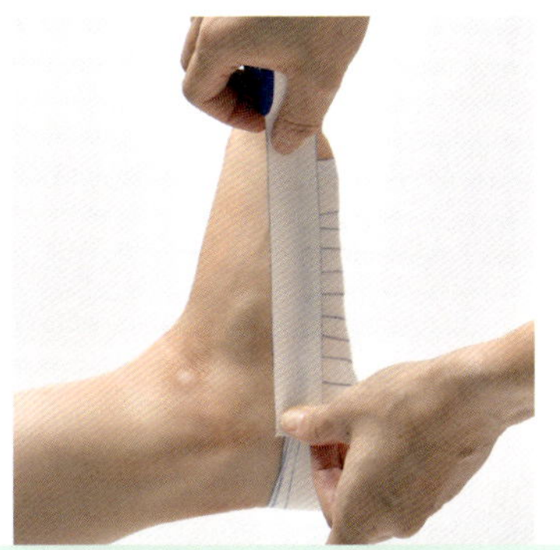

12 両端にアンカーを貼る

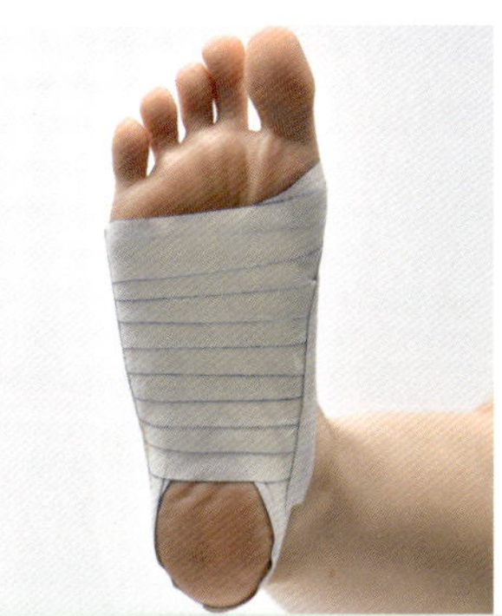

Another Angle

テープがはがれやすいので、さらにここからソフト伸縮テープでラッピングをする

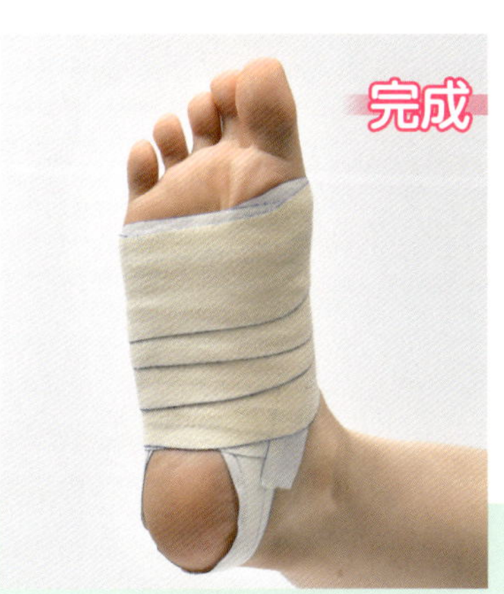


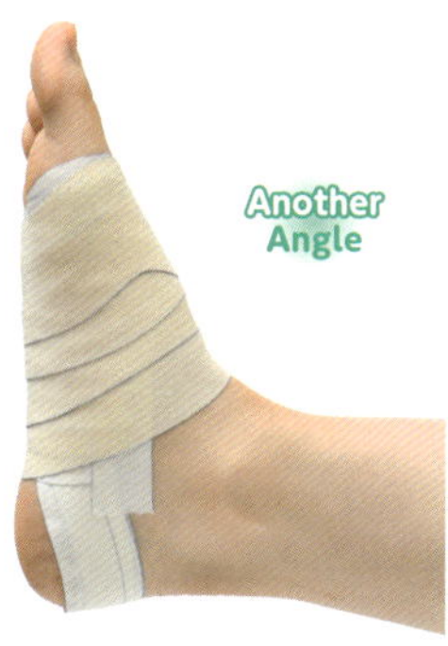


足裏のテープをすべて覆うまで巻いたら完成

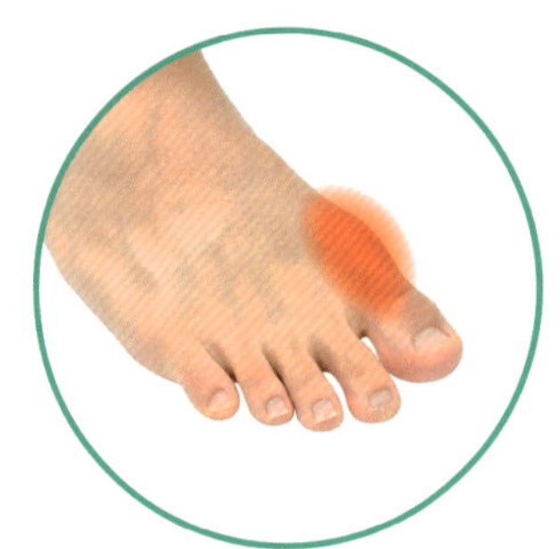

親指の可動域制限　固定力▶中

# 親指が小指側に曲がって痛い

—外反母趾の再発予防—

使うテープ

キネシオロジーテープ 25／50mm

テーピングの狙い

親指の側面にXサポートを貼り外反を制限する

スタート姿勢

セルフ
巻く足が上になるように浅めに脚を組んで座る

パートナー
足首より先が台から出るようにひざを伸ばして座る

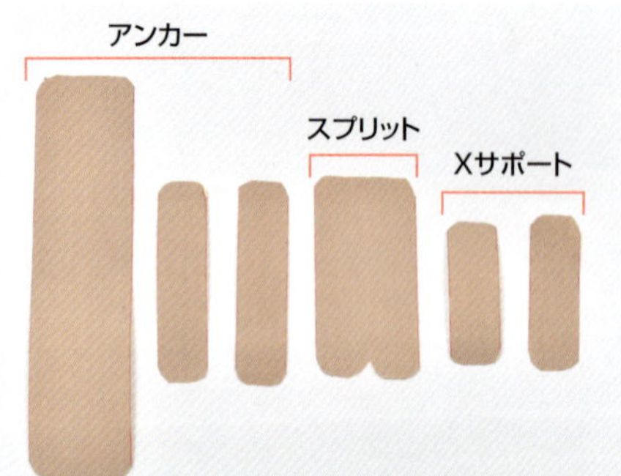


① 裏面に剥離シートがついているキネシオロジーテープの場合は、事前に必要な長さを測り、角を丸くしたものを用意しておくとよい

## アンカー▶▶▶土台をつくる

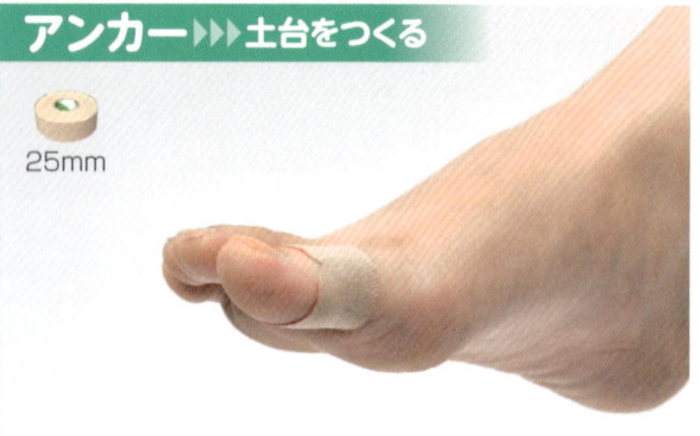


② 親指のつけ根にアンカーを巻く

## スプリット▶▶▶外反をさらに制限

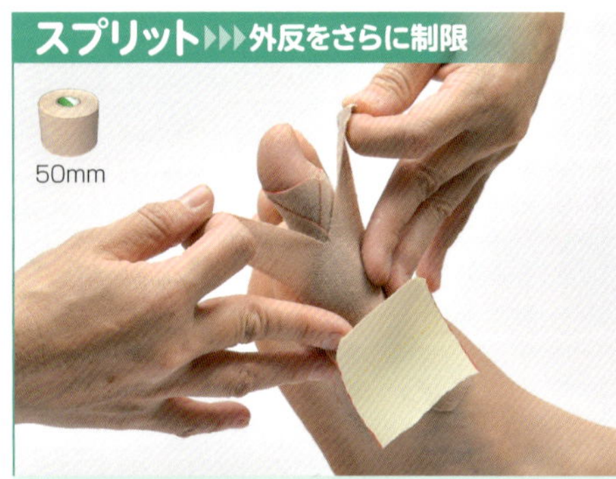


④ 片側に切れ目を入れ親指のアンカーに巻きつける

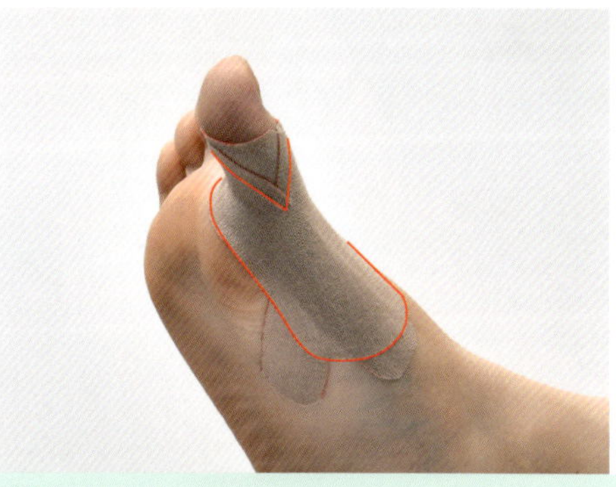

⑤ 親指が外を向くようにテープを引っ張りながら片側スプリットを貼る

症状と対処法

## 親指が小指側に向かないように押さえる

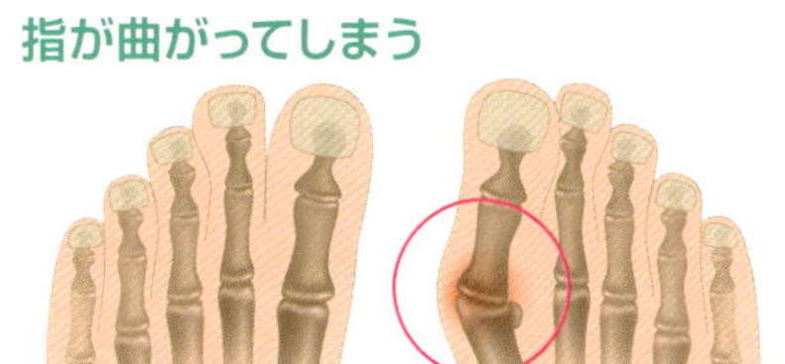


**症状** シューズの圧迫などによって親指が小指側に曲がってしまう外反母趾。踏み込むような動作で親指のつけ根あたりが痛む。

**対処法** 過度に小指側に向かないよう親指の側面にＸサポートを貼る。アンカーを締めつけすぎると循環障害が起こりやすいので注意しよう。

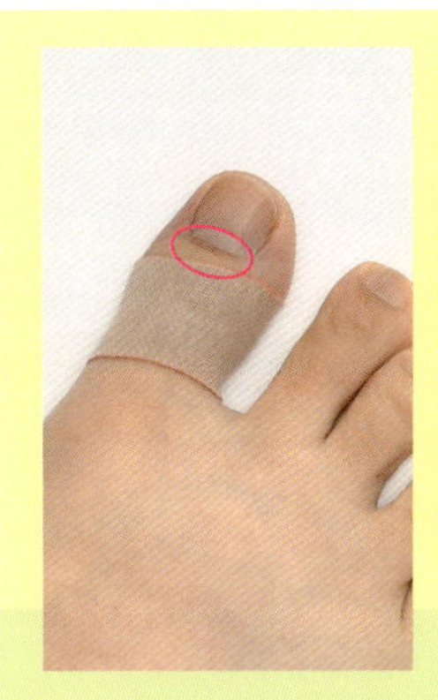

現場の技

**爪の生え際にはかけない!**

爪の生え際にテープがかかると皮膚がはがれることもあるので、生え際にはテープをかけない。

### Xサポート ▶▶▶ 外反を制限

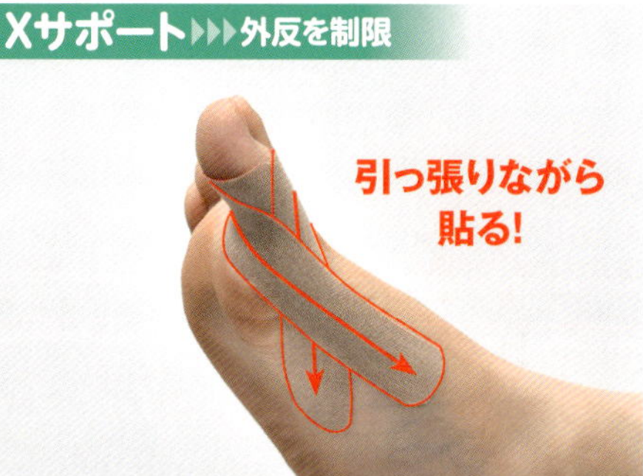


③ 親指つけ根横の突起部で交差するようにXサポートを貼る。これで親指が内側に入る動きが制限される

### アンカー ▶▶▶ テープ全体をとめる

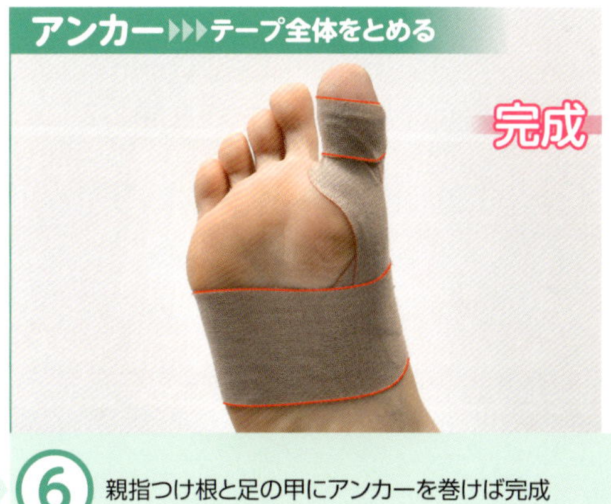


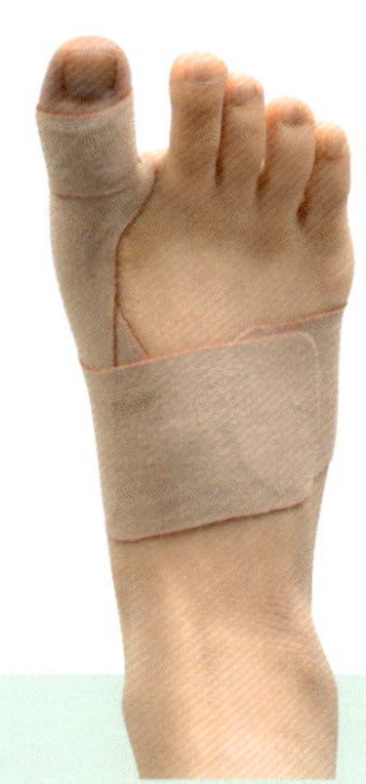

Another Angle

⑥ 親指つけ根と足の甲にアンカーを巻けば完成

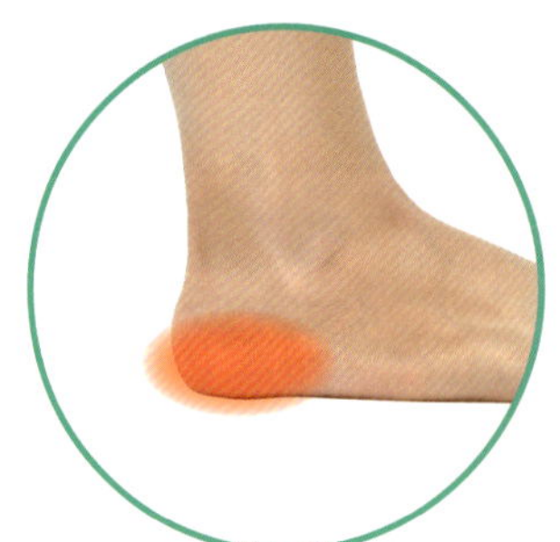

踵部の圧迫　固定力▶中

# かかとが痛い

—踵部挫傷・踵部脂肪体炎の再発予防—

使うテープ
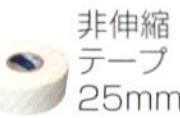
非伸縮テープ 25mm

ソフト伸縮テープ 50mm

スタート姿勢
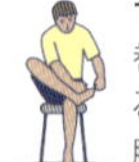
セルフ
巻く足が上になるように浅めに脚を組んで座る
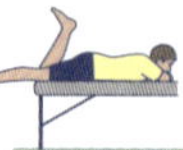
パートナー
台から足を出して足首を直角に保つ

テーピングの狙い

アンカーと水平サポートを交互に貼り、炎症を起こしたかかとを保護

## アンカー▶▶▶土台をつくる

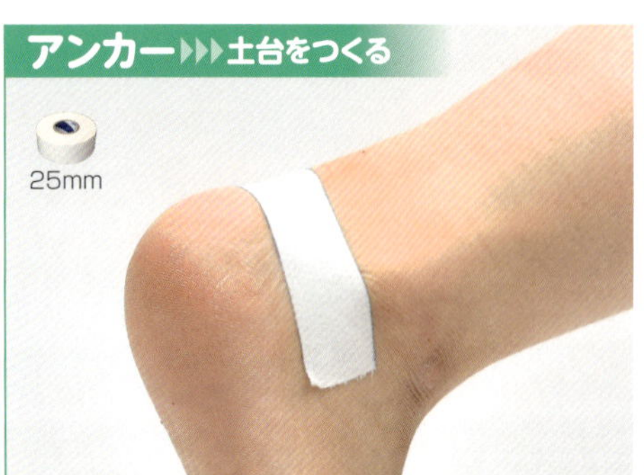


① くるぶしにかからないようにアンカーを貼る

## 水平サポート▶▶▶踵部を圧迫

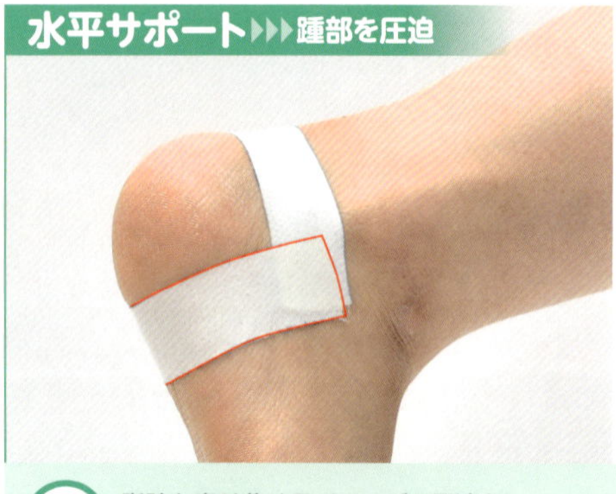

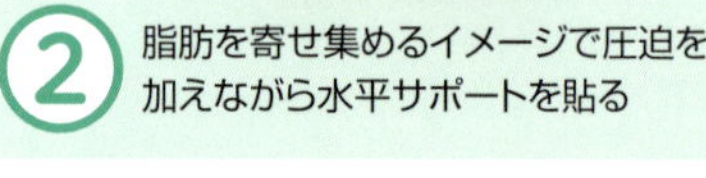

② 脂肪を寄せ集めるイメージで圧迫を加えながら水平サポートを貼る

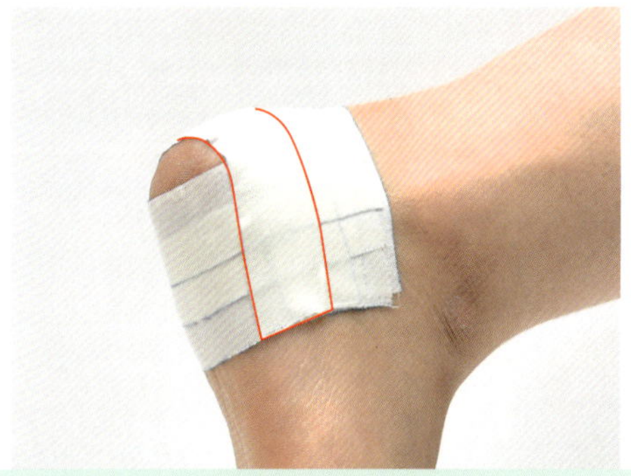

⑤ かかとの角が少し残るまでくり返しテープを貼る

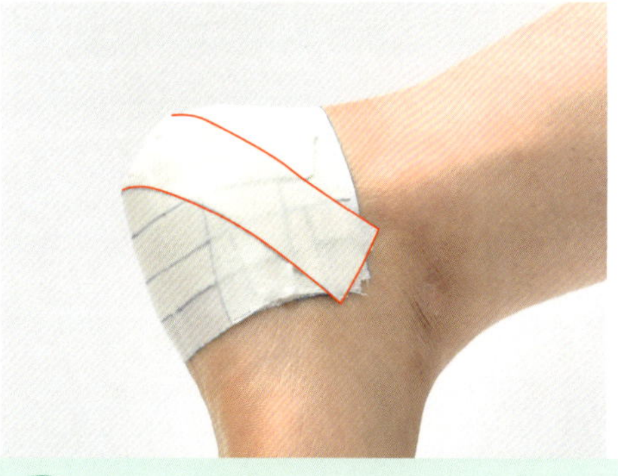

⑥ 残ったかかとの角を覆うように斜めに貼る

症状と対処法

## かかとにある脂肪を密集させて保護する

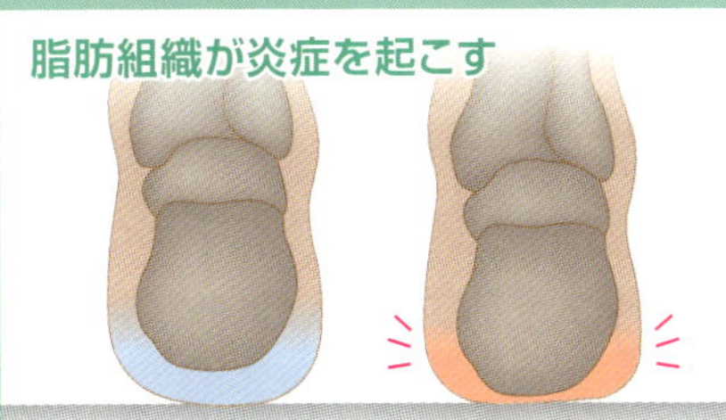


**症状** かかと周囲にある脂肪組織はかかとへの衝撃を緩和する役割がある。しかしジャンプ動作をくり返す競技では、断続的に衝撃がかかるため、炎症を起こし、着地時に痛むことがある。

**対処法** かかとの脂肪組織を寄せ集めるイメージで、アンカーと水平サポートを交互に貼る。

### アンカー ▶▶▶ テープをとめる

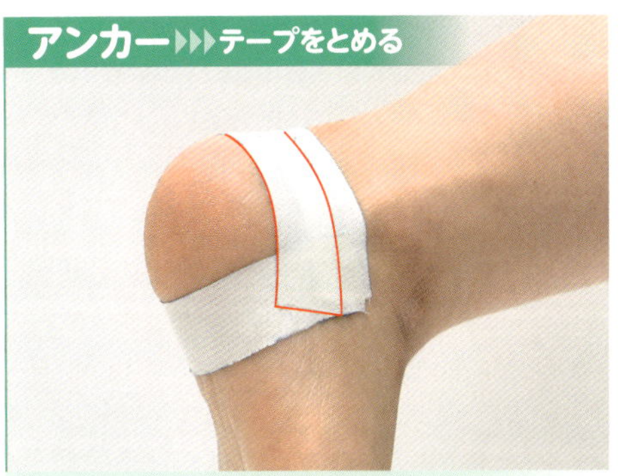

③ 再びアンカーを1/2程度かかと寄りにずらして貼る

### 水平サポート ▶▶▶ 踵部を圧迫

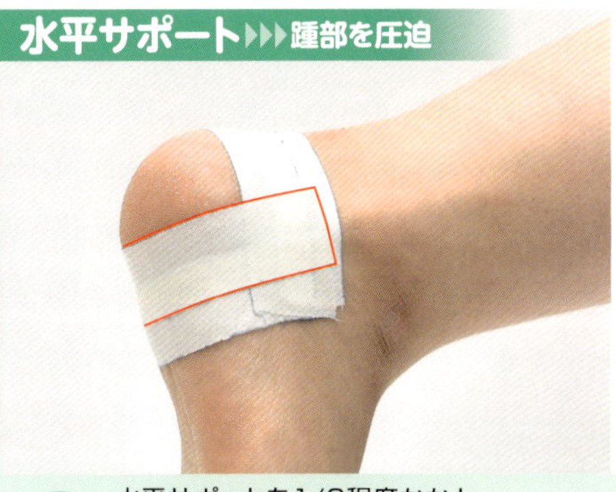

④ 水平サポートを1/2程度かかと寄りにずらして貼る。始点を左右交互に変えながら貼る

### アンカー ▶▶▶ テープをとめる

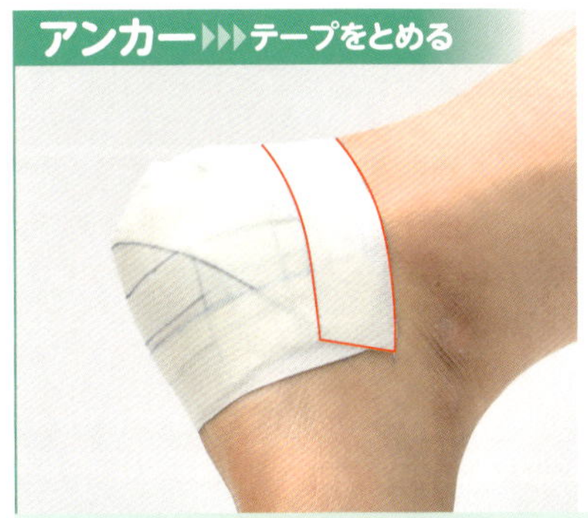

⑦ 最初に貼ったアンカーと同じ位置にアンカーを貼る

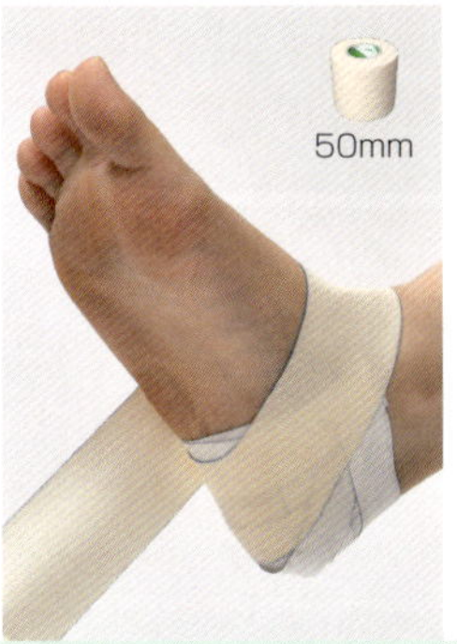

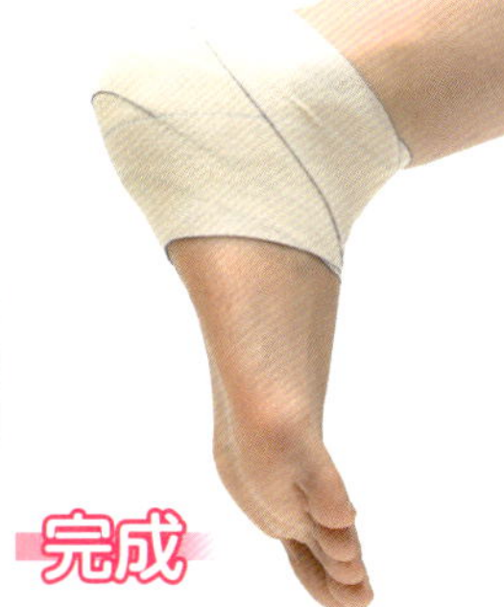


⑧ 最後にソフト伸縮テープで2〜3周ほどラッピングしたら完成

Column #03

# ストレッチでスポーツ損傷を予防する

日頃、何となくおこなっているストレッチも、ケガ予防という観点から見ると、欠かすことのできない大切な行為である。

そもそも運動というものは、上腕二頭筋が収縮すればひじが曲がるというように、筋肉の収縮によっておこなわれる。そして、この筋肉に疲労が溜まり柔軟性が低下したときに、ケガが起こりやすくなる。

筋肉の柔軟性が低下すると、関節可動域が制限され、狭い範囲で大きな力を発揮しようとするので、その動作に作用する筋肉や関節に大きな負荷をかけることになる。この負荷の積み重ねによって、筋肉から伸びる腱や関節を構成する靭帯が、炎症を起こしたり損傷したりする。また筋肉自体も負荷に耐えられず筋線維を損傷し、肉離れなどを起こす。

つまり、筋肉の柔軟性低下とそれによる関節可動域の制限は、スポーツ損傷発生に大きな影響を与えているのだ。

**ストレッチの効果**

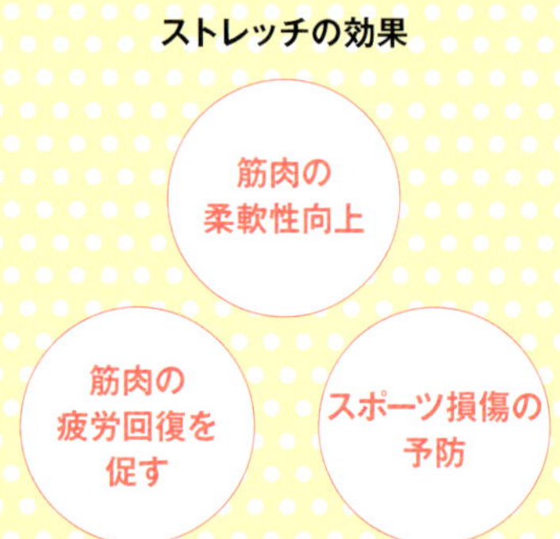

3章

# 脚部のテーピング

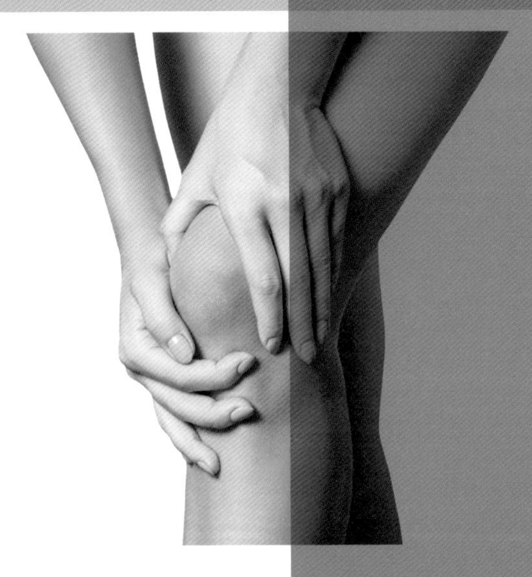

# 膝関節の構造

膝関節は太ももの大腿骨とすねの脛骨によって構成されている。強い負荷がかかる関節なので、靭帯や半月板などで補強されている。

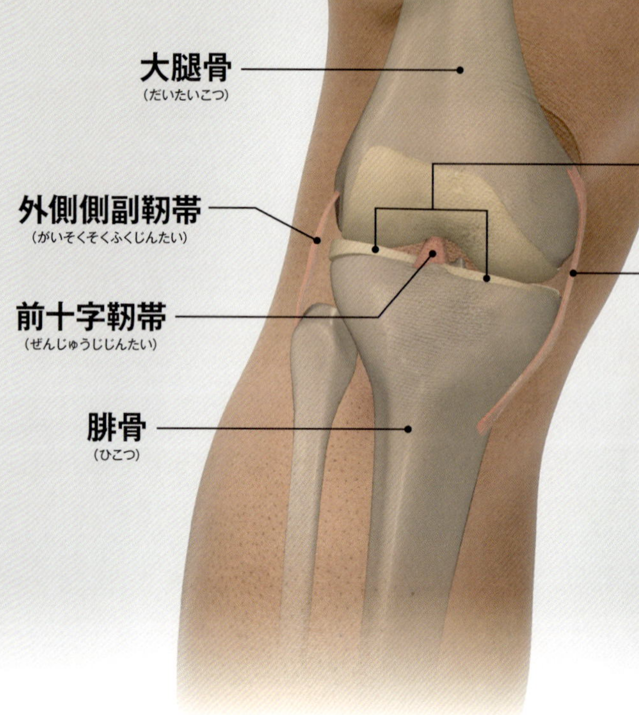

**前面につく膝蓋骨（しつがいこつ）**

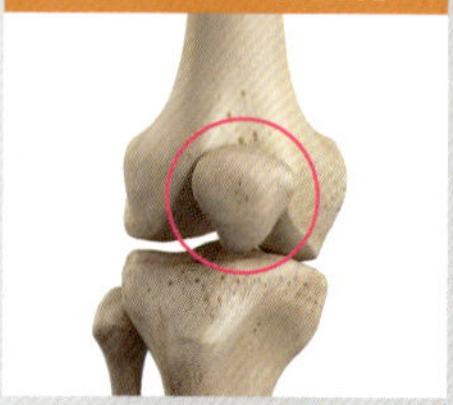

膝関節には分類されないが、前面には大腿四頭筋腱に付着する形で膝蓋骨が存在しており、ひざの前面を保護している

## 膝関節の靭帯損傷例

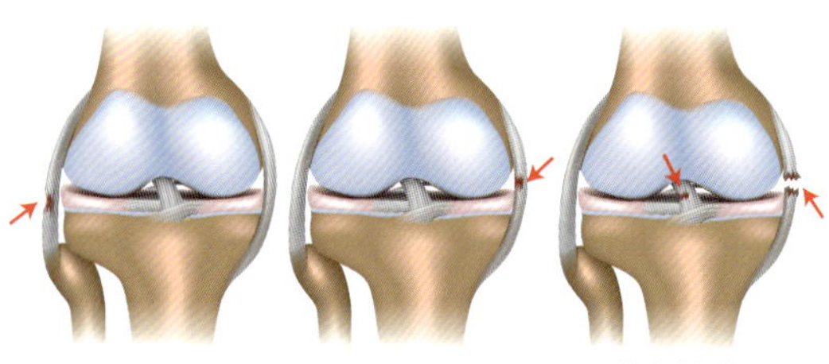


膝関節にテーピングを巻く症例として多いのは、内側靭帯損傷によるもの。この場合は内側靭帯上にXサポートがくるように貼る。重度になると、同時に前十字靭帯を損傷する場合もある。

## 《膝関節周りの主な筋肉》

膝関節の運動に作用する筋肉は主に大腿部（太もも）にある。前面にある大腿四頭筋が縮めば膝関節は伸展し、後面にあるハムストリングスが縮めば屈曲する。

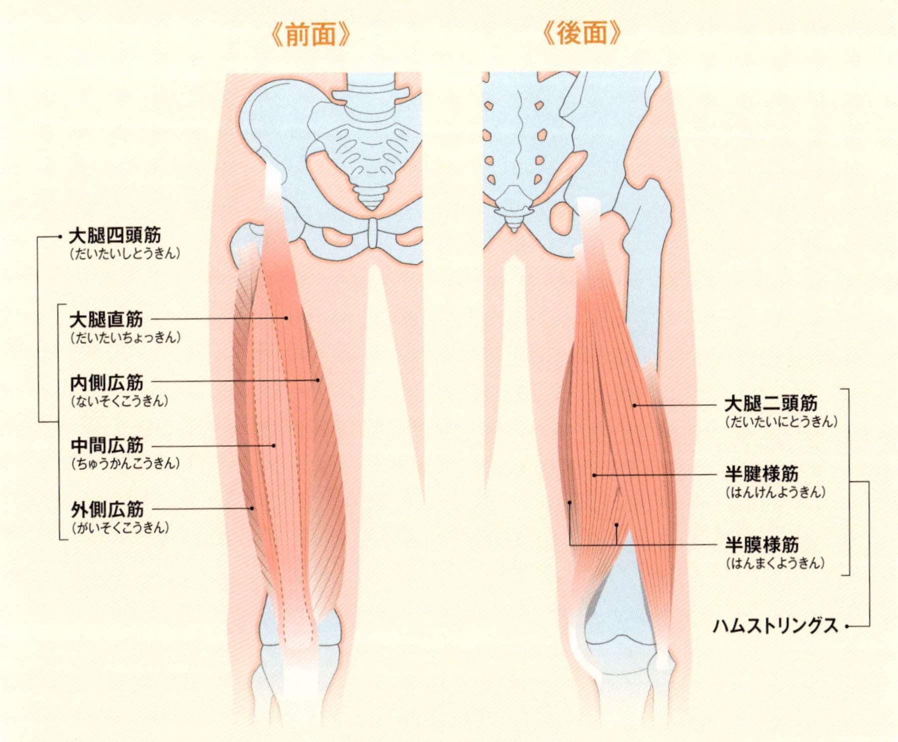


# 多方向から常に負荷がかかる

膝関節へ起こるスポーツ損傷はさまざまなものがあり、その頻度も比較的高い部位といえる。着地時による下からの突き上げや、方向転換による急荷重、相手選手との接触や転倒などによる前や横からの衝撃など、種類の違う負荷が多方向から常にかかる。そのため膝関節には骨をつなぐ靭帯だけではなく、２つの骨の間に半月板という線維軟骨を有している。しかし過度な負荷に対しては、それらの関節組織も耐えきれず靭帯損傷や半月板損傷を起こしてしまうことがある。

# 膝関節の動きと作用する筋肉

## 屈曲（くっきょく）

ひざを曲げる動き

主動筋：ハムストリングス

## 伸展（しんてん）

ひざを伸ばす動き

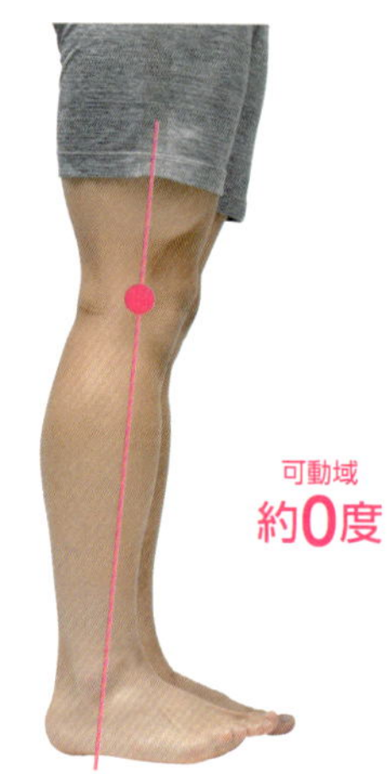


主動筋：大腿四頭筋（だいたいしとうきん）

# 膝関節に起こりやすい外傷・障害

### ひざを内側にひねる・前に出すと痛い

ひざに多く見受けられる外傷・障害には、ひざが過度に内側に入る（外反）ことで起こる内側側副靭帯損傷と、さらにそこから膝関節が前に押し出されるなどして起こる前十字靭帯損傷がある。

P.106 ～ 117

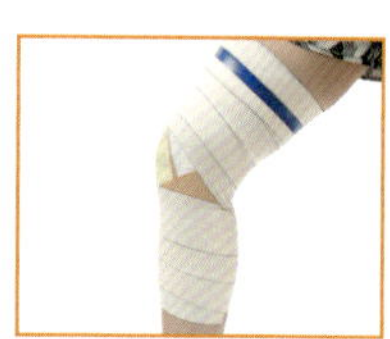

## ひざの下が痛い

ジャンプ動作では大腿四頭筋の収縮によって膝関節が伸展するが、この動作をくり返すことで腱の付着部が炎症を起こすことがある（ジャンパーズニー）。

P.118～119

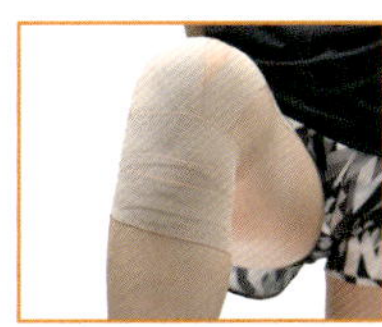

## ひざの外側が痛い

太ももの外側にある大腿筋膜張筋は膝関節で腸脛靭帯となり付着しているが、走動作によってこの腸脛靭帯が骨に擦れて炎症を起こすことがある（ランナーズニー）。

P.120～121

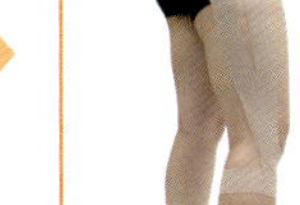

## ふくらはぎが痛い・張る

ふくらはぎに多く見受けられる外傷・障害には、下腿三頭筋の筋線維が損傷する肉離れと、ふくらはぎ下部にあるアキレス腱が炎症を起こすアキレス腱炎がある。

P.122～129

## すねの周りが痛い

ダッシュやジャンプなど、足首を曲げ伸ばしする動作をくり返すことで、主に後脛骨筋が脛骨に付着した部分の骨膜（骨を覆う膜）が炎症することがある（シンスプリント）。

P.130～131

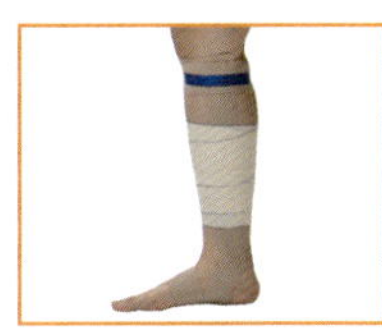

## 太もも裏が痛い・張る

太もも裏にはハムストリングスという筋肉群があるが、競技中に疲労が溜まってきたりすると筋線維が損傷し、肉離れを起こすことがある。

P.132～135

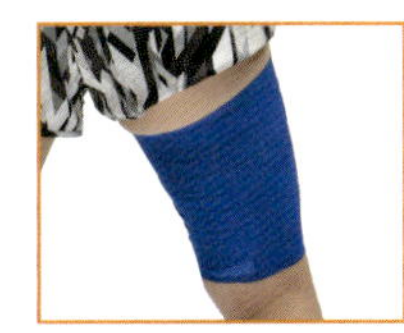

## 太もも前が痛い

サッカーやラグビーなど対人との接触プレーが頻繁に起こる競技では、相手選手のひざなどが自分の太ももにぶつかり打撲することがよくある。

P.136～137

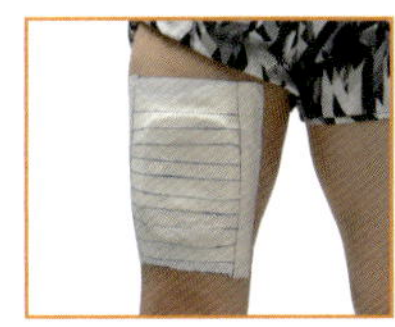

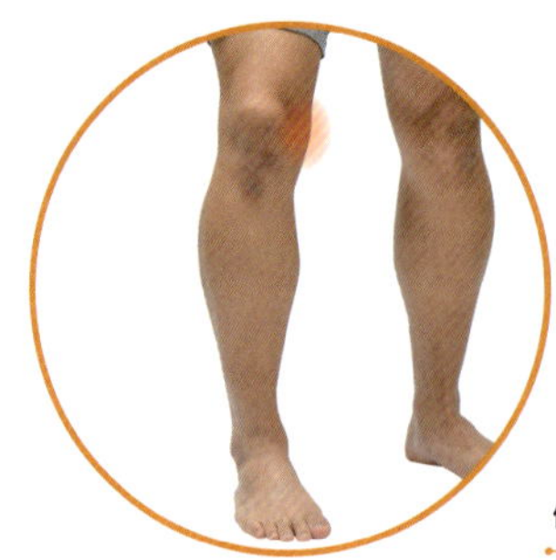

膝関節の可動域制限　固定力▶強

# ひざを内側にひねると痛い1

—膝関節内側側副靭帯損傷の再発予防—

使うテープ

アンダーラップ

ハード伸縮テープ 50/75mm

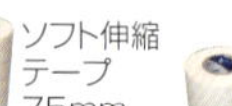
ソフト伸縮テープ 75mm

非伸縮テープ 38mm

**テーピングの狙い**

ひざの内側を中心にX·縦サポートとスパイラルで可動域を制限

スタート姿勢

**パートナー**
足台にかかとを乗せ、ふくらはぎや太ももの筋肉に力を入れやすい姿勢をとる

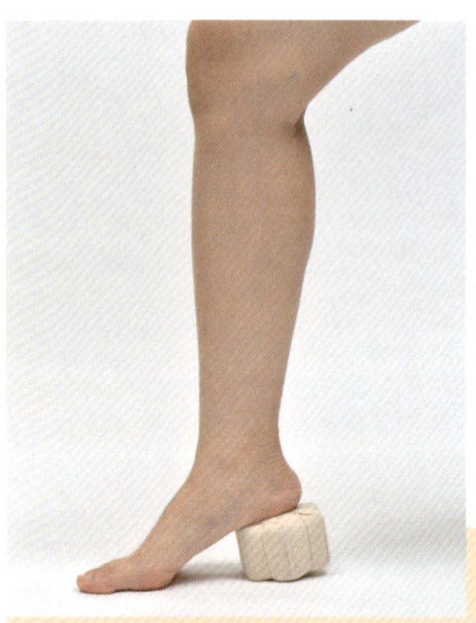

①
足台にかかとを乗せ、その真上にひざがくるように立ち、粘着スプレーを吹きかける

## アンダーラップ

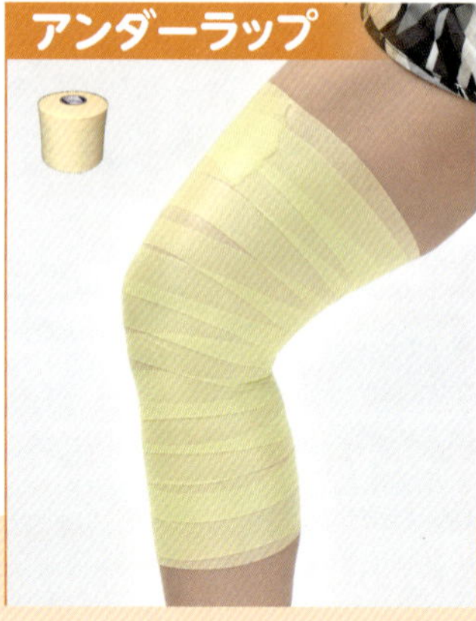

②
ふくらはぎは一番太いところから巻き、太ももは中間部か、それよりやや上まで巻く

## Xサポート▶▶▶外反を制限

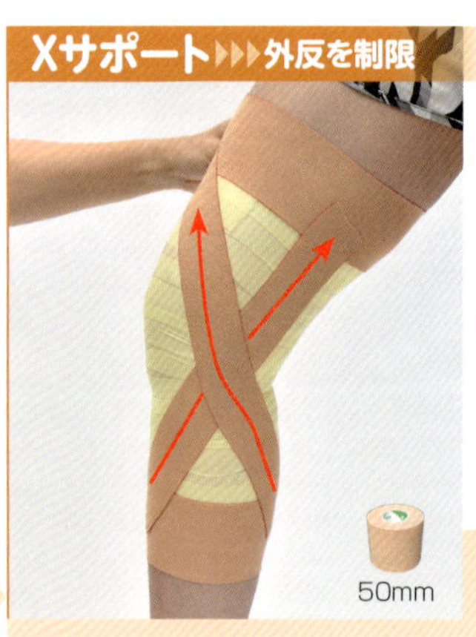


④
ハード伸縮50㎜でXサポートを貼り、ひざの外反を制限する

## 縦サポート▶▶▶Xサポートを補強

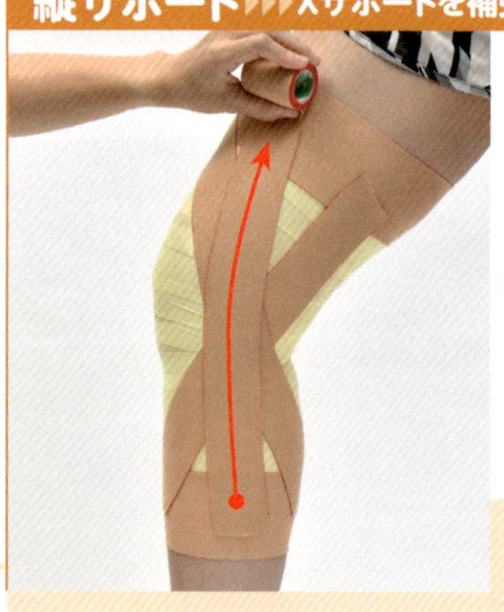

⑤
Xサポートの交点を通るように縦サポートを貼る

症状と対処法

## ひざを内側にひねる動きに制限をかける

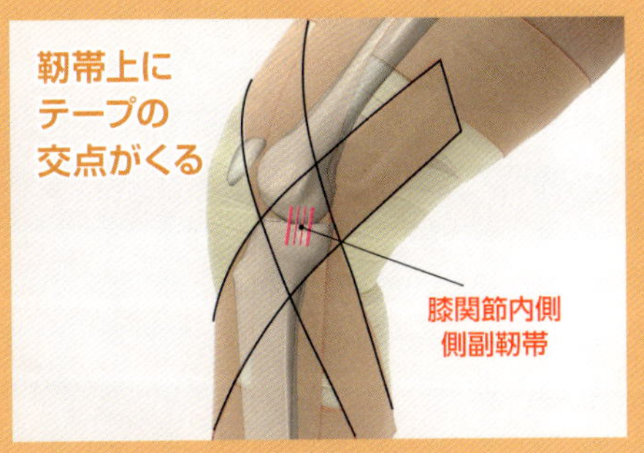


**症 状** ラグビーや柔道など接触プレーが多い競技では、横から強い衝撃がかかったときに、ひざが過度に内側に入り（外反）、内側側副靭帯を損傷することがある。

**対処法** 内側側副靭帯上にXサポートの交点がくるように貼り、さらに縦サポートとスパイラルを施して固定させる。

### アンカー ▶▶▶ 土台をつくる

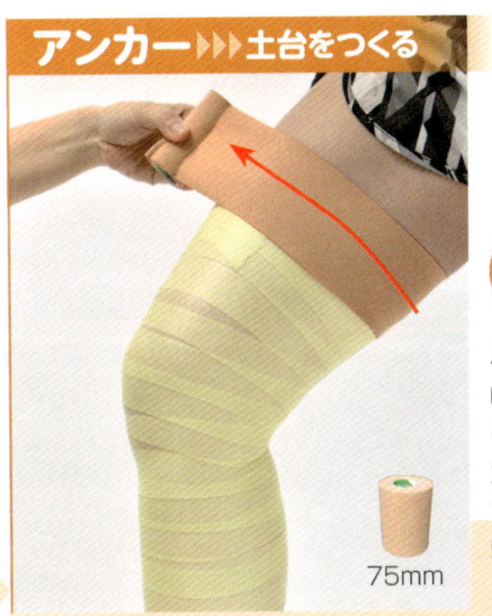


③

ハード伸縮75㎜で太ももとふくらはぎにアンカーを巻く。アンカーは筋肉を緊張させて太くさせる

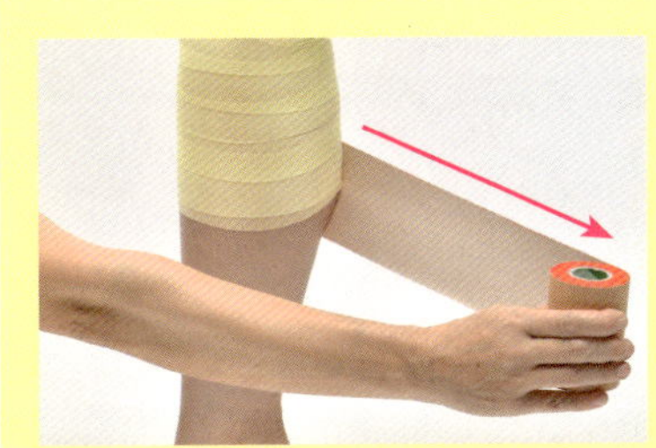

アンカーは肌とアンダーラップの半分ずつにかかるように巻く。またテープはある程度引き出しながら巻くと皮膚が引っ張られずに貼れる。

膝関節内側側副靭帯はひざの内側にある。その靭帯上にX･縦サポートの交点がくるように貼ることを意識する。

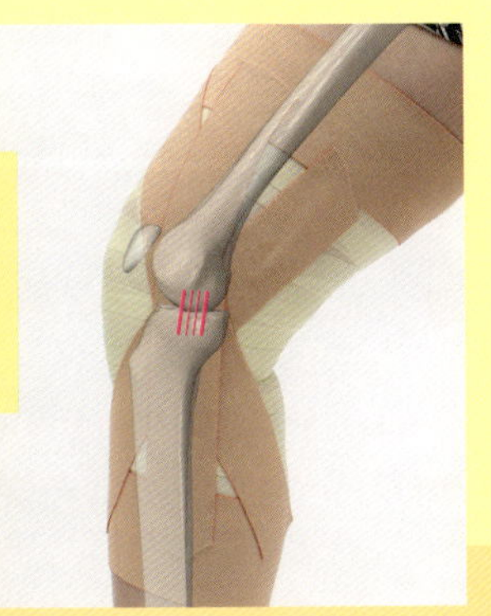

次ページへつづく

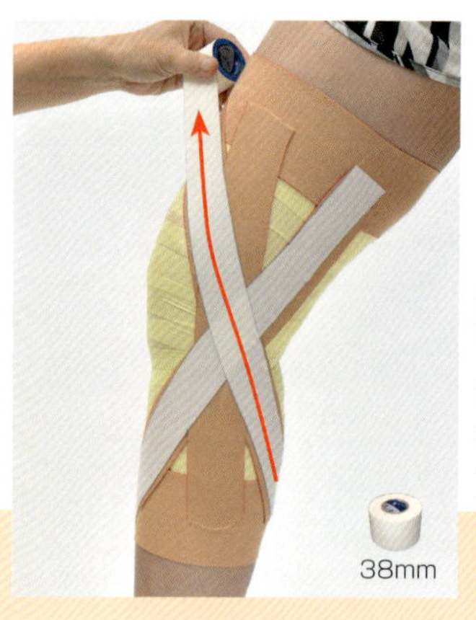


⑥
非伸縮テープで先ほどのXサポートをなぞるように上から貼る

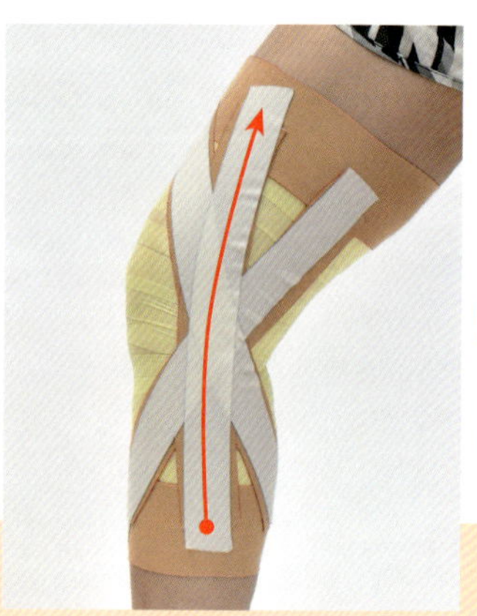

⑦
縦サポートも同様に貼る

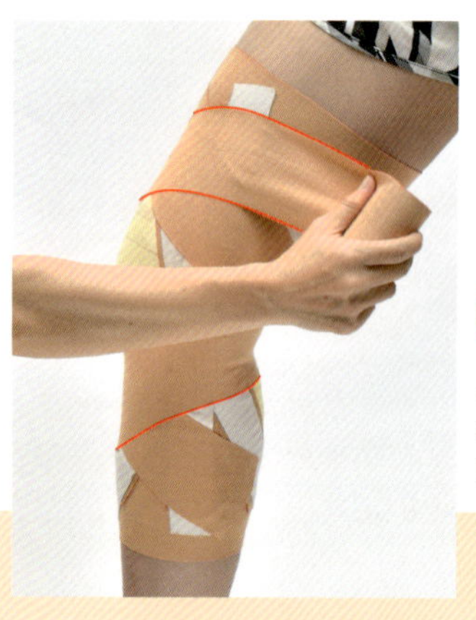

⑩
ふくらはぎ外側のアンカーから同じように巻く

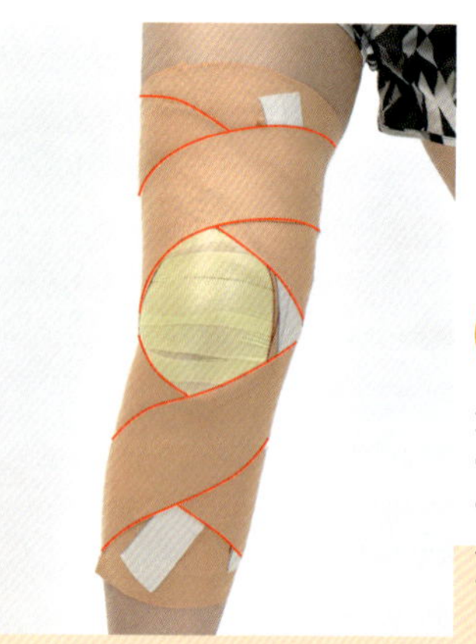

⑪
太ももの内側のアンカーでとめると、ひざの上下でテープがクロスする

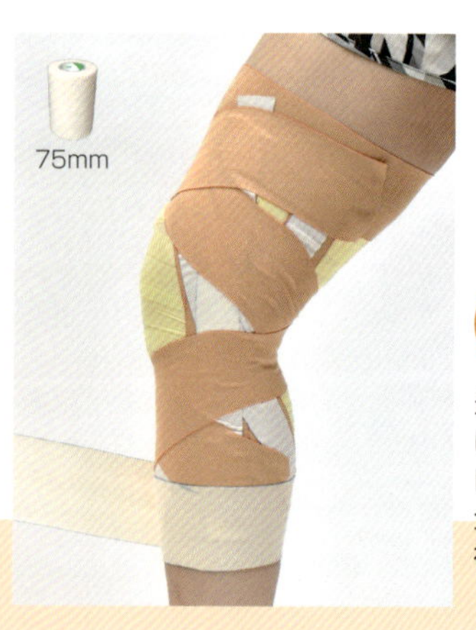


⑫
最後にアンカーは巻かずにソフト伸縮テープで全体を巻き上げ補強する

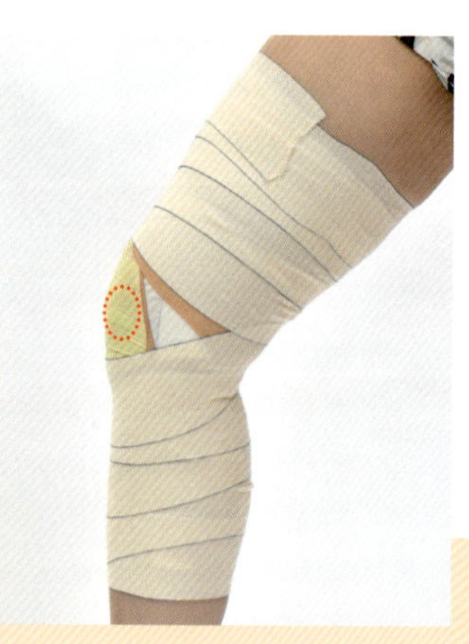

⑬
膝蓋骨にはかけず、屈伸の可動域を保ちながら全体をラッピングする

## スパイラル ▶▶▶ ねじれを制限

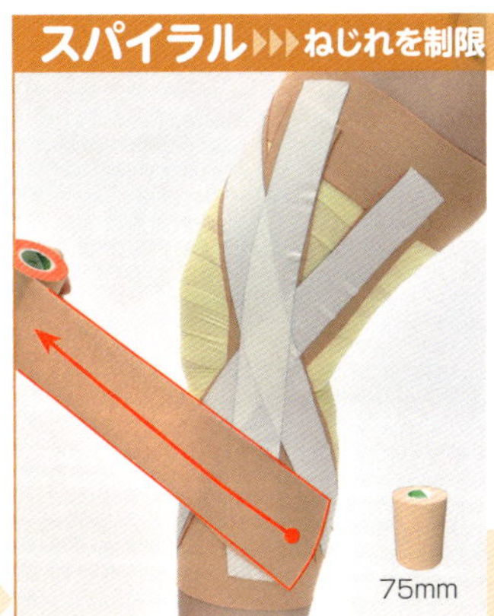


⑧
ハード伸縮テープをふくらはぎ内側のアンカーから巻きはじめる

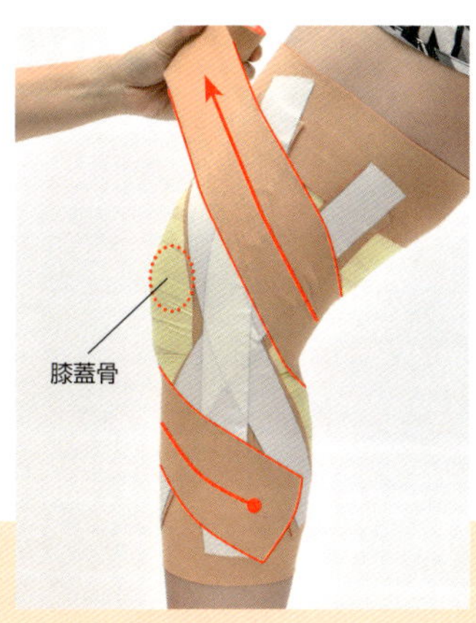


⑨
膝蓋骨にかからないように巻き、太もも外側のアンカーでとめる

Another Angle

スパイラルの交点が太ももやふくらはぎの中心付近にくるように巻く

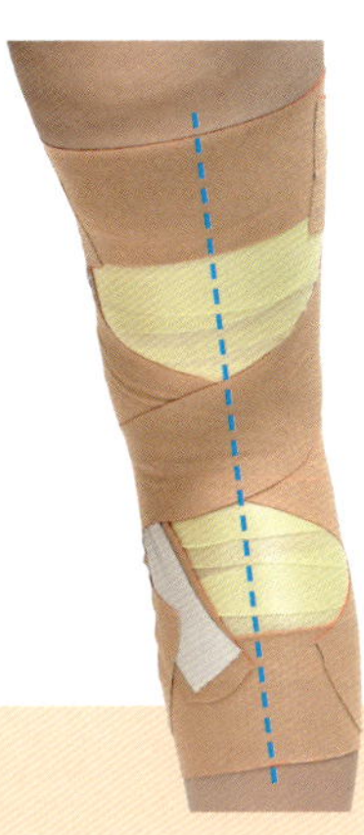

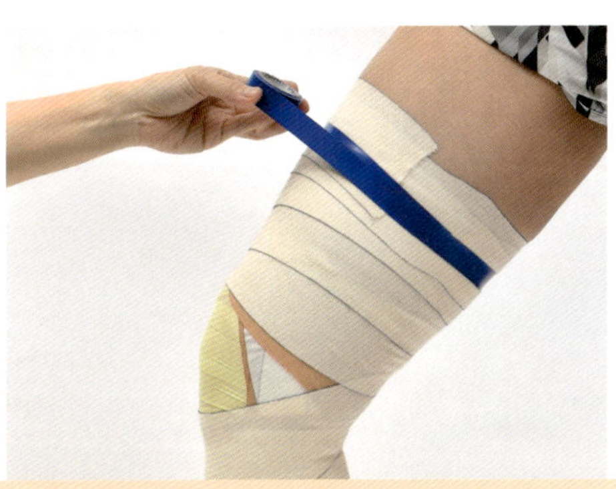

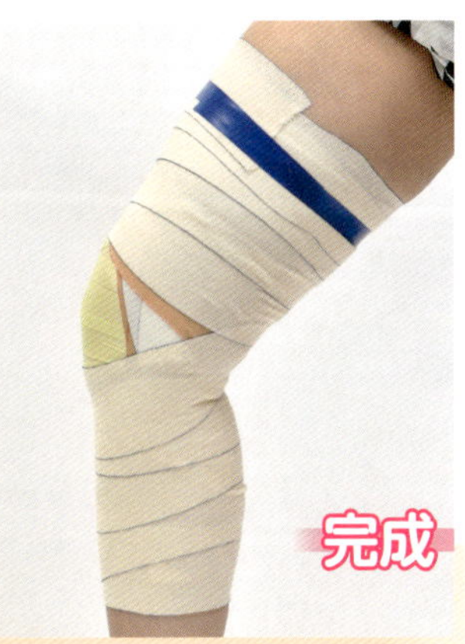


⑭
最後にテープがはがれないようにビニールテープで上端を巻いたら完成

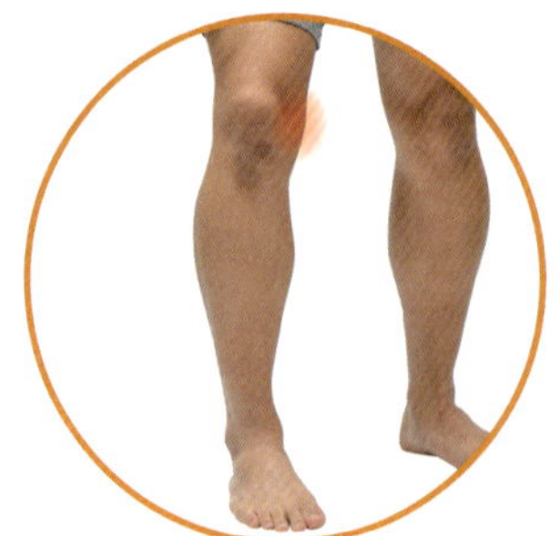

膝関節の可動域制限　固定力▶中

# ひざを内側にひねると痛い2

―膝関節内側側副靭帯損傷の再発予防―

使うテープ

アンダーラップ

ハード伸縮テープ 50／75mm

スパイラルを内側だけにして膝関節の可動域を確保する

スタート姿勢

パートナー
足台にかかとを乗せ、ふくらはぎや太ももの筋肉に力を入れやすい姿勢をとる

## アンカー▶▶▶土台をつくる

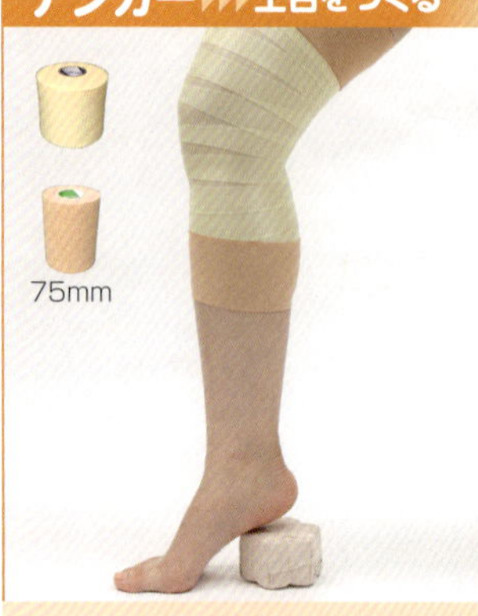


①
足台にかかとを乗せ、粘着スプレーを吹きかけてアンダーラップとアンカーを巻く

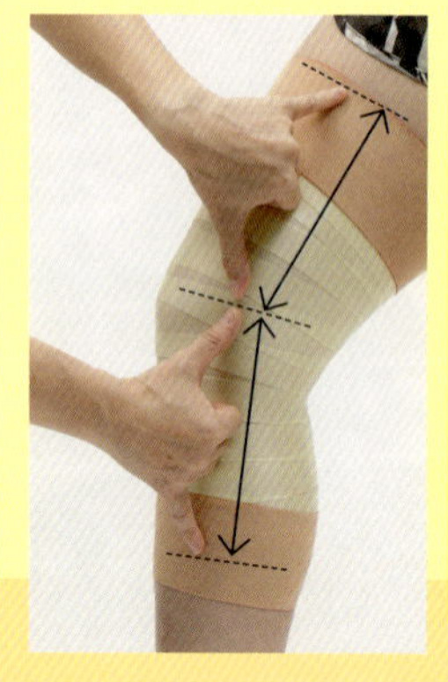

現場の技
アンカーの位置はひざから上下同じ距離になることを目安としよう。またアンカーはアンダーラップと皮膚に半分ずつかかるように巻く。

## スパイラル▶▶▶ねじれを制限

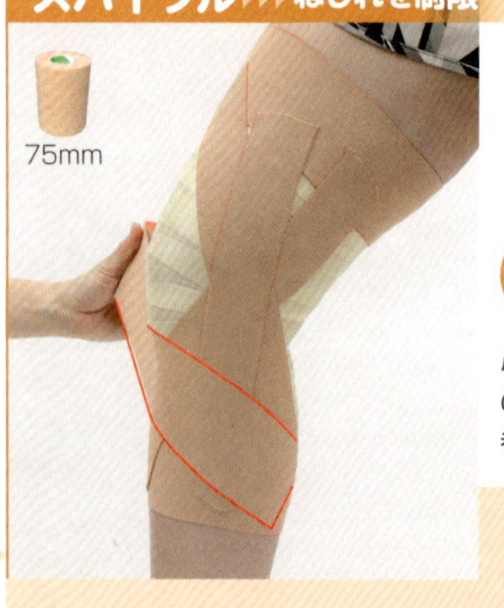


④
ふくらはぎ内側のアンカーから巻くはじめる

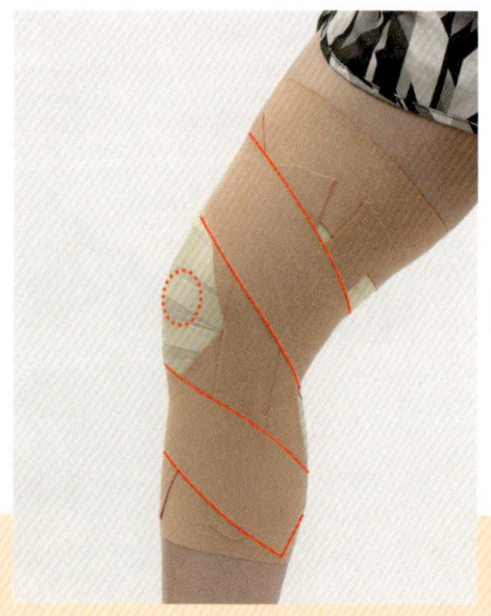

⑤
膝蓋骨にはかけないように巻き上げ、太もも外側のアンカーでとめる

症状と対処法

## 膝関節の固定力と可動域をバランスよく！

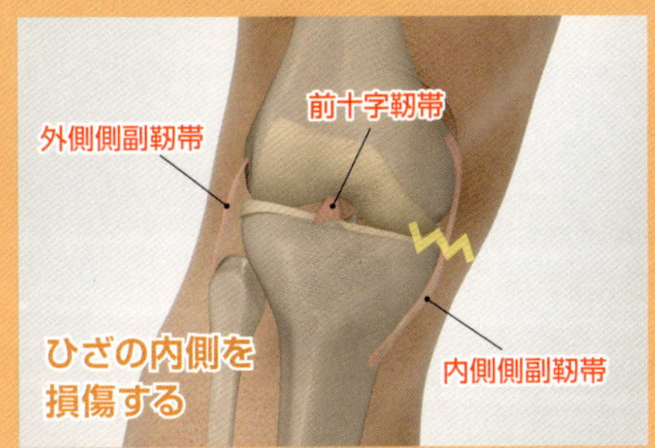


**症 状** 軽度の内側側副靭帯損傷で、すでに競技復帰も果たしている。しかし少しの不安定感があるので、再発予防のためテーピングを巻いておきたい。

**対処法** 内側側副靭帯上にXサポートの交点がくるように貼り、縦サポートの後にスパイラルを内側にだけ巻き、可動域もある程度確保する。

### Xサポート ▶▶▶外反を制限

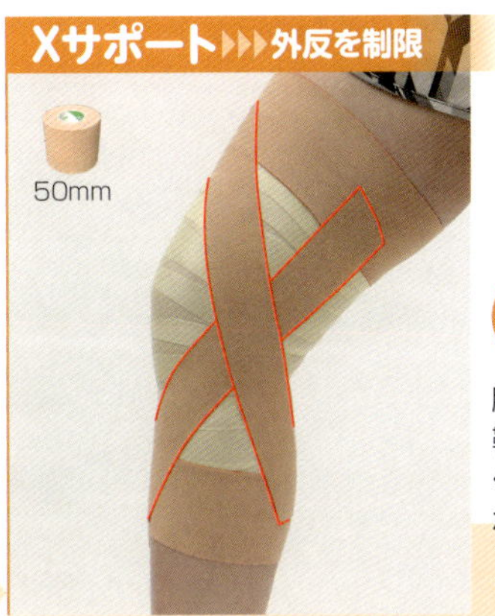


② 膝関節内側側副靭帯上に交点がくるようにXサポートを貼る

### 縦サポート ▶▶▶Xサポートを補強

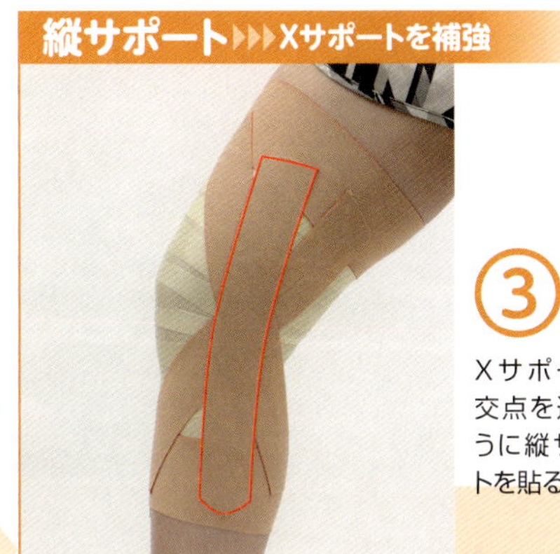

③ Xサポートの交点を通るように縦サポートを貼る

### アンカー ▶▶▶テープをとめる

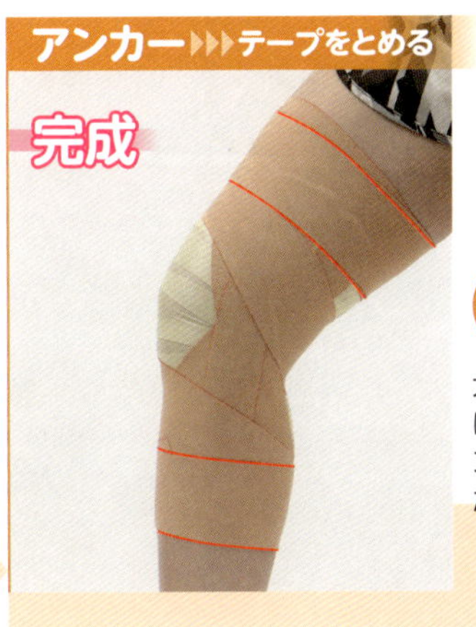


⑥ 太ももとふくらはぎに再びアンカーを巻いたら完成

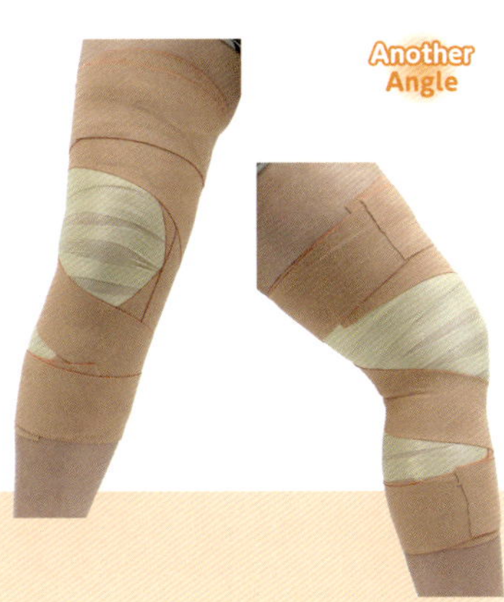

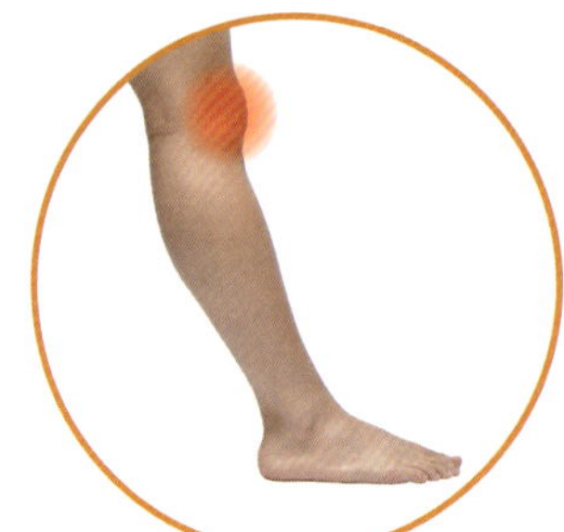

膝関節の可動域制限　固定力▶中

# ひざを前に出すと痛い

—膝関節前十字靭帯損傷の再発予防—

使うテープ 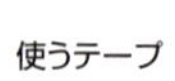  アンダーラップ  ハード伸縮テープ 75mm

テーピングの狙い

下からひざを支えるようにテープをクロスさせて貼る

スタート姿勢 

パートナー
足台にかかとを乗せ、ふくらはぎや太ももの筋肉に力を入れやすい姿勢をとる

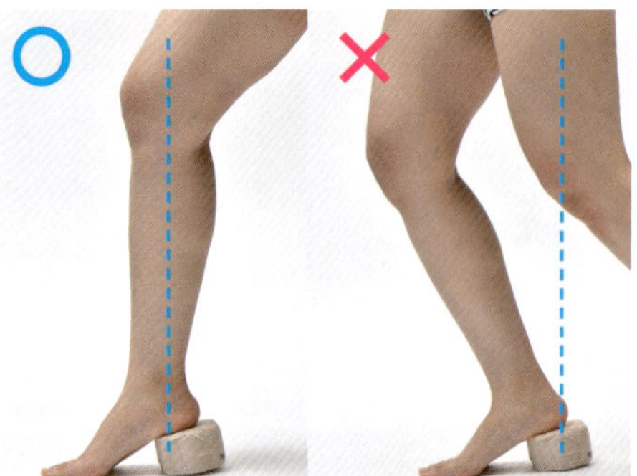


① 足台にかかとを乗せ、その真上にひざがくるように立ち、粘着スプレーを吹きかける

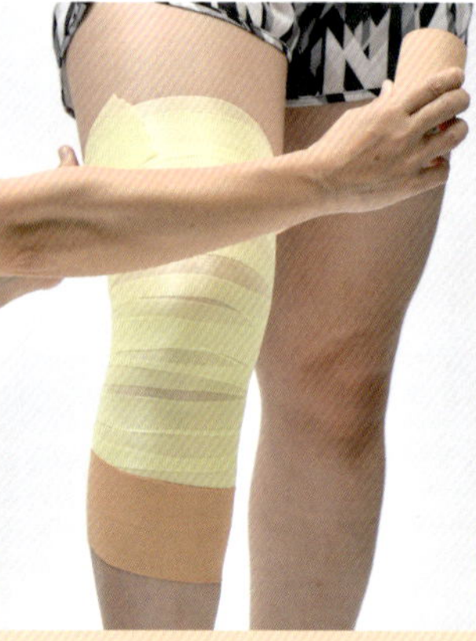

  75mm

② 粘着スプレーを吹きかけてアンダーラップとアンカーを巻く

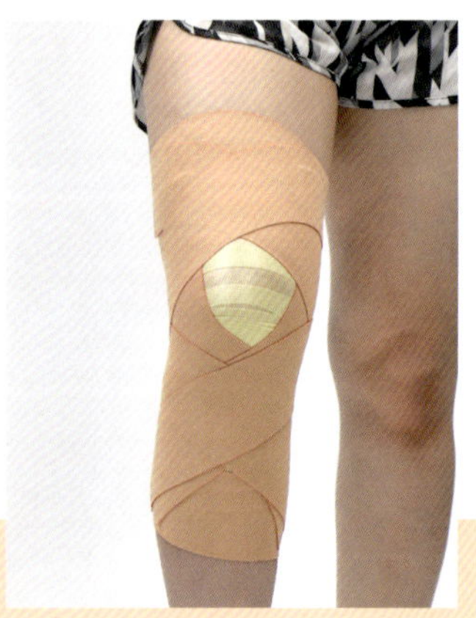

⑤ ふくらはぎ外側のアンカーから巻きはじめ、太もも内側のアンカーでとめる

アンカー▶▶▶テープをとめる

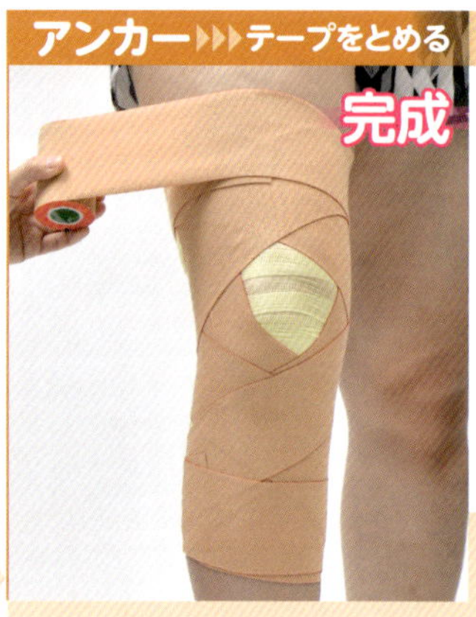


⑥ 太ももとふくらはぎに再びアンカー巻いたら完成

症状と対処法

## 不安定なひざを下からサポートする。

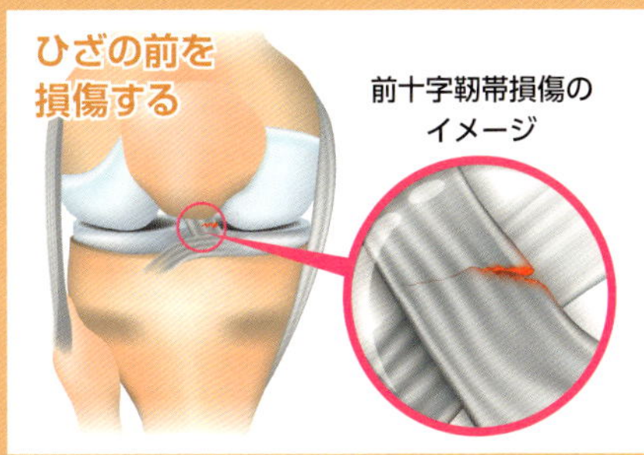


**症 状** ダッシュからの急なターンなどによってひざに過度な負荷がかかると、膝関節の中心部にある前十字靭帯を損傷することがある。ひざに痛みや、グラグラとする不安定感をともなう。

**対処法** ひざが前に出るような動きで痛みやすいので、ひざの下に交点がくるようにテープを貼り、ひざを下から支えて安定させる。

### Xサポート ▶▶▶ 膝関節を下から支える

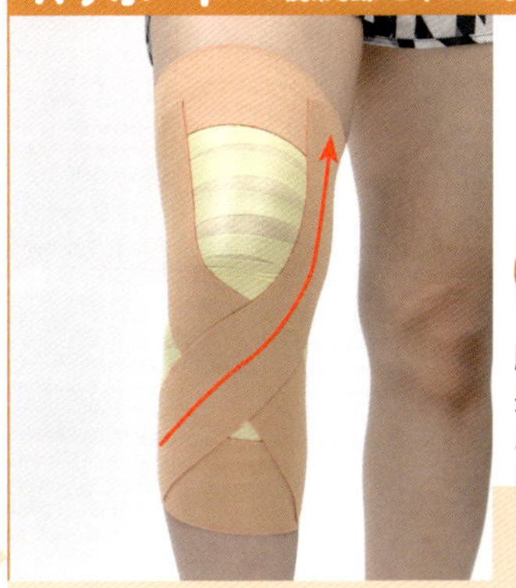

③ 膝関節下の中央に交点がくるようにXサポートを貼る

### スパイラル ▶▶▶ ねじれを制限

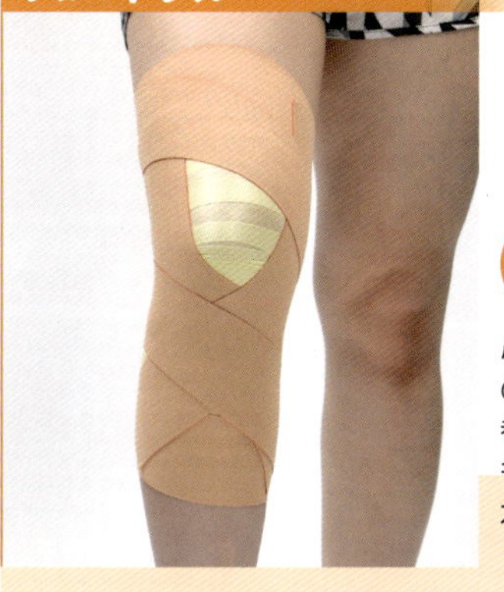

ふくらはぎ内側のアンカーから巻きはじめ、太もも外側のアンカーでとめる

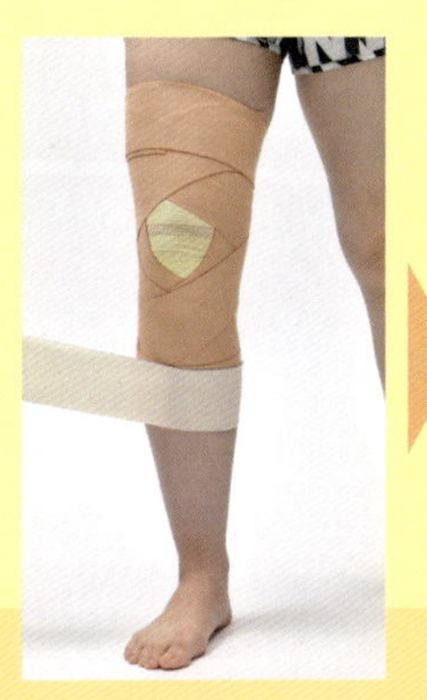

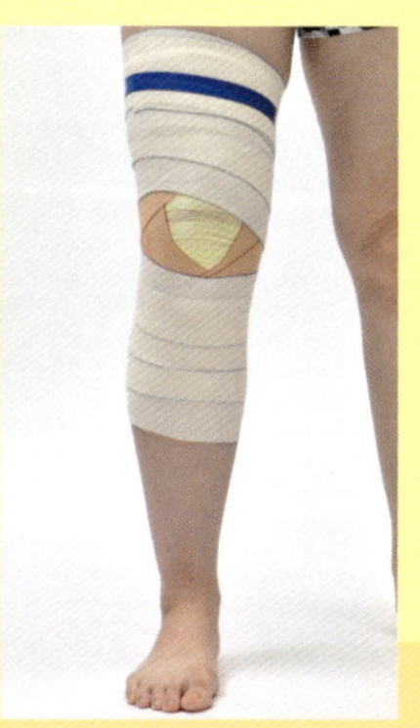

**ラッピングで補強する**

動きの激しい競技やもう少しテープを補強したいと感じる人はソフト伸縮テープ75mmで全体をぐるぐる巻きにして、最後にビニールテープでとめてもよい。

膝関節の可動域制限　固定力▶強

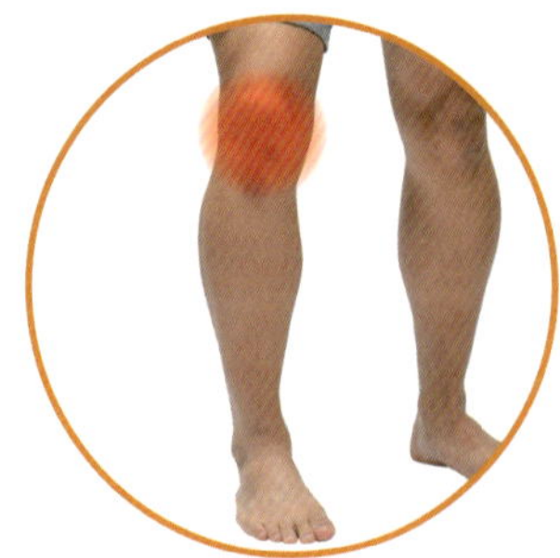

# ひざをひねったり前に出すと痛い

―膝関節内側側副靭帯・前十字靭帯損傷の再発予防―

使うテープ

アンダーラップ

ハード伸縮テープ 50／75mm

ソフト伸縮テープ 75mm

非伸縮テープ 38mm

## テーピングの狙い

ひざの下と内側の両方向からサポートして、膝関節を固定する

スタート姿勢

パートナー

足台にかかとを乗せ、ふくらはぎや太ももの筋肉に力を入れやすい姿勢をとる

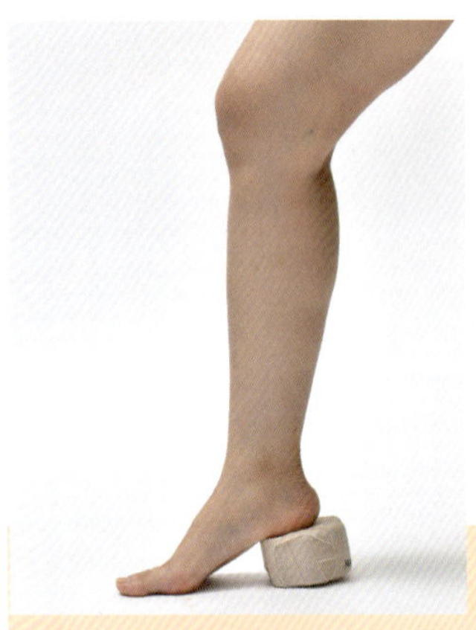

①
足台にかかとを乗せ、その真上にひざがくるように立ち、粘着スプレーを吹きかける

## アンダーラップ

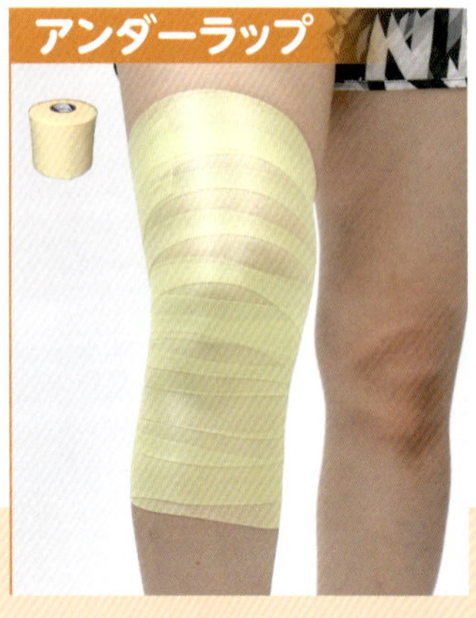

②
ふくらはぎの一番太いところから、太ももの中間部か、それよりもやや上まで巻く

## Xサポート▶▶▶外反を制限

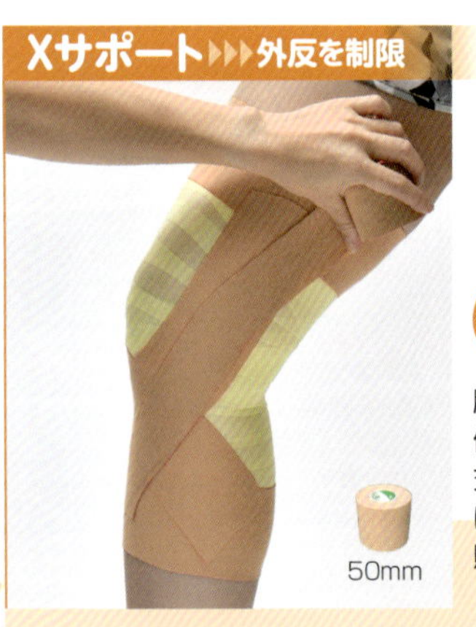


⑤
膝関節の内側側副靭帯上に交点がくるようにXサポートを貼る

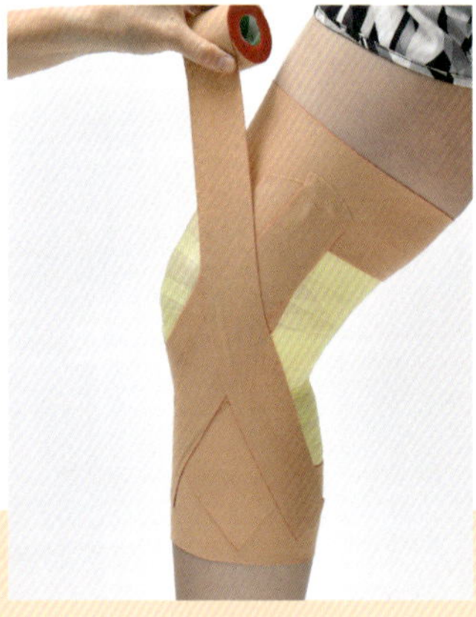

⑥
ふくらはぎのアンカーから太もものアンカーに向けて貼る

症状と対処法

## 固定力を優先させてひざに安心感を与える

ひざの前と内側を同時に損傷することもある

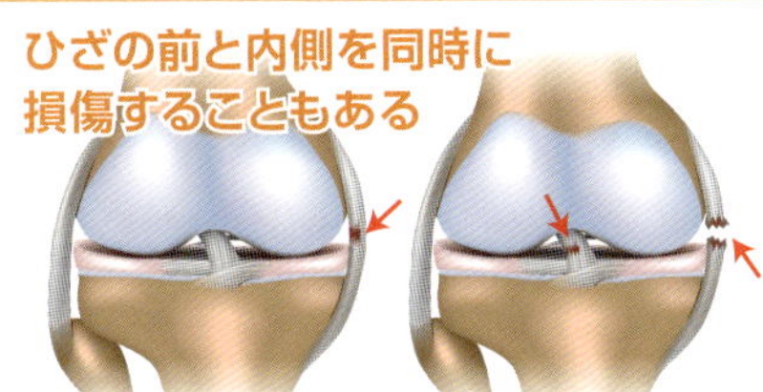

内側側副靭帯損傷

内側側副靭帯損傷 ＋ 前十字靭帯損傷

**症 状** ダッシュやストップなどをくり返しおこなう競技ではひざへの負担が大きく、内側側副靭帯と前十字靭帯の両方を同時に損傷してしまう選手もいる。

**対処法** 不安定感がない状態で運動できるように、膝関節の可動域よりも固定力を優先させて、X・縦サポート、スパイラル、スプリットを施す。

### アンカー ▶▶▶ 土台をつくる

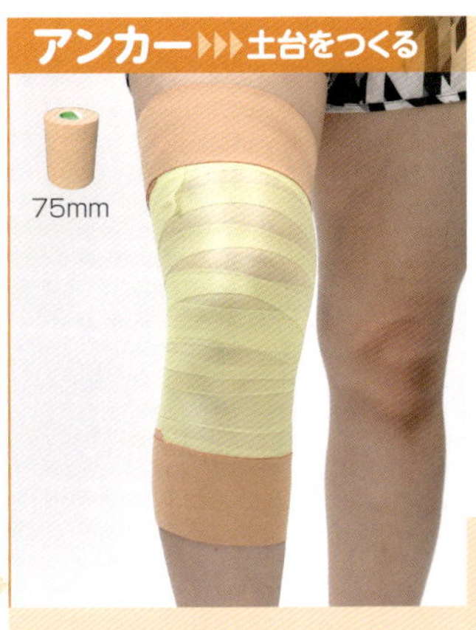


③ ハード伸縮75㎜で筋肉を緊張させた太ももとふくらはぎにアンカーを巻く

### Xサポート ▶▶▶ 膝関節を下から支える

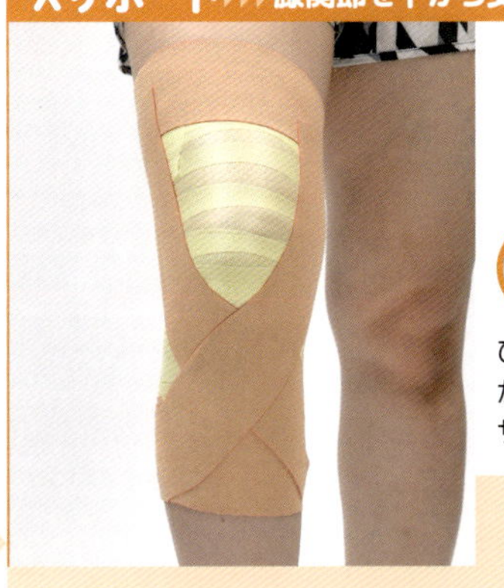

④ ひざの下に交点がくるようにXサポートを貼る

### 縦サポート ▶▶▶ Xサポートを補強

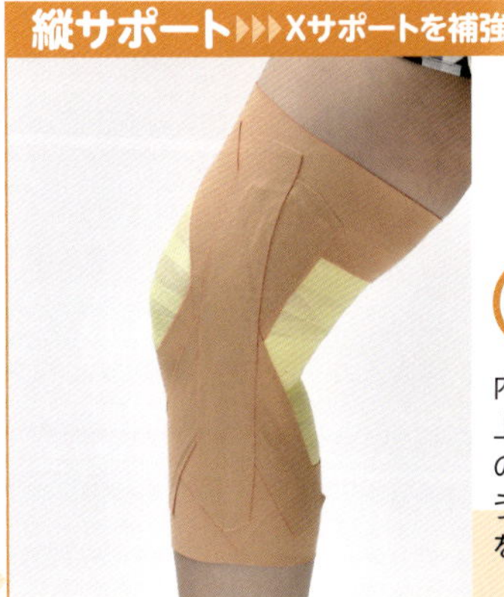

⑦ 内側側副靭帯上のXサポートの交点を通るように縦サポートを貼る

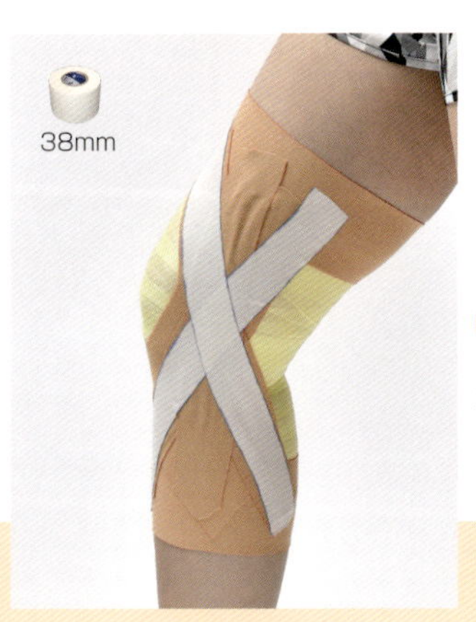


⑧ 非伸縮テープでそのXサポートをなぞるように上から貼る

次ページへつづく

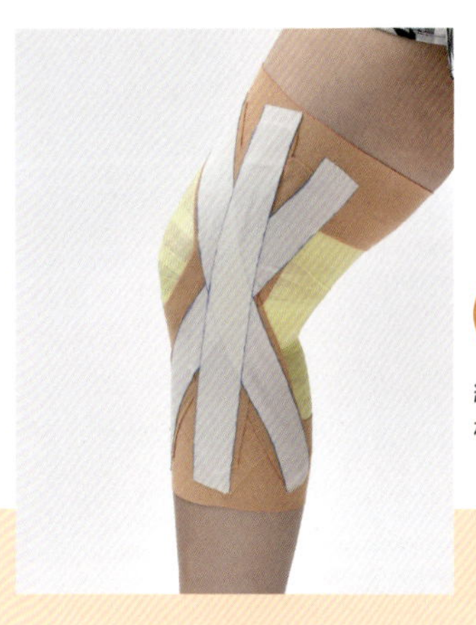

⑨
縦サポートも同様に貼る

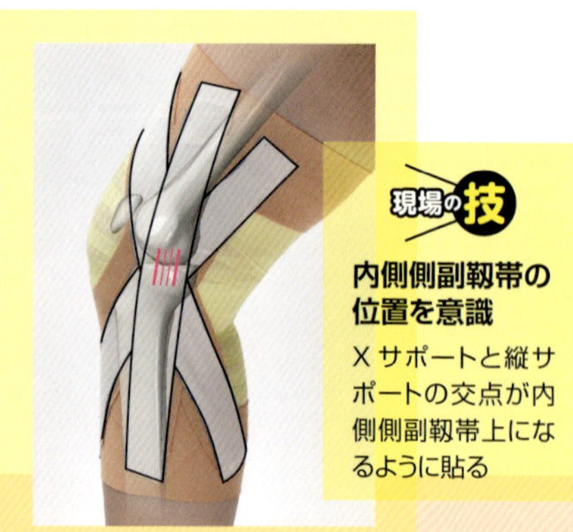

現場の技
**内側側副靭帯の位置を意識**
Xサポートと縦サポートの交点が内側側副靭帯上になるように貼る

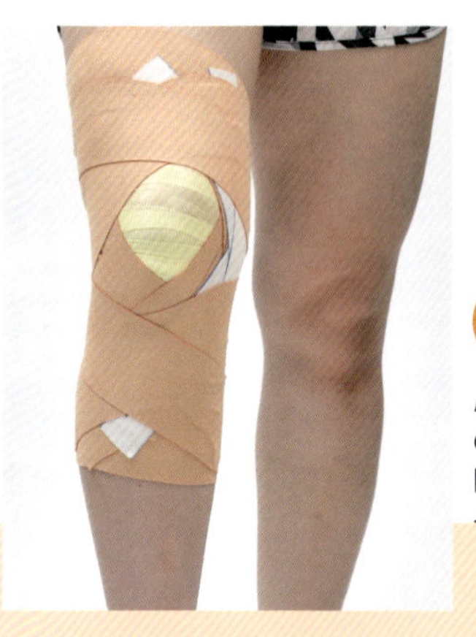

⑫
ふくらはぎ内側のアンカーから同じようにスパイラルを巻く

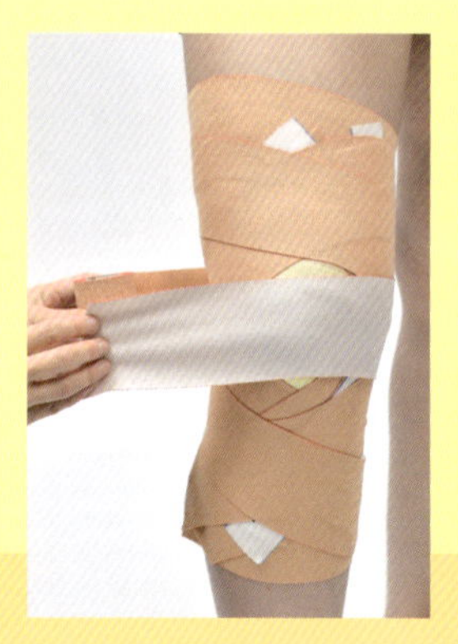

現場の技
**テープを裏返して長さを確認!**
テープを裏返してひざに巻くスプリットに必要な長さを事前に測る

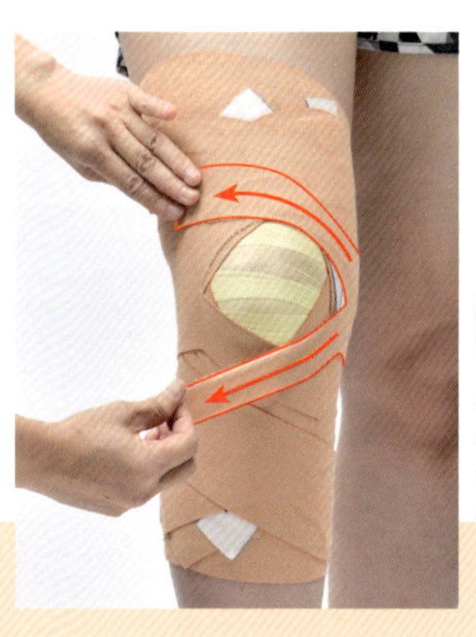

⑮
もう片方の端も切りさいてひざを囲むように貼る

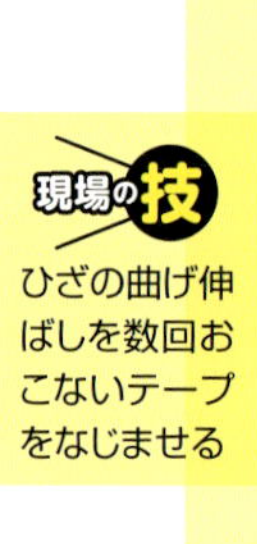

現場の技
ひざの曲げ伸ばしを数回おこないテープをなじませる

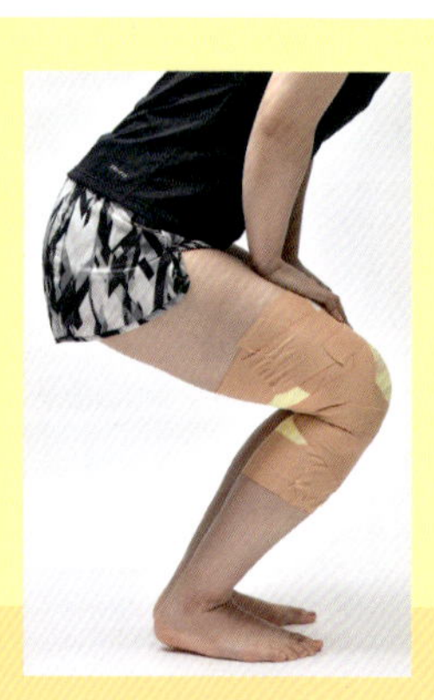

## スパイラル ▶▶▶ ねじれを制限

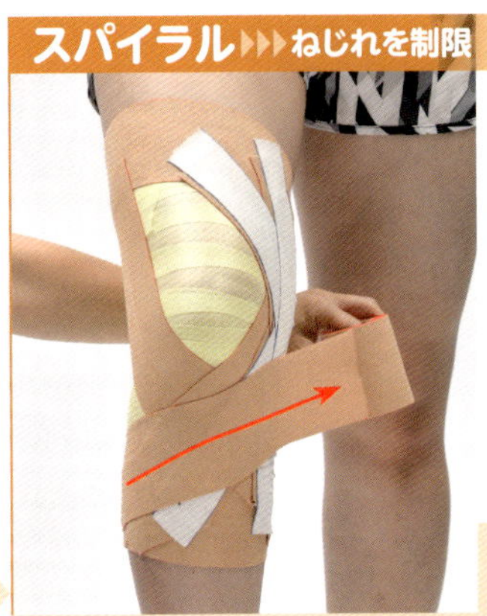

⑩ ふくらはぎ外側のアンカーから巻きはじめる

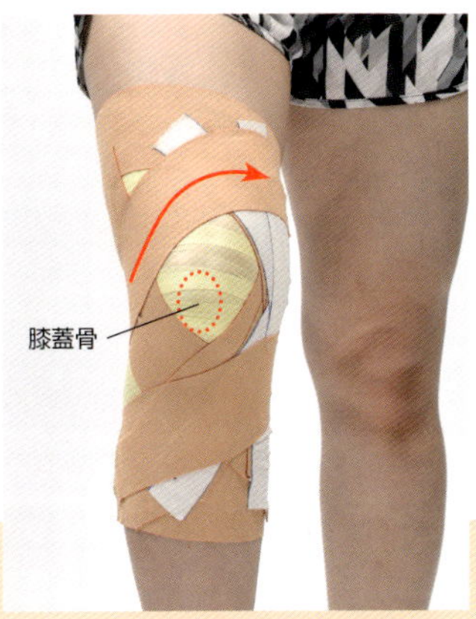


⑪ 膝蓋骨にかからないように巻き太もも内側のアンカーでとめる

## スプリット ▶▶▶ 膝関節を安定させる

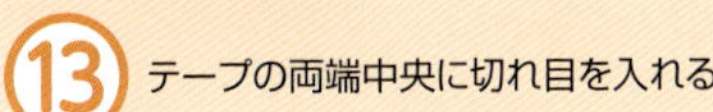

⑬ テープの両端中央に切れ目を入れる

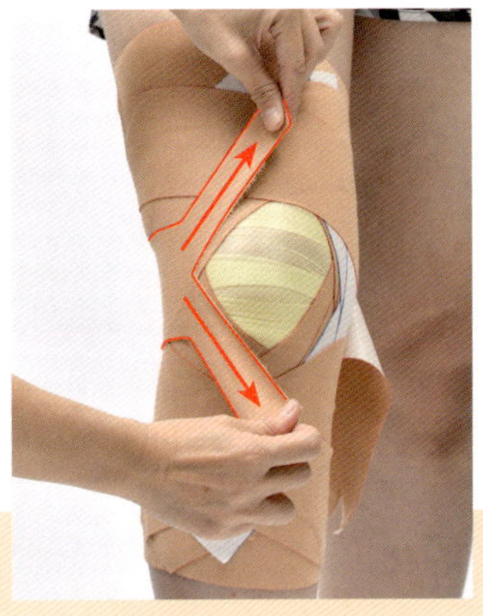

⑭ テープの中心をひざ裏に当て、端を切りさき、ひざを囲むように貼る

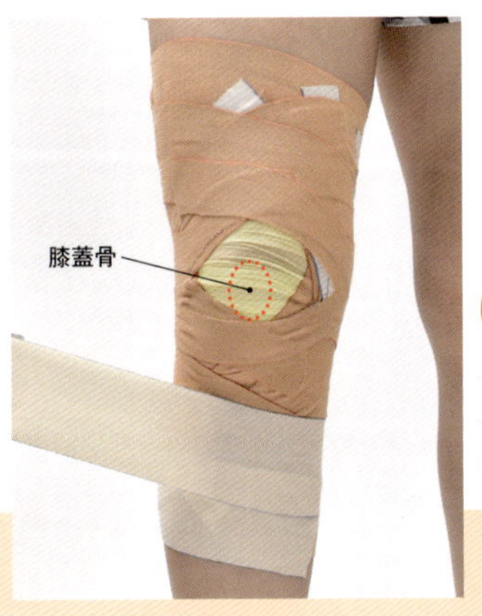


⑯ アンカーは巻かずにソフト伸縮テープで膝蓋骨にかからないように全体をラッピング

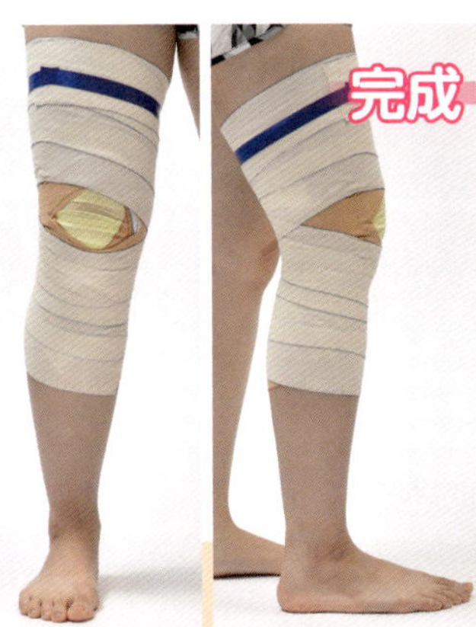


⑰ 最後にテープがはがれないようにビニールテープで上端を巻いたら完成

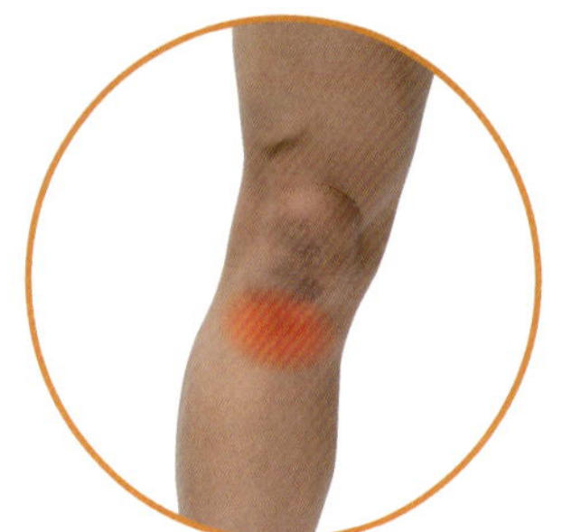

大腿四頭筋の筋肉サポート　固定力▶弱

# ひざの下が痛い

―ジャンパーズニーの再発予防―

使うテープ  キネシオロジーテープ 50mm

スタート姿勢 

パートナー
貼る方の足を台に乗せて大腿四頭筋を伸ばした姿勢をとる

**テーピングの狙い**

大腿四頭筋の収縮をサポートして患部への負担を軽減させる

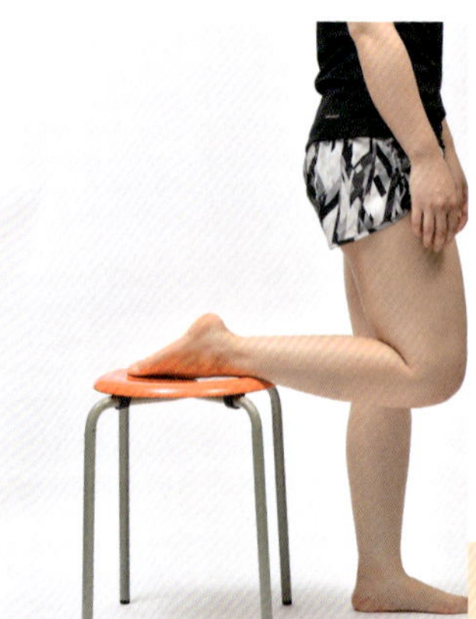

① 台に足を乗せてひざを曲げ大腿四頭筋を伸ばす

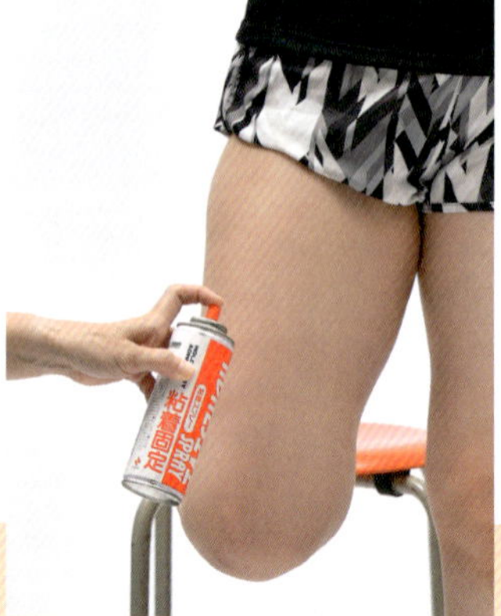

② 太ももに粘着スプレーを吹きかける

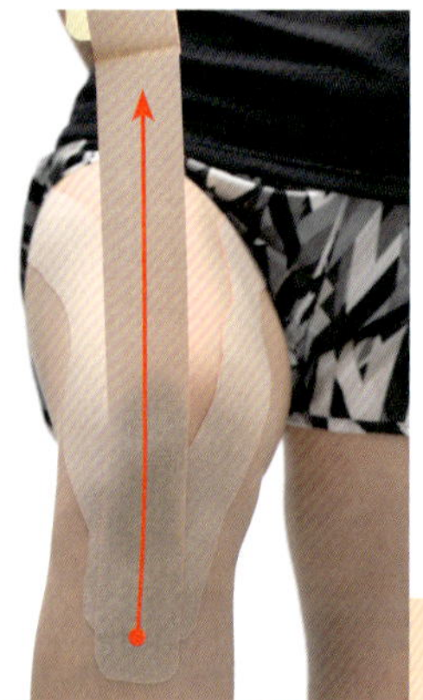

⑤ 3本目もひざの下から貼りはじめる

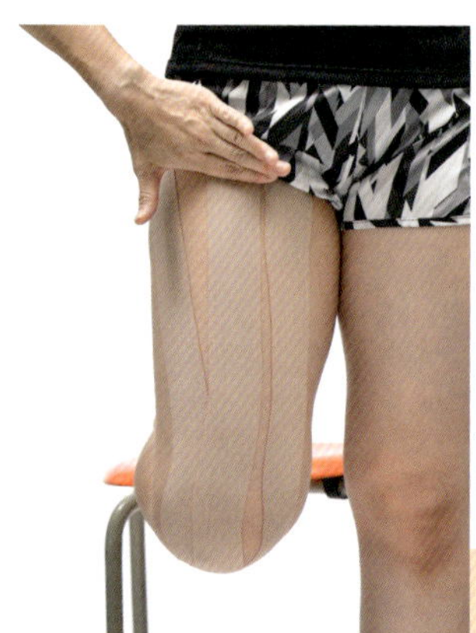

⑥ 太もも中央部を通してつけ根まで貼る

症状と対処法

# 大腿四頭筋の収縮を助けストレスを緩和

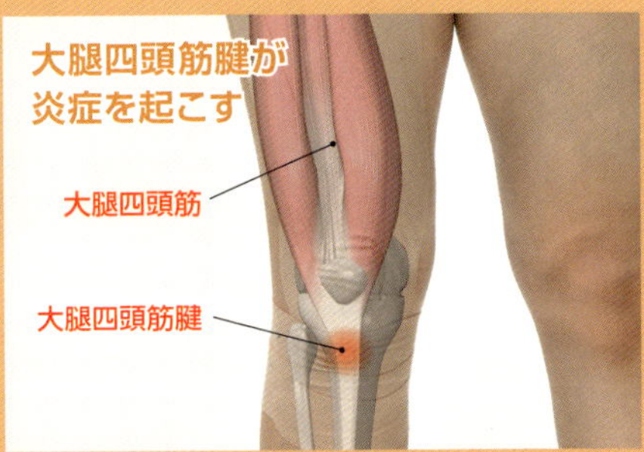


**症 状** 大腿四頭筋腱は膝関節の前面下部に付着しているが、ジャンプ時の膝関節の伸展動作のくり返しによって、腱付着部が炎症を起こすことがある。

**対処法** 大腿四頭筋の収縮をサポートするようにテープを貼り、膝関節の伸展動作による腱付着部へのストレスを軽減させる。

## 筋線維に沿う ▶▶▶ 大腿四頭筋をサポート

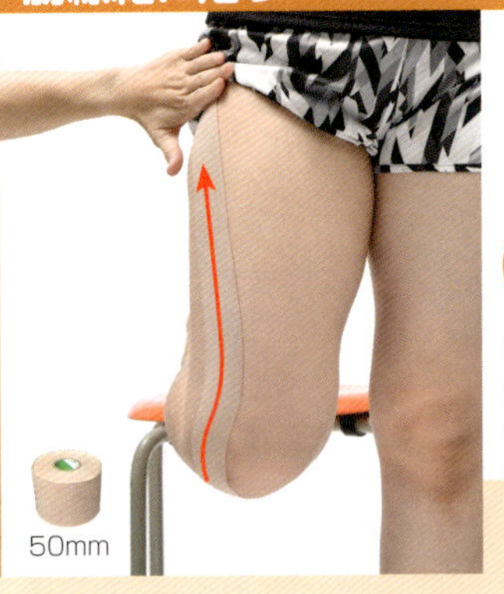


③ ひざの下から貼りはじめ、太もも外側を通してつけ根まで貼る

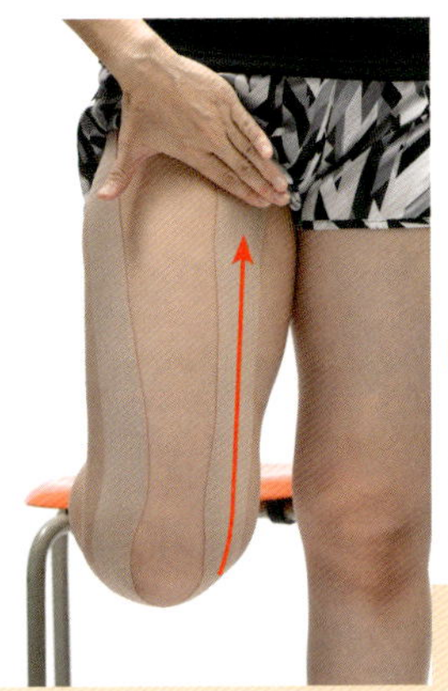

④ 2本目もひざの下から貼りはじめ、太もも内側を通してつけ根まで貼る

## アンカー ▶▶▶ テープをとめる

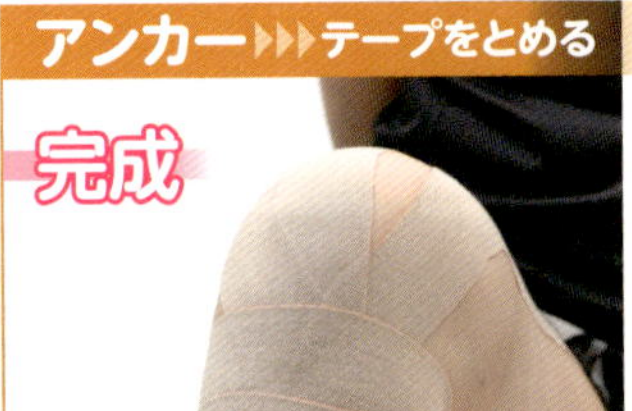

⑦ ひざ下のテープがはがれないようにアンカーとして2～3周ほど巻いたら完成

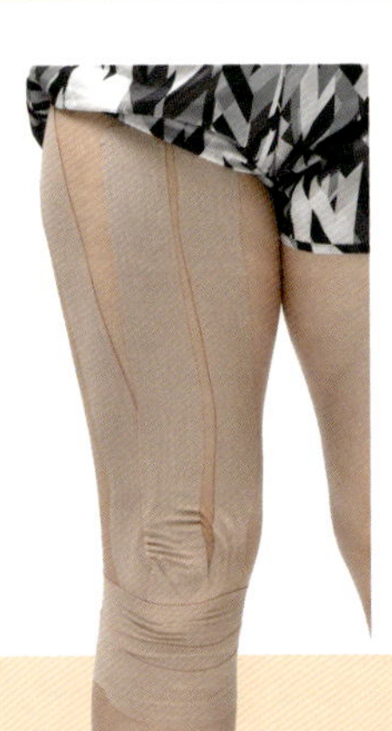

大腿筋膜張筋+臀筋の筋肉サポート　固定力▶弱

# ひざの外側が痛い

—ランナーズニーの再発予防—

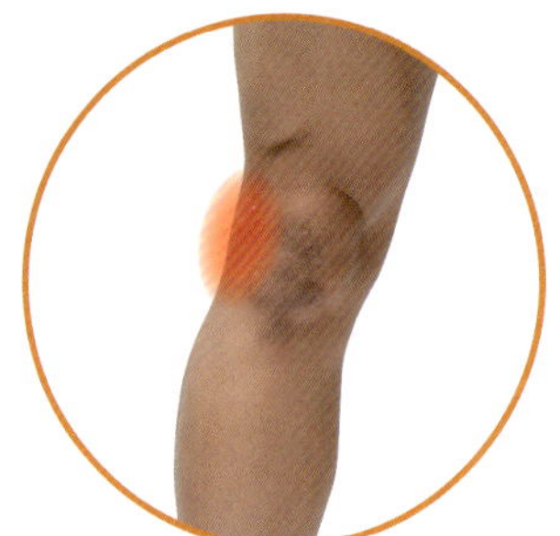

テーピングの狙い

大腿筋膜張筋・臀筋の収縮をサポートし、患部への負担を軽減させる

使うテープ  キネシオロジーテープ 50mm

スタート姿勢  パートナー 股関節をかるく内旋させて(内股気味に)立つ

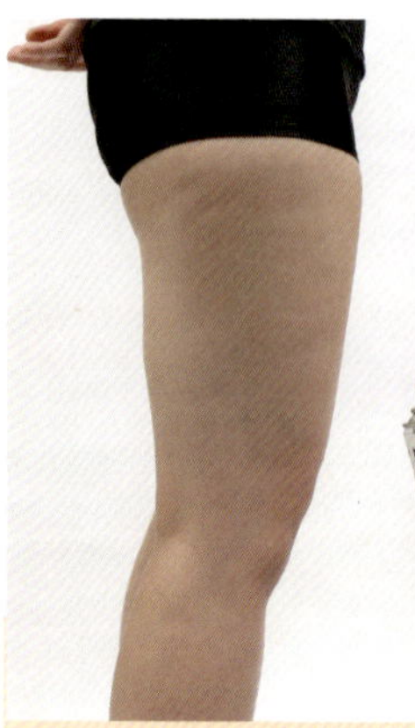

① 太ももの外側に粘着スプレーを吹きかける

筋線維に沿う▶▶▶大腿筋膜張筋をサポート

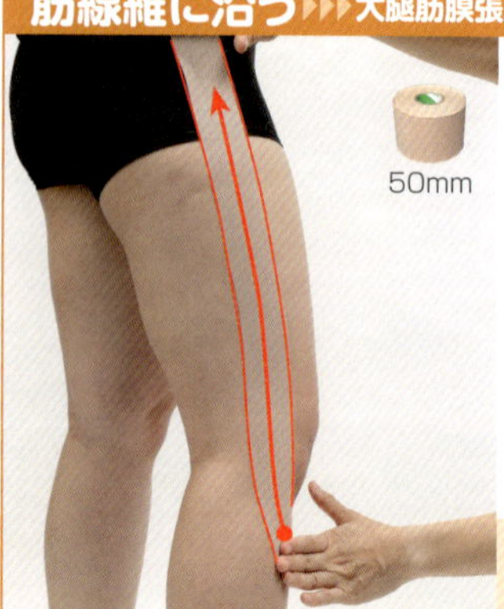


② ひざ下からお尻の横までテープを貼る

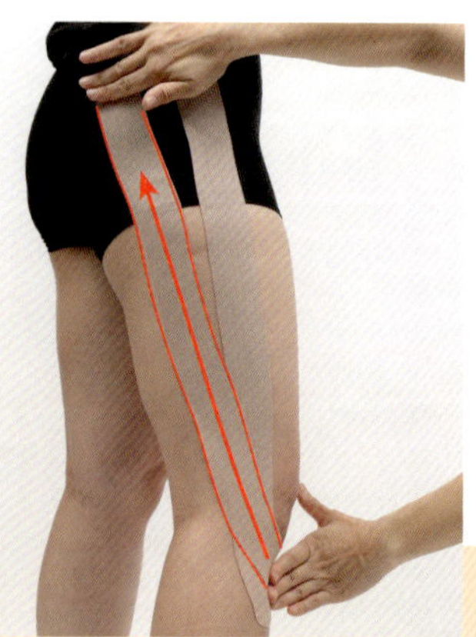

③ 2本目はひざ下の前面を始点にお尻まで貼る

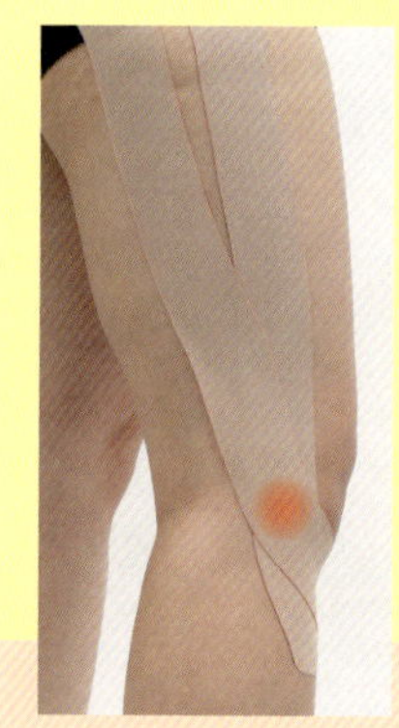

現場の技

**痛む場所でテープをクロス!**

ランナーズニーで痛みやすいひざの外側でテープをクロスさせるように貼る。

症状と対処法

## 大腿筋膜張筋と臀筋の収縮を助けストレスを緩和

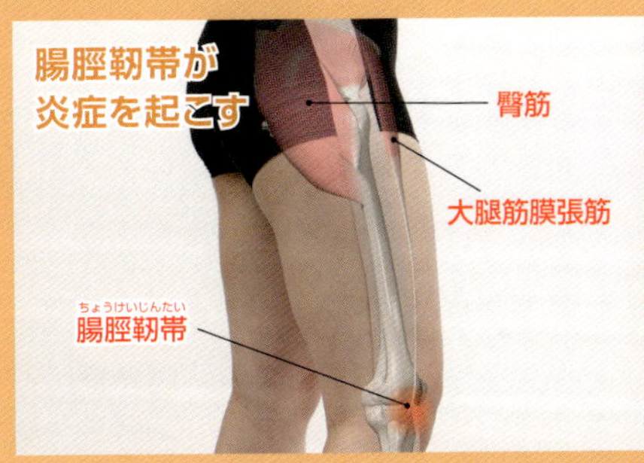


**症状** 大腿筋膜張筋は膝関節外側に付着しているが、ここにある腸脛靭帯がジョギングなどによる長時間の膝関節の屈伸運動によって炎症を起こすと、ひざを曲げる度に痛むことがある。

**対処法** 大腿筋膜張筋と臀筋の収縮をサポートするようにテープを貼り、膝関節の屈伸動作による腸脛靭帯へのストレスを軽減させる。

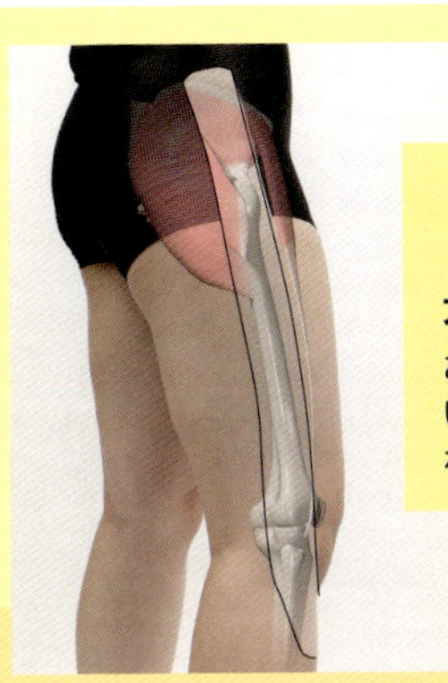

**大腿筋膜張筋を意識して貼る!**

お尻からひざまで太もも横に通っている大腿筋膜張筋と腸脛靭帯に沿わせるようにテープを貼っていく。

**アンカー▶▶▶テープをとめる**

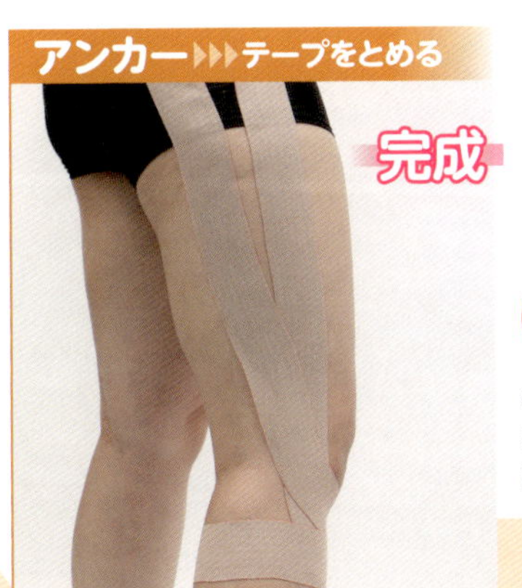

④

ひざの下でアンカーを1周巻いたら完成

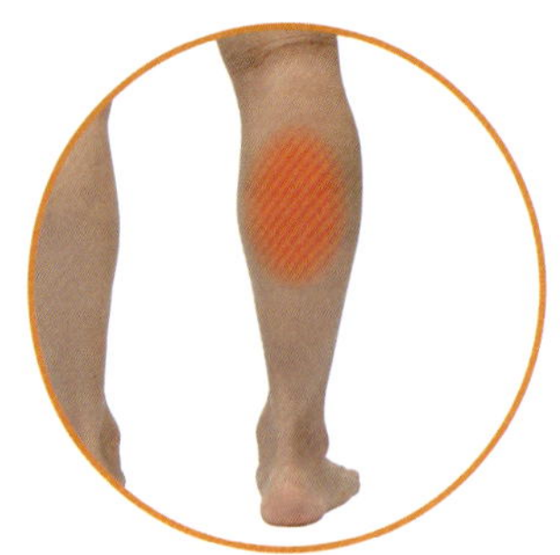

下腿三頭筋の筋肉圧迫　固定力▶中

# ふくらはぎが痛い１

—下腿三頭筋肉離れの再発予防—

**テーピングの狙い**

下腿三頭筋を圧迫するように
テープを貼っていく

使うテープ

非伸縮性テープ 38mm

自着テープ 75mm

スタート姿勢
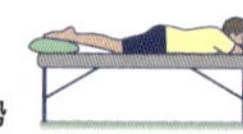
パートナー
うつ伏せになり、足先をパートナーの太ももなどに乗せる

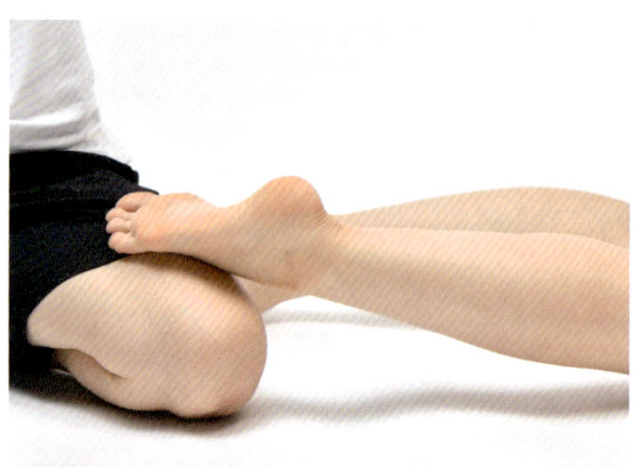

① 下腿三頭筋を緩ませたいので
うつ伏せから足先をパートナーの太ももに乗せる

**アンカー▶▶▶土台をつくる**

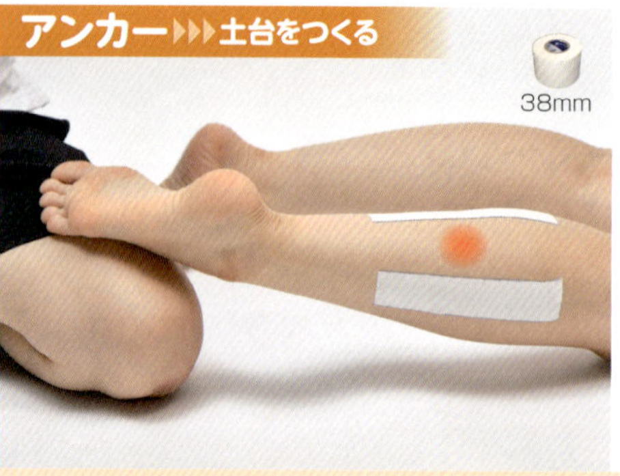


② 負傷箇所を挟むようにふくらはぎの
両サイドにアンカーを貼る

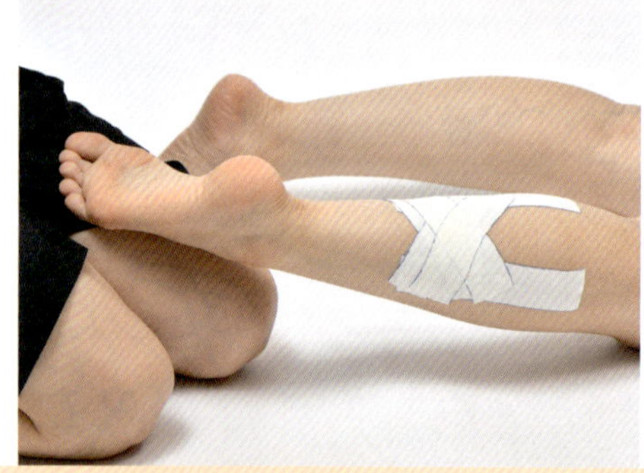

⑤ 1/2程度ずらしながら同じように貼る

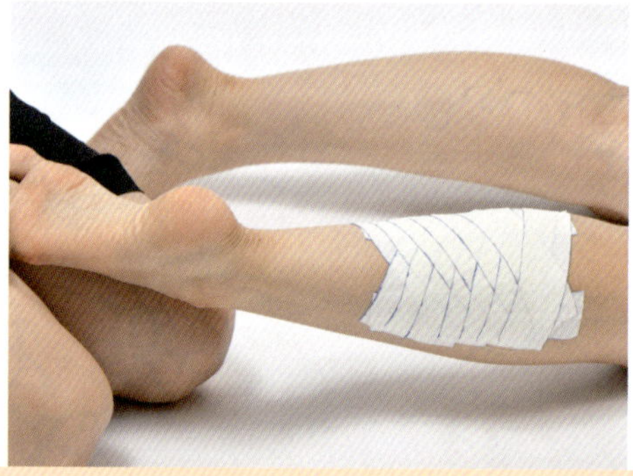

⑥ アンカーが埋まるまでクロス
させながら貼る

症状と対処法

## 損傷部を圧迫して強く伸びないように保護

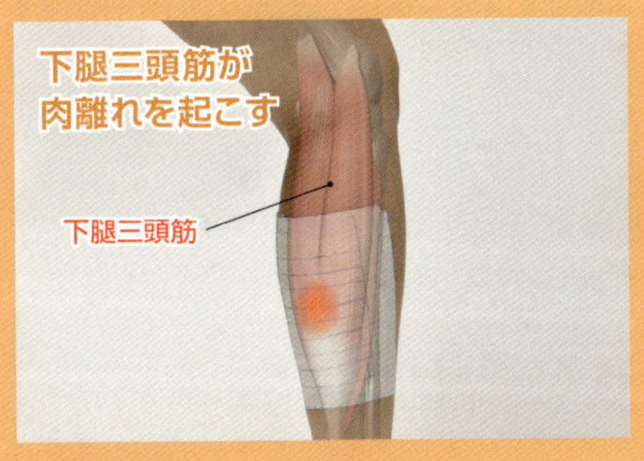


**症 状** 疲労が溜まっていたり、柔軟性が低下している状態で、下腿三頭筋に不意に負荷がかかると筋線維が損傷することがある（肉離れ）。クセにもなりやすいので再発防止に努めたい。

**対処法** 損傷部を中心にある程度広範囲に筋肉を圧迫し、筋肉が伸びたときにかかるストレスを軽減させる。

### Xサポート ▶▶▶ 下腿三頭筋を圧迫

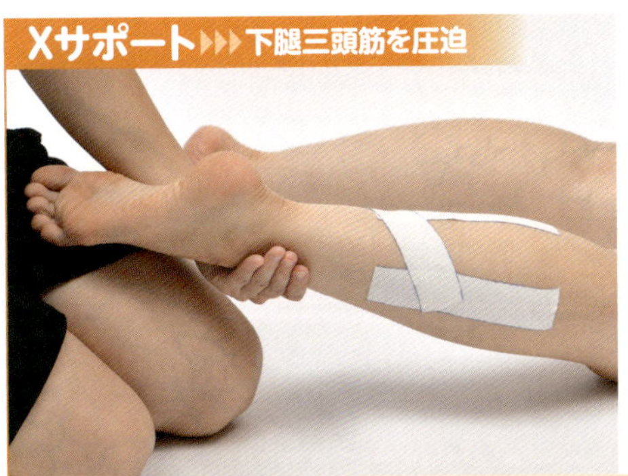

③ 下から上に向かって筋肉を圧迫させながらクロスに貼る

現場の技 筋肉を圧迫させながら!

④ 筋肉を中心に寄せるように圧迫させながら左右交互に貼っていく

### 水平サポート ▶▶▶ 下腿三頭筋をさらに圧迫

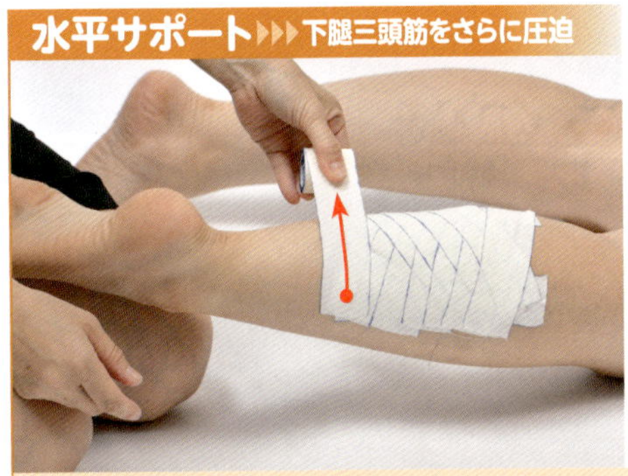

⑦ クロスに貼ったテープを覆うように水平サポートを貼っていく

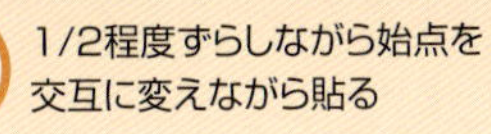

⑧ 1/2程度ずらしながら始点を交互に変えながら貼る

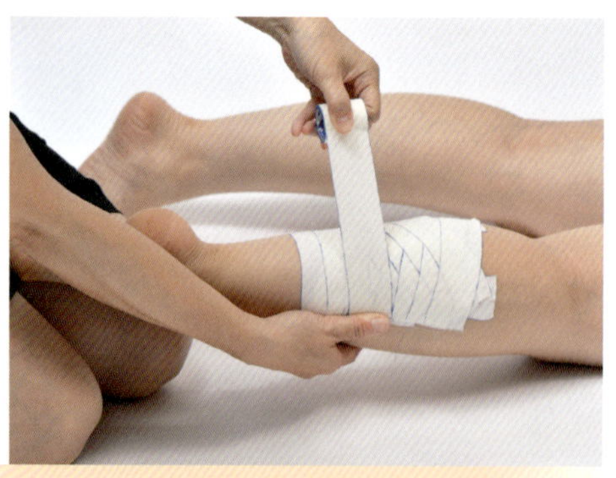

⑨ 水平サポートで、貼ってあるテープをすべて覆う

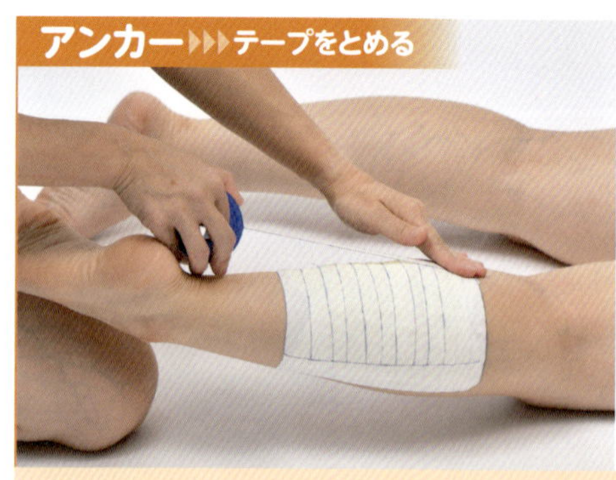


⑩ 両サイドにアンカーを貼る

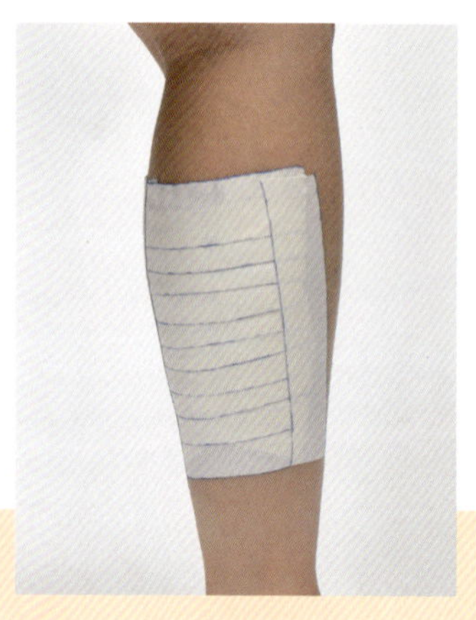

⑪ これで完成だが、さらに圧迫を強めたい人はここから自着テープを巻く

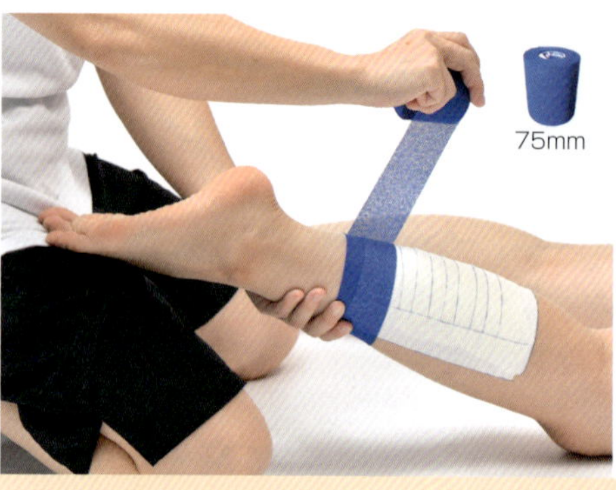


⑫ 1/2程度ずらしながら巻き上げる

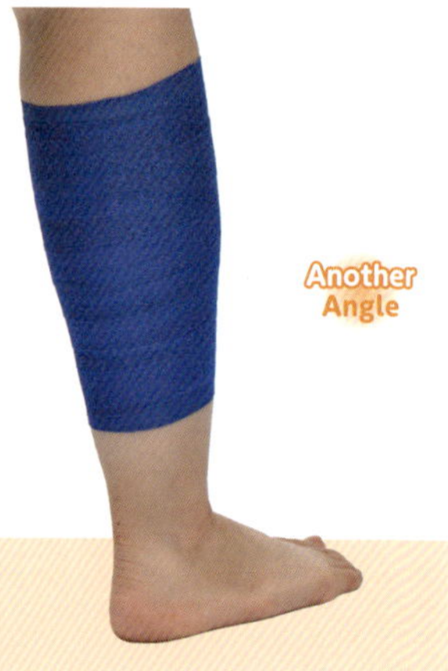


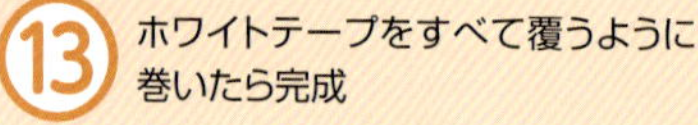

⑬ ホワイトテープをすべて覆うように巻いたら完成

# 「第二の心臓」とよばれるふくらはぎ

寝ているときも運動をしているときも、血液は絶えず全身をめぐり、必要な組織に酸素や栄養を送り、二酸化炭素や老廃物を回収している。

この血液循環は、心筋（心臓の筋肉）がポンプのように収縮し、血液が心臓から勢いよく送り出されることでおこなわれる。

しかし、通常カラダの隅々にまで到達するころにはその勢いは衰え、末梢部分から心臓へと送り返すだけの力はあまり残っておらず、ふくらはぎの筋ポンプ作用によって、その力を手助けしていると考えられている。具体的には、ふくらはぎの筋肉の収縮と弛緩に合わせて静脈にある逆流防止弁が開閉し、心臓方向へ血液を送り返す仕組みになっている。これは運動中の血液循環の30%を担っているという報告もあり、ふくらはぎが「第二の心臓」とよばれる所以はここにある。

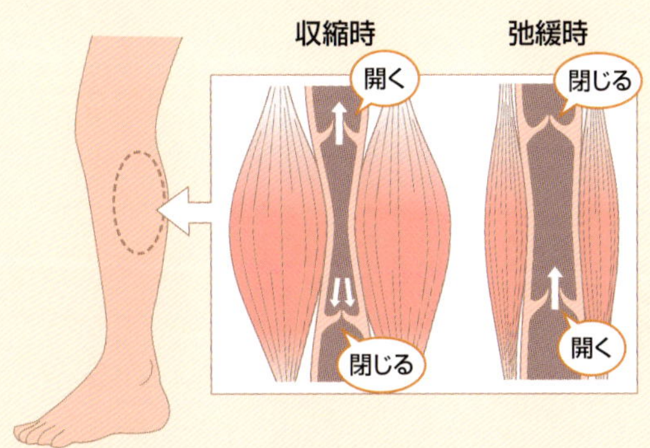


静脈内には逆流防止のための弁があり、筋肉が弛緩すれば血液を溜め込み、収縮すれば心臓へと送り返す

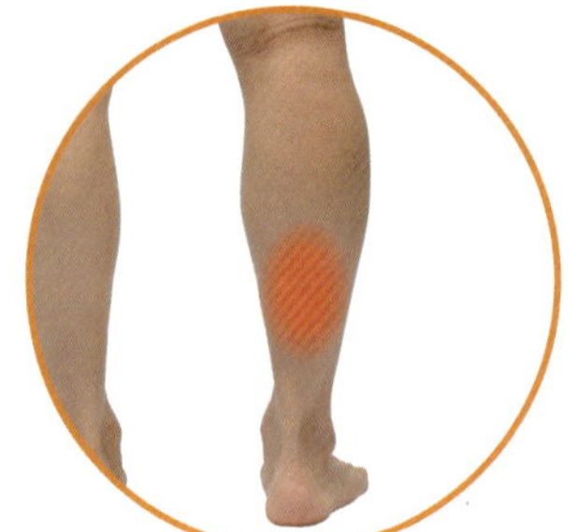

下腿三頭筋の筋肉サポート　固定力▶弱

# ふくらはぎが痛い2

—アキレス腱炎の再発予防—

使うテープ 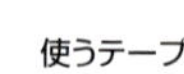 キネシオロジーテープ 50mm

スタート姿勢  パートナー うつ伏せになり、つま先を立てる

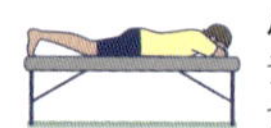

テーピングの狙い

下腿三頭筋の収縮をサポートして患部への負担を軽減させる

## 筋線維に沿う ▶▶▶ 下腿三頭筋をサポート

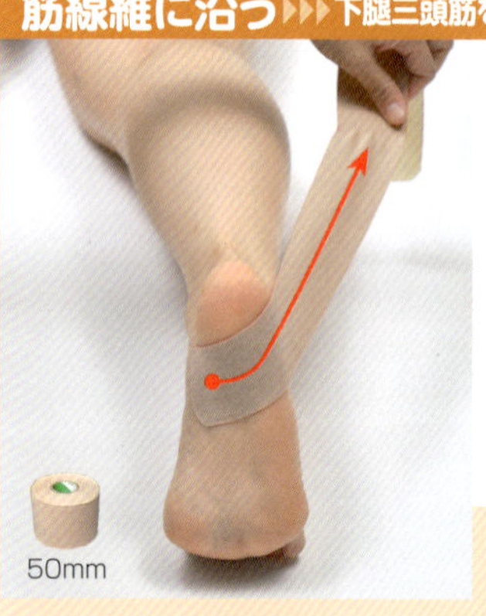


①

つま先を立て下腿三頭筋を伸ばし、足の裏を始点にかかとの側面を通してテープを貼る

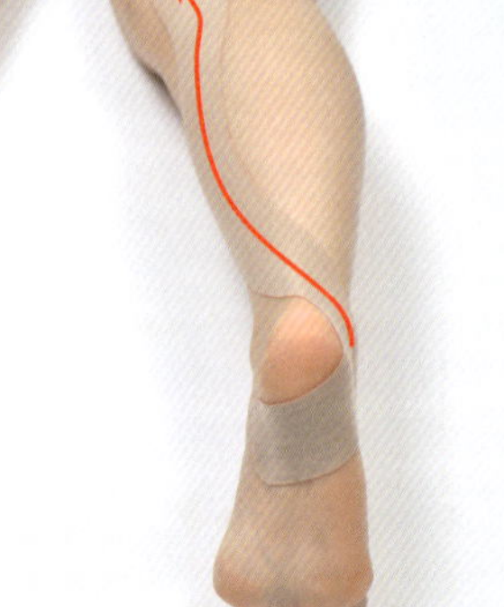

②

アキレス腱上を斜めに横断しふくらはぎの内側を通してひざの上でとめる

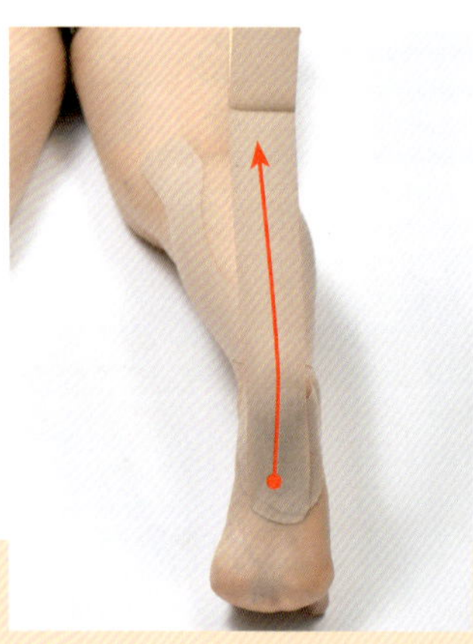

⑤

3本目はかかとの中央部を始点に貼る

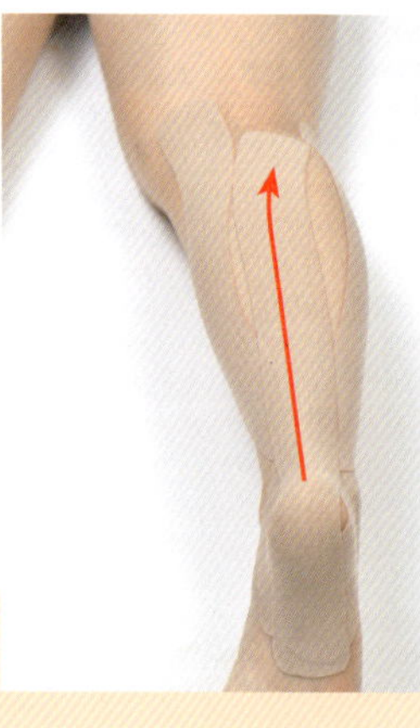

⑥

そのままふくらはぎの中心部を通してひざ下でとめる

症状と対処法

## 下腿三頭筋の収縮を助けストレスを緩和

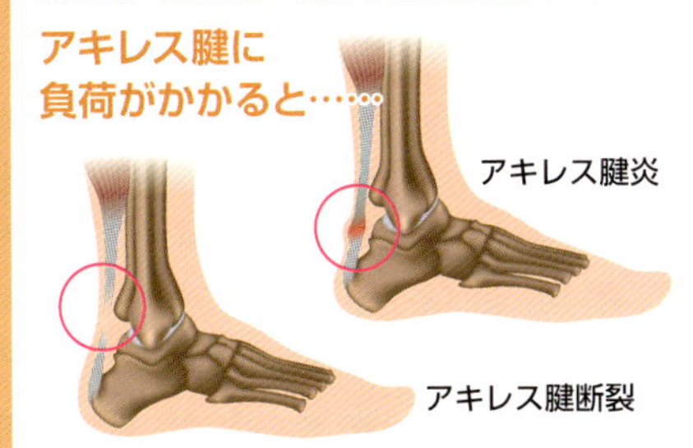


**症 状** 陸上やジャンプ動作の多い競技では、アキレス腱に断続的に負荷がかかる。下腿三頭筋の柔軟性が低いと腱への負担はさらに増し、炎症が起きやすい。さらに負荷がかかると断裂することもある。

**対処法** 運動時のアキレス腱への負担を軽減させるため、下腿三頭筋にキネシオロジーテープを貼り、収縮をサポートする。

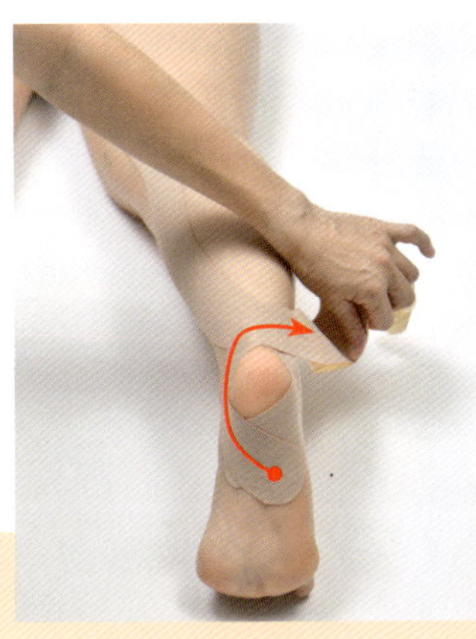

③ 1本目のテープとは逆方向に2本目のテープを貼る

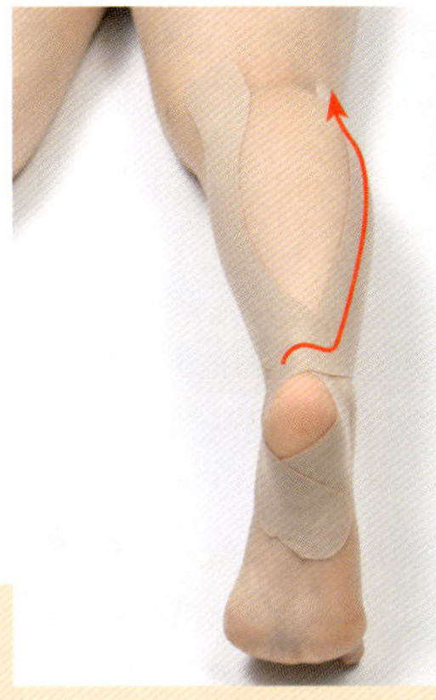

④ アキレス腱上で1本目のテープと交わり、ふくらはぎの外側を通してひざ上でとめる

アンカー ▶▶▶テープをとめる

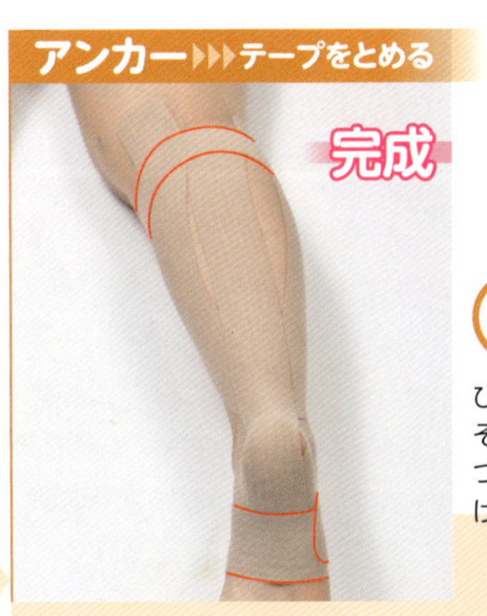


⑦ ひざ下と足部にそれぞれ1本ずつアンカーを巻けば完成

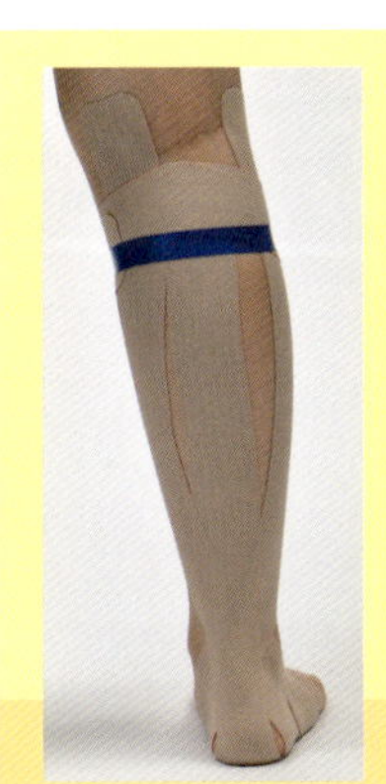

現場の技

**ビニールテープで補強**

激しい運動をともなう競技者であれば、ひざ下のアンカー上にビニールテープを巻くと安心。

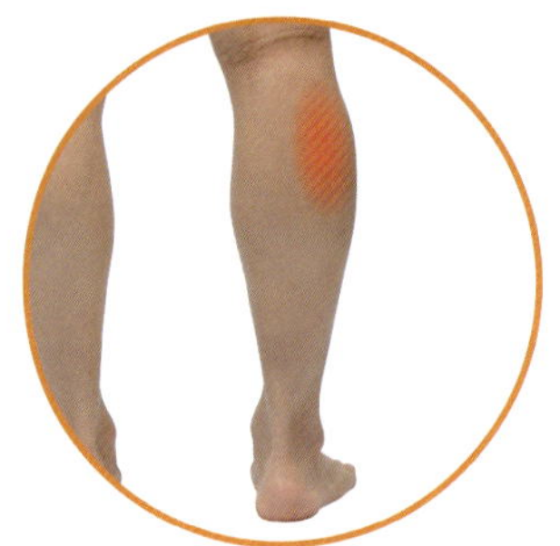

腓腹筋の筋肉サポート　固定力▶弱

# ふくらはぎが張る

—腓腹筋外側頭肉離れの再発予防—

使うテープ
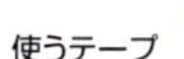

キネシオロジーテープ 50mm

自着テープ 75mm

スタート姿勢
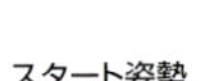

パートナー
うつ伏せになり、つま先を立てる

腓腹筋の収縮をサポートするようにキネシオロジーテープを貼る

## 筋線維に沿う ▶▶▶ 腓腹筋外側頭をサポート

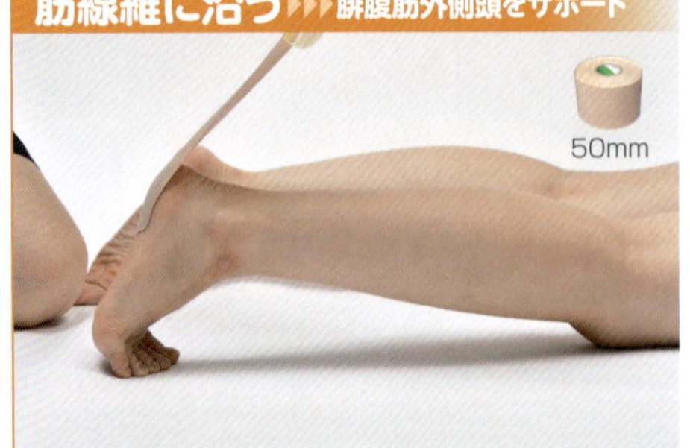


1 つま先を立て腓腹筋を伸ばした状態で足の裏を始点にテープを貼る

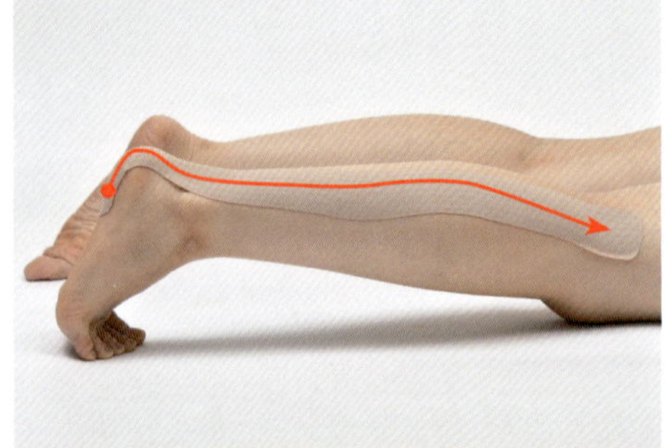

2 ひざ裏を越えてひざの外側でとめる

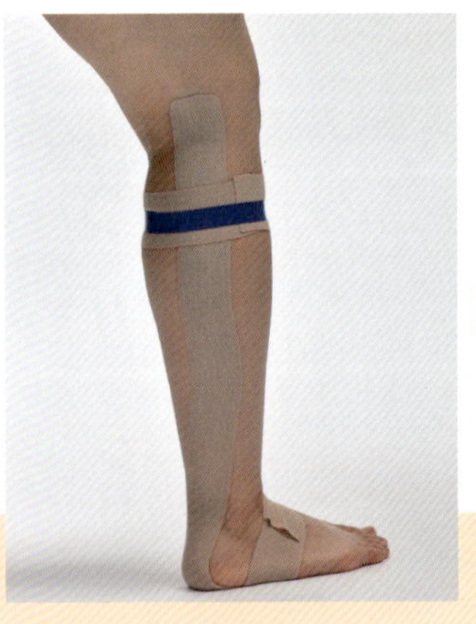

5 激しい動きをともなう競技であればさらにビニールテープで補強する

現場の技　自着テープで筋肉を圧迫!

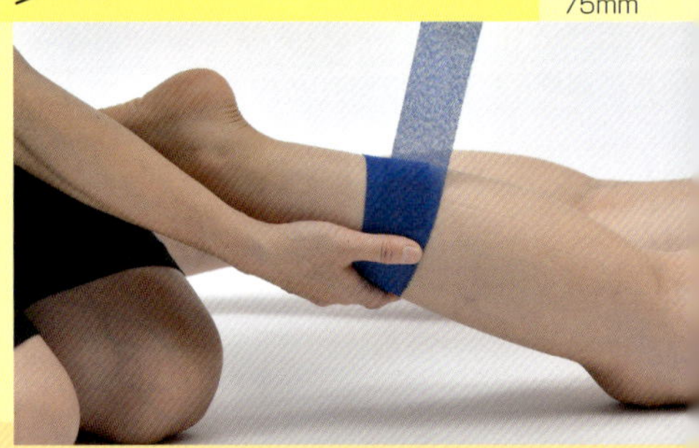

自着テープでふくらはぎを巻き上げるだけでもよい

症状と対処法

## 圧迫はせずに収縮をサポートするだけ

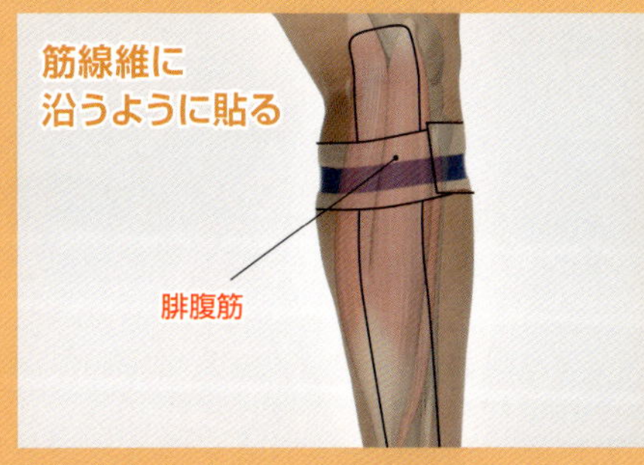


**症状** 腓腹筋の肉離れを起こしてから長期間経過し、痛みはまったくない。だが、筋肉に張りを感じたため、再発リスクに備えてテーピングを巻いておきたい。

**対処法** 腓腹筋の収縮をサポートして疲労を軽減させるために、キネシオロジーテープを筋線維に沿って貼る。

**アンカー▶▶▶テープをとめる**

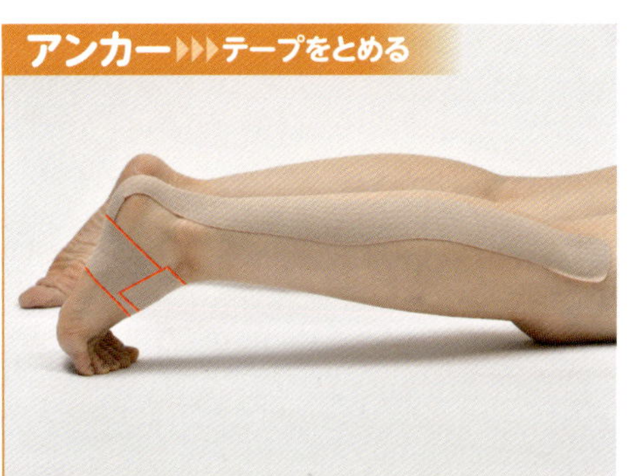

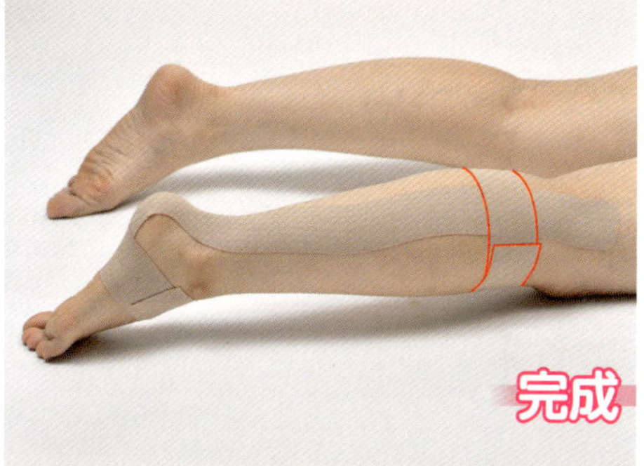


③ 足の甲から裏へ1周アンカーを巻く

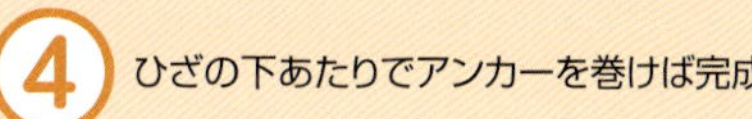

④ ひざの下あたりでアンカーを巻けば完成

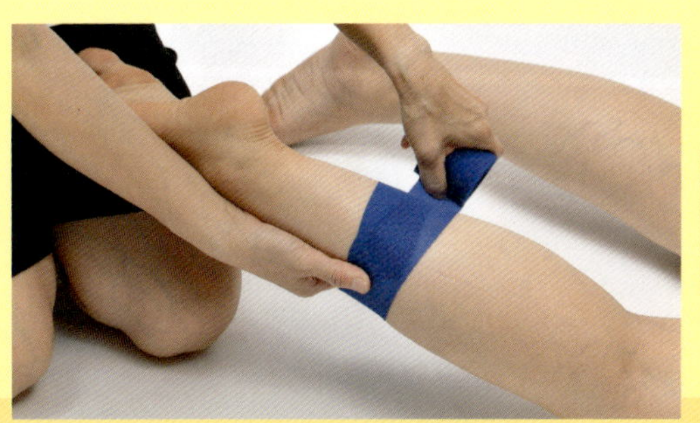

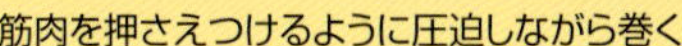

筋肉を押さえつけるように圧迫しながら巻く

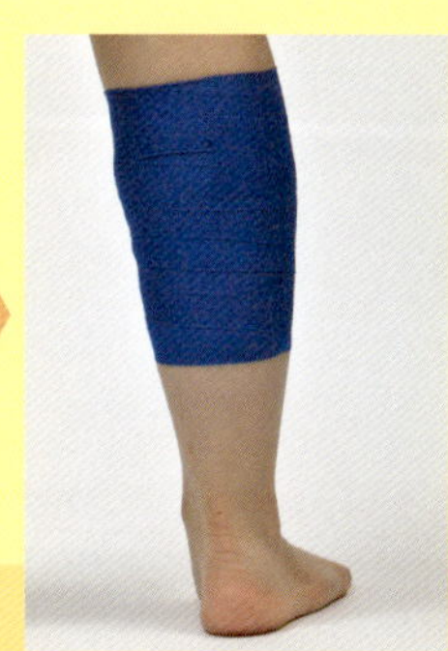

ふくらはぎ全体を圧迫するように巻き上げれば完成

後脛骨筋の筋肉サポート　固定力▶弱

# すねの周りが痛い

—シンスプリントの再発予防—

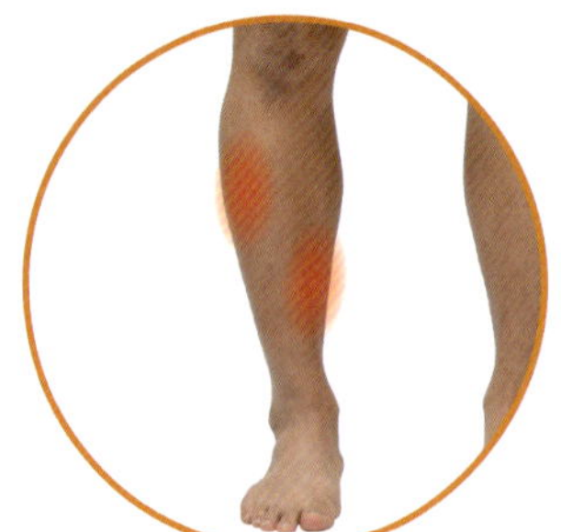

後脛骨筋の収縮をサポートして患部への負担を軽減させる

使うテープ

キネシオロジーテープ 50mm

ソフト伸縮テープ 50mm

スタート姿勢

パートナー
イスに座り足を伸ばす

## 筋線維に沿う ▶▶▶ 後脛骨筋をサポート

① 足の甲を始点にして貼る

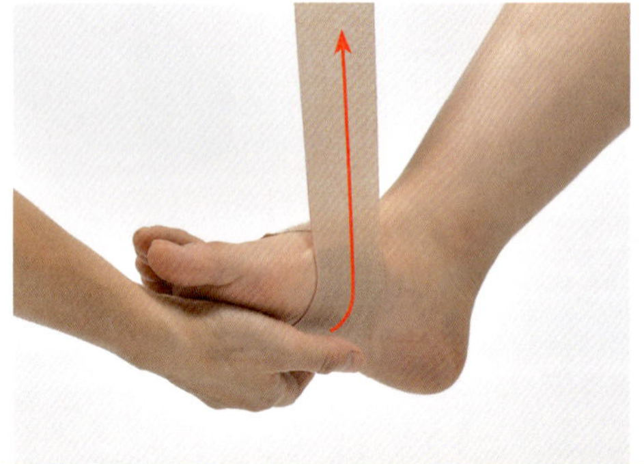

② 足の甲を1周するように巻く

## アンカー ▶▶▶ テープをとめる

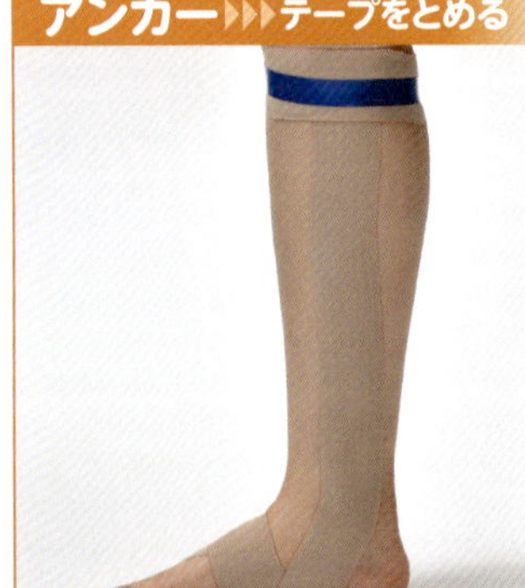

⑤ ひざ下にアンカーとビニールテープを巻く

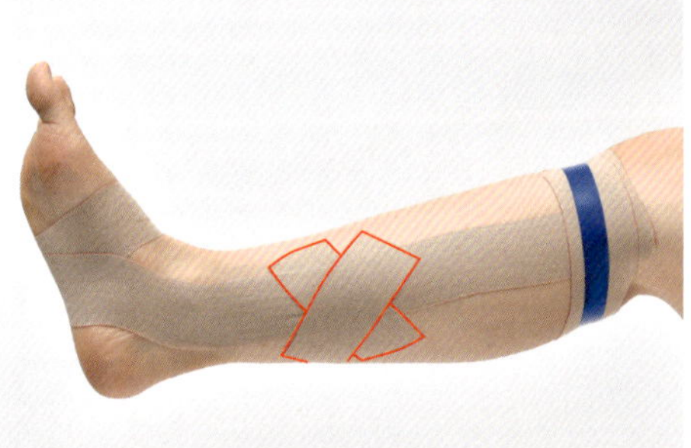

⑥ 痛みを感じるすねの内側にクロスさせて下から上に向かってテープを貼る

症状と対処法

## 後脛骨筋の収縮を助けストレスを緩和

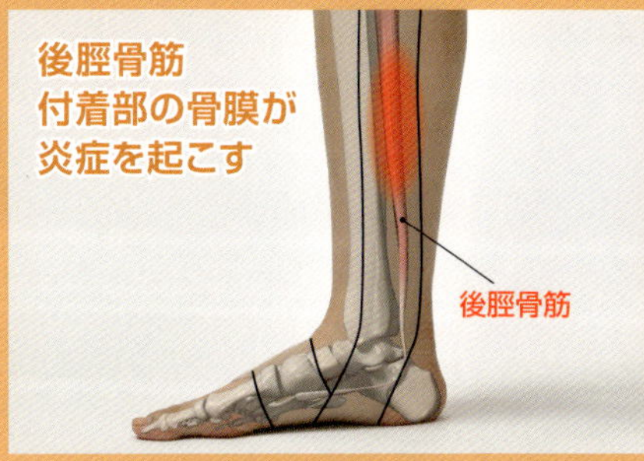


**症 状** ランニングやジャンプなど下半身に負荷のかかる運動を過剰におこなったり、急にカラダを動かすことで、後脛骨筋の付着部で骨膜（骨を覆う膜）の炎症が起こることがある（シンスプリント）。

**対処法** 運動時の腱への負担を軽減させるため、後脛骨筋に沿うようにキネシオロジーテープを貼り、さらに患部付近を圧迫させる。

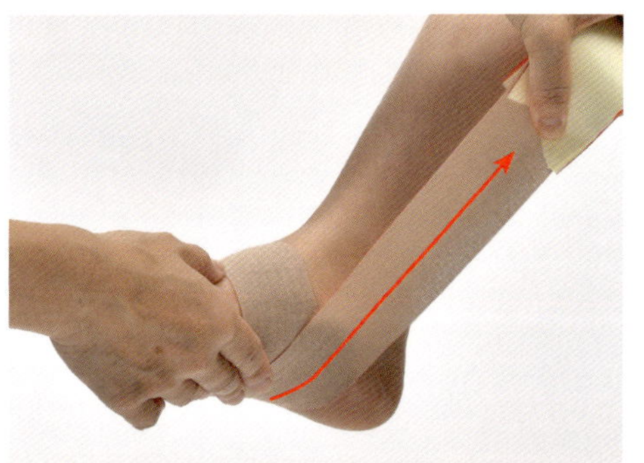

③ 2周目は足の裏で少しかかと側にずらして内くるぶし方向へ引っ張り上げる

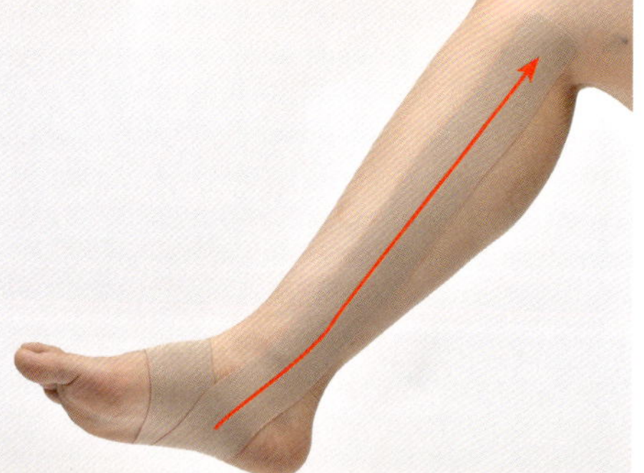

④ 内くるぶし後方からまっすぐ引き上げひざ下の側面でとめる

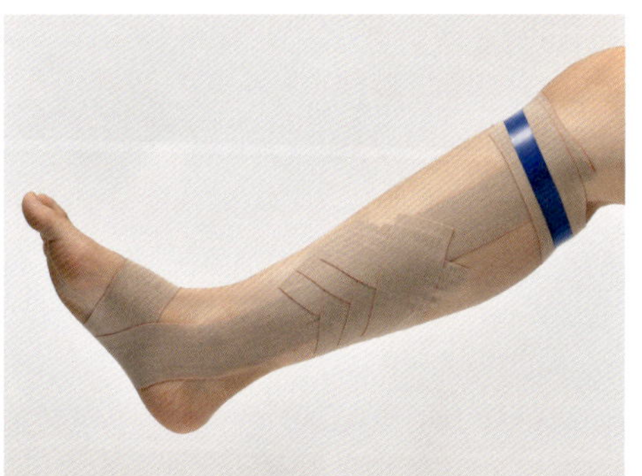

⑦ 1/2ほどずらしながら同じように数本貼り患部をカバーする

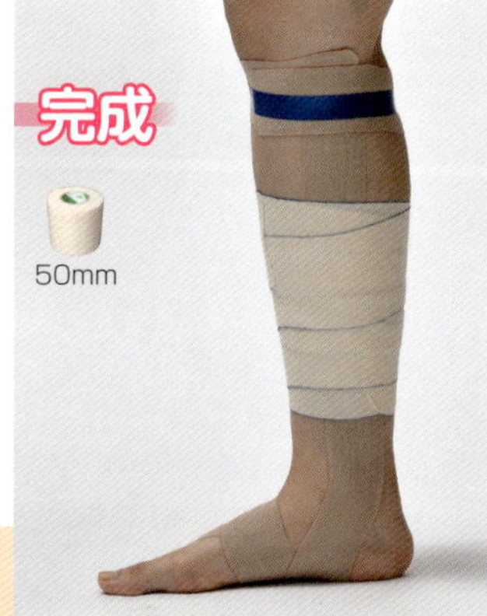


⑧ クロスさせたテープをソフト伸縮テープでラッピングして完成

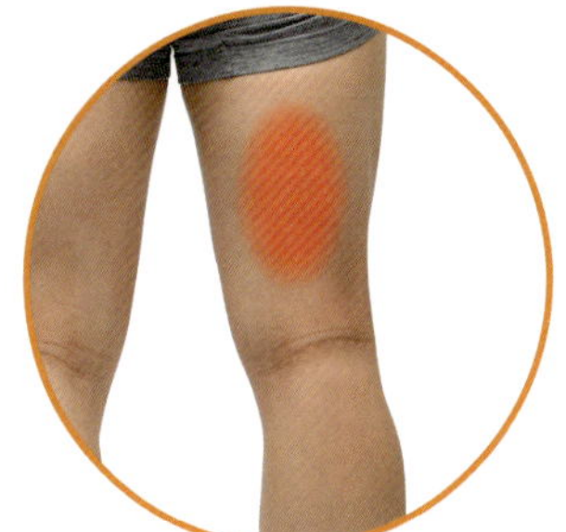

ハムストリングスの筋肉圧迫　固定力▶中

# 太もも裏が痛い

—ハムストリングス肉離れの再発予防—

**テーピングの狙い**

ハムストリングスを圧迫するように
テープを貼っていく

使うテープ
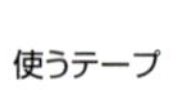
非伸縮テープ 38mm

自着テープ 75mm

スタート姿勢
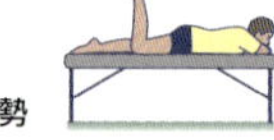
パートナー
うつ伏せになり、ひざを曲げて
ハムストリングスを緩ませる

## Xサポート▶▶▶ハムストリングスを圧迫

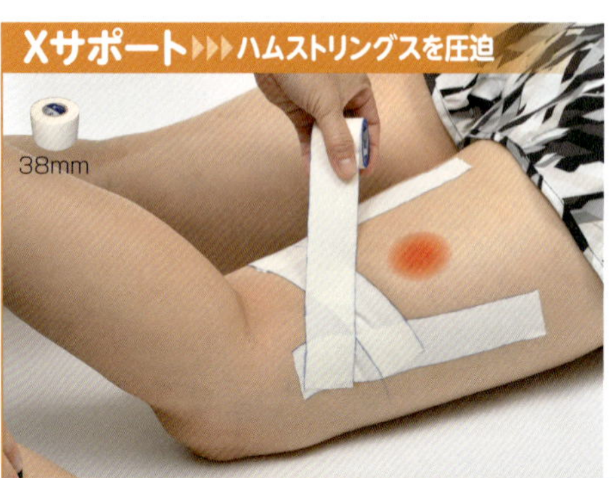


① 太もも裏の両サイドにアンカーを貼り、筋肉を圧迫させながらクロスに貼る

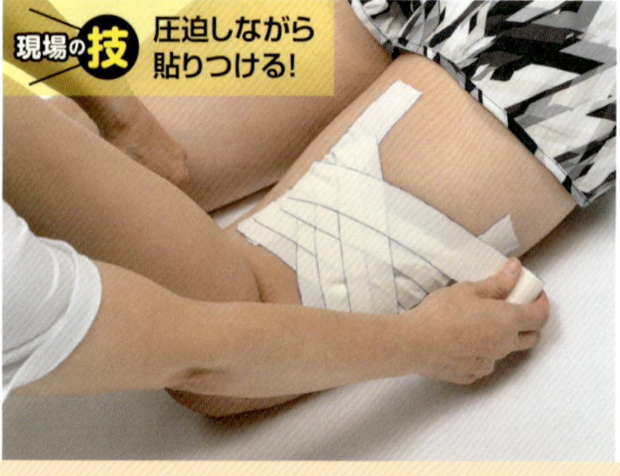


② 1/2程度ずらして筋肉を圧迫させながら押しつけるように貼っていく

⑤ 1/2程度ずらし始点を左右交互に変えながらXサポートを覆うまで貼る

## アンカー▶▶▶土台をつくる

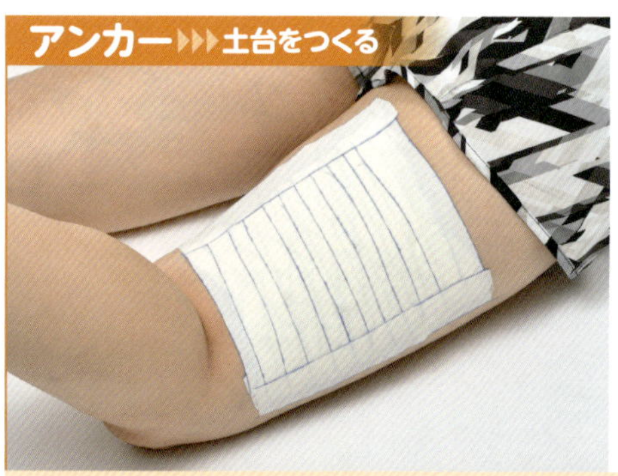

⑥ 水平サポートの両サイドにアンカーを貼ったら完成

症状と対処法

## 損傷部を圧迫して強く伸びないように保護

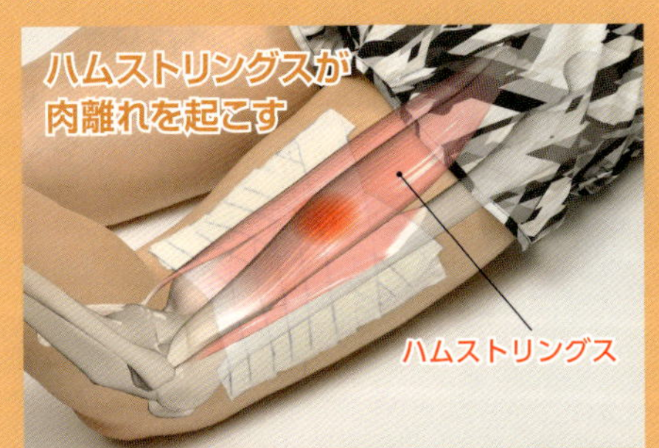


**症 状** 肉離れは筋肉が伸ばされながら収縮する動作（伸張性収縮）で起こりやすく、地面を踏み込む瞬間などがそれに当たる。また疲労が溜まってたり、柔軟性が低下しているときも起こることがある。

**対処法** 損傷部を中心にある程度広範囲に筋肉を圧迫し、筋肉が伸びたときにかかるストレスを軽減させる。

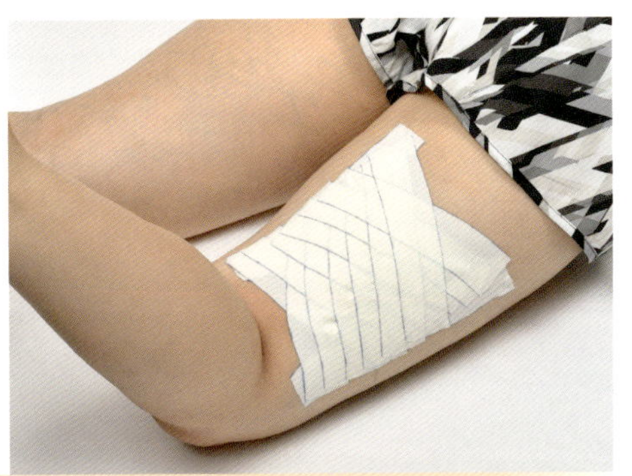

③ アンカーが埋まるまでクロスに貼る

**水平サポート** ▶▶▶ハムストリングスをさらに圧迫

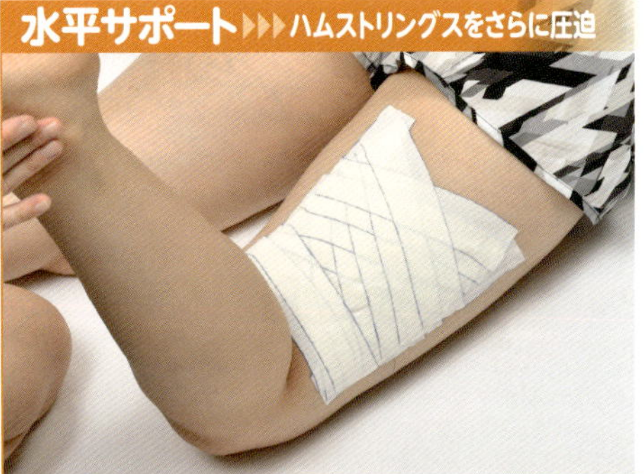

④ クロスに貼ったテープを覆うように水平サポートを貼る

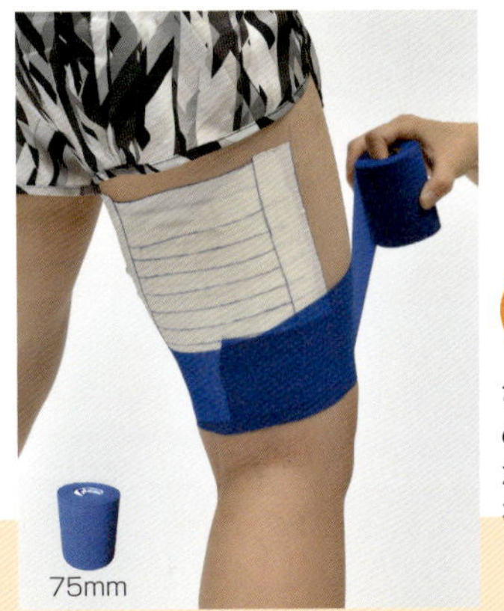


⑦ さらに圧迫を強めたい人はここから自着テープを巻く

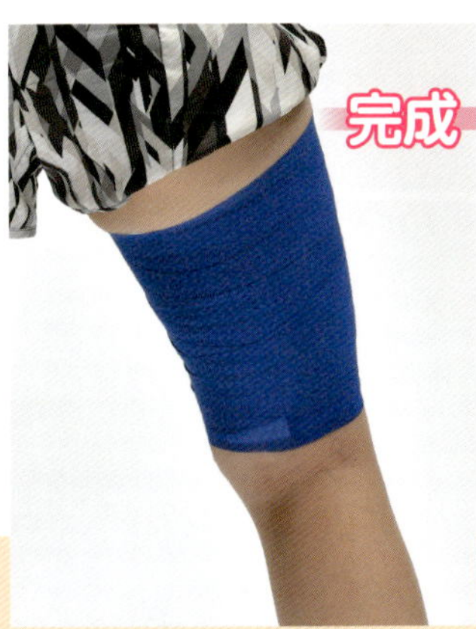


⑧ 1/2程度ずらしながら自着テープを覆うように巻いたら完成

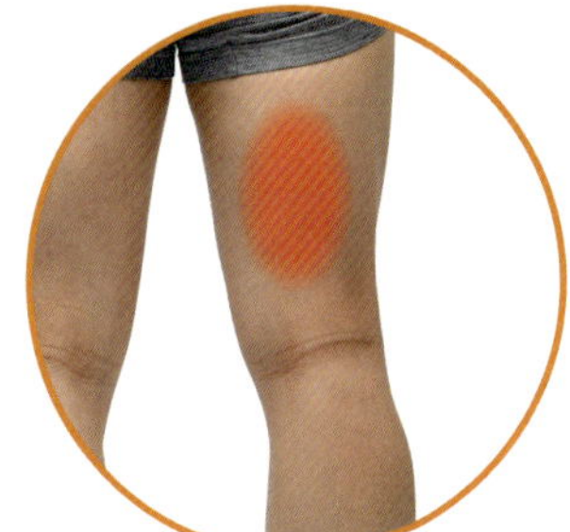

ハムストリングスの筋肉サポート　固定力▶弱

# 太もも裏が張る

—ハムストリングス肉離れの再発予防—

ハムストリングスの収縮をサポートするように
キネシオロジーテープを貼る

使うテープ

キネシオロジーテープ 50mm

自着テープ 75mm

スタート姿勢

**パートナー**
お尻を突き出しハムストリングスを伸ばした姿勢になる

① ハムストリングスを伸ばした状態で貼りたいので、前屈姿勢になる

## 筋線維に沿う ▶▶▶ ハムストリングスをサポート

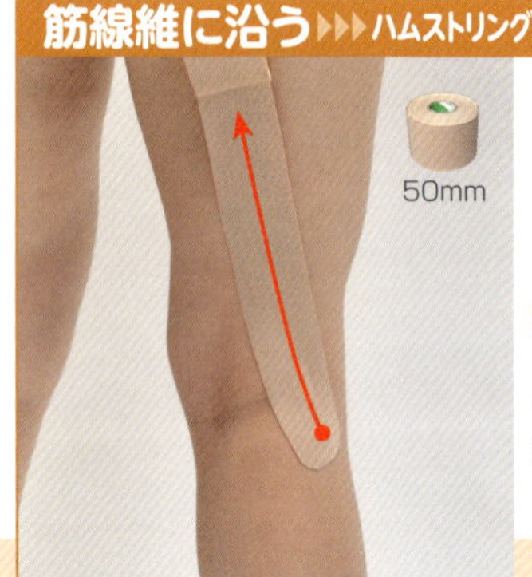


② ひざの外側を始点に貼りはじめる

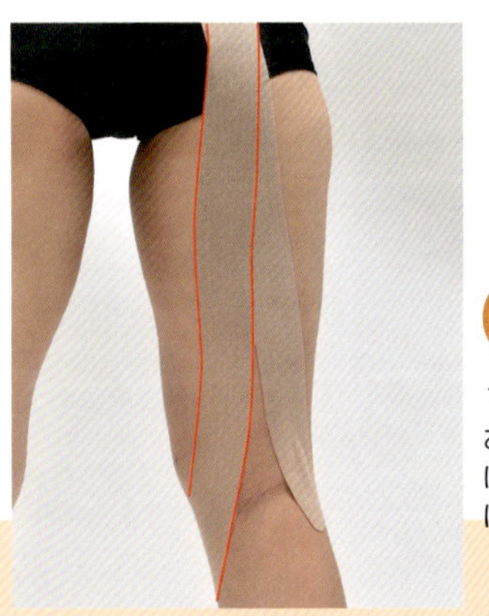

⑤ 1本目と同様にお尻の中央部に向かって斜めに貼る

## アンカー ▶▶▶ テープをとめる

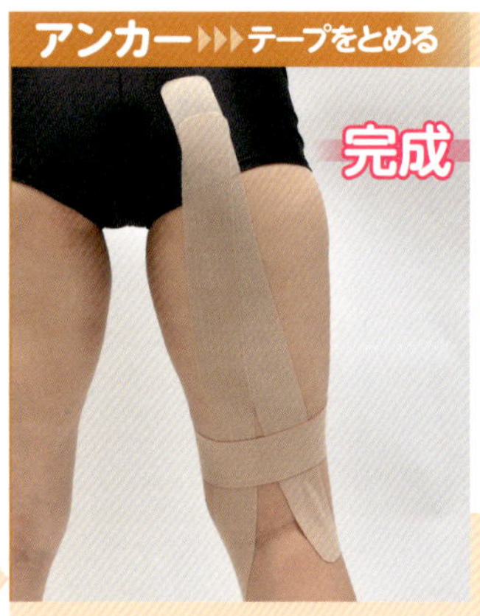


⑥ ひざの上あたりに1周アンカーを巻けば完成

症状と対処法

## 圧迫はせずに収縮をサポートするだけ

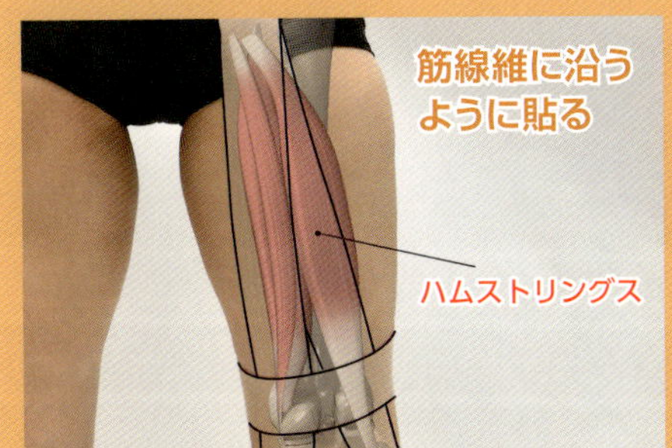


**症 状** ハムストリングスの肉離れから長期間経過しているので痛みはないが、連日の運動で筋肉が疲労して張りを感じるので、再発リスクを軽減させたい。

**対処法** キネシオロジーテープを筋線維に沿って貼ることで、ハムストリングスの収縮をサポートし負荷を軽減させる。

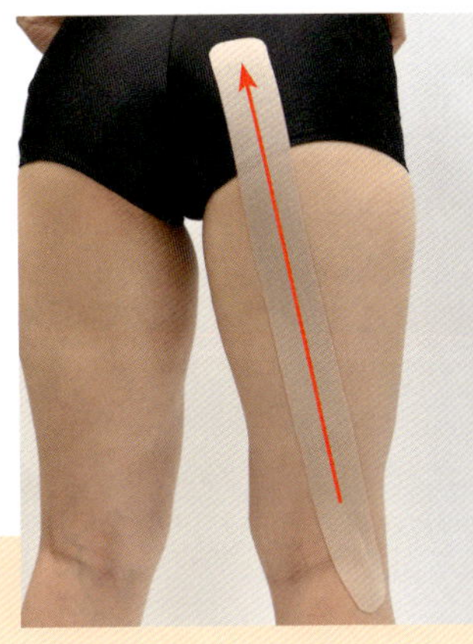

③ お尻の中央部に向かって斜めに貼る

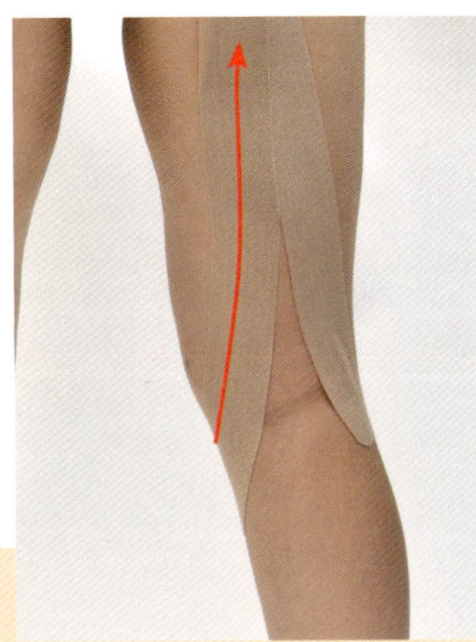

④ 2本目はひざの内側を始点に貼りはじめる

**現場の技 自着テープで筋肉を圧迫!**

75mm

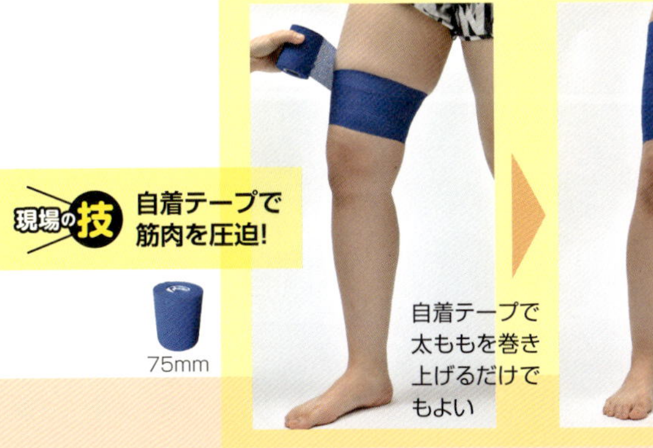

自着テープで太ももを巻き上げるだけでもよい

筋肉を押さえつけ圧迫させながら巻き上げる

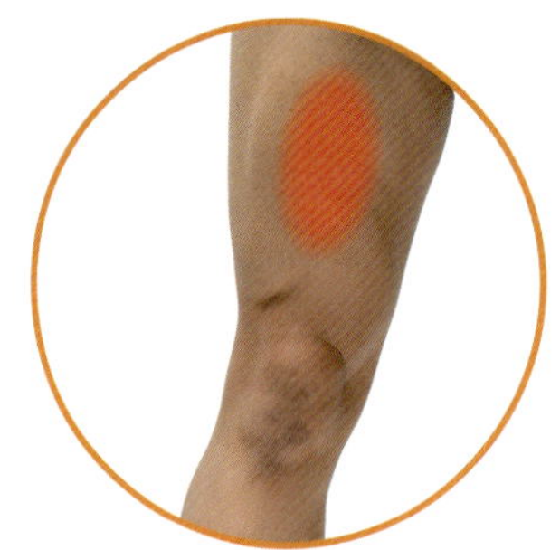

大腿四頭筋の筋肉圧迫

固定力▶中

# 太もも前が痛い

―大腿部打撲の応急処置―

テーピングの狙い

打撲箇所の周囲を圧迫して
内出血を抑える

使うテープ

非伸縮性
テープ
38mm

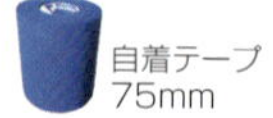
自着テープ
75mm

スタート姿勢

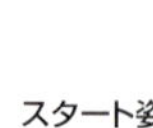

パートナー
床やイスにひざを
伸ばして座る

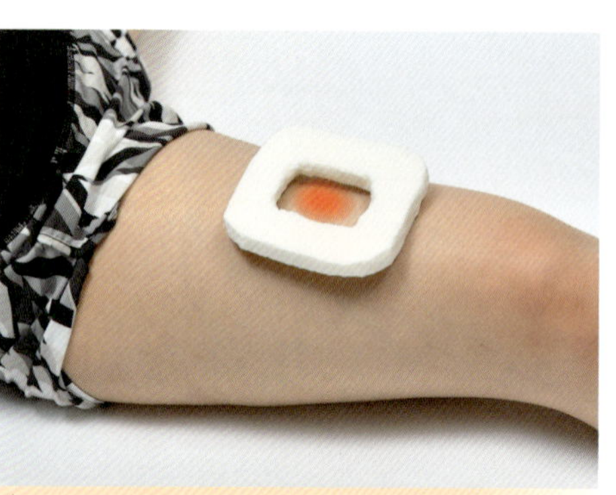

① 打撲を受けた箇所に穴あきパッドを当て、直接圧がかからないようにする

アンカー▶▶▶土台をつくる

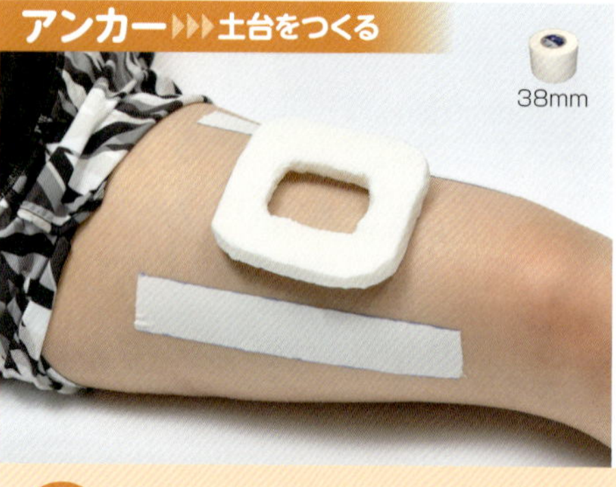


② 穴あきパッドの両サイドにアンカーを貼る

水平サポート▶▶▶大腿四頭筋を圧迫

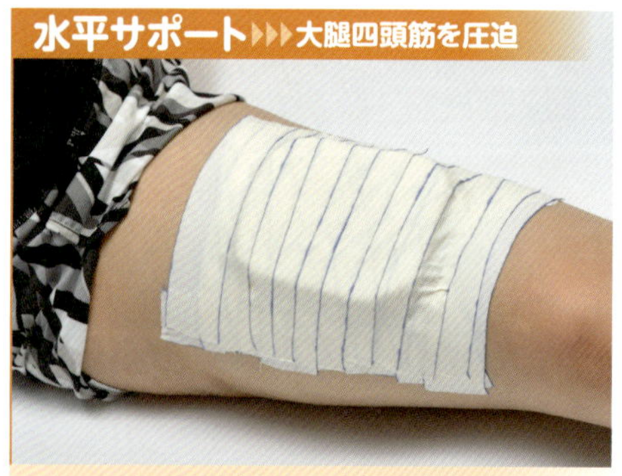

⑤ クロスに貼ったテープ全体を覆うように水平サポートを1/2程度ずらしながら貼る

アンカー▶▶▶テープをとめる

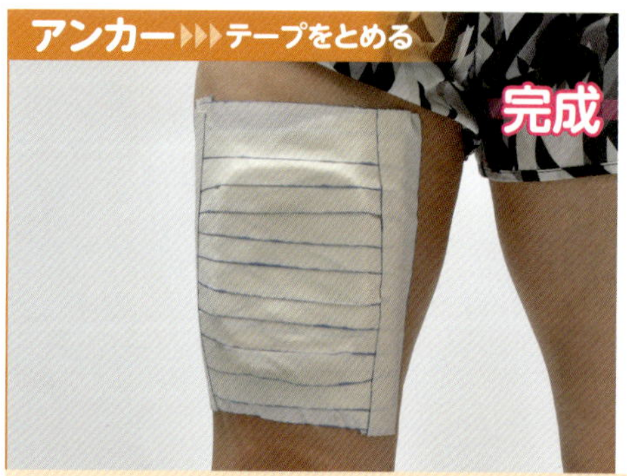


⑥ 水平サポートの両端にアンカーを貼ったら完成

## 症状と対処法

# 患部を圧迫して炎症を最小限に抑える

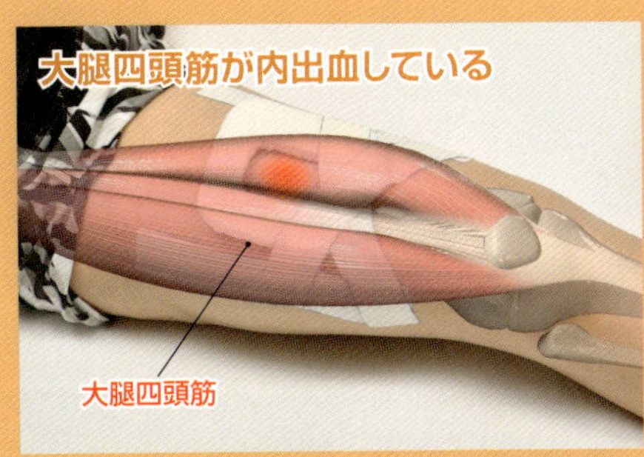


**症 状** 相手選手のひざが、踏み込んで伸張性収縮をしている大腿四頭筋に入ったりすると（打撲）、患部は青色に変色して内出血を起こしやすい。

**対処法** 穴あきパッドを使って患部には直接圧をかけないようにしながら、過剰な筋伸張が起きないように圧迫して固定する。また損傷した筋肉は緩めた状態（力を入れない）で動かさない。

## Xサポート ▶▶▶ 大腿四頭筋を圧迫

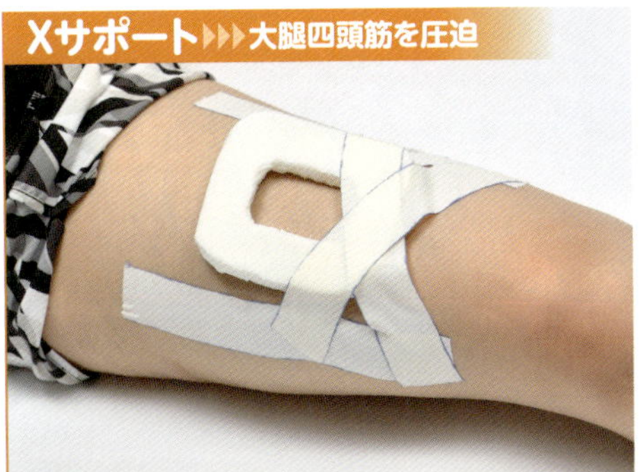

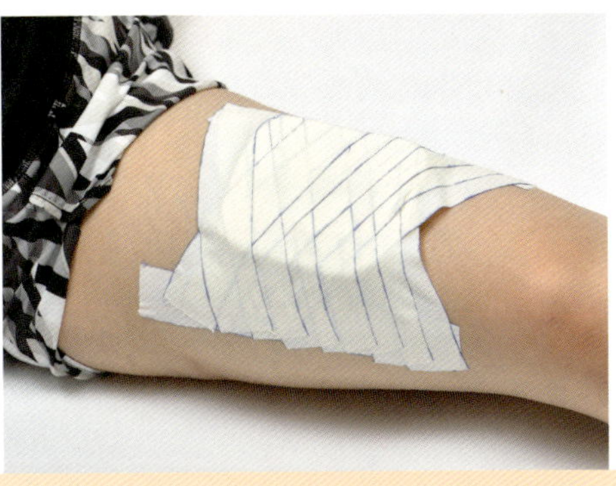

③ クロスするように両サイドのアンカーから斜めに貼っていく

④ 1/2程度ずらしながら穴あきパッドを覆うようにクロスに貼る

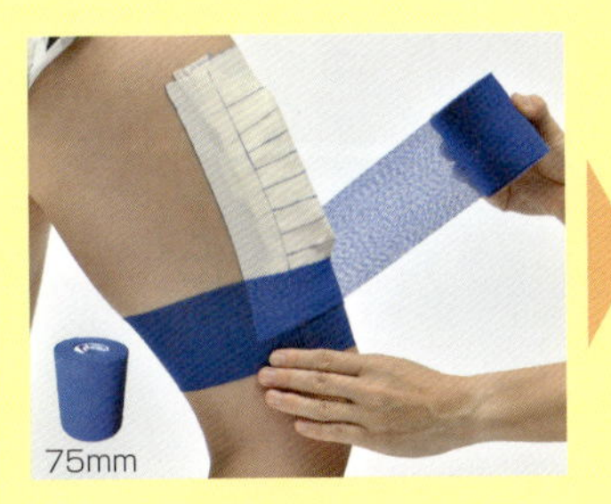


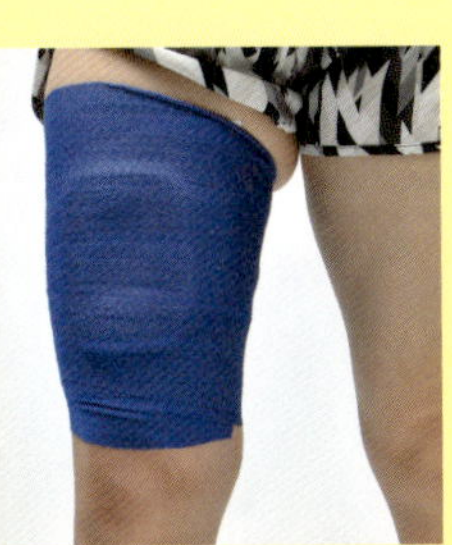

**自着テープでさらに圧迫!**

⑥までの巻き方で患部の圧迫に物足りなさを感じた場合は、さらに自着テープで圧迫しながら巻き上げる。

Column #04

# 休むことも トレーニングである

ここではコラム #02 でも触れた慢性スポーツ障害について、もう少しくわしく解説する。

この障害の共通点には、初期段階ではほとんど痛みがないことが挙げられる。後期や末期になってから痛みが現れる場合が多く、復帰までに長期間のリハビリが必要になるケースもある。

この障害の原因はオーバーユースにある。つまり使いすぎだ。ピッチャーが投球しすぎてひじを痛める、ランナーが走りすぎて足底筋膜を痛める、というように競技特有の動作をくり返しおこなうことで発症することが多い。

しかし初期では痛みはなく、中期で練習後に違和感を抱くようになり、後期になってようやく練習前や日常生活で痛みを感じるようになる。末期では日常生活に不自由を感じるレベルとなり、ここまでくると競技どころではない。

大切な試合が近づくと選手自身は気持ちが高まり、少々の痛みも我慢して練習を続けてしまいがちなので、未然に防ぐためには、その分、周りのスタッフや家族が選手の体調の変化に目を向け、適宜休息を設けられるような環境をつくっておく必要がある。

**慢性スポーツ障害の過程**

| 初期 ▶ | 中期 ▶ | 後期 ▶ | 末期 |
|---|---|---|---|
| 痛みがなく、練習も通常どおりおこなえる | 練習後に違和感を抱く。練習中に痛みを感じることもある | 練習前や日常生活で痛みを感じる | 日常生活で不便を感じるほどに痛む |

# 4章

# 手部のテーピング

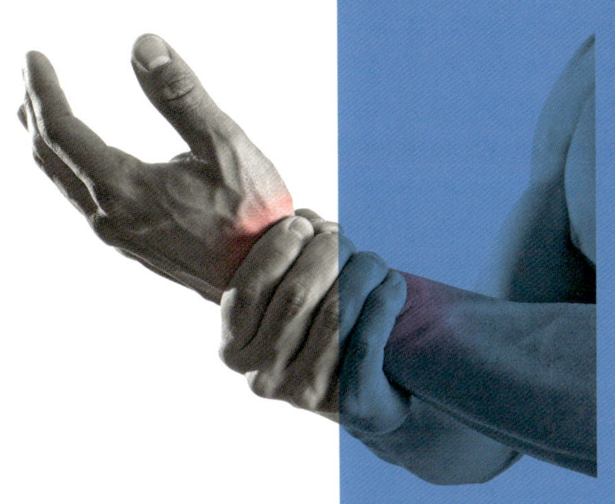

# 手関節の構造

手首から指先にかけては多くの関節で構成されており、その一つひとつが機能することで繊細な指先の動きを可能にしている。

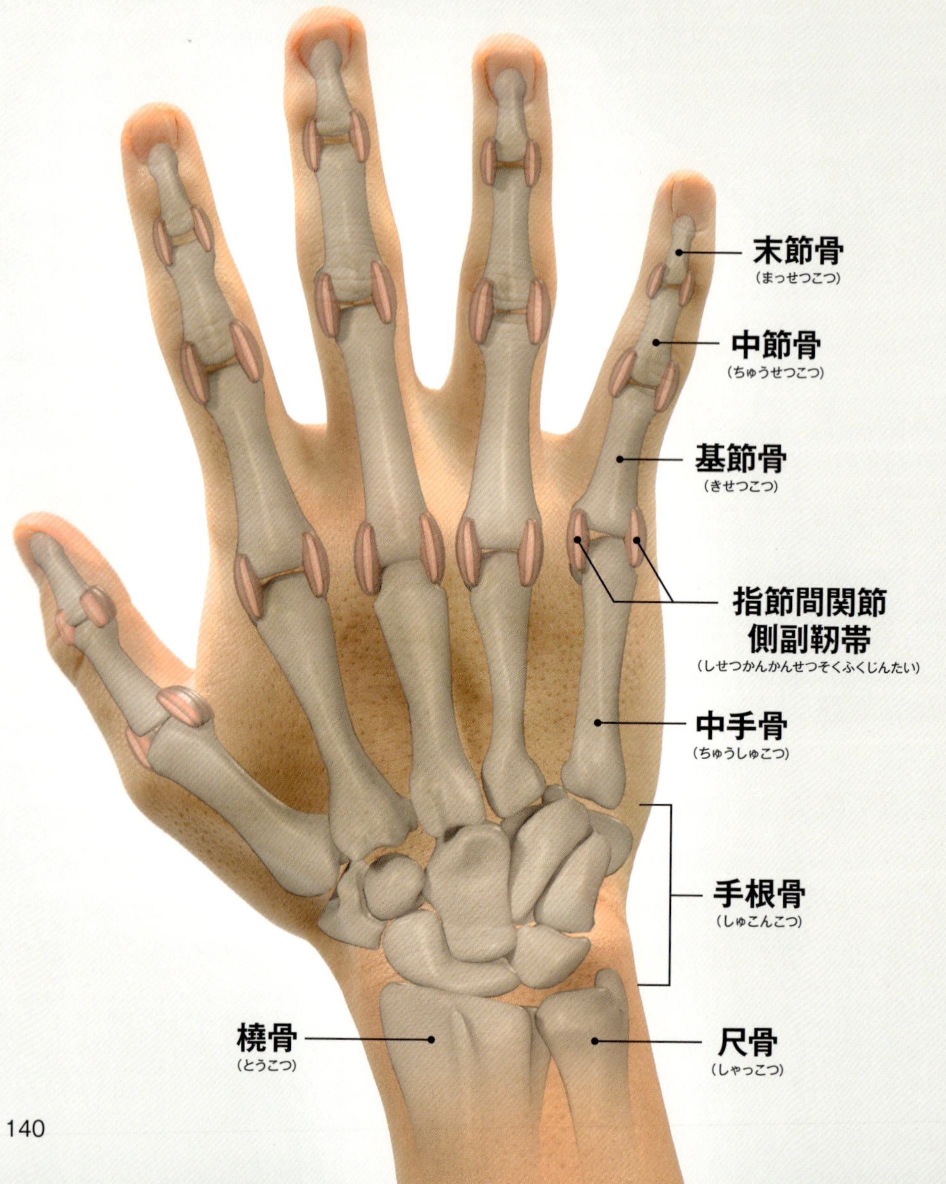

## 《手関節周りの主な筋肉》

手関節の運動に作用する筋肉は主に前腕にあり、屈曲動作で収縮する筋肉を前腕屈筋群、伸展動作で収縮する筋肉を前腕伸筋群と総称する。

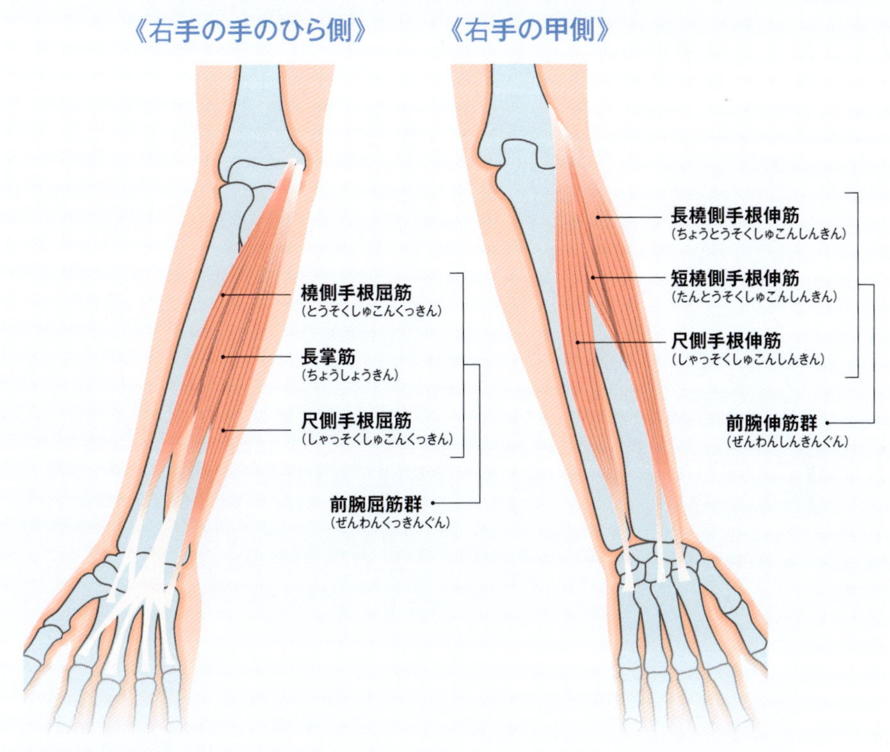


# 小さな組織の集合で構成されている

手関節には多くの小さな骨が集まっている。指は先端から末節骨・中節骨・基節骨によって構成され、甲は中手骨と手根骨から構成されており、骨同士は小さな靭帯で結合されている。手関節の運動には前腕にある筋肉群が作用しており、そこから伸びる細い腱が、手関節を越えて指や甲の骨に付着している。この構造が手関節の細かい運動を可能にしているが、これらの靭帯や腱に過剰な負荷や、かるくても継続的に負荷がかかることで、損傷や炎症を起こすことがある。

# 手関節の動きと作用する筋肉

## 掌屈（しょうくつ）

手首を手のひら側に曲げる動き

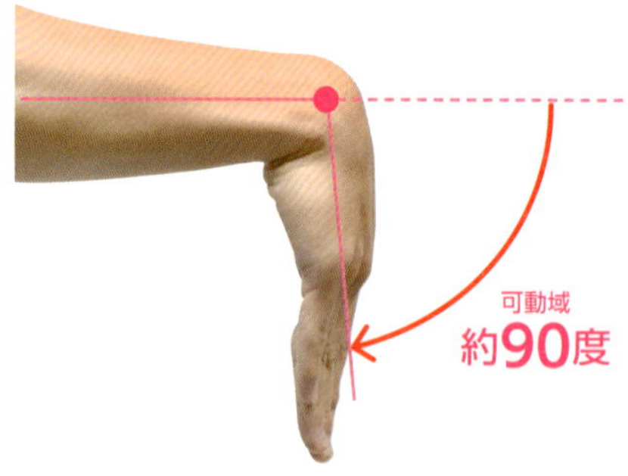


主動筋：前腕屈筋群（ぜんわんくっきんぐん）

## 背屈（はいくつ）

手首を手の甲側に曲げる動き

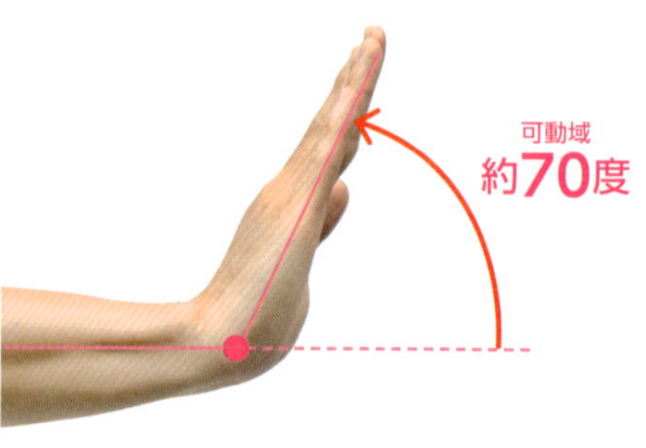


主動筋：前腕伸筋群（ぜんわんしんきんぐん）

## 橈屈（とうくつ）

手首を親指側に曲げる動き

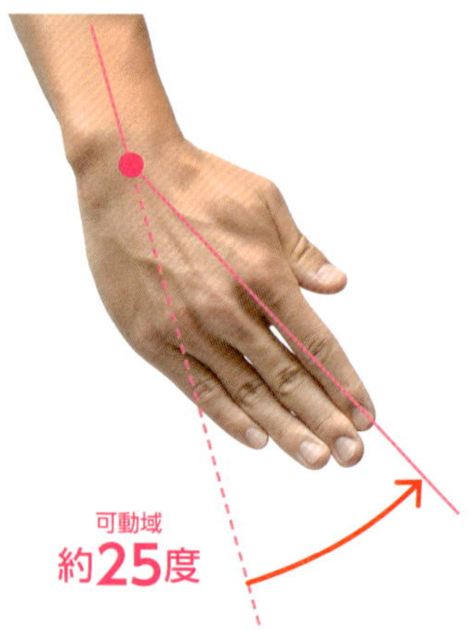


主動筋：橈側手根屈筋（とうそくしゅこんくっきん）
長橈側手根伸筋（ちょうとうそくしゅこんしんきん）

## 尺屈（しゃっくつ）

手首を小指側に曲げる動き

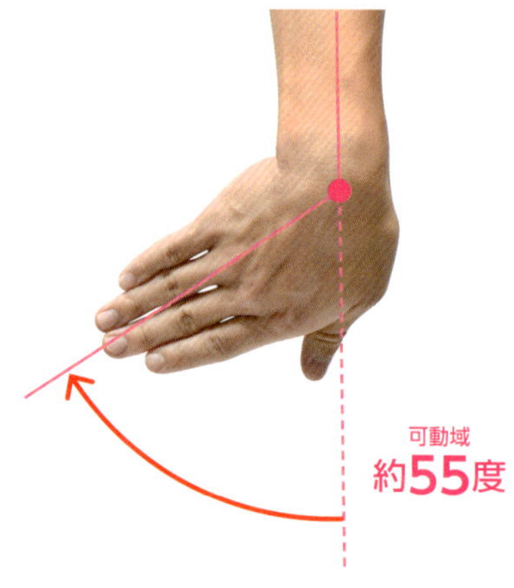


主動筋：尺側手根屈筋（しゃっそくしゅこんくっきん）
尺側手根伸筋（しゃっそくしゅこんしんきん）

# 手関節に起こりやすい外傷・障害

## 手首を反らす・動かすと痛い

手首には多くの靭帯や腱があるため、大きな衝撃が加わり手関節ねんざを起こしたり、くり返し同じ動作をすることで腱鞘炎になることがある。

P.144～149
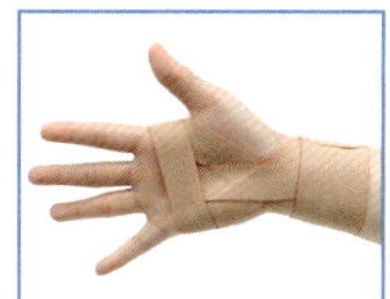

## 手首を小指側に曲げると痛い

手首の小指側には三角線維軟骨複合体（TFCC）という組織があり、何らかの衝撃で損傷すると、手首を小指側に曲げた際に痛むことがある（TFCC 損傷）。

P.150～151
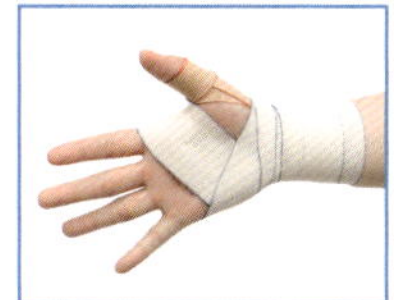

## 親指を曲げると痛い

不意に転倒してとっさに手をついたときなどに、親指つけ根にある靭帯を損傷することがある（母指 MP 関節ねんざ）。

P.152～153
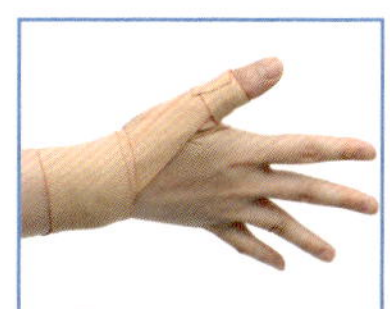

## 親指を伸ばすと痛い

親指を伸ばす動作で痛む場合は、母指 MP 関節、または母指 CM 関節ねんざが疑われる。競技中に相手選手と接触し、過度に親指が開くなどして起こることがある。

P.154～155
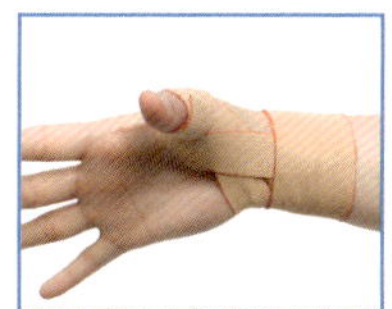

## 指を曲げると痛い

ボールを捕りそこねるなどして伸ばした指にボールが当たると起こりやすい。一般的に突き指とよばれるものがこれに該当する。

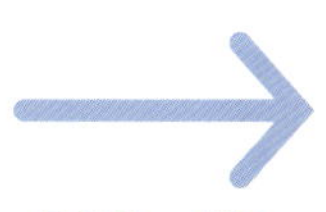
P.156～157
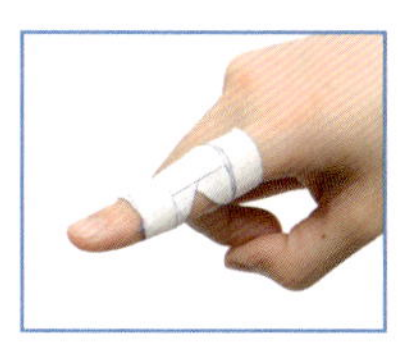

## 指を横に動かすと痛い

指の側面には側副靭帯があり、指の関節を結合している。これが何かのはずみで損傷すると、指を横方向へ動かすと痛みを感じる（指節間関節側副靭帯損傷）。

P.158～159
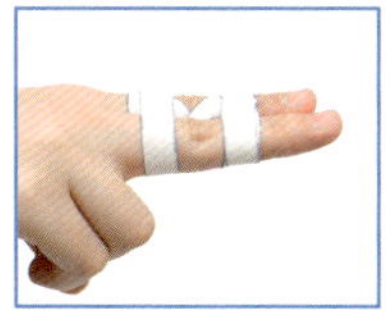

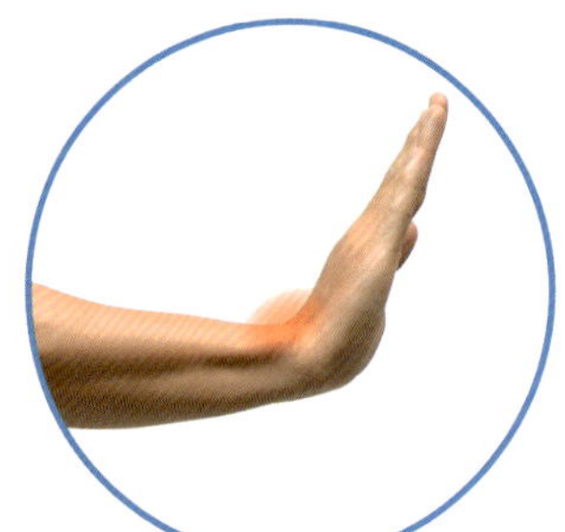

手関節の可動域制限　固定力▶中

# 手首を反らすと痛い1
—手関節ねんざの再発予防—

使うテープ

ハード伸縮テープ 25／50mm

ソフト伸縮テープ 50mm

スタート姿勢

パートナー
腕を伸ばして手をかるく開く

**テーピングの狙い**
手のひら側にX・縦サポートを貼って背屈可動域を制限する

## アンカー ▶▶▶ 土台をつくる

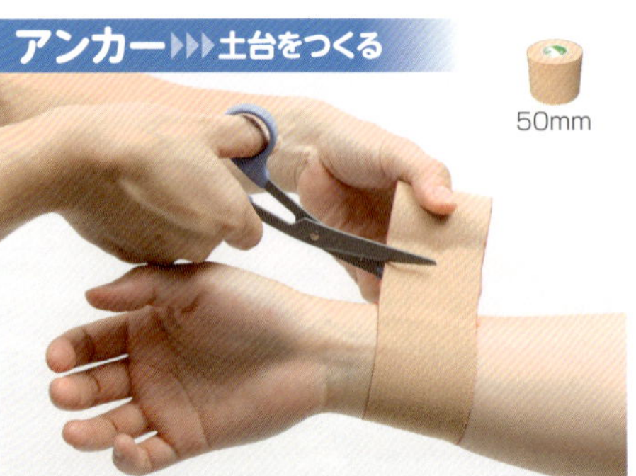


① ハード伸縮50mmで手首にアンカーを巻く

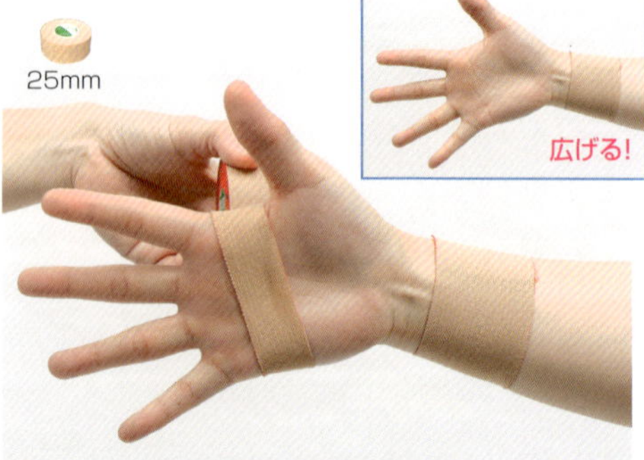


② 手のひらを大きく開き手の幅を広げた状態でハード伸縮25mmでアンカーを巻く

## Xサポート ▶▶▶ 背屈を制限

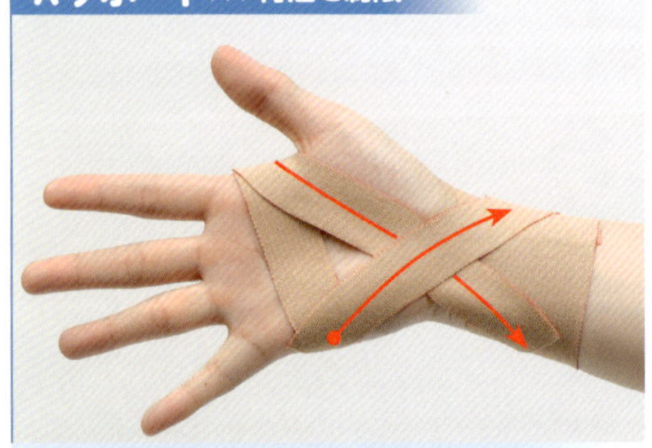

④ 手首を曲げたままハード伸縮25mmでXサポートを貼る

## 縦サポート ▶▶▶ Xサポートを補強

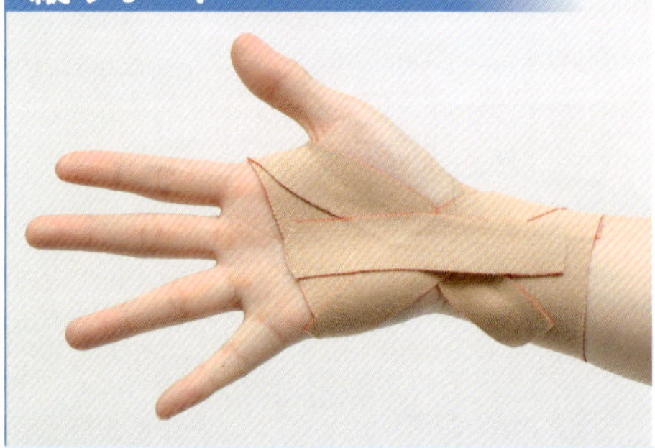

⑤ Xサポートの交点を通るように縦サポートを貼る

症状と対処法

## 手のひらのテープが競技に影響しない人向け

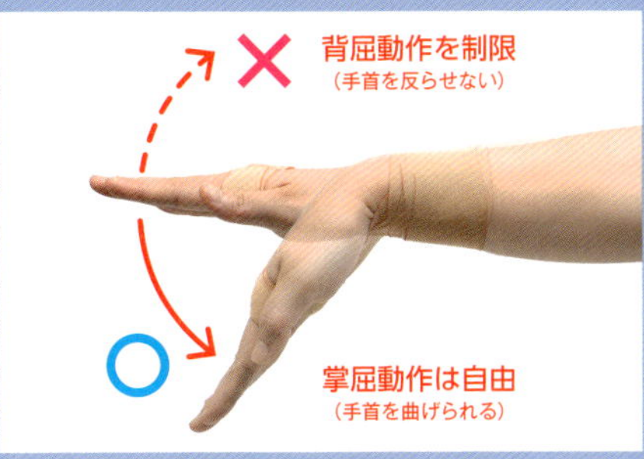


**症 状** とっさに地面に手をつくなどしたときに手関節の靭帯を痛めることがある。手首を反らせる動作で、手の甲側（とくに親指側）が痛む。

**対処法** X・縦サポートで背屈可動域を制限する。手のひらにテープの厚みが出るため、競技の邪魔にならないかを確認しよう。

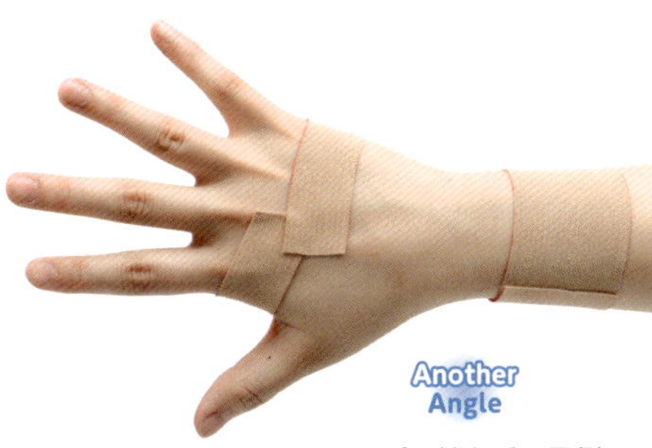


テープの端を手の甲側にするとはがれづらい

手首をかるく曲げる!

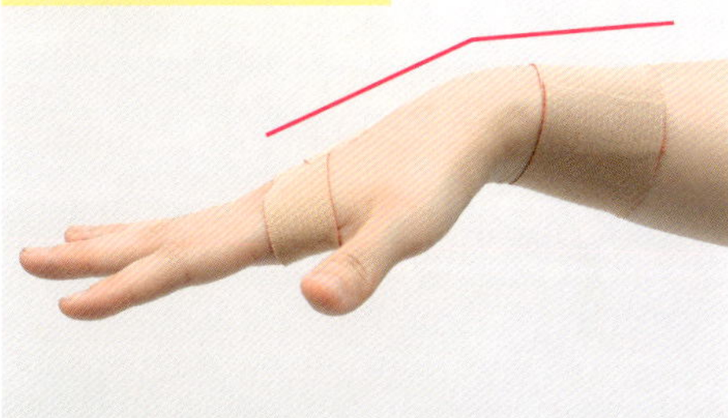

③ 手首を曲げた状態でXサポートと縦サポートを貼ることで、手首の背屈（反らす動き）可動域をさらに制限できる

### アンカー ▶▶▶ テープをとめる

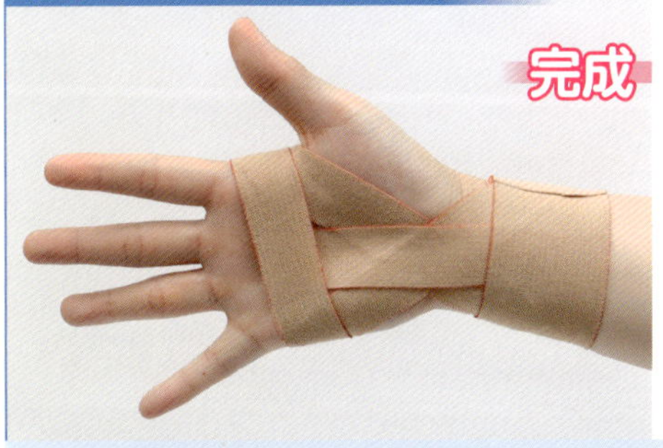


⑥ 手首と手のひらにそれぞれアンカーを巻いたら完成

50mm

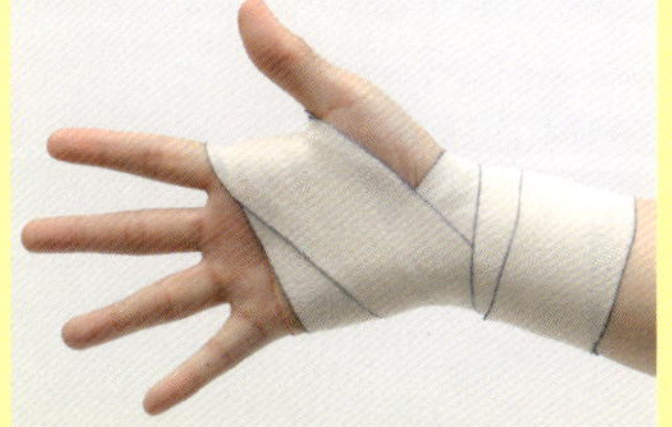

**フィギュアエイトで巻く!**

さらに手関節の背屈可動域に制限をかけたい場合は手首にソフト伸縮テープを巻く（巻き方は次ページ参照）。

手関節の可動域制限　固定力▶弱

# 手首を反らすと痛い2
## ―手関節ねんざの再発予防―

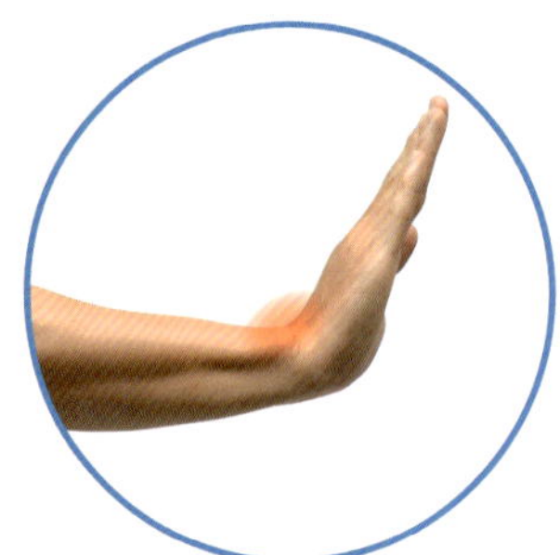

使うテープ

ソフト伸縮テープ 50mm

テーピングの狙い
手のひらへのテープを最小限にとどめる

スタート姿勢

セルフ
ひじを曲げて手を身体の前でかるく開く

パートナー
腕を伸ばして手をかるく開く

① 手の甲側の手首を始点に斜めに巻きはじめる

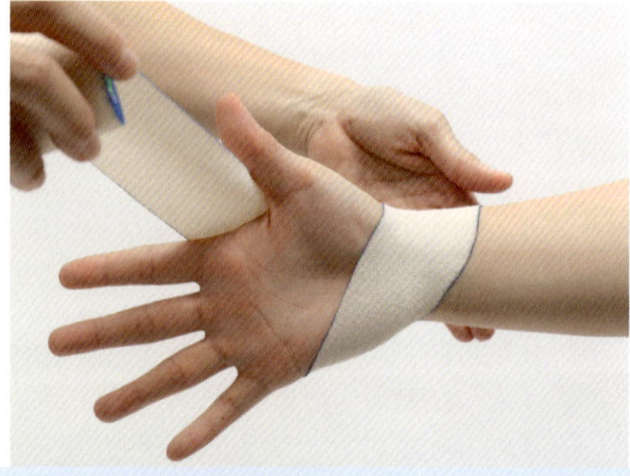

② 手の甲を斜めに横断するように貼る

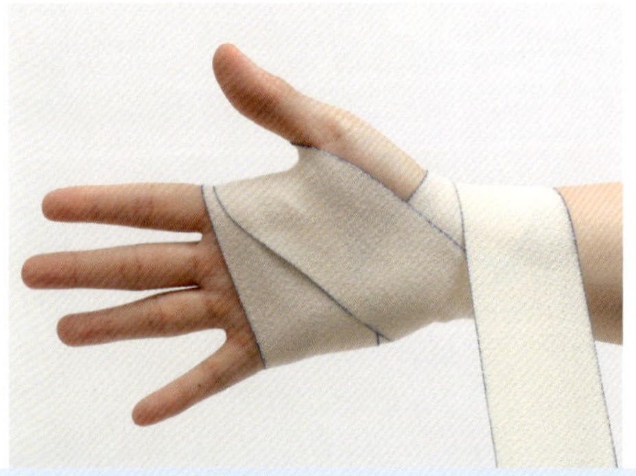

⑤ 手首を1～2周巻く

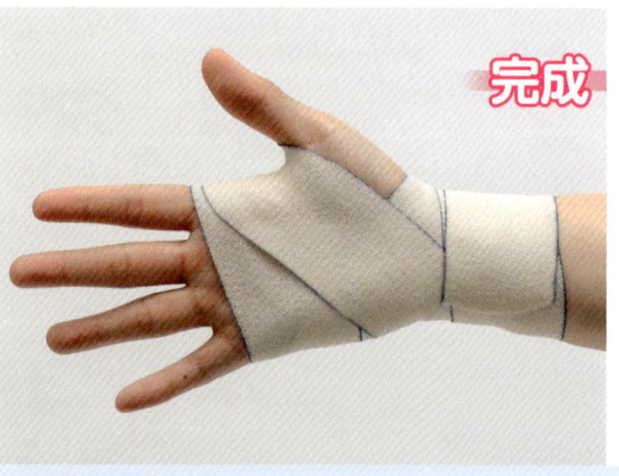


⑥ 手首でテープをとめたら完成

症状と対処法

# テープを巻く量をできるだけ減らしたい

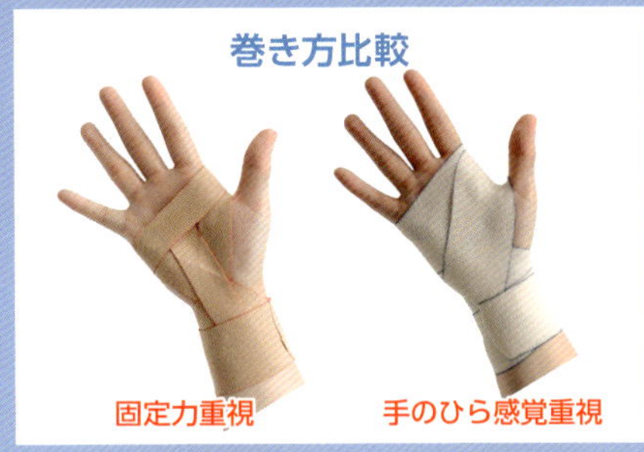


**症 状** 手関節の靭帯を損傷したが（手関節ねんざ）、ハンドボールやラグビーなどの競技では手のひらの感覚が大切であり、あまりテープを巻きたくない。

**対処法** ソフト伸縮テープ１本で巻き上げることで固定力を保ちながら、手のひらへのテープの厚みを最小限にとどめる。

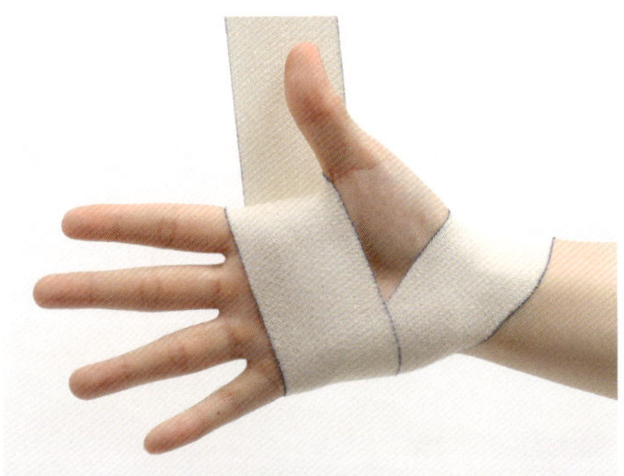

③ 手のひらを1周させる

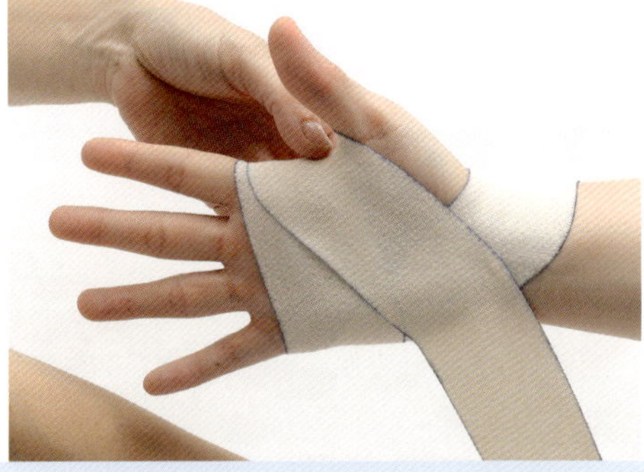

④ 手のひらを斜めに横断して手首へ向かう

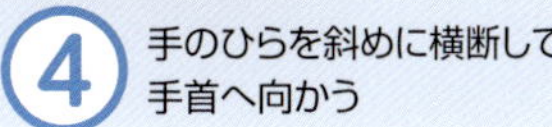

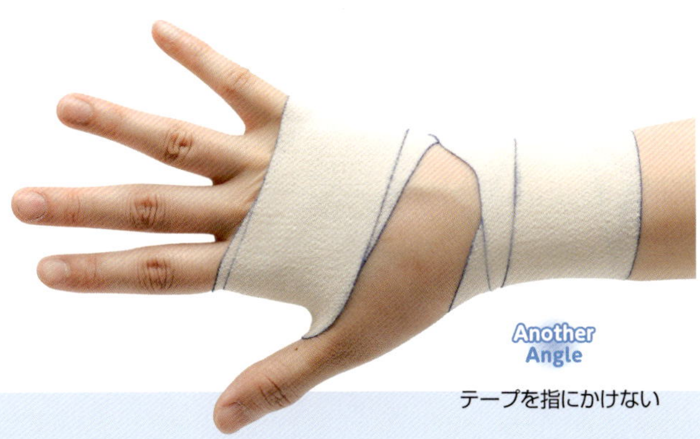

Another Angle

テープを指にかけない

手関節の可動域制限　固定力▶弱

# 手首を動かすと痛い
―手関節腱鞘炎の再発予防―

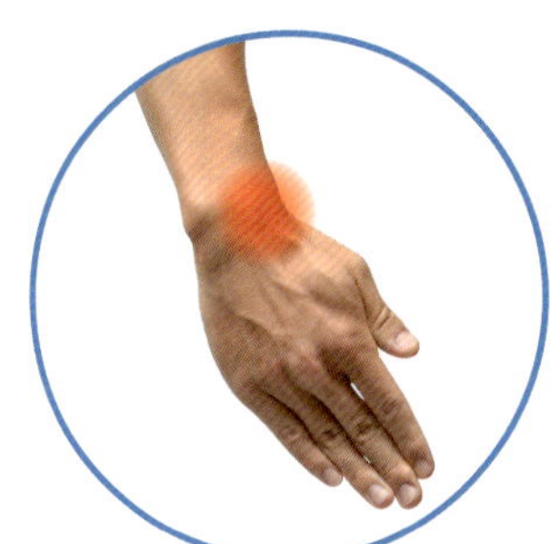

使うテープ

ハード伸縮テープ 25mm

ソフト伸縮テープ 50mm

自着テープ 50mm

親指のつけ根から手首にかけて巻き
手首の親指側への動きを制限する

スタート姿勢

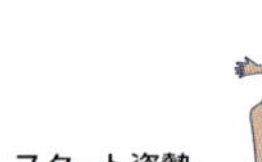

パートナー
ひじを曲げて手を
かるく開く

## アンカー ▶▶▶ 土台をつくる

25mm

① 親指にアンカーを巻く

## Xサポート ▶▶▶ 橈屈を制限

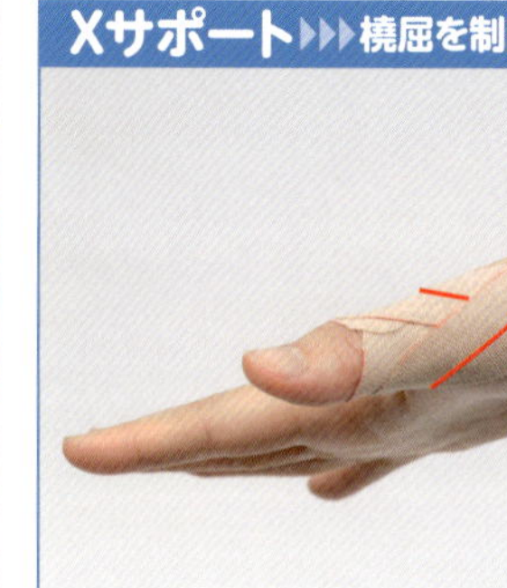

② 痛みのある親指のつけ根に交点がくるようにXサポートを貼る

## アンカー ▶▶▶ テープをとめる

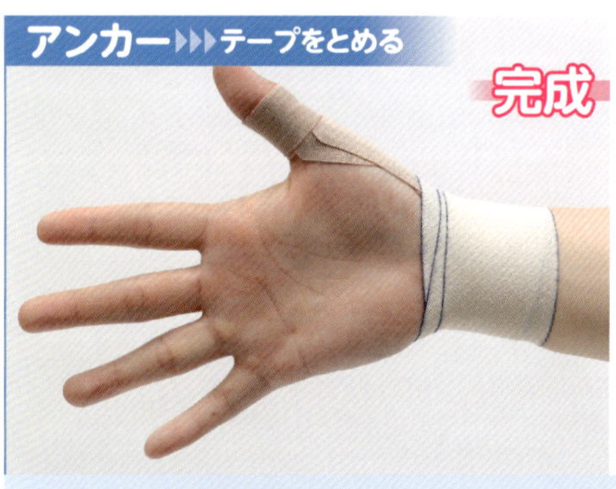


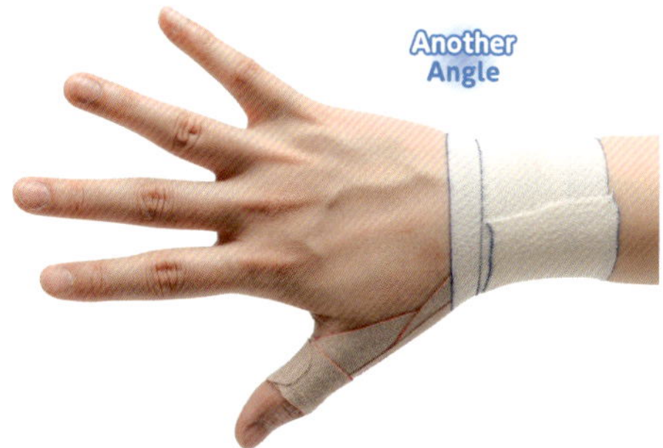


⑤ 2～3周巻き、親指にアンカーを巻いたら完成

症状と対処法

## 親指側に大きく動かないように制限する

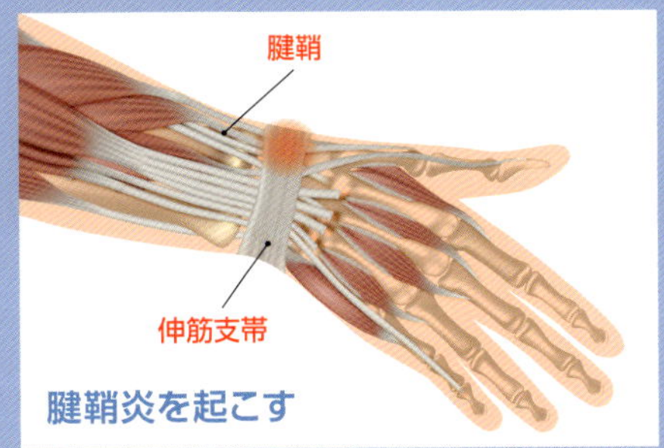


**症 状** 指には多くの腱が走っている。それらの腱は腱鞘というトンネルのような組織に守られており、手首のあたりでバンド状の帯で束ねられている。指をくり返し動かすことで、束ねられた部分のとくに親指側で腱が炎症を起こすことがある（手関節腱鞘炎）。

**対処法** 親指つけ根にX・縦サポートを貼って手関節の可動域を適度に制限する。

### 縦サポート ▶▶▶ Xサポートを補強

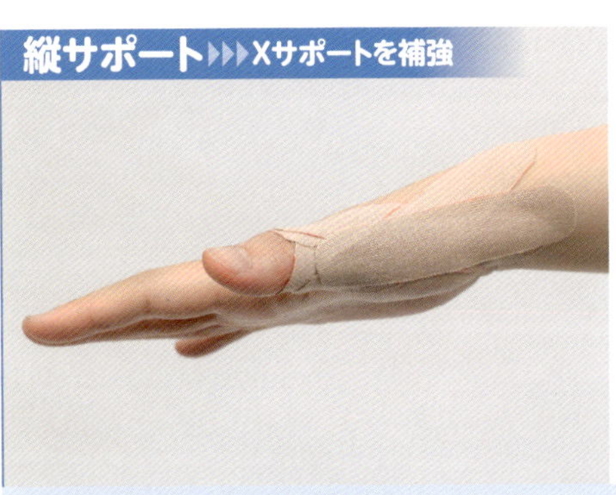

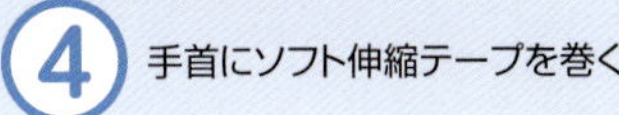


③ Xサポートの交点を通るように縦サポートを貼る

④ 手首にソフト伸縮テープを巻く

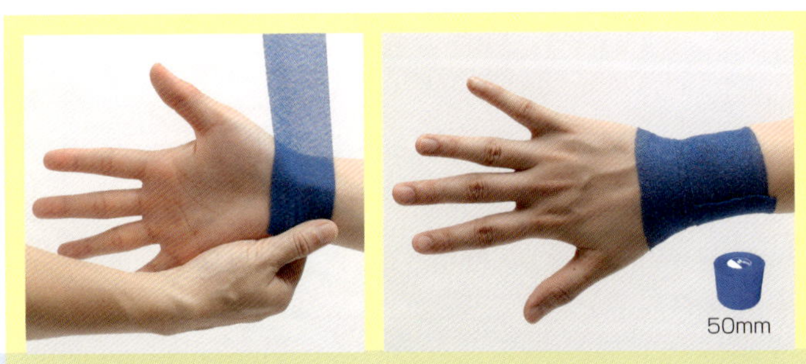


現場の技

**自着テープだけでもOK!**

手首を中心に自着テープをぐるぐる巻くだけでも手関節の可動域がある程度制限されるので、痛みが弱い人や指にテープを巻くと競技に影響するような人は、この巻き方も試してみよう。

手関節の可動域制限　固定力▶弱

# 手首を小指側に曲げると痛い

―TFCC損傷の再発予防―

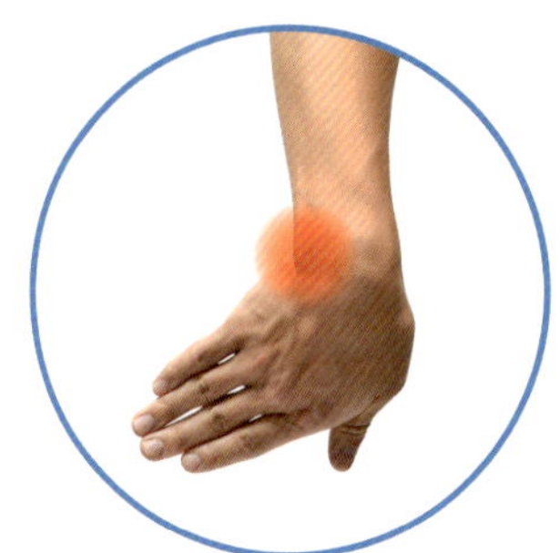

使うテープ

ハード伸縮テープ 25mm

ソフト伸縮テープ 50mm

テーピングの狙い

親指から手首のX･縦サポートで手首が小指側に動くことを制限する

スタート姿勢

パートナー
ひじを曲げて手をかるく開く

## アンカー▶▶▶土台をつくる

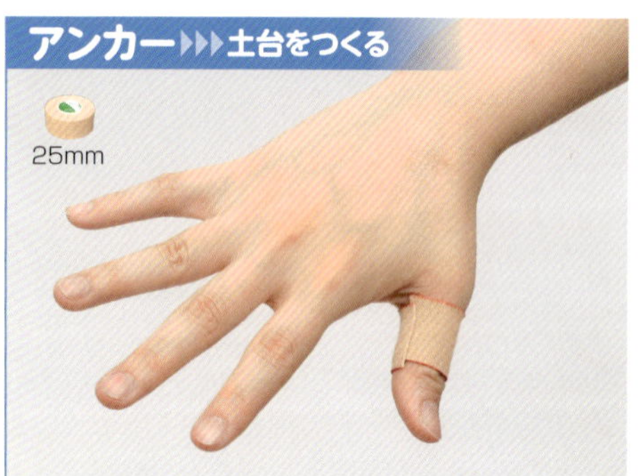


① 親指にアンカーを巻く

## Xサポート▶▶▶尺屈を制限

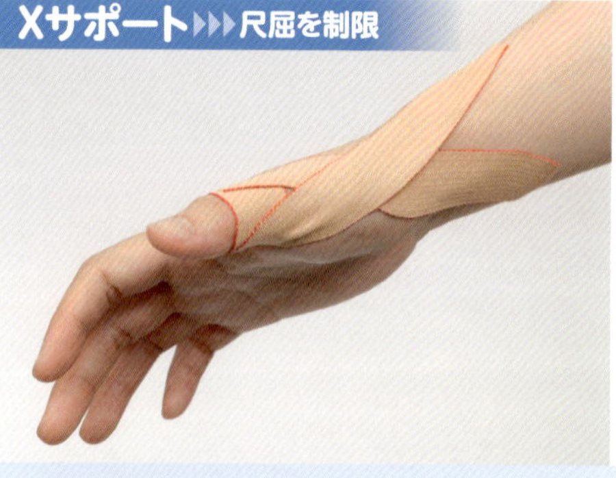

② 親指のつけ根に交点がくるように Xサポートを貼る

## アンカー▶▶▶テープをとめる

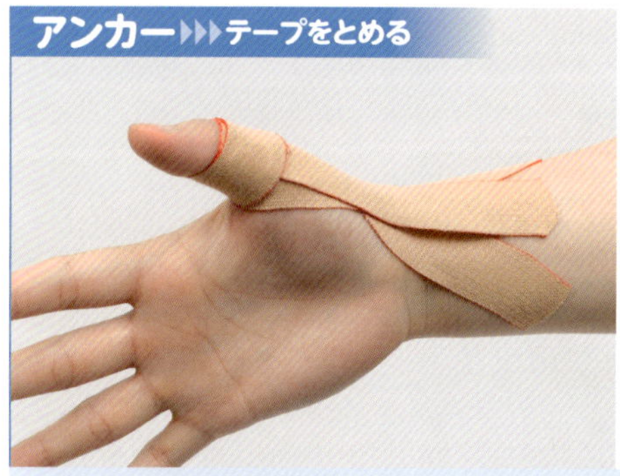

④ 親指にアンカーを巻く

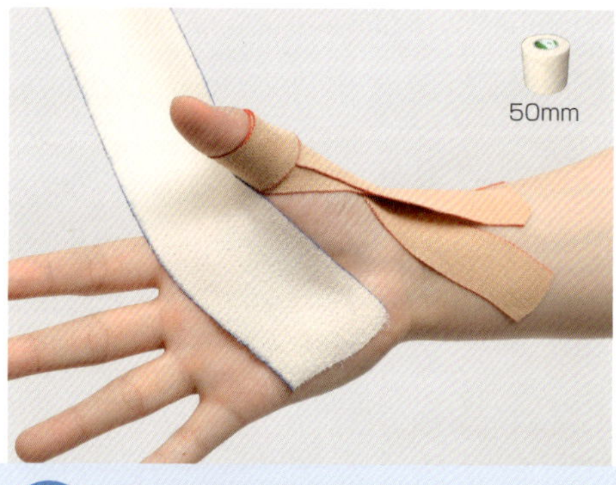


⑤ 手のひらを横断するように ソフト伸縮テープを貼る

症状と対処法

## 手首が小指側に動かないように制限する

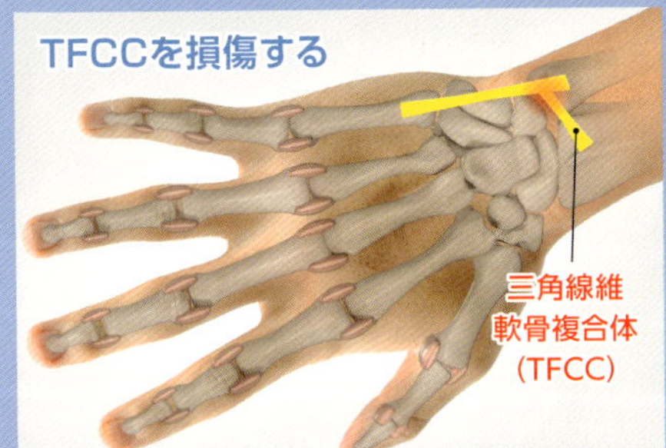


**症 状** 手首の小指側には、手関節の動作を円滑にするための三角線維軟骨複合体（TFCC）という組織があるが、地面に手をつくなどして、ここに急な衝撃が加わると損傷することがある。

**対処法** 親指のつけ根を中心に、X・縦サポートなどで手首の動きを適度に制限する。

### 縦サポート ▶▶▶ Xサポートを補強

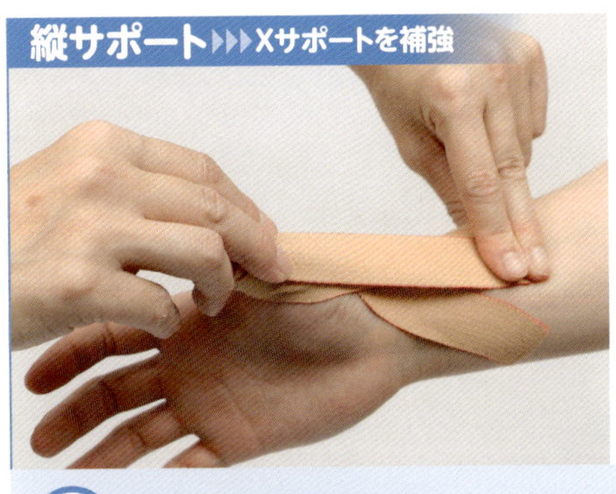

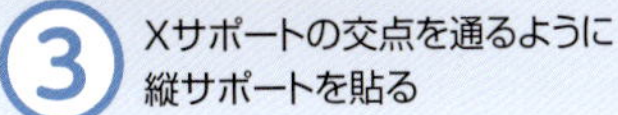

③ Xサポートの交点を通るように縦サポートを貼る

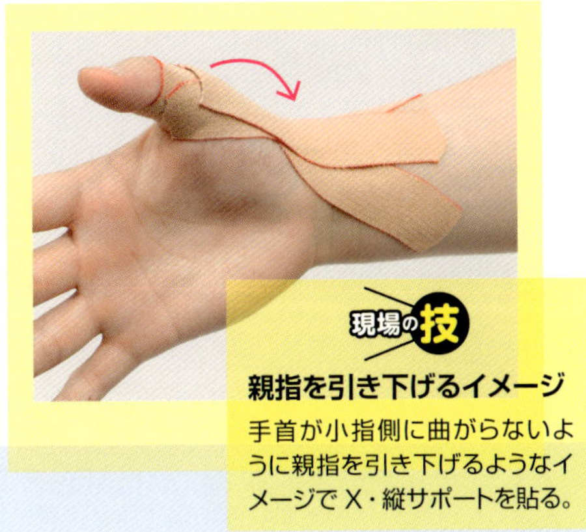

現場の技

**親指を引き下げるイメージ**

手首が小指側に曲がらないように親指を引き下げるようなイメージでX・縦サポートを貼る。

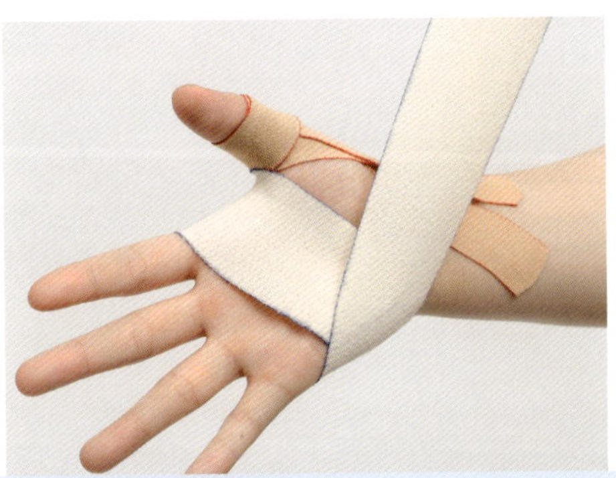

⑥ 手の甲から1周させて手首側へ引っ張る

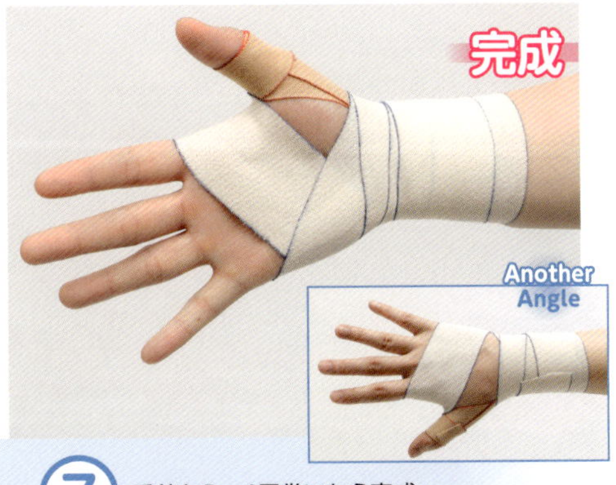


⑦ 手首を3～4周巻いたら完成

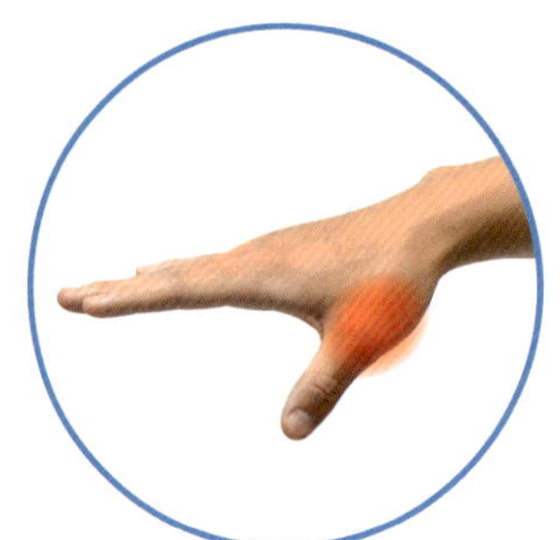

親指の可動域制限　固定力▶弱

# 親指を曲げると痛い

―母指 MP関節ねんざの再発予防―

使うテープ   ハード伸縮テープ 25／50mm

スタート姿勢 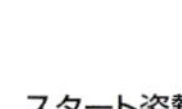 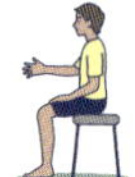

**パートナー**
ひじを曲げて手をかるく開く

**テーピングの狙い**

親指にX･縦サポートを貼り、屈曲可動域を制限する

## アンカー▶▶▶土台をつくる

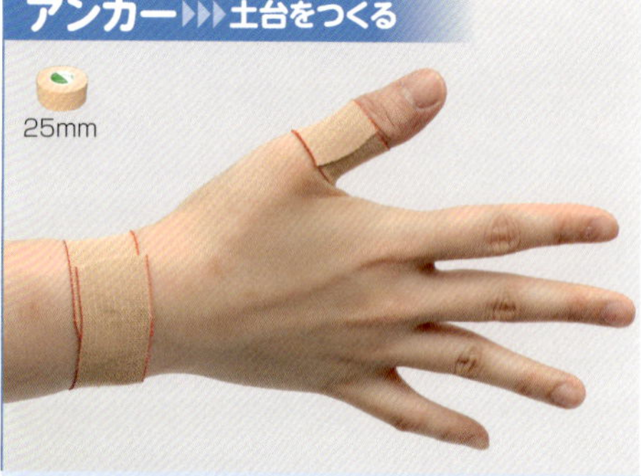


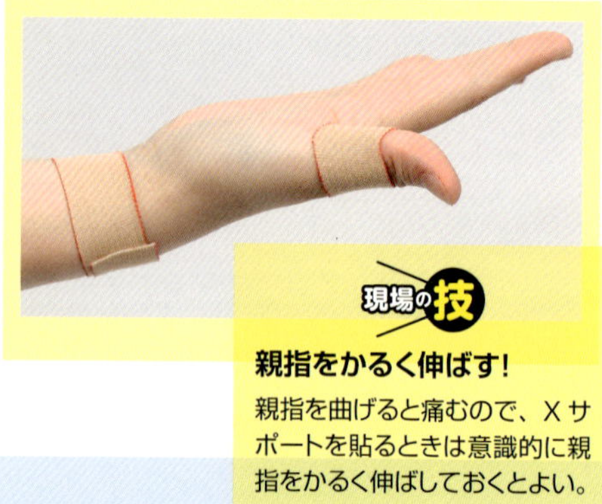

**現場の技**

**親指をかるく伸ばす!**

親指を曲げると痛むので、Xサポートを貼るときは意識的に親指をかるく伸ばしておくとよい。

① 親指と手首にアンカーを巻く

## 縦サポート▶▶▶Xサポートを補強

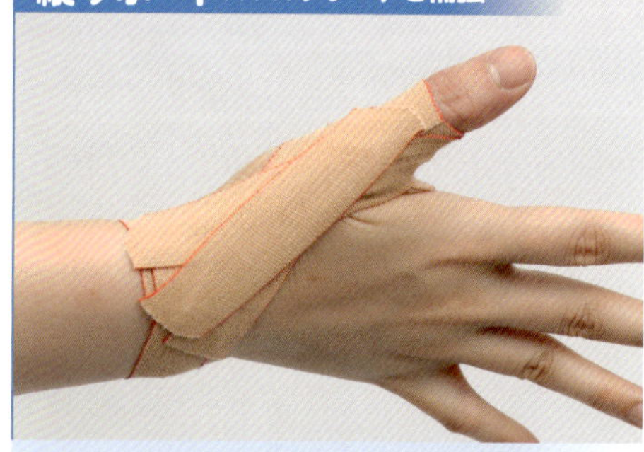

④ Xサポートの交点を通るように縦サポートを貼る

## アンカー▶▶▶テープをとめる

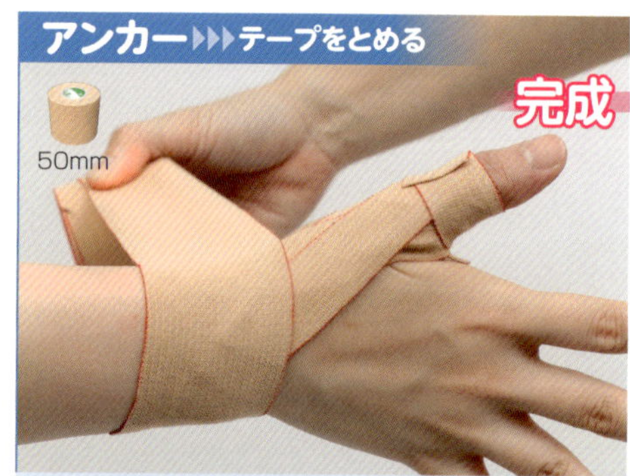


⑤ 親指と手首にアンカーを巻いたら完成

症状と対処法

## 親指の屈曲可動域を適度に制限する

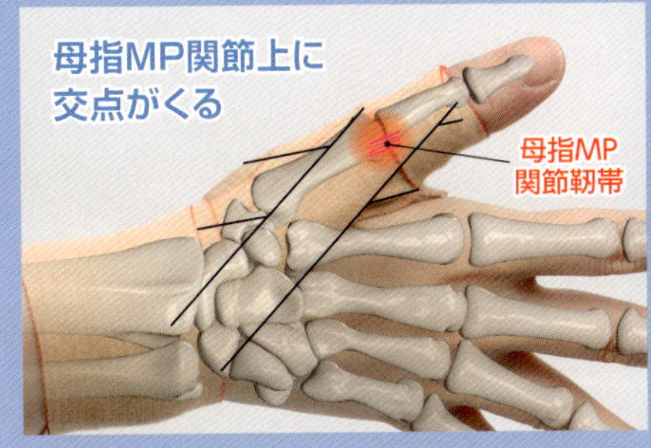


**症 状** MP関節ねんざとは、指のつけ根にある関節の靭帯を損傷することであり、親指の場合はとくに、人と接触して指が巻き込まれたり、突き指などによって受傷することが多い。

**対処法** 母指MP関節に交点がくるようにX・縦サポートを貼り、手首にアンカーを巻き、親指が曲がらないように制限をかける。

### Xサポート ▶▶▶ 親指の屈曲を制限

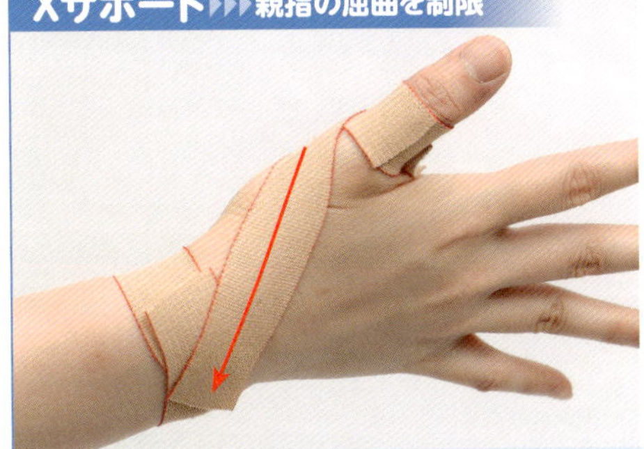

② 親指のアンカーから手首のアンカーへXサポートを貼る

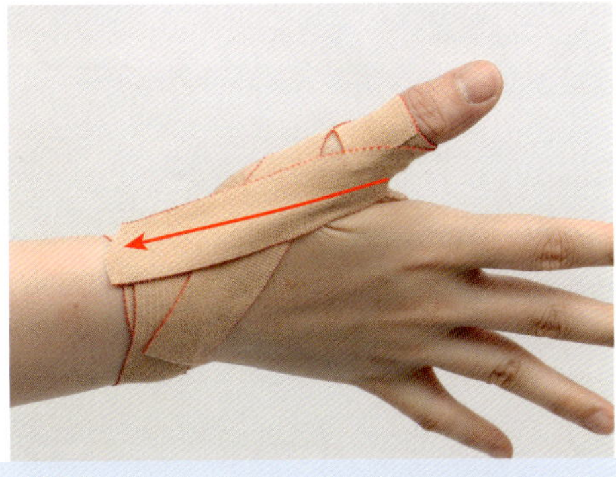

③ 親指のMP関節上に交点がくるように貼る

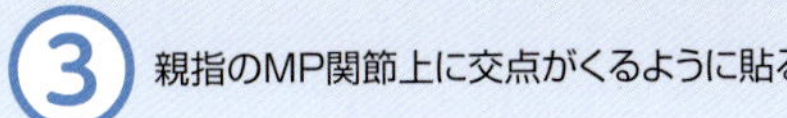

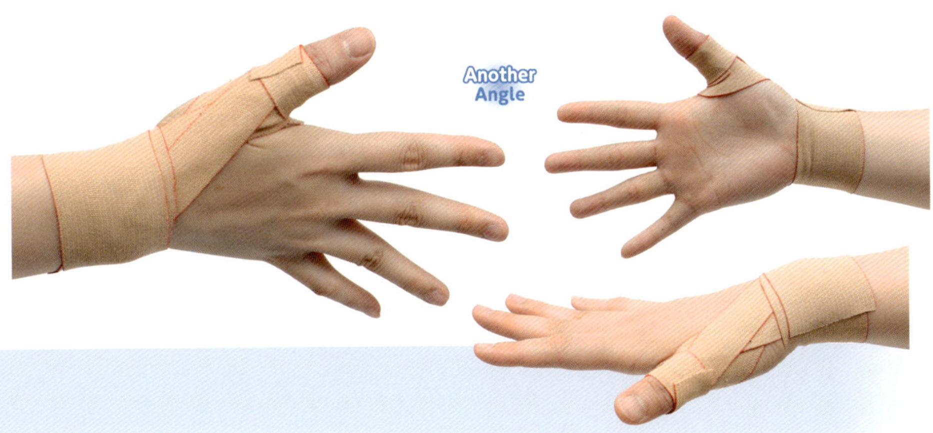

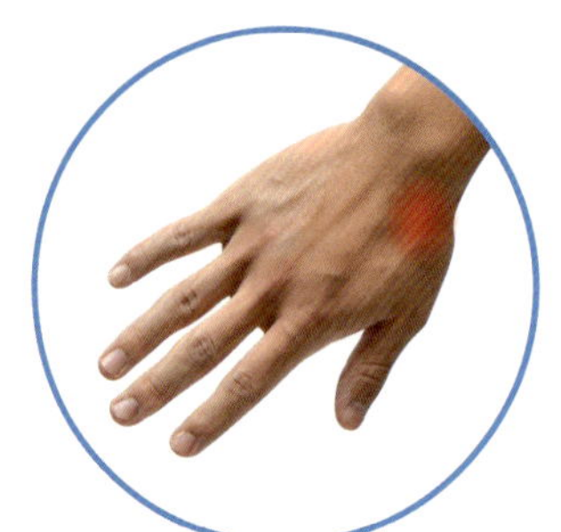

親指の可動域制限　固定力▶弱

# 親指を伸ばすと痛い

—母指CM関節ねんざの再発予防—

使うテープ

ハード伸縮テープ 25／50mm

スタート姿勢

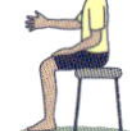

パートナー
ひじを曲げて手をかるく開く

手のひら側の親指つけ根にXサポートを貼り、親指の伸展可動域を制限する

## アンカー▶▶▶土台をつくる

25mm

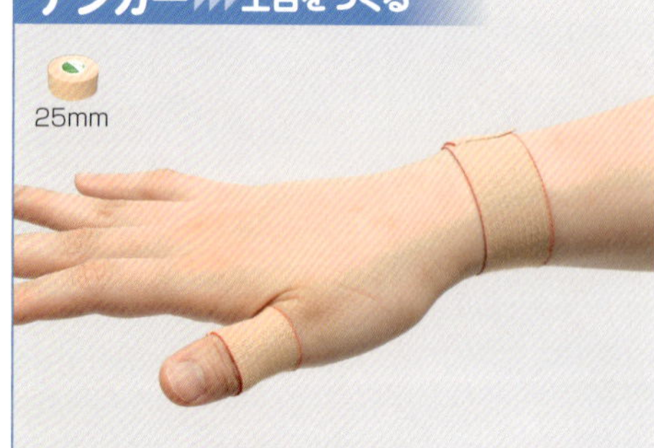

① 親指と手首にアンカーを巻く

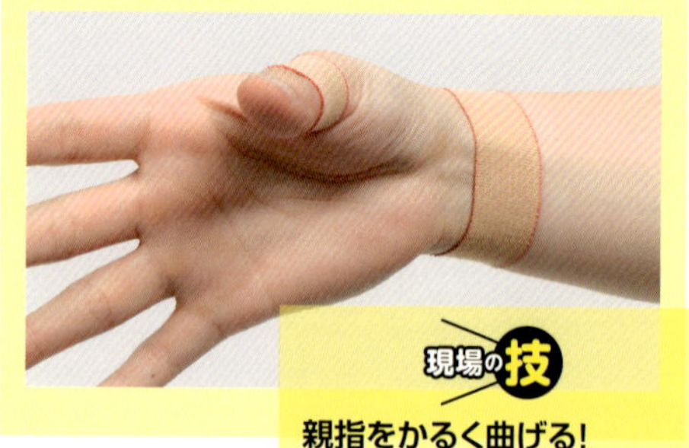

現場の技

**親指をかるく曲げる！**

親指を伸ばすと痛むので、Xサポートを貼るときは意識的に親指をかるく曲げておくとよい。

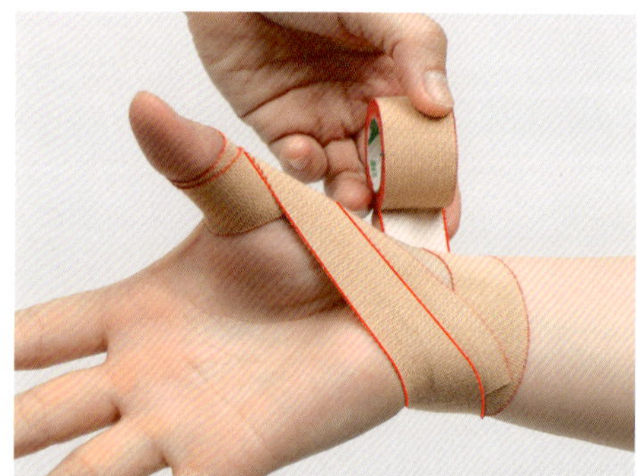

④ 2本目は手首の甲側でとめる

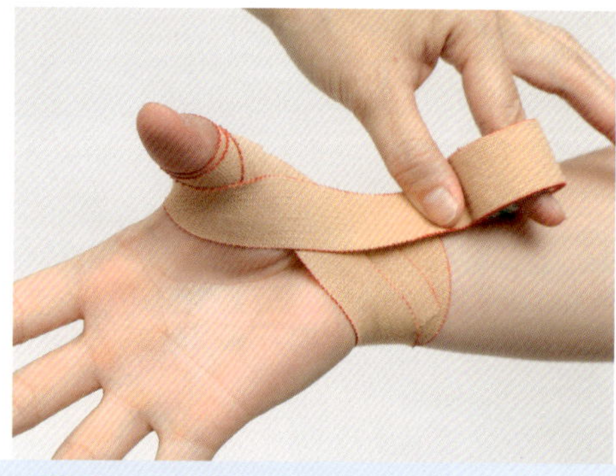

⑤ 負傷した母指CM関節上に交点がくるようにXサポートを1本だけ貼る

症状と対処法

## 親指の伸展可動域を適度に制限する

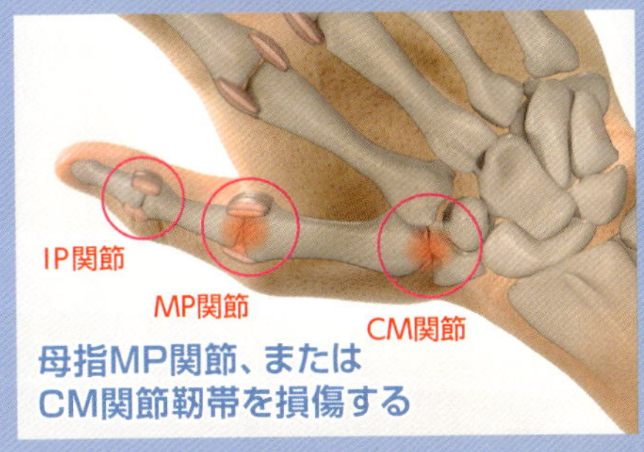


**症 状** 対人プレーで親指が過度に開いたりすると、母指 MP 関節、または母指 CM 関節の靭帯を損傷することがあり、親指を伸ばすとつけ根が痛む。

**対処法** 手のひら側の負傷している母指 MP 関節、または母指 CM 関節上に交点がくるように X サポートを貼り、手首にアンカーを巻く。

### Xサポート ▶▶▶ 親指の伸展を制限

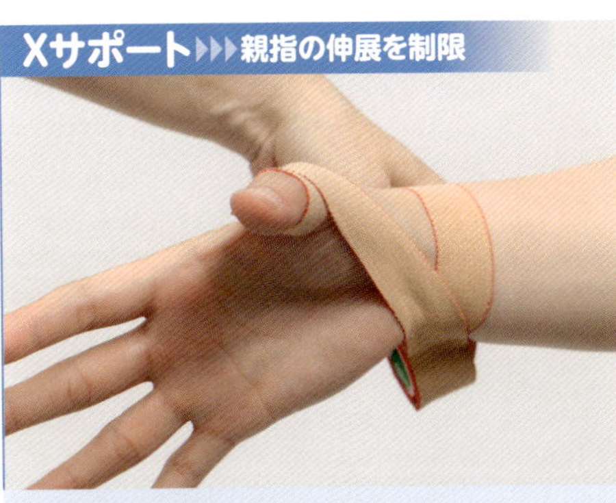

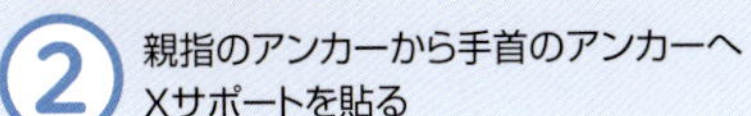

② 親指のアンカーから手首のアンカーへXサポートを貼る

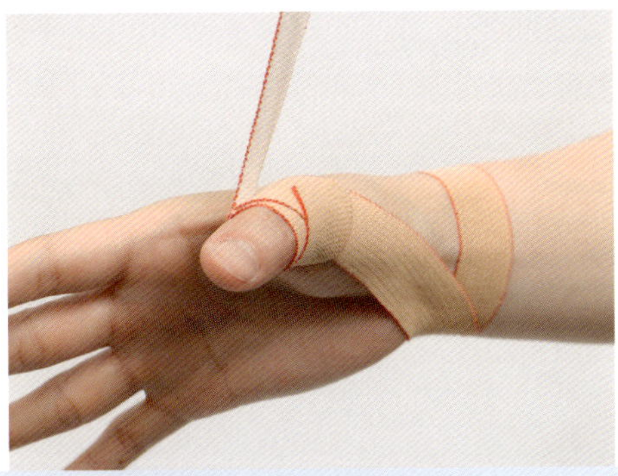

③ 親指の伸展を確実に制限するために1/2ほどずらしてもう1本貼る

### アンカー ▶▶▶ テープをとめる

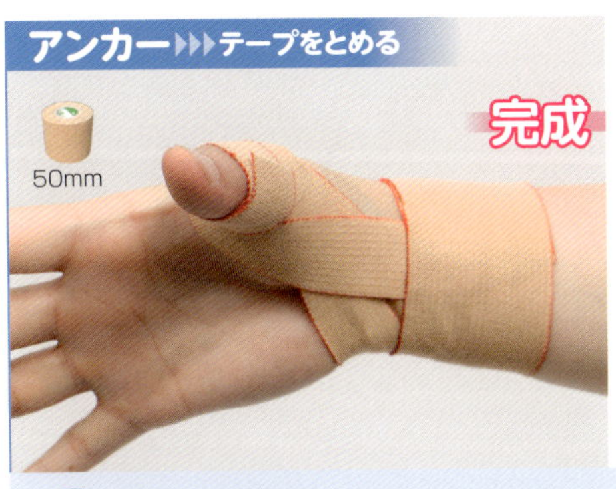


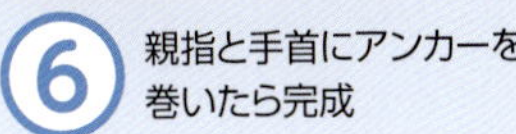

⑥ 親指と手首にアンカーを巻いたら完成

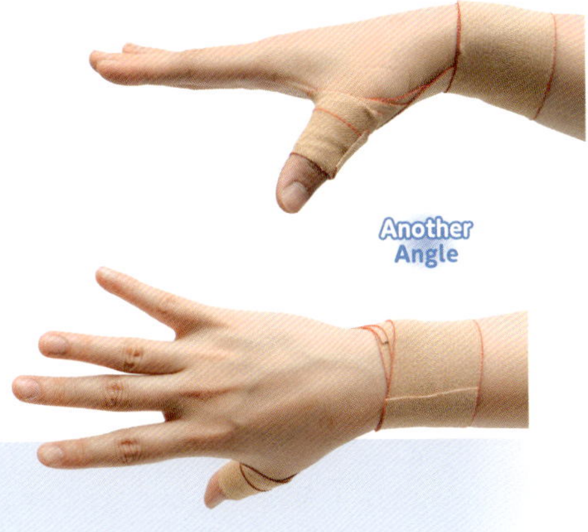

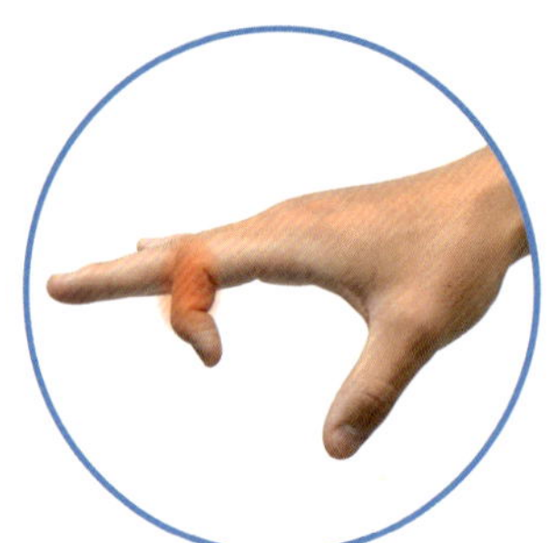

指の可動域制限　固定力▶中

# 指を曲げると痛い

—突き指の再発予防—

指が曲がらないようにX･縦サポートを貼り屈曲可動域を制限する

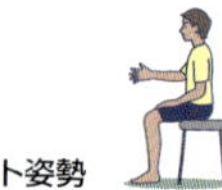


## アンカー▶▶▶土台をつくる

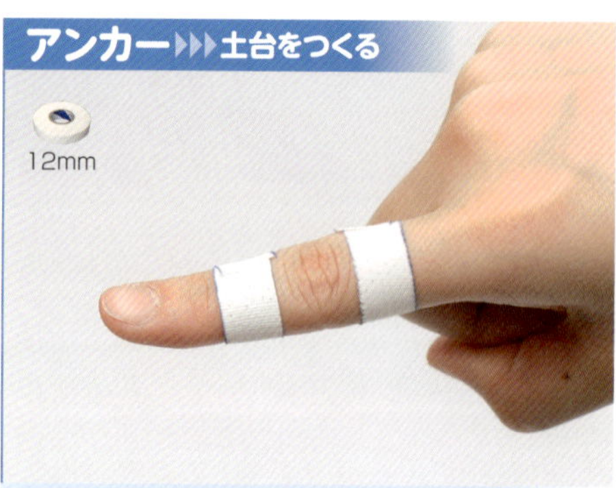


① 負傷した関節を挟むようにアンカーを2本巻く

## Xサポート▶▶▶指の屈曲を制限

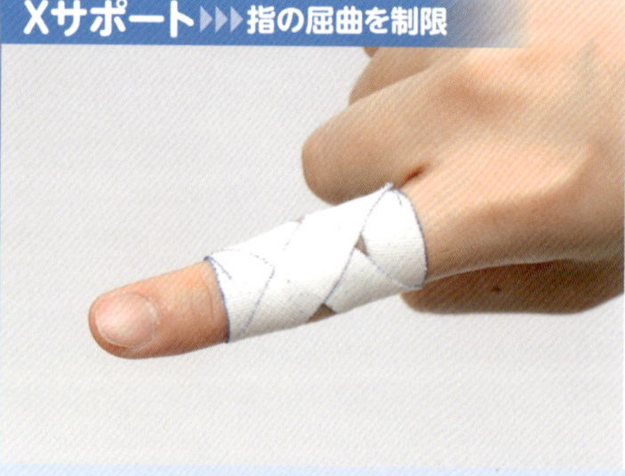

② 指の屈曲を制限するため関節に交点がくるように Xサポートを貼る

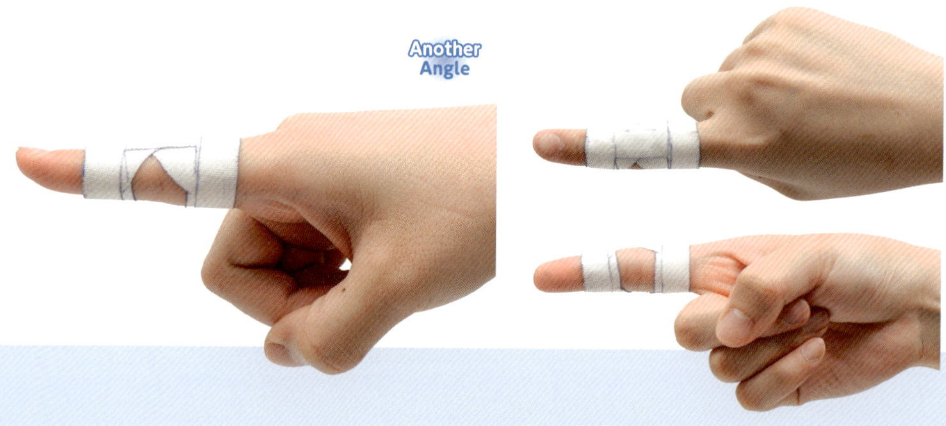

症状と対処法

# 突き指予防のために指を固定する

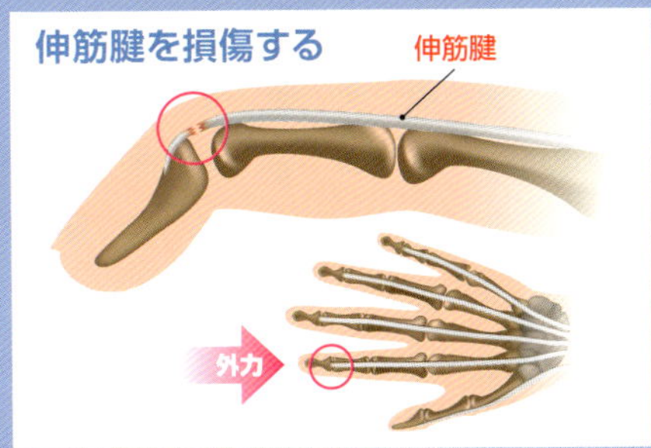


**症 状** バスケットボールなどで向かってくるボールを捕りそこねて、伸ばした指に対して垂直に当たると、その指の伸筋腱が損傷することがある。俗にいう突き指がこれに当たる。

**対処法** 指が曲がらないように、手の甲側からX・縦サポートを貼り制限をかける。

## 縦サポート ▶▶▶ Xサポートを補強

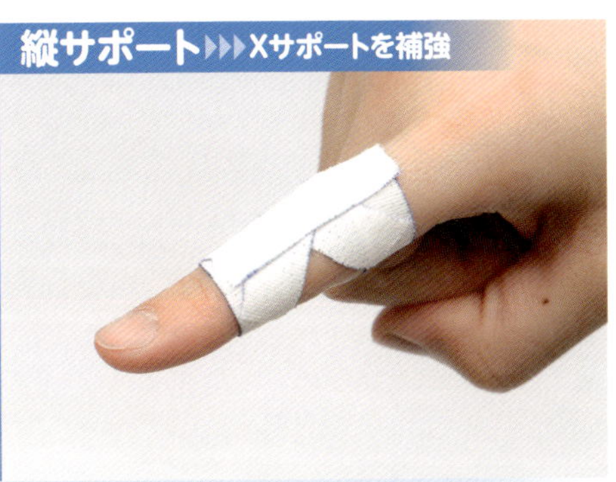

③ Xサポートの交点を通るように縦サポートを貼る

## アンカー ▶▶▶ テープをとめる

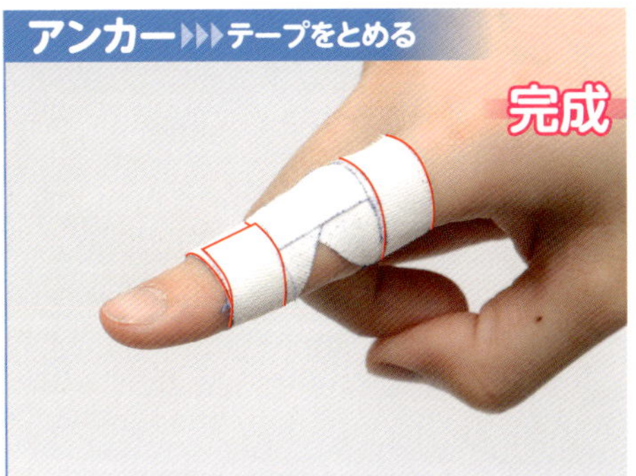


④ 再びアンカーを巻いたら完成

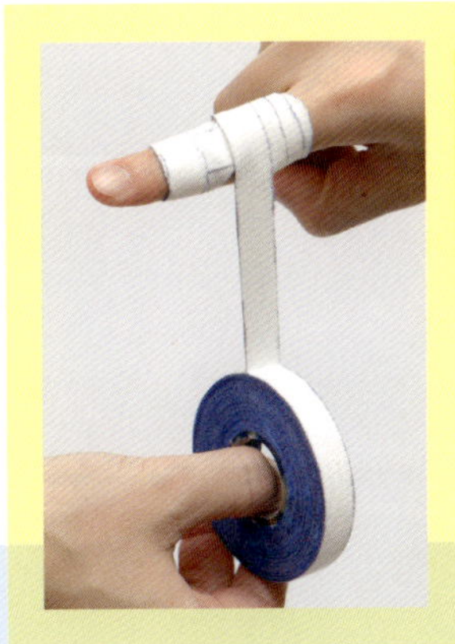

### ぐるぐる巻きで固定力アップ!

指の固定力を高めたい人や指が曲がらなくても競技に支障がない人は、さらに非伸縮テープ12mmで指をぐるぐる巻きにしてみよう。

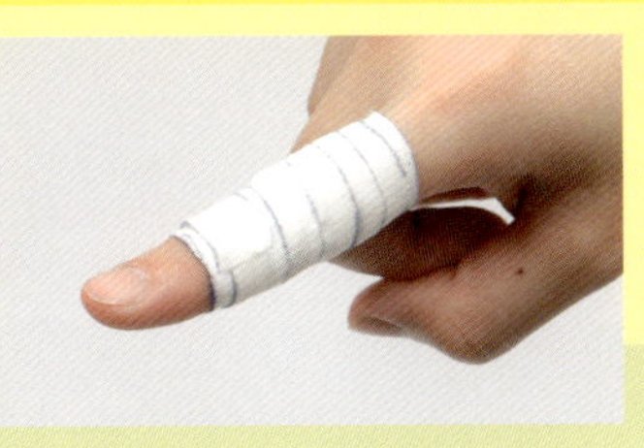

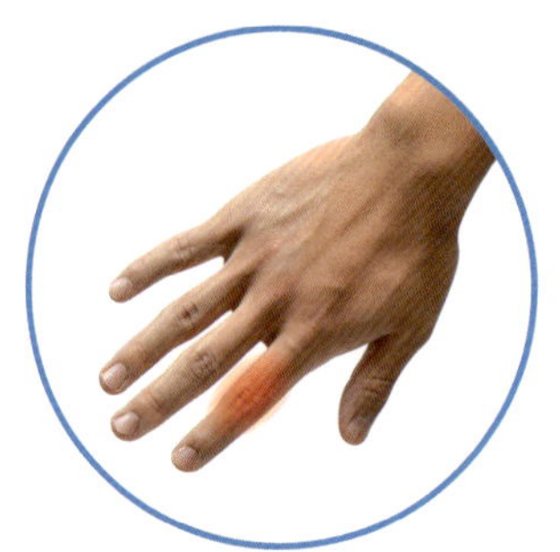

指の可動域制限　固定力▶強

# 指を横に動かすと痛い

―指節間関節側副靭帯損傷の再発予防―

指の側副靭帯上にX･縦サポートを貼り横の動きを制限する

使うテープ

非伸縮テープ 12mm

スタート姿勢

パートナー
負傷した指だけを伸ばす

## アンカー▶▶▶土台をつくる

12mm

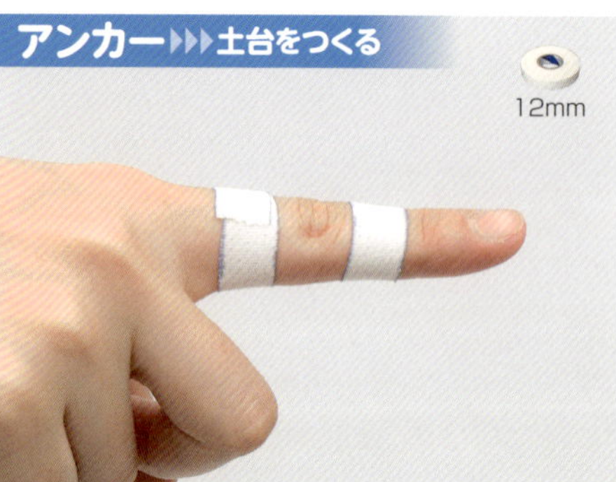

① 負傷した関節を挟むようにアンカーを2本巻く

## Xサポート▶▶▶指の可動域を制限

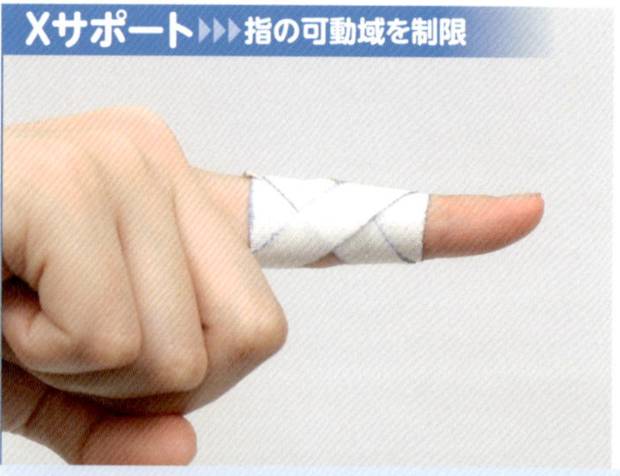

② 側副靭帯上に交点がくるようにXサポートを貼る

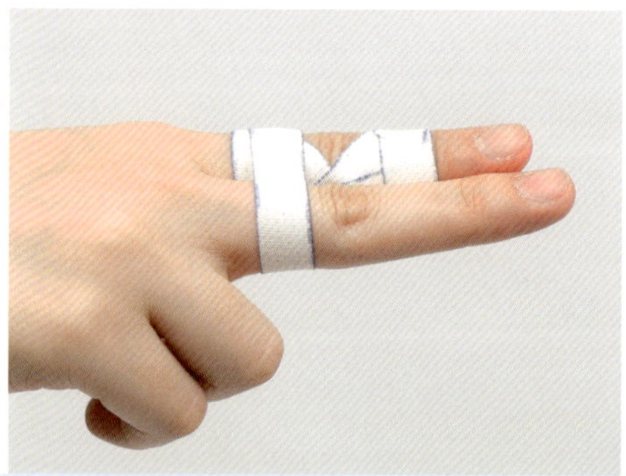

⑤ となりの指とまとめてアンカーを巻く

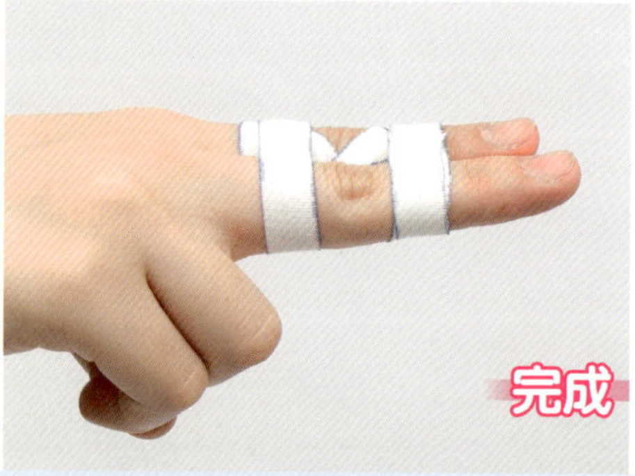


⑥ もう1本同じようにアンカーを巻いたら完成

症状と対処法

# となりの指を添え木として使う

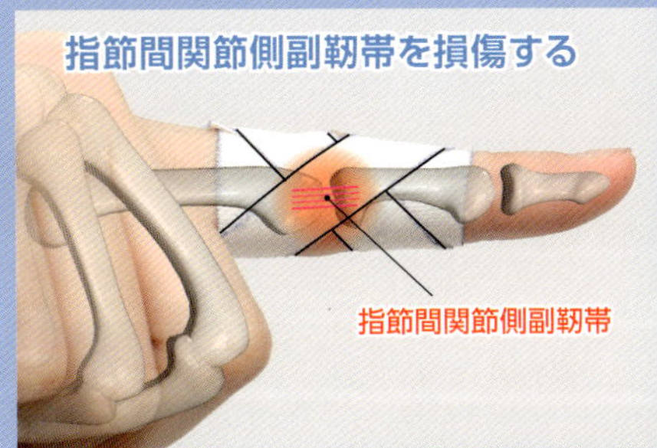


**症 状** 相手選手のユニフォームなどに指が引っかかり、横方向に強く引っ張られると、指の側面にある側副靭帯を損傷することがある。

**対処法** 損傷した側副靭帯上にX・縦サポートを貼り、さらにとなりの指と抱き合わせて固定力を高める。

## 縦サポート ▶▶▶ Xサポートを補強

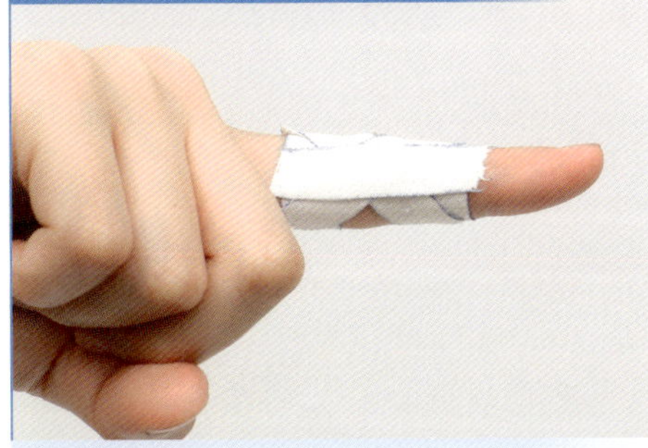

③ Xサポートの交点を通るように縦サポートを貼る

## アンカー ▶▶▶ テープをとめる

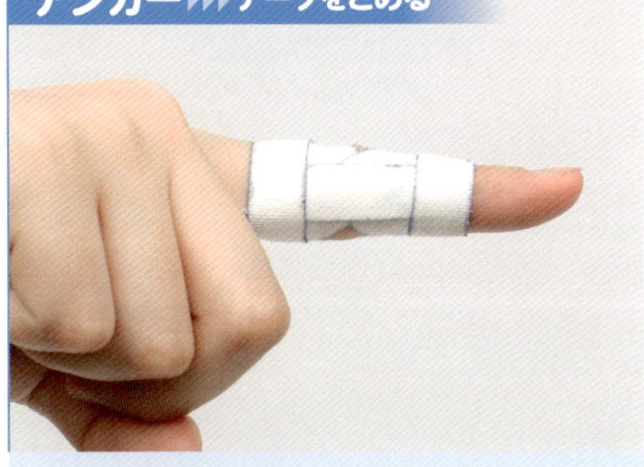

④ 再び関節をまたぐようにアンカーを巻く

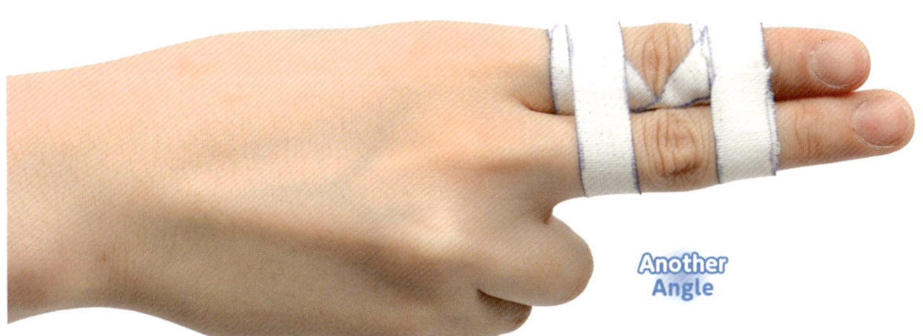

Column

#05

# コンディションを整える力を養う

スポーツにたずさわる人であれば「コンディション」という言葉を使ったことがあると思う。「試合に向けてコンディションを整えよう」とか「今日のピッチコンディションではプレーできないよ」など、対象は自身の体調だけではなく、試合環境などに対しても向けられる。

日本スポーツ協会によると、コンディションとは「ピークパフォーマンスの発揮に必要なすべての要因」と定義している。ここでいうすべての要因は、身体的因子・環境的因子・心因的因子の3つにわけることができるという。

- 身体的因子とは、筋力や柔軟性、代謝量などフィジカルに関わるもの。
- 環境的因子とは、時差ボケや高度、暑熱・寒冷環境など外的要因からなるもの。
- 心因的因子とは、対人関係やストレスなどメンタルに関わるもの。

コンディション不良はパフォーマンスを発揮できないだけでなく、多くのケガの誘因となるので、それぞれの因子が自らに与える影響を考慮し、試合に向けてコンディションを整えていく力を養っていきたい。

**コンディションとは？**

ピークパフォーマンスの発揮に必要なすべての要因

| 身体的因子 | 環境的因子 | 心因的因子 |
| --- | --- | --- |
| ・筋力 | ・時差ボケ | ・対人関係 |
| ・柔軟性 | ・高度 | ・ストレスなど |
| ・代謝量など | ・気温など | |

参考：公益財団法人日本スポーツ協会「予防とコンディショニング」

5章

# 腕部のテーピング

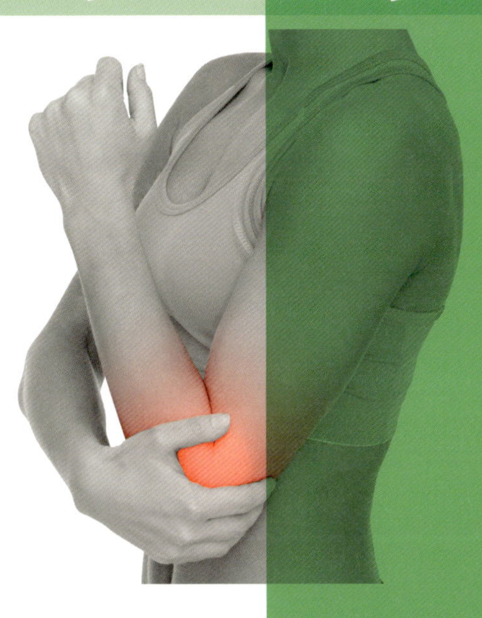

# 肘関節の構造

肘関節は上腕骨と前腕にある橈骨と尺骨の3つの骨で構成されており、側面にある側副靭帯によって関節の安定性が保たれている。

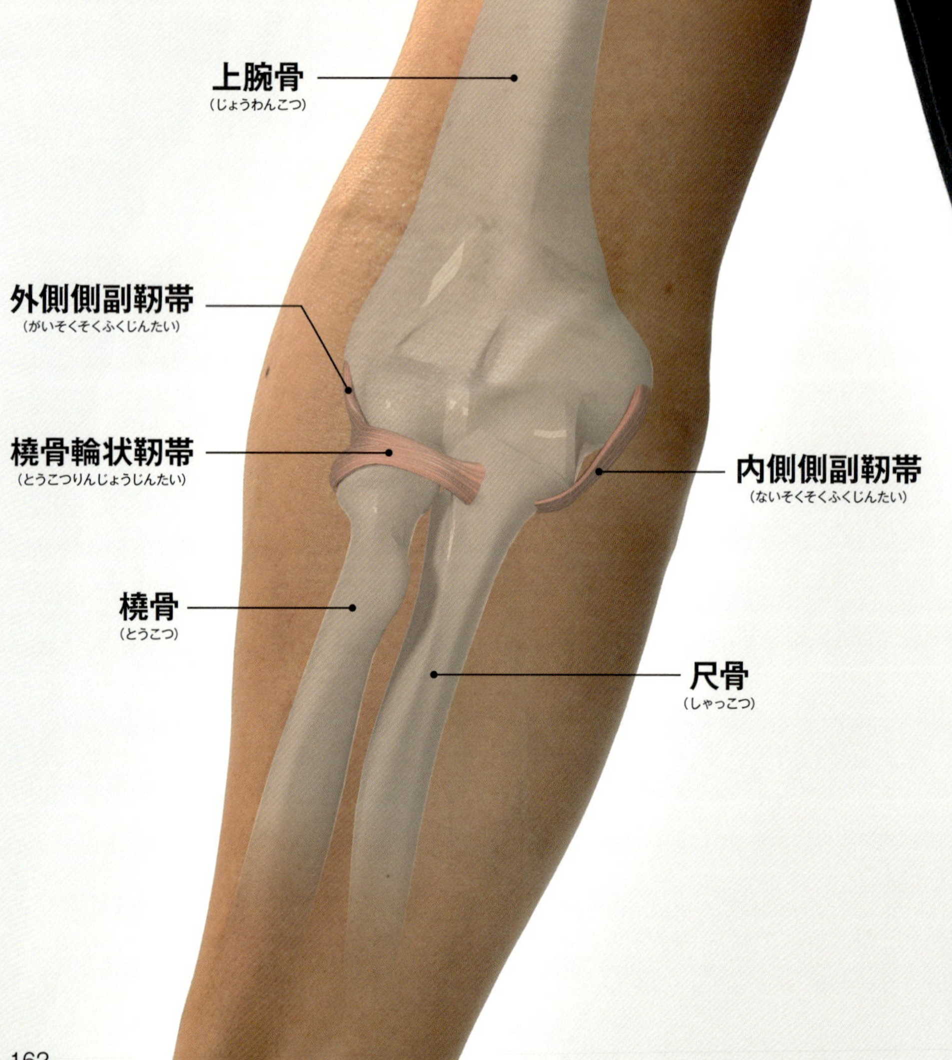

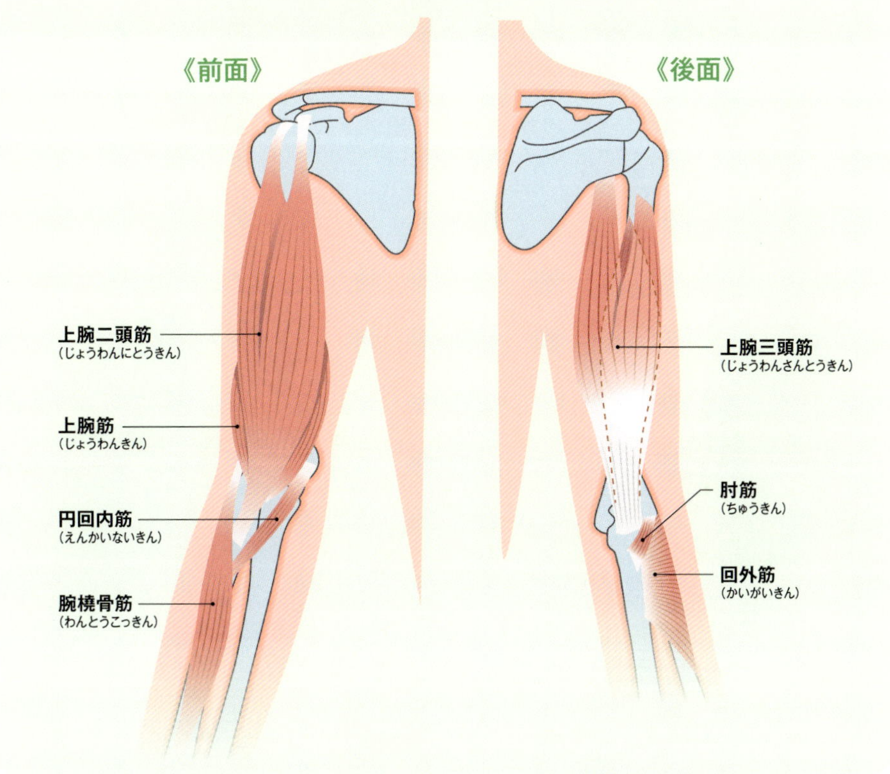


## ひじに負担をかけない動作が望ましい

肘関節における外傷や障害は野球のピッチングやテニス、ゴルフなど道具を手で扱う競技に多い。これらの競技では、ひじに負担を強いるフォームでくり返し腕を振っていると、それまでは痛みを感じなかったとしても、突然痛みやしびれが顕在化することがある。いわゆるオーバーユース（使いすぎ）である。

道具を使う競技以外でも、転倒時などに手をついたはずみで肘関節の内側側副靭帯を損傷するといったように突発的に外傷や障害が起こることがある。

# 肘関節の動きと作用する筋肉

## 屈曲(くっきょく)

ひじを曲げる動き

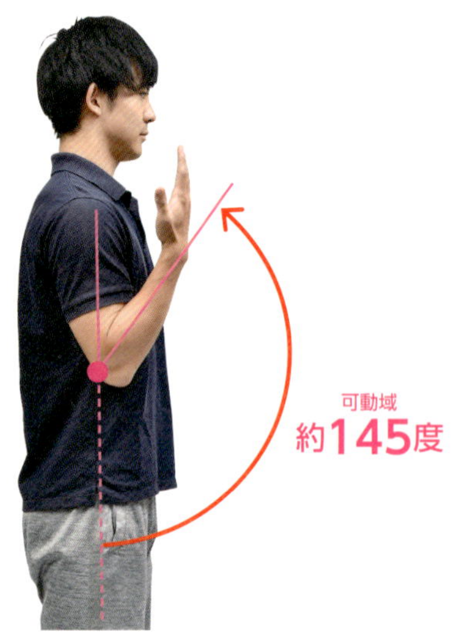


主動筋：上腕二頭筋(じょうわんにとうきん)
上腕筋(じょうわんきん)

## 伸展(しんてん)

ひじを伸ばす動き

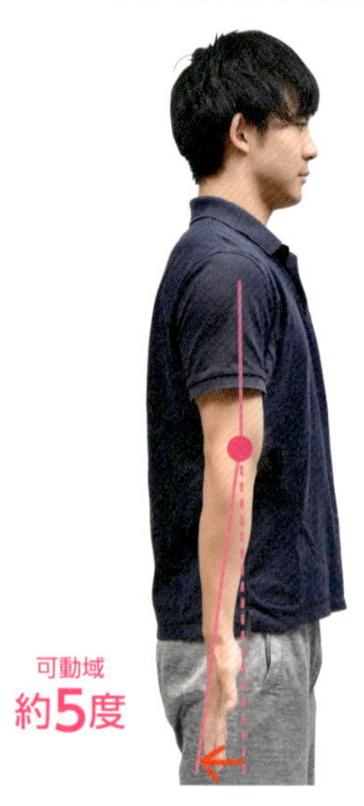


主動筋：上腕三頭筋(じょうわんさんとうきん)
肘筋(ちゅうきん)

## 回内(かいない)

前腕を内側に回す動き

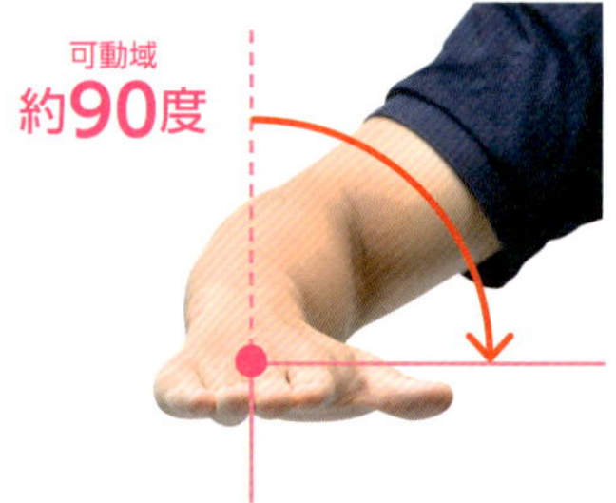


主動筋：円回内筋(えんかいないきん)

## 回外(かいがい)

前腕を外側に回す動き

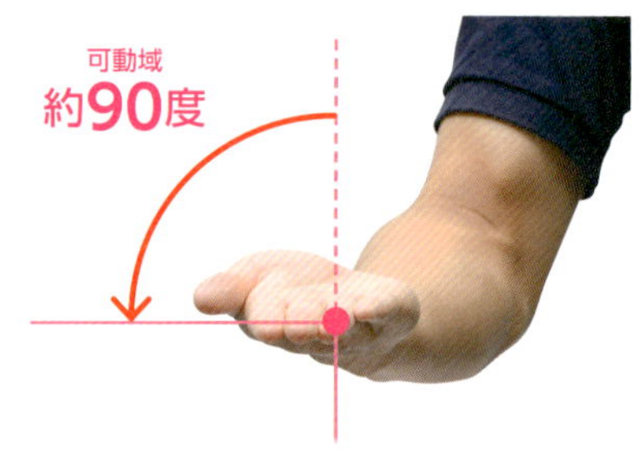


主動筋：上腕二頭筋(じょうわんにとうきん)
回外筋(かいがいきん)

# 肘関節に起こりやすい外傷・障害

## ひじの内側が痛い・張る

肘関節の内側と外側にはそれぞれ側副靭帯があるが、運動中に転倒をして手をついたりすると、内側にある内側側副靭帯を損傷することがある。

P.166～171

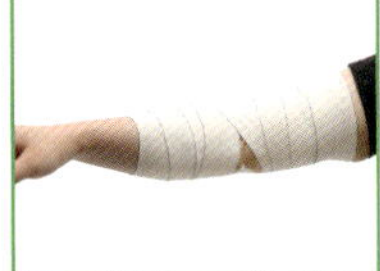

## 投球するとひじの内側が痛い

野球のピッチャーは投球過多になると内側側副靭帯を損傷することがある。とくに下半身主導ではなく、腕の力に頼った投球フォームをすると負担がかかりやすいので注意が必要だ。

P.172～173

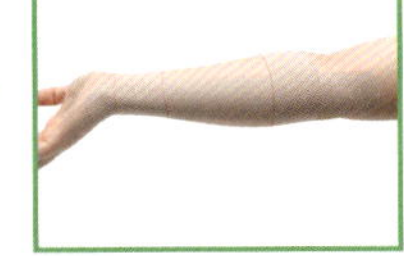

## ラケットを振るとひじの外側が痛い

野球のピッチャーが内側を損傷しやすいのに対してテニスやゴルフなどスイング動作をともなう競技では、ボールをインパクトするときに外側の外側側副靭帯に負担がかかり損傷することがある。

P.174～175

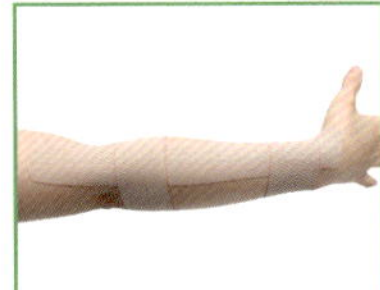

## ひじに負担のかかる競技

肘関節のスポーツ障害には、野球ひじ・テニスひじ・ゴルフひじというように競技名を冠したものがある。野球ひじは投球動作を、テニスひじは主にバックハンドストロークを、ゴルフひじはスイング動作をくり返しおこなうことで、ひじの内側や外側の靭帯に負担がかかり発症する。

肘関節の可動域制限　固定力▶強

# ひじの内側が痛い

## —肘関節内側側副靭帯損傷の再発予防—

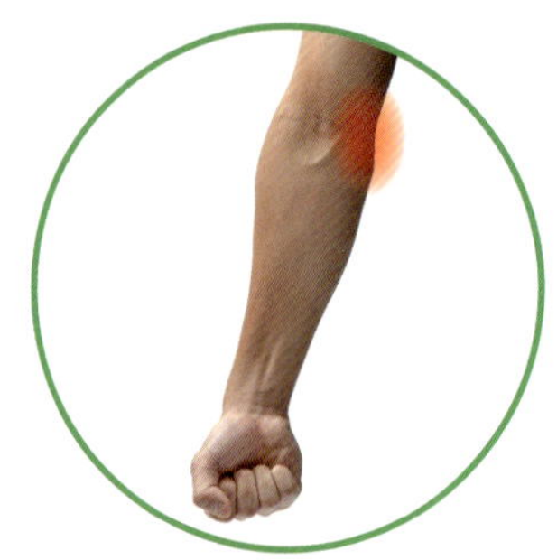

使うテープ

アンダーラップ

ハード伸縮テープ 50mm

ソフト伸縮テープ 50mm

非伸縮テープ 38mm

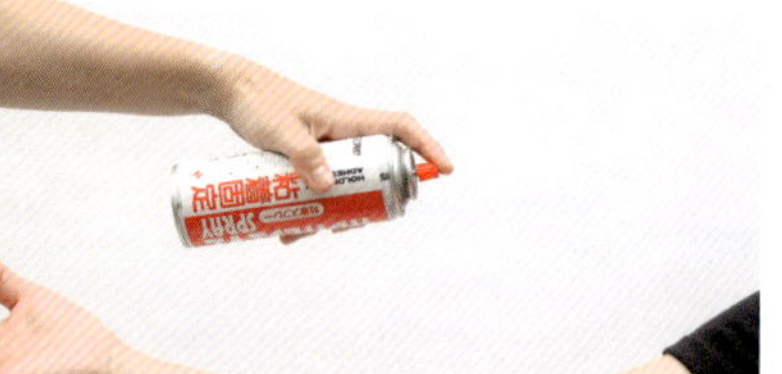

**テーピングの狙い**

内側側副靭帯上を中心に肘関節の外反を制限するように巻く

スタート姿勢

**パートナー**
腕をカラダの横に伸ばし、ひじをかるく曲げる

① 肘関節は可動域が広くテープがずれやすいので粘着スプレーを吹きかける

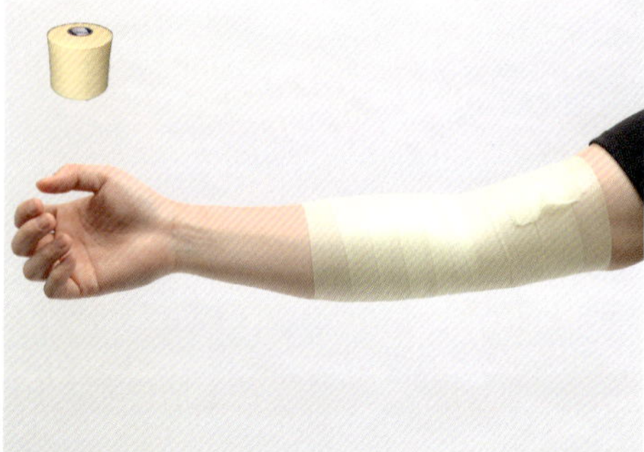

② 1/2程度ずらしながらアンダーラップを前腕から上腕に向かって巻く

### Xサポート▶▶▶外反を制限

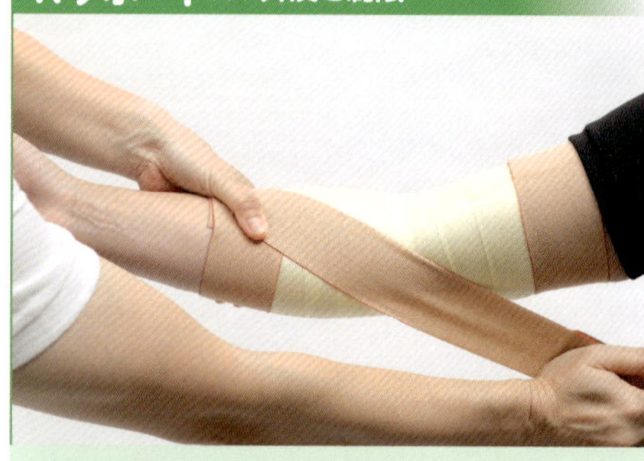

⑤ 前腕のアンカーから上腕のアンカーに向けてXサポートを貼る

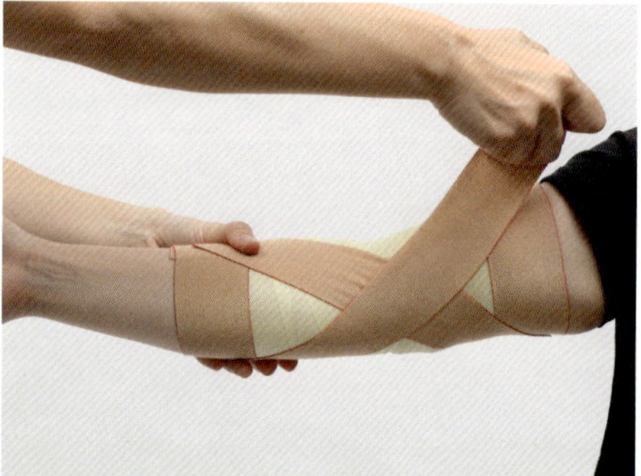

⑥ ひじをかるく曲げた状態でXサポートを貼る

症状と対処法

## ひじが内側に入る動き（外反）を制限

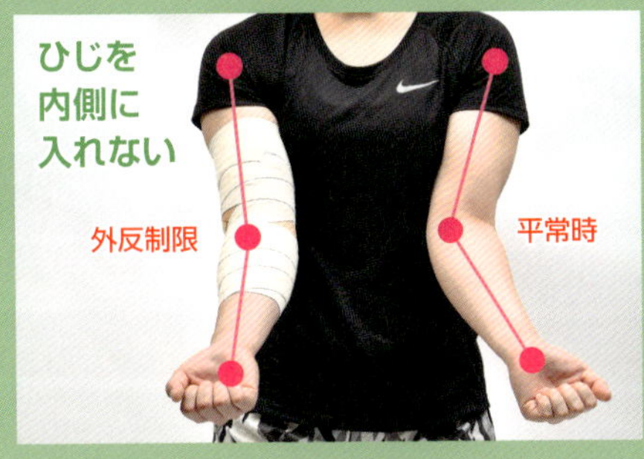


**症 状** 運動中に不意に転倒して手をついたり、ピッチャーをしていてひじにくり返し負荷がかかることで、肘関節の内側にある内側側副靭帯を損傷することがある。

**対処法** 内側側副靭帯上を中心に肘関節の外反を制限する巻き方で固定力を高め、不安定感を取り除くことを優先させる。

### アンカー ▶▶▶ 土台をつくる

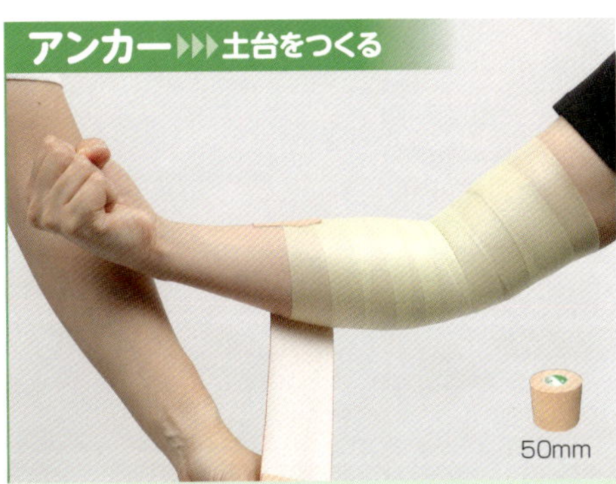


③ 腕の筋肉を緊張させて太くなった状態でアンカーを巻く

④ 前腕と上腕（一番盛り上がる中央部）にそれぞれアンカーを巻いたら腕の緊張は解く

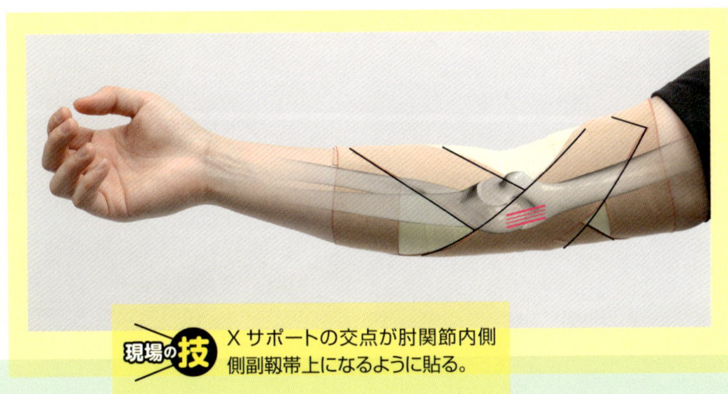

現場の技 Xサポートの交点が肘関節内側側副靭帯上になるように貼る。

次ページへつづく

## 縦サポート ▶▶▶ Xサポートを補強

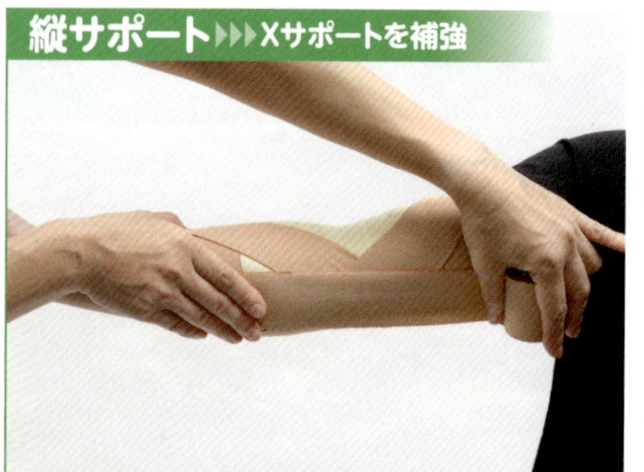

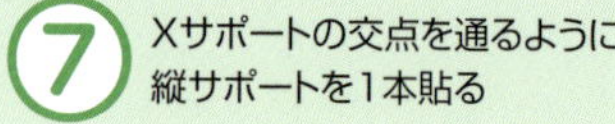

**7** Xサポートの交点を通るように
縦サポートを1本貼る

## Xサポート ▶▶▶ 外反を制限

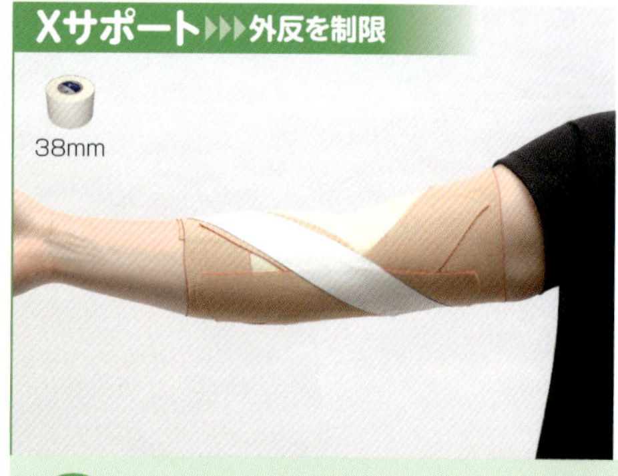


**8** 非伸縮テープで再びXサポートを貼る

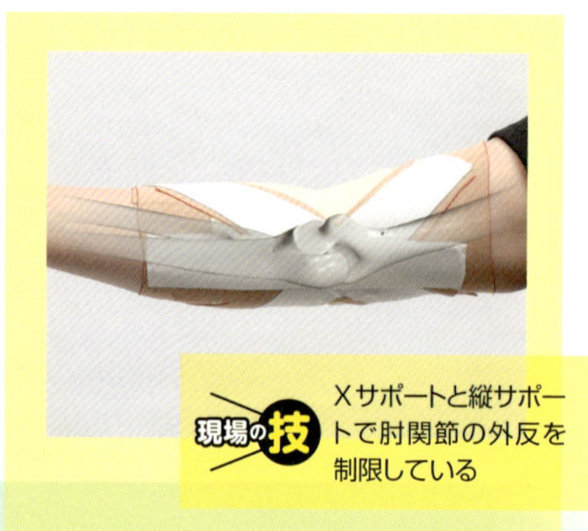

**現場の技**

Xサポートと縦サポートで肘関節の外反を制限している

## スパイラル ▶▶▶ ねじれを制限

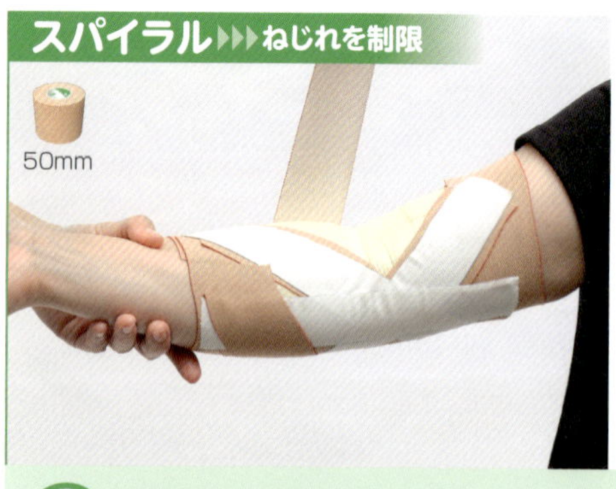


**11** 肘関節のねじれを防ぐために前腕内側
からスパイラルを巻いていく

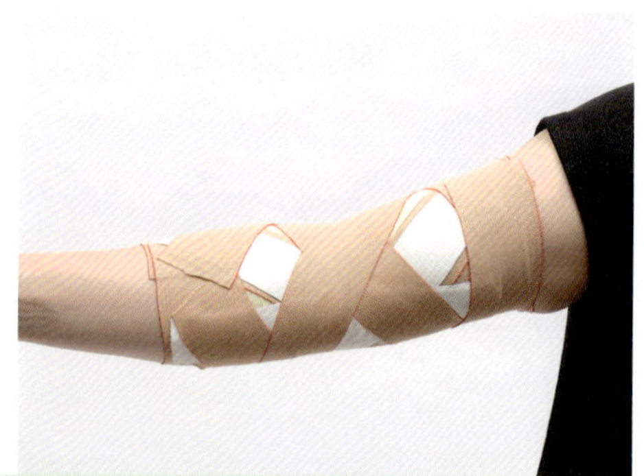

**14** 内巻きスパイラル同様に
上腕のアンカー上でとめる

## ラッピング ▶▶▶ テープ全体を補強

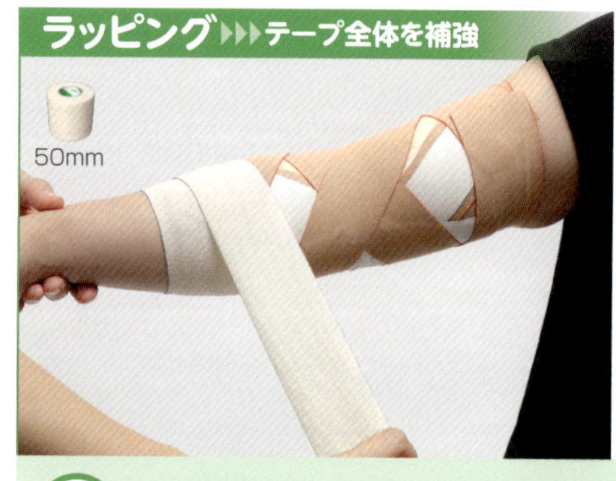


**15** テープがずれないようにソフト伸縮
テープでラッピングをする

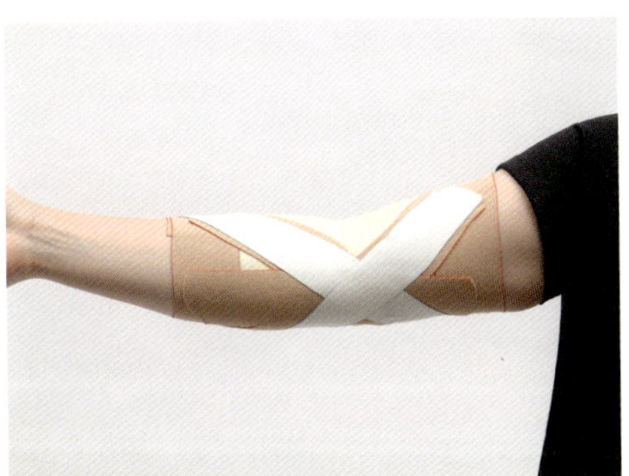

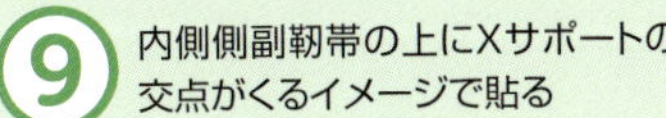

9 内側側副靭帯の上にXサポートの
交点がくるイメージで貼る

## 縦サポート ▶▶▶ Xサポートを補強

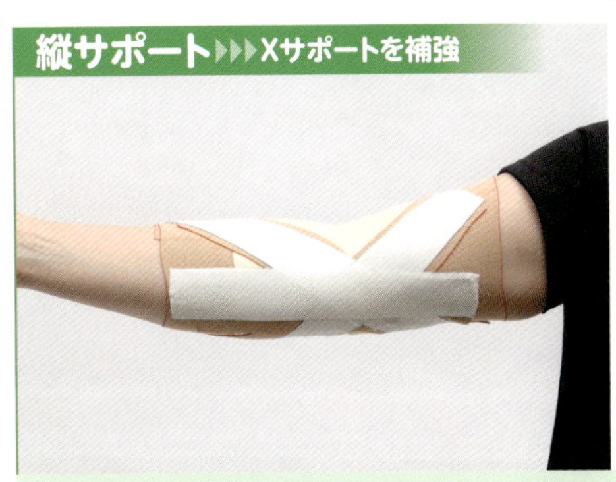

10 Xサポートの交点を通すように
縦サポートを貼る

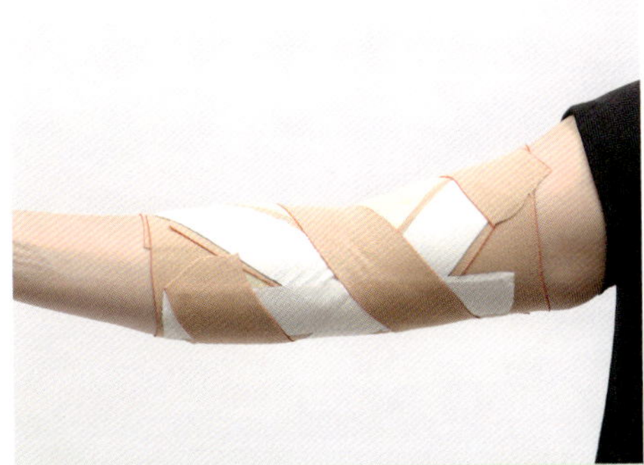

12 前腕内側から1周して上腕でも
1周してアンカーでとめる

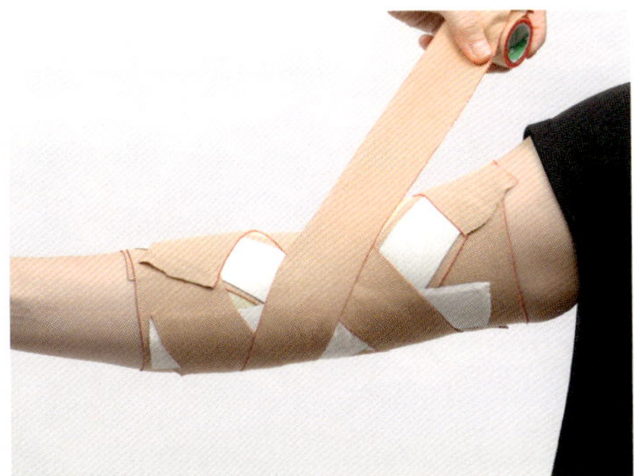

13 前腕を始点に外巻きにも
スパイラルを巻く

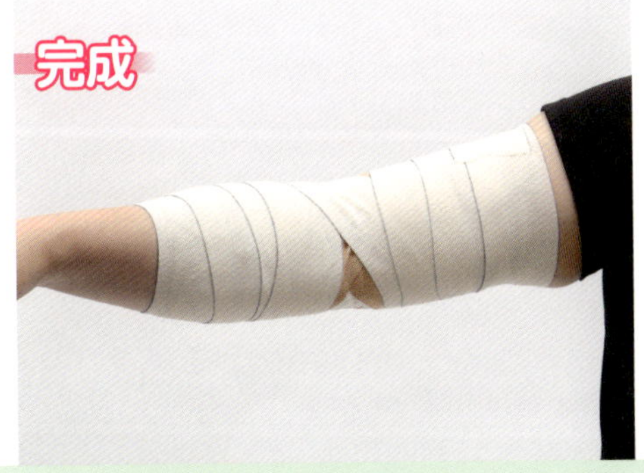


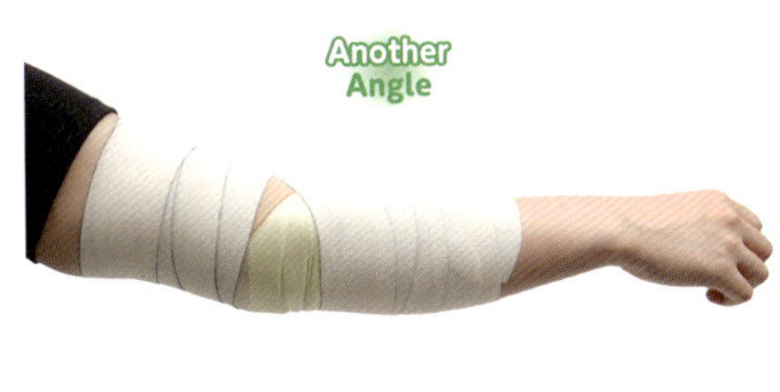


16 1/2程度ずらしながら、ひじ(肘頭)を避けて
上腕まで巻き上げれば完成

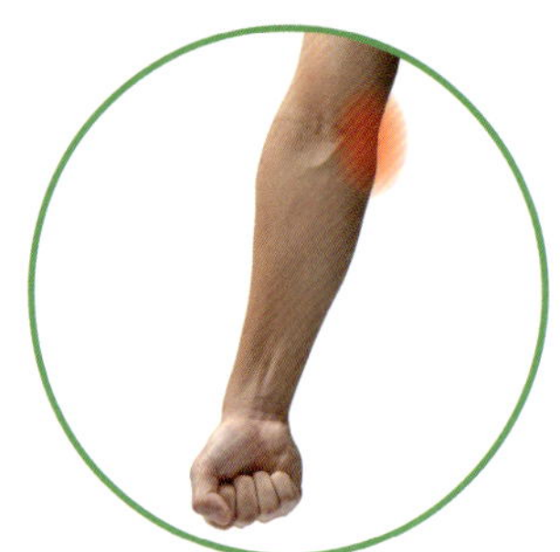

肘関節の可動域制限　固定力▶中

# ひじの内側が張る

—肘関節内側側副靱帯損傷の再発予防—

使うテープ

アンダーラップ

ハード伸縮テープ 50mm

ソフト伸縮テープ 50mm

**テーピングの狙い**

肘関節可動域を保ちつつ、Xサポートで外反を制限する

スタート姿勢

パートナー
腕をカラダに横に伸ばし、ひじをかるく曲げる

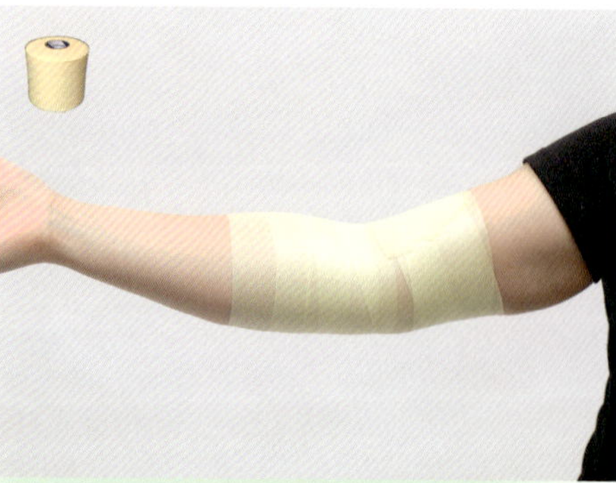

① 粘着スプレーを吹きかけてからアンダーラップを巻く

**アンカー▶▶▶土台をつくる**

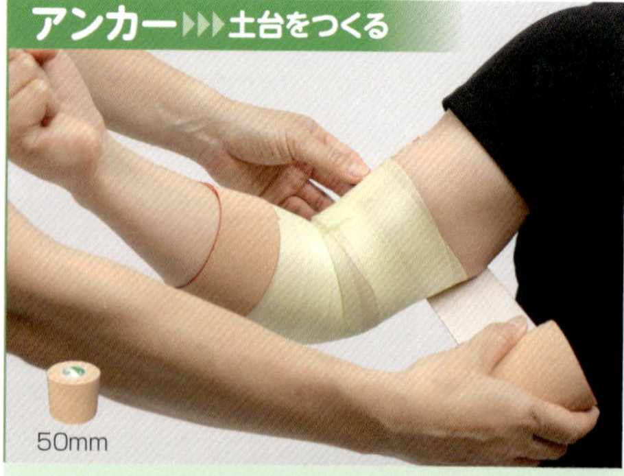


② 腕の筋肉を緊張させて太くなった状態でアンカーを巻く

**縦サポート▶▶▶Xサポートを補強**

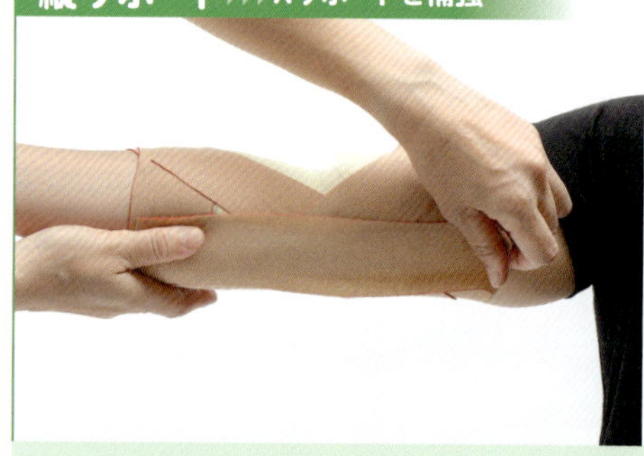

⑤ Xサポートの交点を通るように縦サポートを貼る

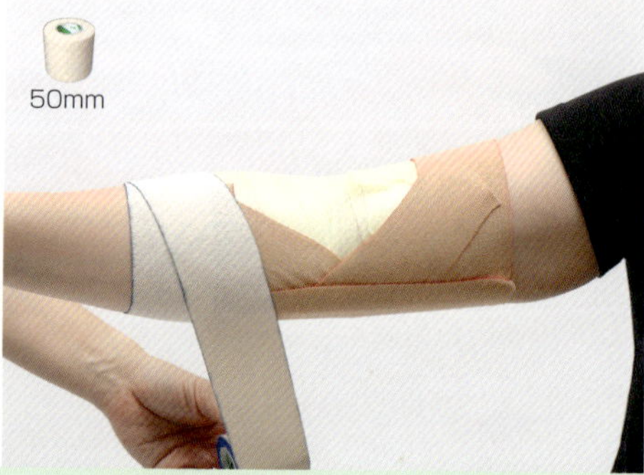


⑥ テープがずれないようにソフト伸縮テープでラッピングをする

症状と対処法

## 痛みがなければ可動域を優先する

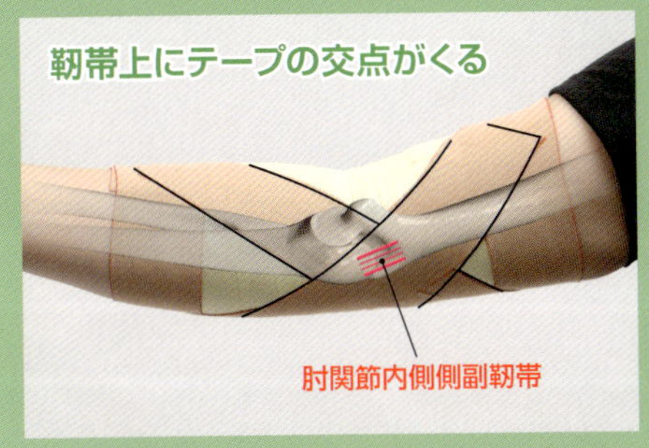


**症 状** 内側側副靭帯損傷から復帰してしばらく期間が経過してひじに痛みはないが、日によって練習をしていると多少張りを感じるような状況。

**対処法** 競技パフォーマンスに影響を与えないようにガチガチに固めるのではなく、可動域を優先させて固定力は最小限にとどめた貼り方をする。

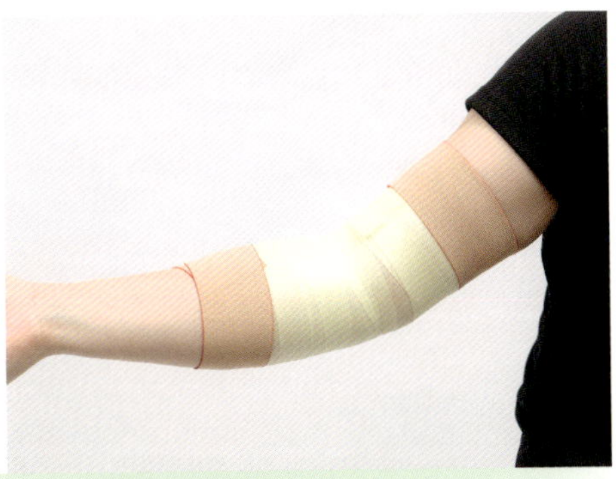

③ 前腕と上腕にアンカーを巻いたら緊張を解く

Xサポート ▶▶▶ 外反を制限

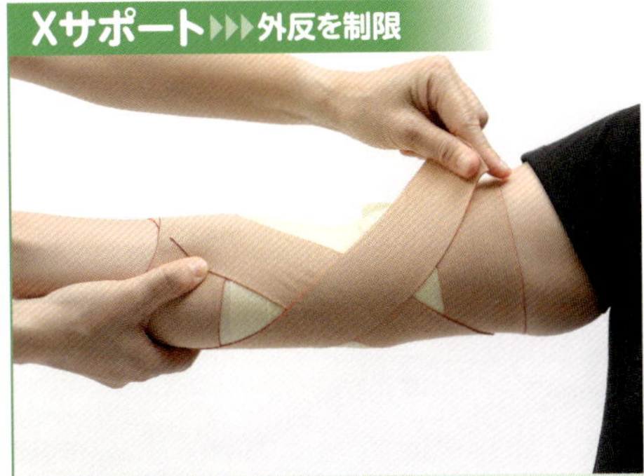

④ 内側側副靭帯が交点になるようにXサポートを貼る

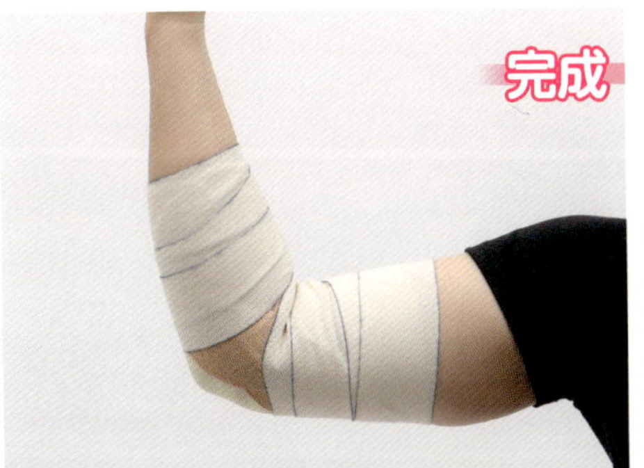


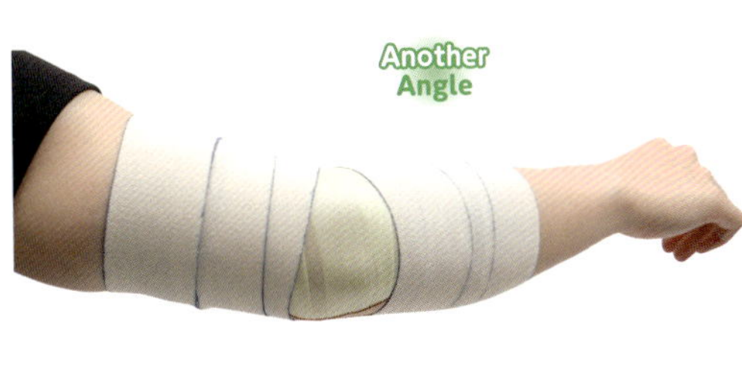


⑦ ひじ(肘頭)を避けてラッピングすれば完成

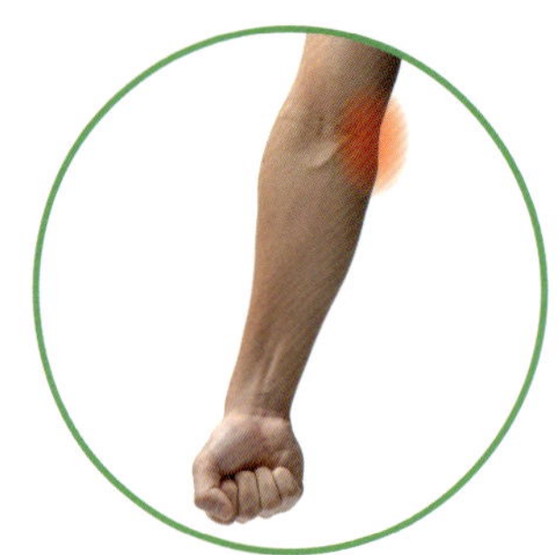

前腕屈筋群のサポート　固定力▶弱

# 投球するとひじの内側が痛い

—野球ひじの再発予防—

テーピングの狙い

投球動作に作用する前腕屈筋群の収縮をサポートするように貼る

使うテープ

キネシオロジーテープ 50mm

スタート姿勢

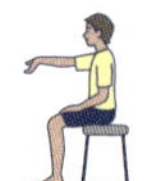

パートナー

手を背屈させて前腕屈筋群を伸ばした状態でおこなう

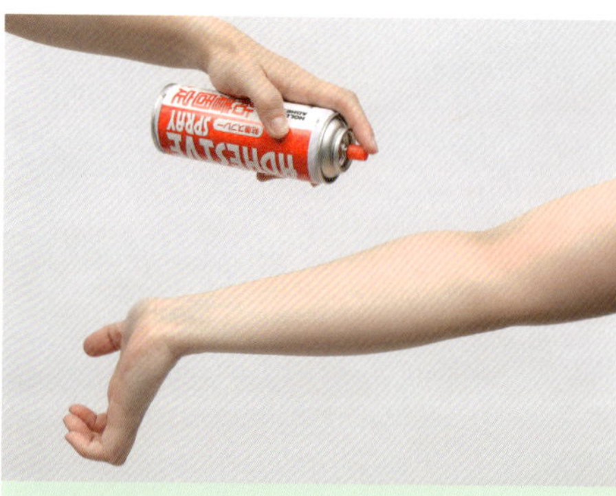


1 前腕に粘着スプレーを吹きかける

現場の技

**手を背屈させる!**

投球動作時の前腕屈筋群の収縮をより効果的にサポートするために、テープを貼るときは手を背屈させてそれらの筋肉を伸ばしておく。

## アンカー▶▶▶テープをとめる

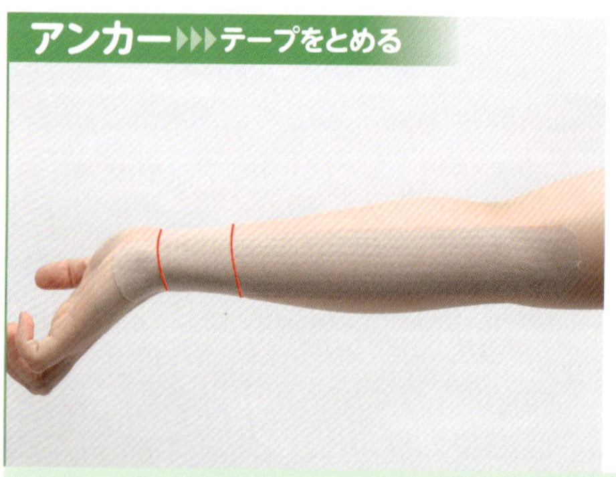

4 テープがはがれないように手首にアンカーを巻く

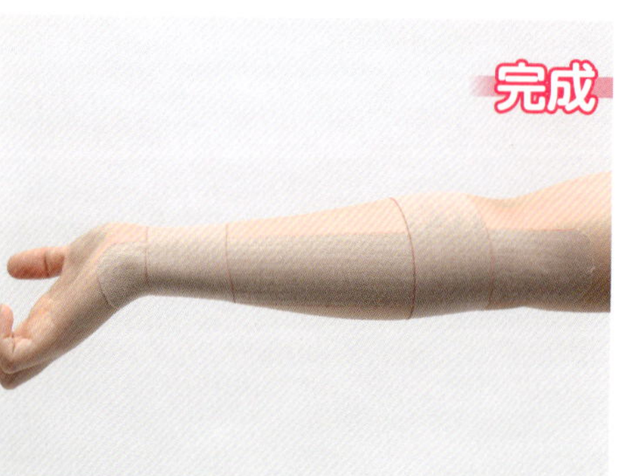


5 前腕のひじ側にもアンカーを巻けば完成

症状と対処法

## 前腕屈筋群の働きをサポートする

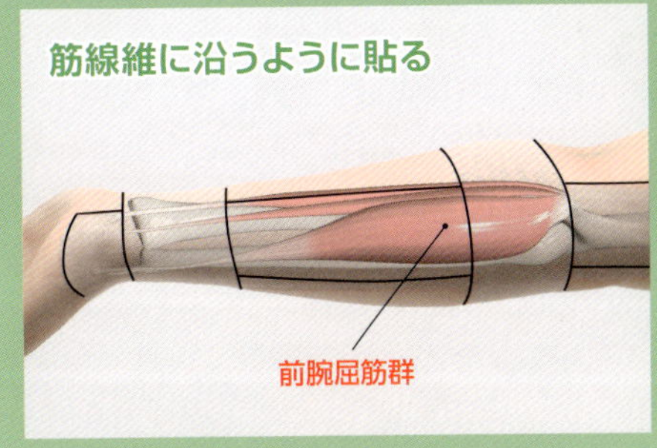


**症状** 投球動作中においては、リリース前のひじから先に前へ出てくるときに、肘関節に負担がかかりやすい。

**対処法** 前腕屈筋群に疲労が溜まらないように収縮をサポートするキネシオロジーテープを貼り、肘関節への負担を軽減させる。また、投球数には上限を設けてしっかりと管理しておくこと。

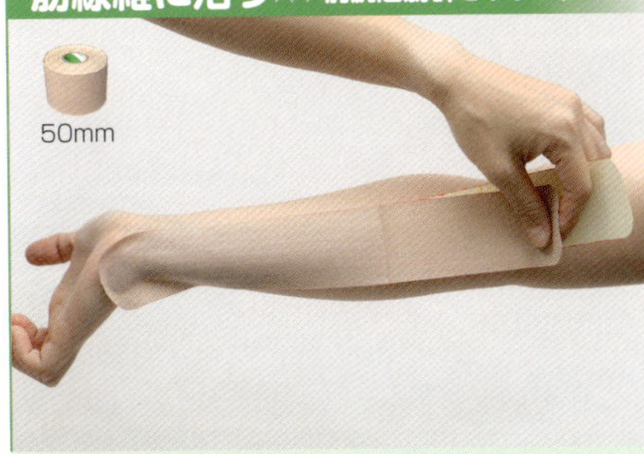


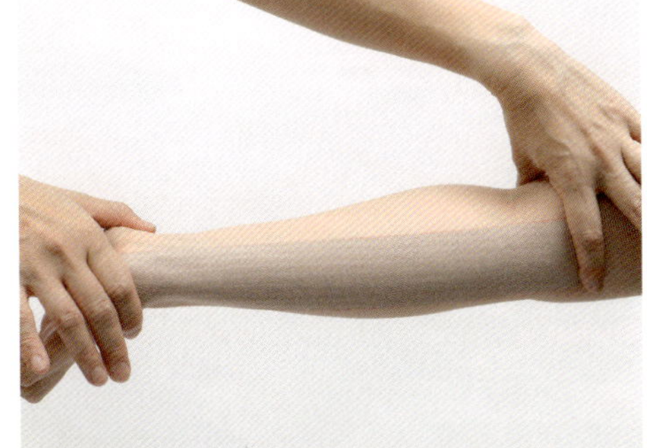

② 前腕屈筋群に沿ってキネシオロジーテープを貼る

③ 運動中に肌が無理に引っ張られないようにキネシオロジーテープの両端は最後に貼る

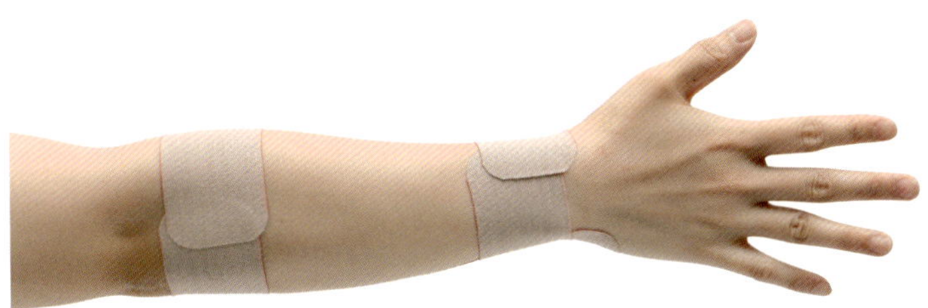

Another Angle 前腕に巻いたアンカーテープの両端が腕の外側になるように巻くことで、投球動作中にはがれにくくなる

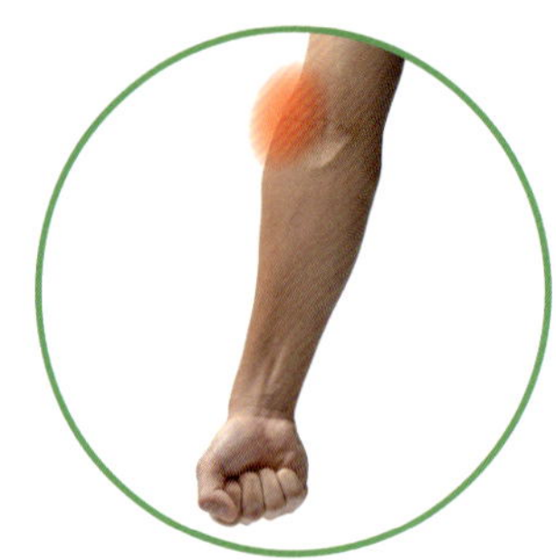

前腕伸筋群のサポート　固定力▶弱

# ラケットを振るとひじの外側が痛い

―テニスひじの再発予防―

使うテープ

キネシオロジーテープ 50mm

テーピングの狙い

スイング動作に作用する前腕伸筋群の収縮をサポートするように貼る

スタート姿勢

パートナー
手を掌屈させて前腕伸筋群を伸ばした状態でおこなう

1 前腕に粘着スプレーを吹きかける

現場の技

**手を掌屈させる!**

手をかるく掌屈させて前腕伸筋群を伸ばした状態でテープを貼ると、スイング時の筋収縮を効果的にサポートできる。

アンカー▶▶▶テープをとめる

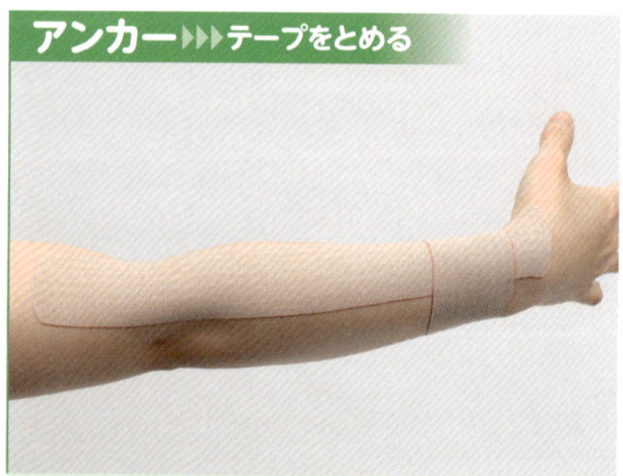

4 テープがはがれないように手首にアンカーを巻く

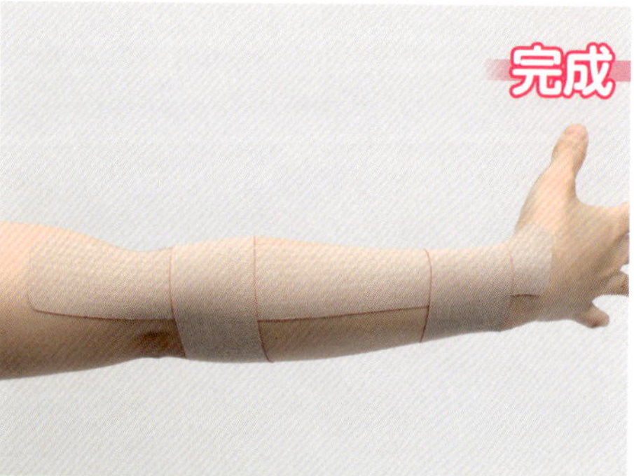


5 前腕のひじ側にもアンカーを巻けば完成

症状と対処法

## 前腕伸筋群の働きをサポートする

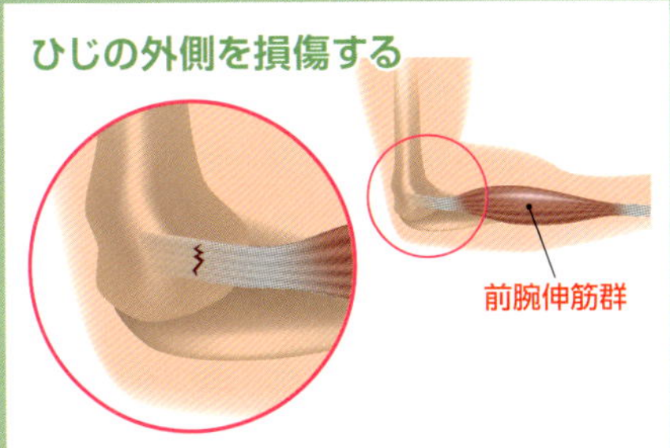


**症 状** スイング動作中においては、インパクト時にひじの外側（人によっては内側）の腱に負担がかかり炎症を起こしやすい。

**対処法** 前腕伸筋群に疲労が溜まらないようにに収縮をサポートするキネシオロジーテープを貼る。また痛みがある間は、スイング数をできるだけ抑える。

### 筋線維に沿う ▶▶▶ 前腕伸筋群をサポート

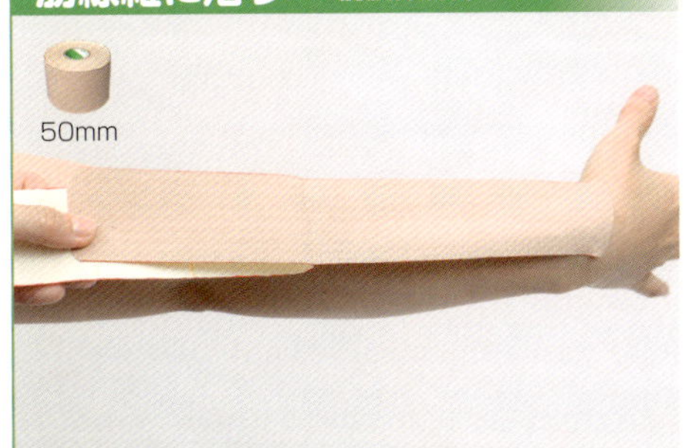


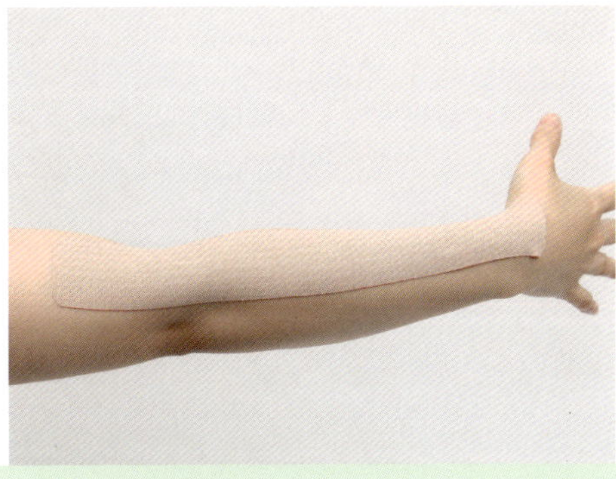

② 手首側からキネシオロジーテープを貼る

③ 前腕伸筋群に沿ってひじを越えて上腕まで貼る

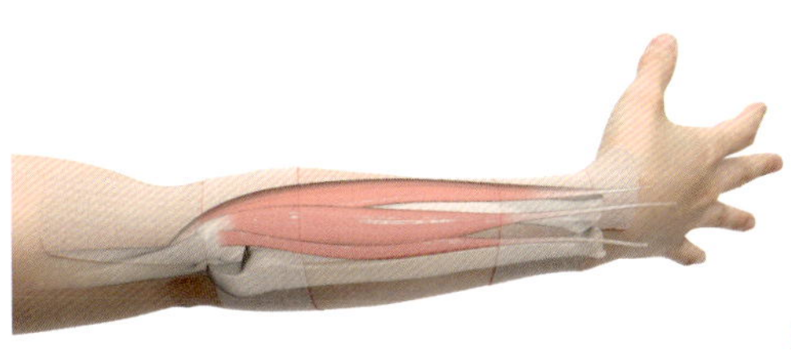

前腕伸筋群に沿うようにテープを貼る

Another Angle

前腕に巻いたアンカーテープの両端が腕の内側になるように巻くことで、スイング動作中にはがれにくくなる

#06

# 夏場の熱中症対策を徹底する

日本の学生スポーツは、多くの競技が学業が休みになる夏に盛んになる。そのため暑熱環境下における熱中症対策をしっかりおこなう必要がある。

人は体温が上がると汗をかくが、これは発汗によって熱を体外に逃がす（蒸発させる）ための生理現象である。しかし体温より高温になる暑熱環境下では、いくら汗をかいても熱を効率よく蒸発させることができなくなってしまう。

人のカラダの約 60% は水分であり、そのうちの2%でも減少すると、強いのどの渇きやめまいを起こす。そのため脳は危険を察知し、これ以上水分を失わせまいと、発汗を抑えるように指令を出す。すると熱が体内にこもってしまい、結果として熱中症が引き起こされる。めまいや大量の発汗、指先のしびれなど熱中症の症状が見受けられたら、すばやく冷所で安静にして体温を下げる必要がある。重症度によっては、速やかに医療機関へ搬送することも求められる。

運動をすれば体温が上がることは避けられないので、適宜水分補給をすることは当然だが、夏場の運動では競技時間を日中ではなく朝や夕方にずらすなどの対策を徹底したい。

運動による熱中症例

# 6章

# 肩部のテーピング

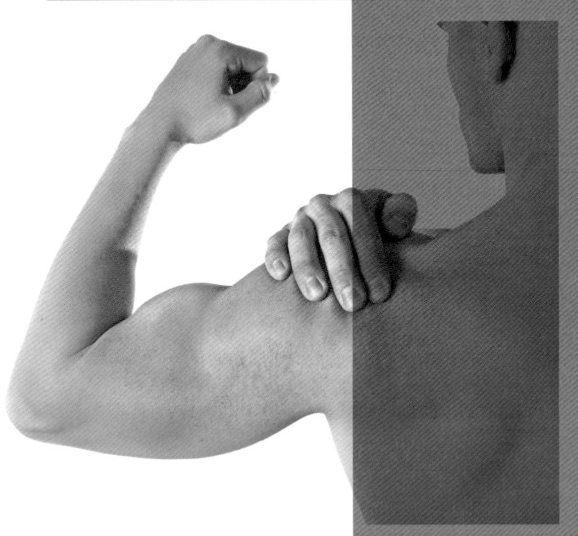

# 肩関節の構造

肩関節は凸状の上腕骨骨頭と凹状の肩甲骨関節窩が結合し、その両方の骨をいくつもの靭帯でつなぎとめることで構成されている。

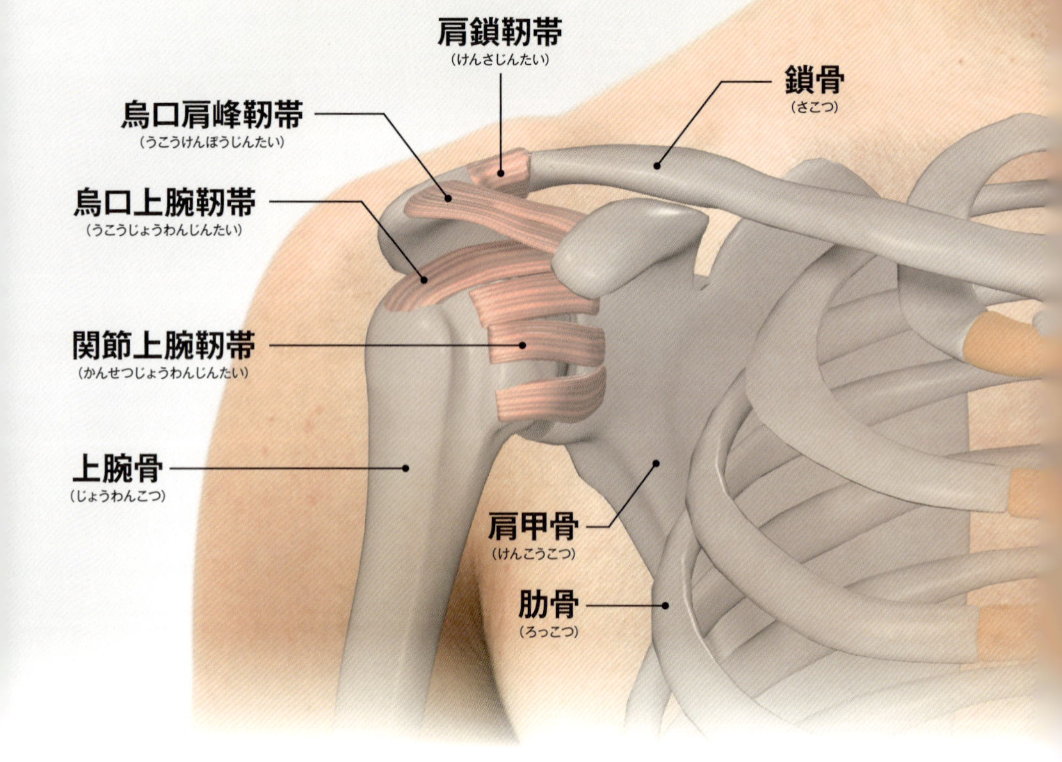

肩鎖靭帯
（けんさじんたい）

鎖骨
（さこつ）

烏口肩峰靭帯
（うこうけんぽうじんたい）

烏口上腕靭帯
（うこうじょうわんじんたい）

関節上腕靭帯
（かんせつじょうわんじんたい）

上腕骨
（じょうわんこつ）

肩甲骨
（けんこうこつ）

肋骨
（ろっこつ）

## 広い可動域をもつ球関節

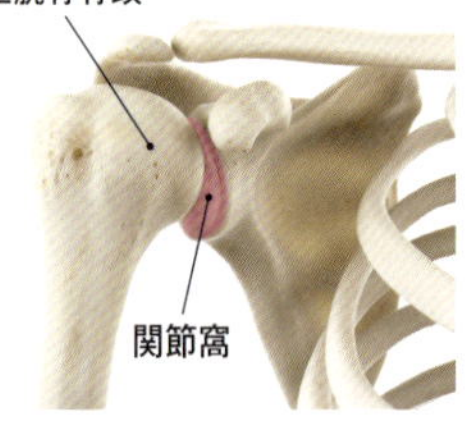


球状の上腕骨の骨頭と肩甲骨のくぼみ（関節窩）が結合した構造になっている肩関節は、球関節に分類され、可動性が広い反面不安定性も併せて持つ。

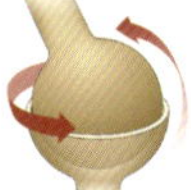

球関節
ゴルフボールとティのように、骨頭が関節窩に合致するような構造をしている

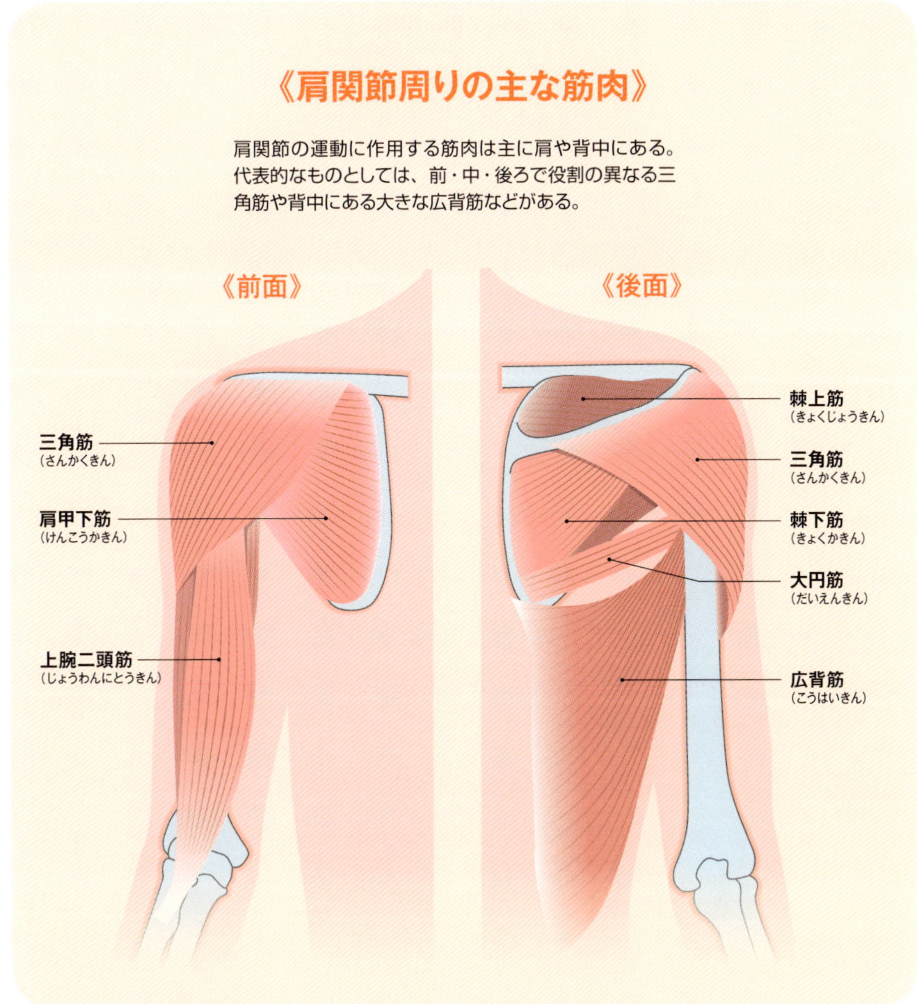


## 可動域は広いが不安定でもある

肩関節は可動域が広い反面、不安定性も高い関節である。その不安定性を補うため、関節周囲には多くの靭帯が存在し２つの骨をしっかりと結合しているが、この靭帯が損傷して上腕骨が外れ脱臼してしまうことがある。

また、肩関節の可動域が異常に広がりルーズショルダーを発症することもある。これは肩関節を取り巻くインナーマッスルの強度が低下し、表層筋とのバランスが崩れたりすることで起こり、結果として上腕骨が外れやすくなってしまう。

# 肩関節の動きと作用する筋肉

## 屈曲（くっきょく）

前へならえをするような動き

主動筋：三角筋前部（さんかくきんぜんぶ）
上腕二頭筋（じょうわんにとうきん）

## 伸展（しんてん）

腕を背中側へ伸ばす動き

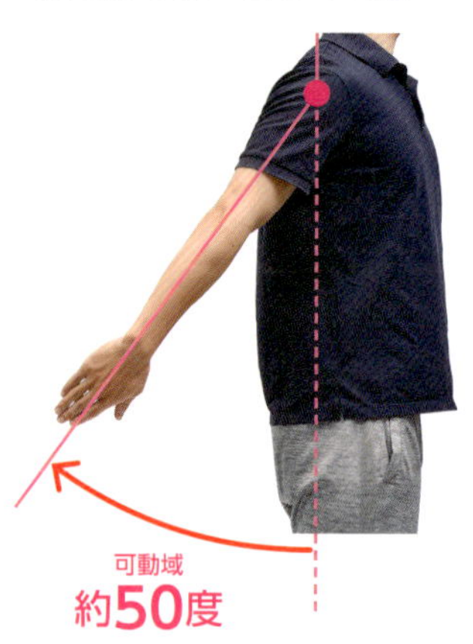


主動筋：三角筋後部（さんかくきんこうぶ）
広背筋（こうはいきん）

## 外転（がいてん）

腕を真横に
伸ばす動き

主動筋：三角筋中部（さんかくきんちゅうぶ）
棘上筋（きょくじょうきん）

## 内転（ないてん）

腕をまっすぐ下ろし
体側につける動き

主動筋：広背筋（こうはいきん）
大円筋（だいえんきん）

## 外旋(がいせん)

**肩を背中側に回す動き**

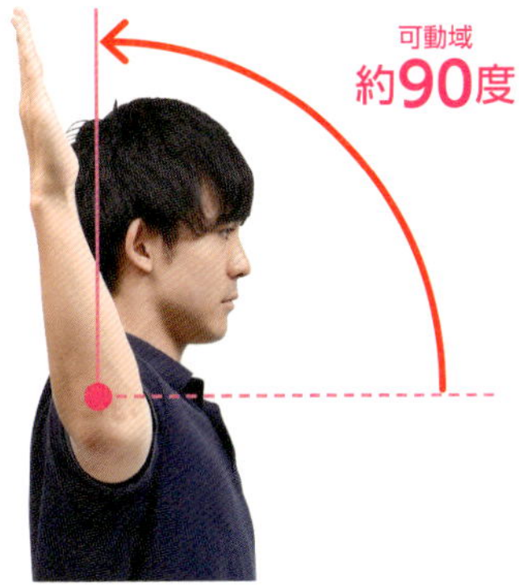


主動筋：**棘下筋**(きょくかきん)

## 内旋(ないせん)

**肩をお腹側に回す動き**

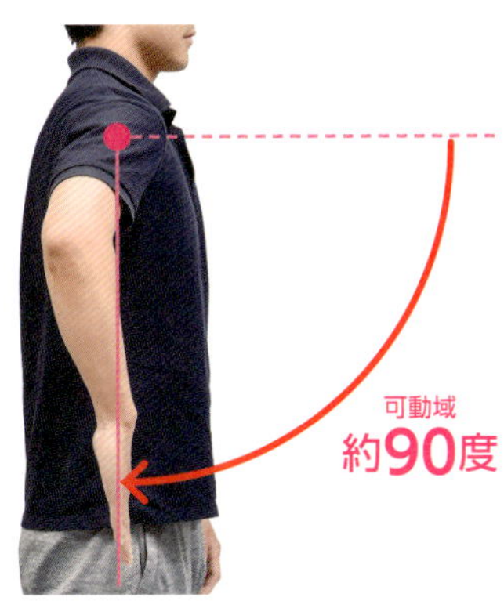


主動筋：**肩甲下筋**(けんこうかきん)
**大円筋**(だいえんきん)

# 肩関節に起こりやすい外傷・障害

## 肩を後ろに引くと痛い

カラダのすべての関節のなかで最も広い可動域をもつ肩関節は、不意に大きな力が加わることで、その正常な可動域から外れてしまうことがある。とくにスポーツでは上腕が前にずれる肩関節前方脱臼が多い。

P.182～183

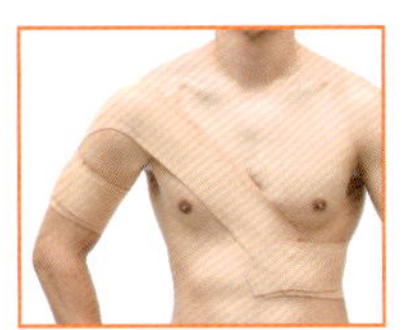

## 肩関節に不安定感がある

肩関節周囲にあるインナーマッスルの強度が低下したり、弱くなることで肩関節が不安定になることがある。これはルーズショルダーとよばれ、肩を回すと抜けてしまいそうな感覚や疲労感、痛みを感じる。

P.184～189

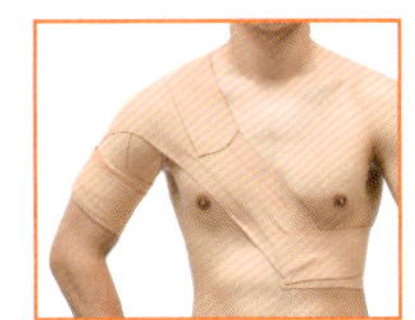

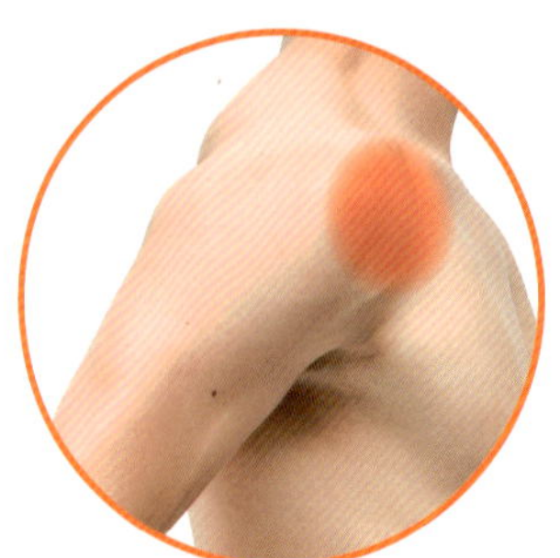

肩関節の可動域制限　固定力▶中

# 肩を後ろに引くと痛い

—肩関節前方脱臼の再発予防—

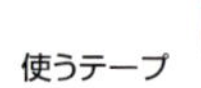

使うテープ　ハード伸縮テープ 75mm

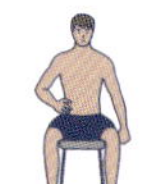

スタート姿勢　パートナー 腰に手を当て肩を脱力させた姿勢

テーピングの狙い

スパイラルで伸展可動域を制限する

## アンカー▶▶▶土台をつくる

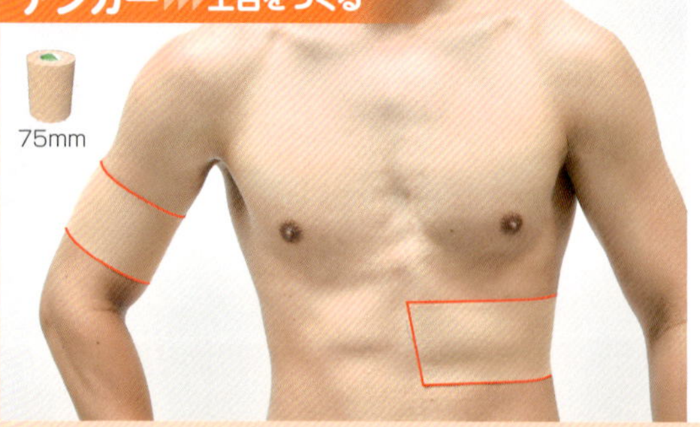


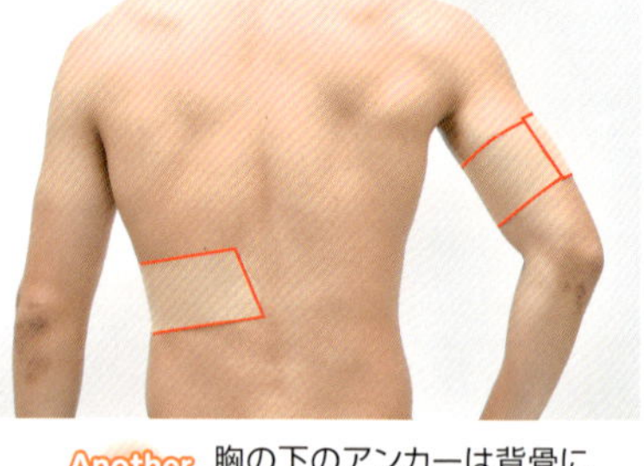

Another Angle　胸の下のアンカーは背骨にかからない程度まで貼る

1 筋肉を緊張させた上腕と反対側の胸の下にアンカーを巻く

現場の技

スパイラルテープが乳頭にかかると擦れて痛むため、パッドをあててカバーする。

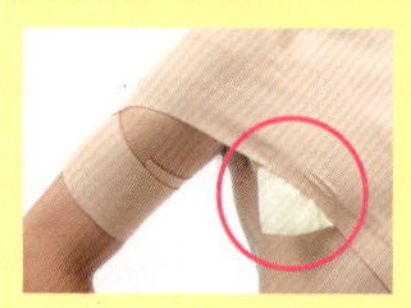

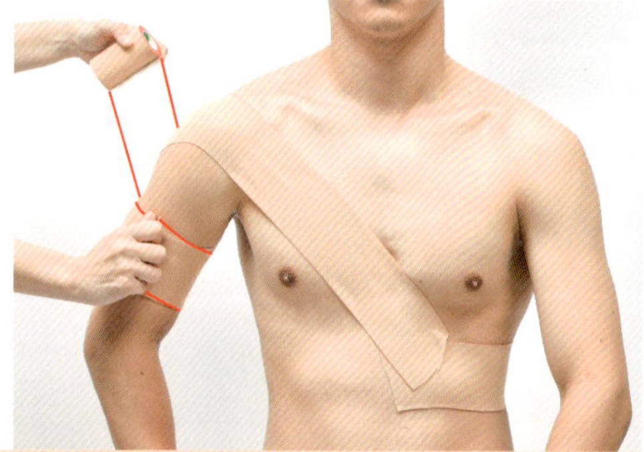

4 1本目から少しだけ位置をずらして2本目のスパイラルを巻く

症状と対処法

# 後ろから前にスパイラルをして肩を制限

上腕骨が前に外れてしまう

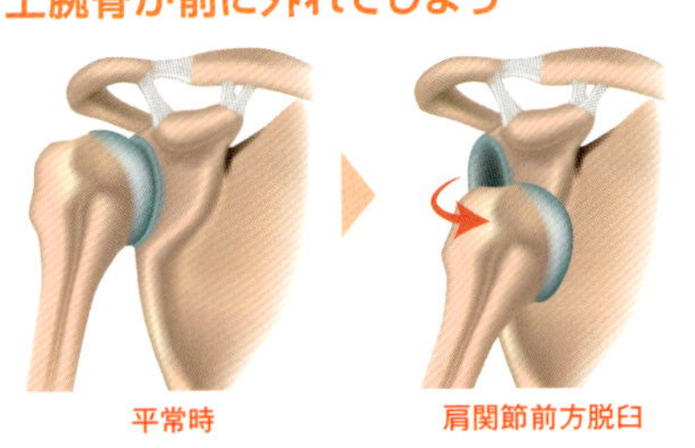

平常時　　肩関節前方脱臼

**症 状** 手を後ろに伸ばして地面につくなど、不意に大きな力が肩に加わると、肩甲骨と上腕骨を結ぶ靭帯などが損傷して、上腕骨が前に外れる肩関節前方脱臼が起こりやすい。

**対処法** 腕を後ろに強く引くと肩関節が前に外れてしまうことがあるので、スパイラルを後ろから前に引っ張るように貼り、伸展動作を制限。

## スパイラル ▶▶▶ 伸展を制限

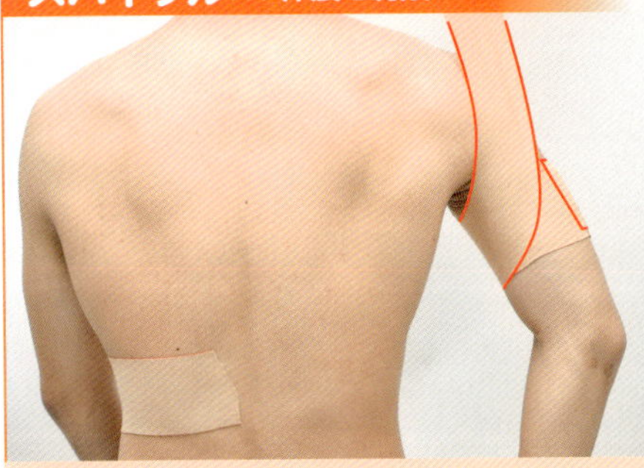

② 上腕のアンカーからスパイラルを巻きはじめる

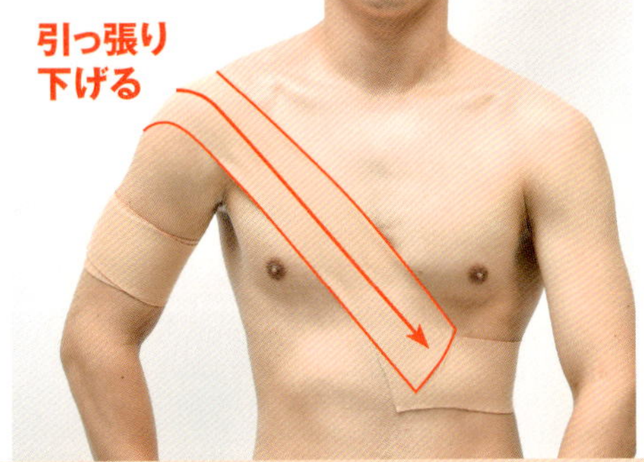


③ テープを引っ張りながら下げ、胸の下のアンカーでとめる

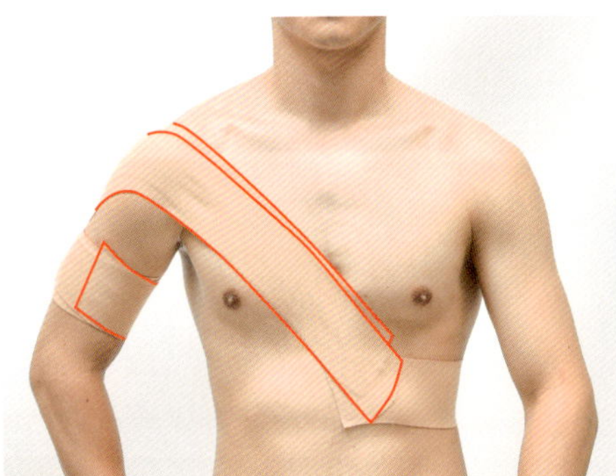

⑤ スパイラルは2〜3本ほど肩の不安定感がなくなるまで巻く

## アンカー ▶▶▶ テープをとめる

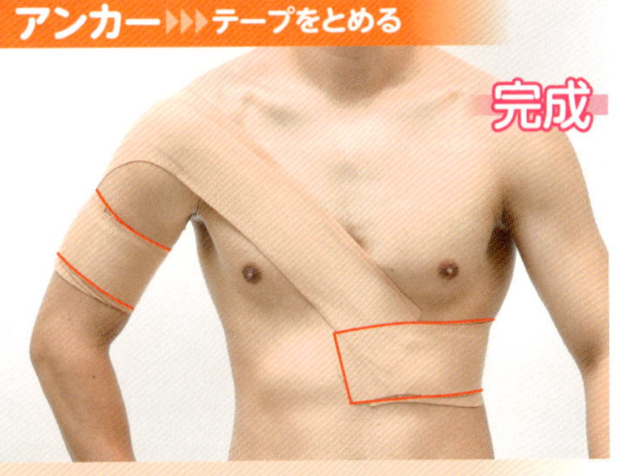


⑥ 上腕と胸の下にアンカーを巻いたら完成

肩関節の可動域制限　固定力▶強

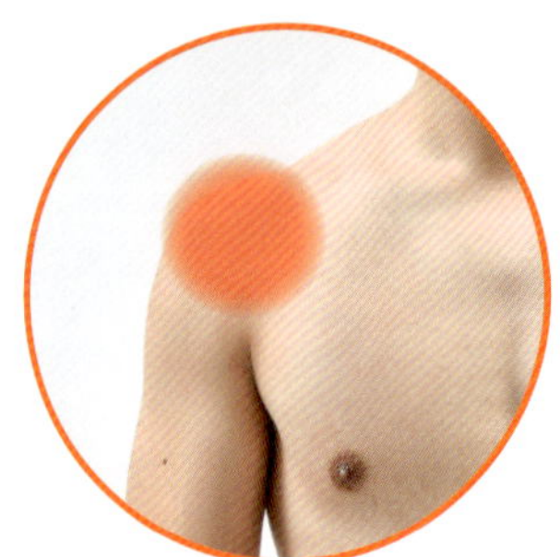

# 肩関節に不安定感がある1

—ルーズショルダーの再発予防—

使うテープ   ハード伸縮テープ 75mm

テーピングの狙い

上腕骨が前や下に外れないように、固定力を高めて貼りつける

スタート姿勢 

**パートナー**
腰に手を当て肩を脱力させた姿勢

## アンカー▶▶▶土台をつくる

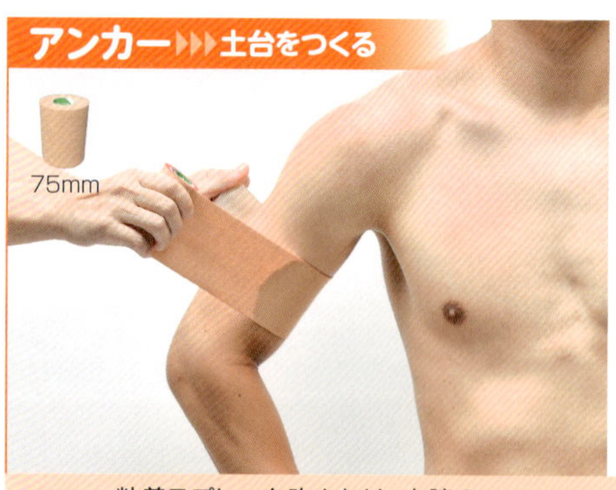


① 粘着スプレーを吹きかけ、上腕の筋肉を緊張させて腕が太くなった状態でアンカーを巻く

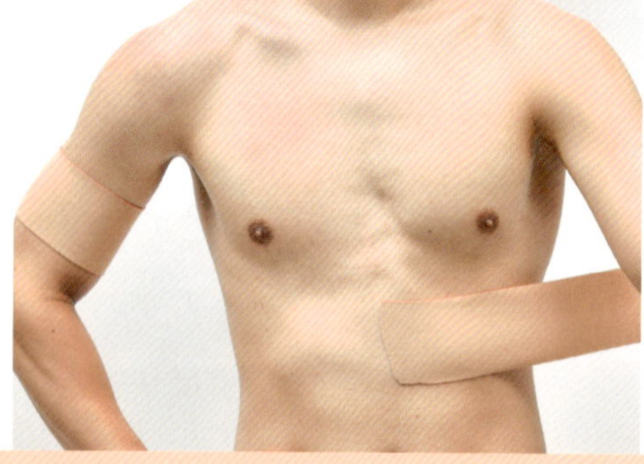

② 上腕と反対側の胸の下にアンカーを貼る

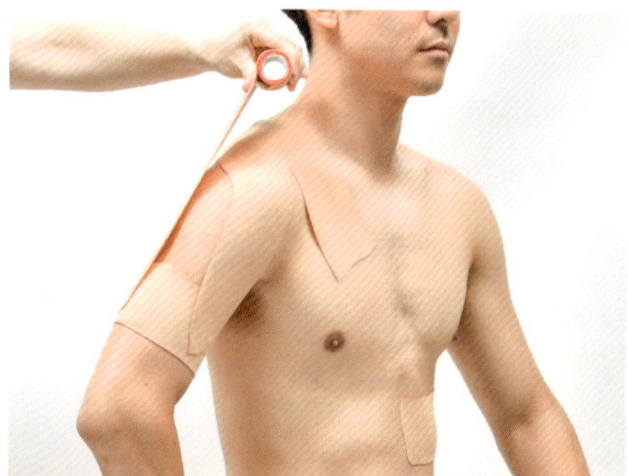

⑤ 上腕後面から肩上部へ向けてサポートテープを貼る

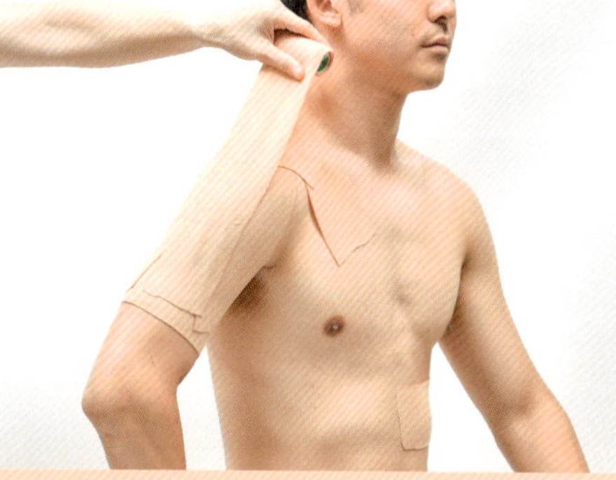

⑥ 上腕中面から肩上部へ向けてサポートテープを貼る

症状と対処法

## 下から上に3本のテープで支える

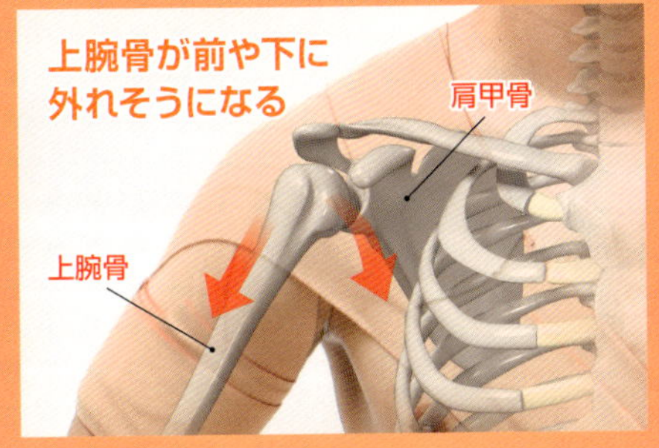


**症 状** 上腕骨が前に外れる肩関節前方脱臼とは別に、肩関節に全体的な不安定感（抜けるような感覚や緩い感覚）がある場合は、靭帯が緩くなるルーズショルダーの可能性もある。

**対処法** 後ろから前にスパイラルを貼り、下から上に３本のサポートテープを貼ることで、多方向から肩を支える。

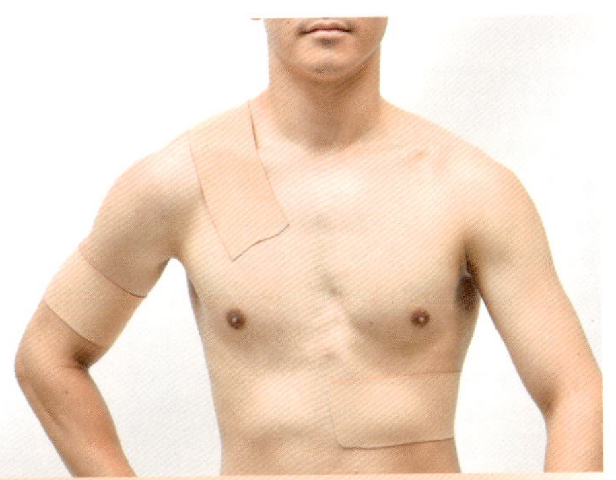

③ 鎖骨付近に背中から胸にかけてアンカーを貼る

サポート ▶▶▶ 上腕骨を挙上させる

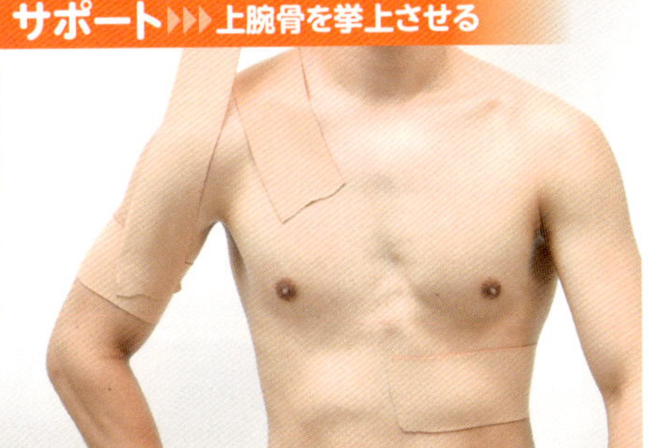

④ 上腕前面から肩上部へ向けてサポートテープを貼る

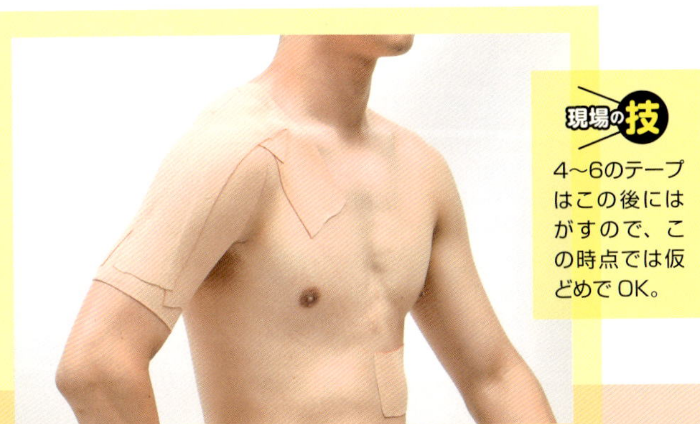

現場の技

4〜6のテープはこの後にはがすので、この時点では仮どめでOK。

次ページへつづく

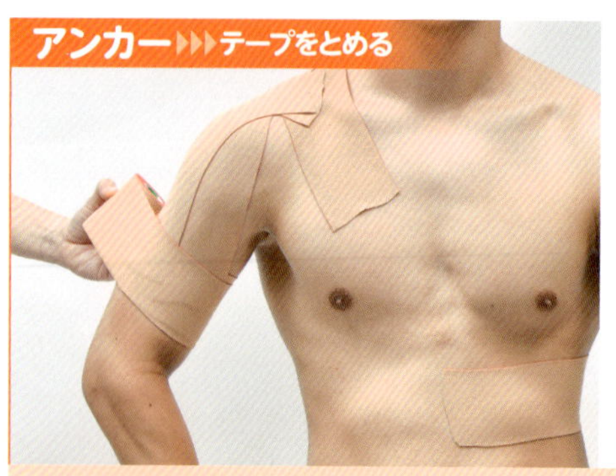


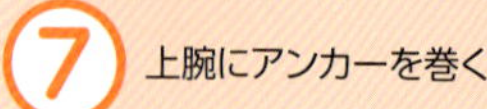

7 上腕にアンカーを巻く

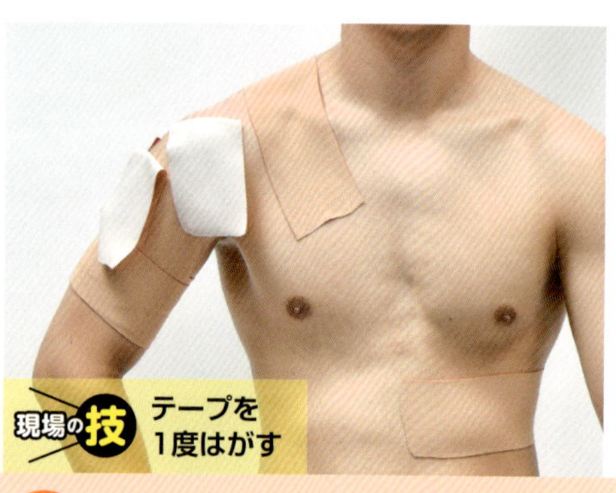


8 3本のサポートテープの
上端を1度はがす

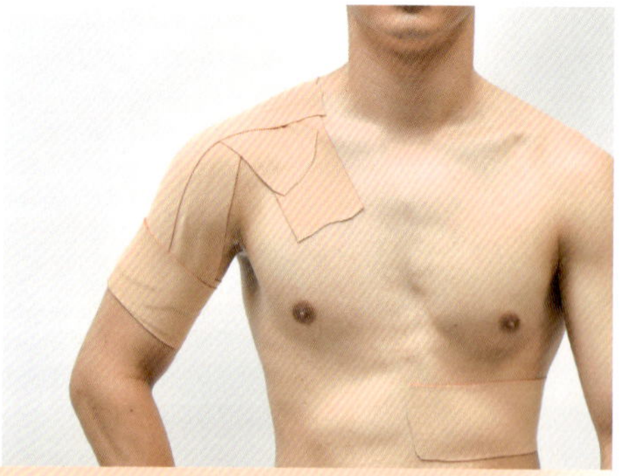

11 最後に上腕中面のテープも
引っ張り上げて貼り直す

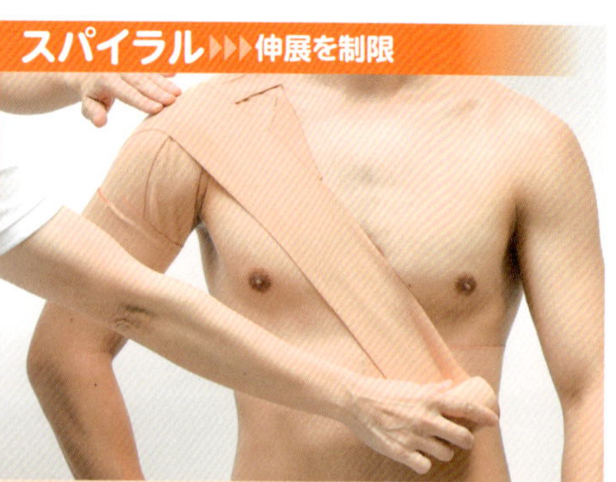


12 上腕から肩関節を通して胸の下へ
スパイラルテープを巻く

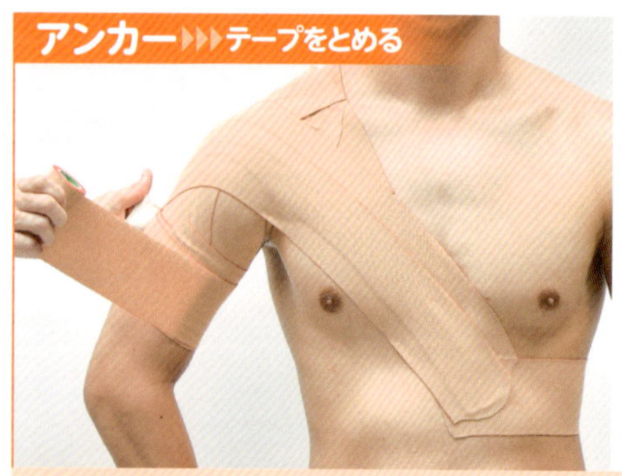


15 上腕に力を入れて腕を太くした
状態でアンカーを巻く

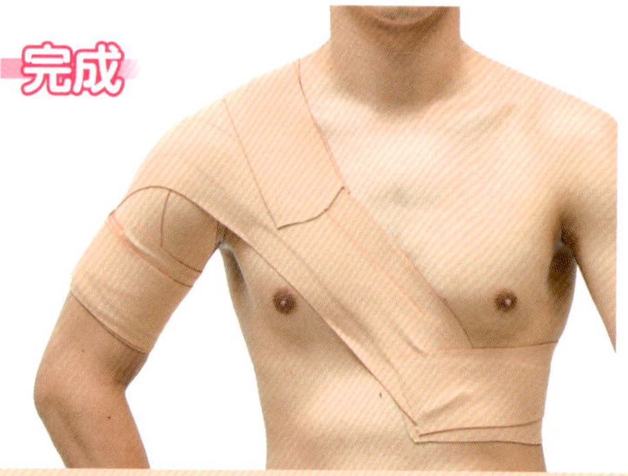


16 鎖骨と胸の下にもそれぞれ
アンカーを貼ったら完成

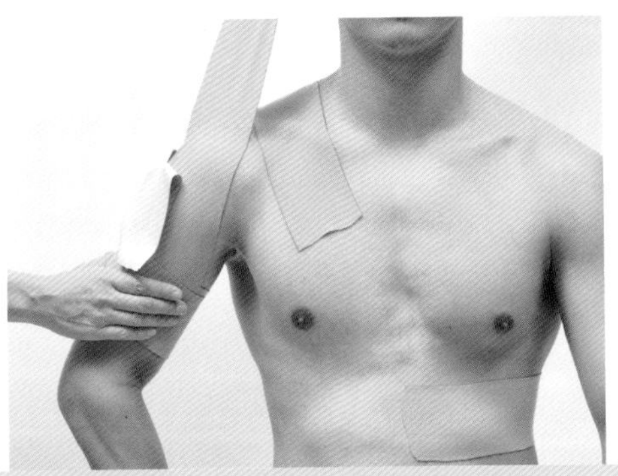

⑨ 上腕骨骨頭を肩甲骨関節窩に近づけるイメージで、上腕前面のテープを引っ張り上げながら貼り直す

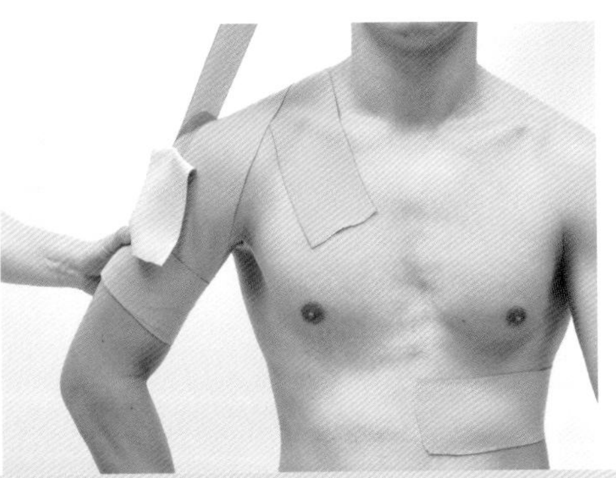

⑩ 上腕後面のテープも引っ張り上げながら貼り直し、肩関節に安定性を与える

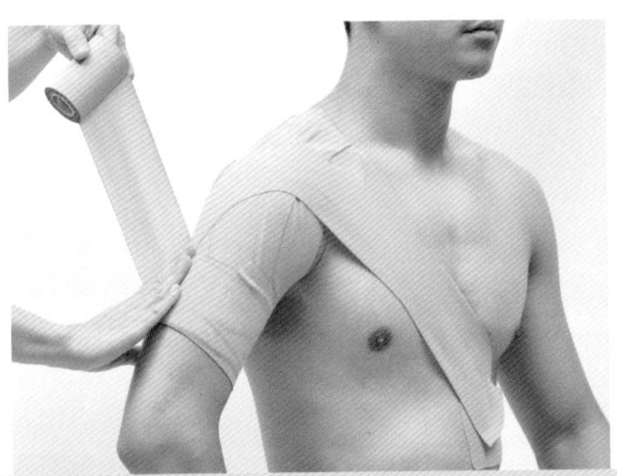

⑬ 1本目のスパイラルから少しずらして2本目を同じように上腕から巻きはじめる

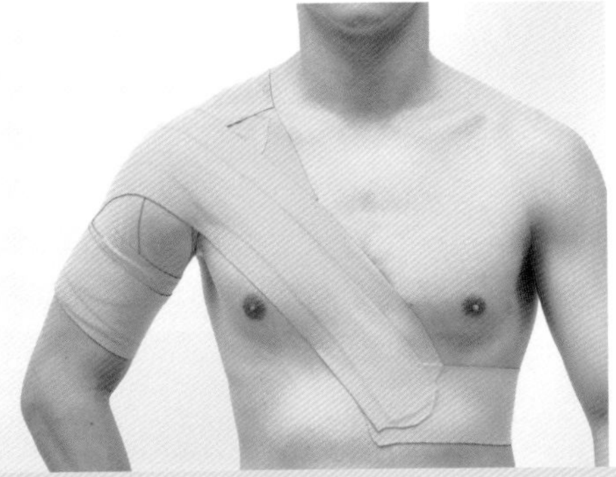

⑭ スパイラルテープは2本とも胸の下のアンカーでとめる

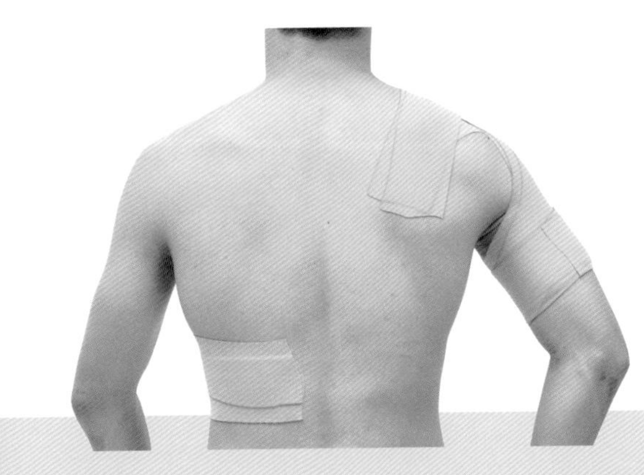

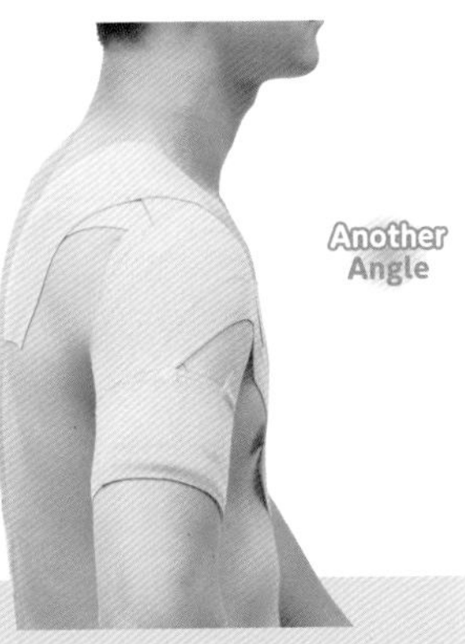

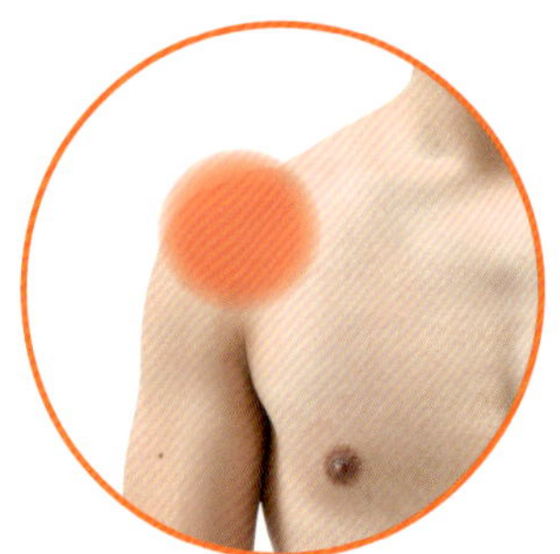

肩関節の可動域制限　固定力▶中

# 肩関節に不安定感がある2
—ルーズショルダーの再発予防—

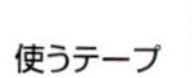

使うテープ　ハード伸縮テープ 75mm

テーピングの狙い

肩関節が下に外れないように上腕骨を引き上げながら貼る

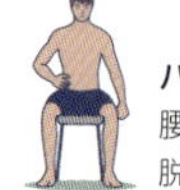
スタート姿勢　パートナー 腰に手を当て肩を脱力させた姿勢

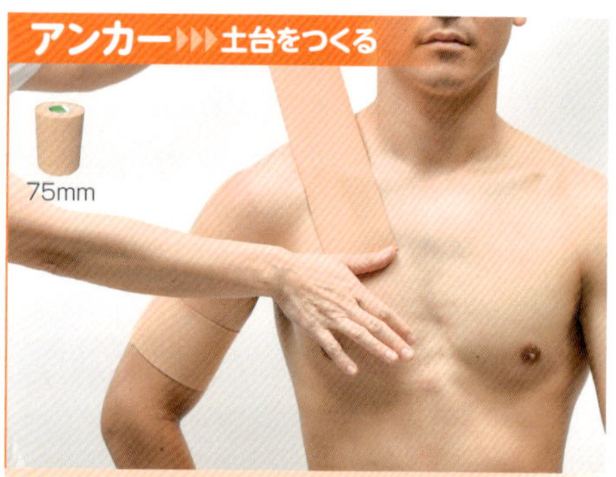


**アンカー▶▶▶土台をつくる**

① 粘着スプレーを吹きかけた上腕と、鎖骨付近に背中から胸にかけてアンカーを貼る（上腕に力を入れ太くする）

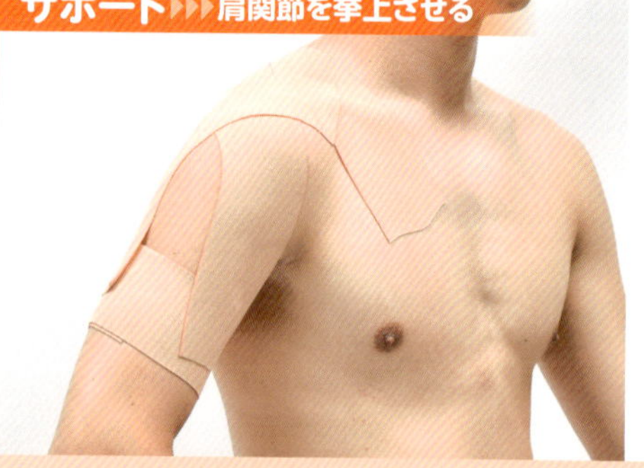

**サポート▶▶▶肩関節を挙上させる**

② 上腕から鎖骨のアンカーへサポートテープをクロスさせて貼る

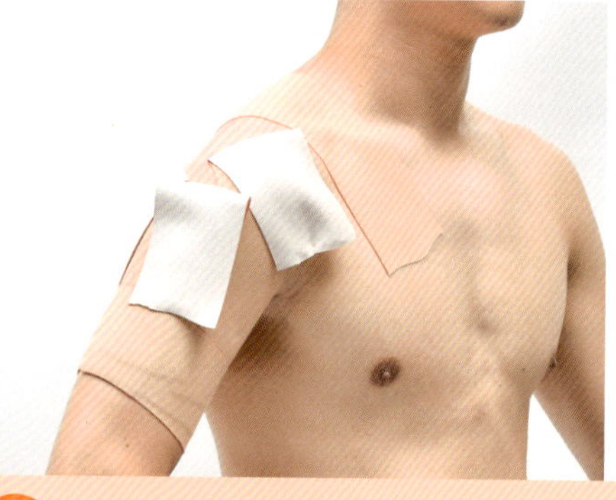

⑤ 3本のサポートテープの上端を1度はがす

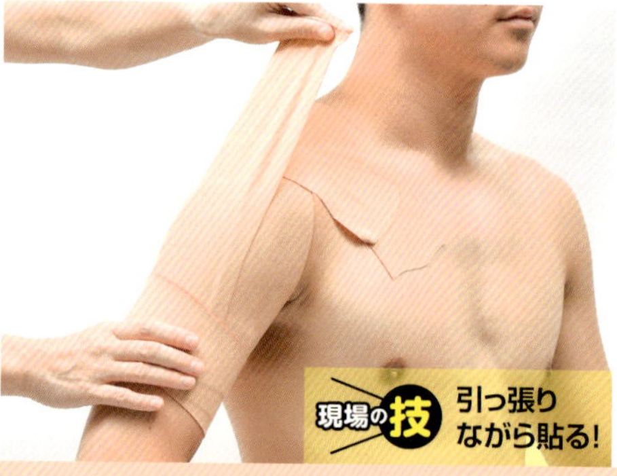


⑥ 3本のサポートテープを引っ張り上げながら1本ずつ貼り直す

症状と対処法

## 上腕骨が下に外れないように支える

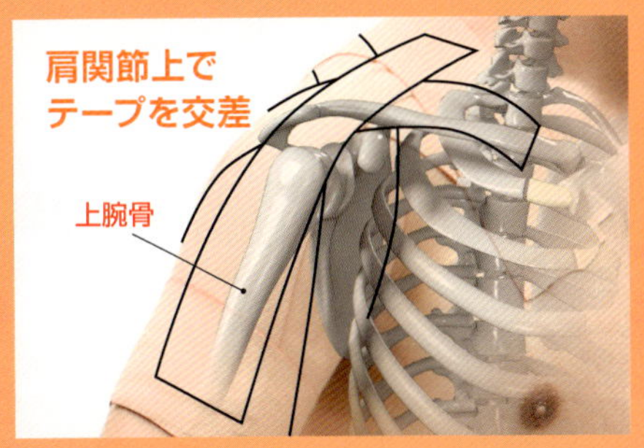


**症 状** 肩関節全体に不安定感があるルーズショルダーは、突発的な衝撃で起こるだけではなく、生まれつき肩関節が緩い人や、使いすぎなどによるインナーマッスルの機能低下によって起こることもある。

**対処法** 腕が下がるような感覚を取り除くため、3本のサポートテープで引き上げる。

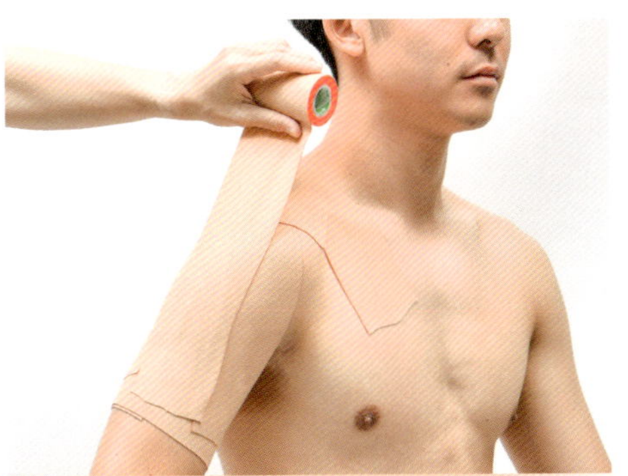

③ クロスさせたサポートテープのセンターにも縦に1枚貼る

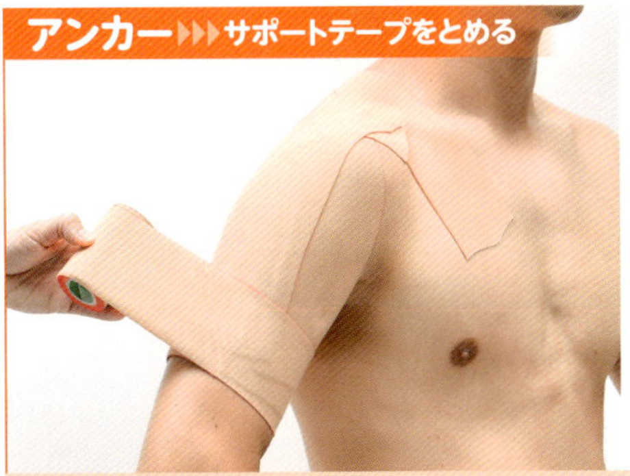


④ 上腕に力を入れて腕を太くした状態でアンカーを巻く

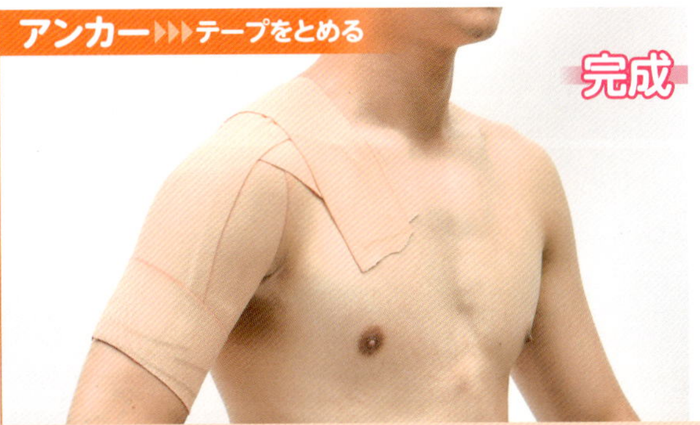


⑦ 3本のサポートテープの上端がはがれないようにアンカーを貼れば完成

Taping

# あとがき

本書では、実際に現場で実施しているテーピングの手法について、細かい技術なども含めてかなり詳細にまとめています。テーピングはスポーツを楽しむ人のストレスとなる痛みを軽減したり、安心して運動をする支えとなったり、早期に安全な競技復帰を可能にすることができる優秀なツールです。多くの人がその恩恵を受けたことがあるのではないでしょうか。その一方で、「テーピングを巻けばなんとかなる」、と休まずに無理してプレーを続けたり、再発予防のためのトレーニングを怠ったり、運動前後のケアが不十分である選手がいるのも事実です。繰り返しの受傷は症状を悪化させ、テーピングでは対応できなくなってしまう深刻な怪我を引き起こすこともあります。あくまでも自分の体にある筋肉や靭帯で安定性や力強さを出すことが理想です。矛盾しているかもしれませんが、テーピングを使用しないですむためのコンディショニングに力を注ぎながら、「ここ!」というときに今回紹介したテーピングが役に立ってくれれば嬉しいです。

◎監修
## 花岡美智子
（はなおか みちこ）

東海大学体育学部准教授
1976年香川県生まれ。東海大学体育学部競技スポーツ学科准教授。筑波大学体育専門学群卒業、筑波大学大学院体育研究科修了。公益財団法人日本スポーツ協会公認アスレティックトレーナー。全米スポーツ医学協会パフォーマンス向上スペシャリスト（NASM-PES）。
学生時代よりスポーツ外傷・障害の予防、アスレティックトレーニングを専門に学ぶ。日本ハンドボール協会医事専門委員会トレーナー部会のトレーナーとして、アンダーカテゴリーを中心に日本代表チームの世界大会に帯同。筑波大学スポーツクリニック、東海大学スポーツサポートシステムメディカル部門にて指導を行い、学生トレーナーの育成にも力を注いでいる。

| | |
|---|---|
| 制作 | 株式会社 多聞堂 |
| 構成・執筆 | 上野　茂 |
| デザイン・カバー | シモサコグラフィック |
| 写真撮影 | 長尾亜紀<br>志賀由佳 |
| イラスト | 楢崎義信<br>Shutterstock.com |
| CG制作 | 3D人体動画制作センター 佐藤眞一 |
| 協力 | ニチバン株式会社<br>http://www.battlewin.com/ |
| 企画・編集 | 成美堂出版編集部　原田洋介・池田秀之 |


いちばんわかりやすいテーピング

監　修　花岡美智子（はなおかみちこ）

発行者　深見公子

発行所　成美堂出版
〒162-8445　東京都新宿区新小川町1-7
電話(03)5206-8151　FAX(03)5206-8159

印　刷　広研印刷株式会社





ISBN978-4-415-32745-7
落丁·乱丁などの不良本はお取り替えします
定価はカバーに表示してあります